KB055473

기술주 투자 절대 원칙

NOTHING BUT NET

Copyright © 2022 by Mark S.F. Mahaney

All rights reserved.

Korean Translation Copyright © 2024 by Woongjin ThinkBig Co., Ltd.

Korean edition is published by arrangement with Mcgraw Hill LLC

through Imprima Korea Agency

이 책의 한국어판 저작권은 Imprima Korea Agency를 통해

Mcgraw Hill LLC와의 독점 계약으로 (주)웅진씽크빅에 있습니다.

저작권법에 의해 한국 내에서 보호를 받는 저작물이므로

무단 전재와 무단 복제를 금합니다.

월가의 전설적 테크 애널리스트 마크 마하니의 투자 수업

기술주 투자 절대 원칙

NOTHING BUT NET

마크 S.F. 마하니 지음

이주영 옮김

리더스북

미숙한 개인 투자자부터 노련한 기관 투자자에 이르기까지 모두 이 책으로 자신감을 얻게 될 것이다. 마하니의 분석은 절대 잊지 못할 중요한 투자 교훈을 제공한다.

— 캐시 우드, 아크 인베스트 창업자 겸 CEO

피터 린치가 마이클 루이스를 만난 것 같은 재미와 유익함을 주는 책. 마하니가 알려주는 종목 선택에 대한 10가지 가르침에는 시간을 초월한 통찰력이 가득하다.

— 에드 하이먼, 에버코어ISI 회장 · '기관 투자가가 선정한 최고의 경제 분석가' 1위

주식과 기업 가치에 대한 변치 않을 통찰력을 제공하는, 다음 세대 투자자들을 위한 필독서.

— 스콧 갤러웨이, 뉴욕대학교 스턴 경영대학원 교수 · 『플랫폼 제국의 미래』 저자

미국 시장의 주도주는 누가 뭐라고 해도 기술주다. 높은 주가로 인해 투자를 시작하기가 두렵다면 당장 이 책을 읽고 또 읽기를 추천한다.

— 장우석, 유에스스탁 대표 · 『미국 주식이 답이다 2023』 저자

월가 최고의 테크 전문 애널리스트 마크 마하니의 25년 실무 경험과 투자 노하우를 아낌없이 담은 미국 기술주 투자의 교과서 같은 책. 기술주에 투자하는 모든 이에게 강력하게 추천한다.

— 최철, 『미국 주식으로 은퇴하기』 저자 · 유튜브 〈미국 주식으로 은퇴하기〉 운영자

단순한 투자 기법에 관한 이야기가 아닌, 미국의 혁신을 이끌어온 기업들을 다룬 생생한 케이스 스터디다. 톱 애널리스트에게 기대할 수 있는 모든 것을 이 책에서 얻을 수 있다. 정말 재미있다!

— 홍진채, 라쿤자산운용 대표 · 『거인의 어깨 1·2』 저자

이 매력적이고 강렬한 책에서 저자는 자신이 경험한 성공과 실패를 되돌아보며 플랫폼 기업을 평가하는 방법, 투자 시기, 그 모든 과정을 겪으면서 제정신을 유지하는 방법에 대해 중요한 팁을 나눠준다.

— 브래드 스톤, 『아마존, 세상의 모든 것을 팝니다』 저자

독자들은 기술주를 고르는 방법뿐 아니라 세계에서 가장 역동적이고 가치 있는 기업의 급부상과 그들의 향방을 재미있게 배울 수 있을 것이다.

— 에밀리 창, 〈블룸버그 테크놀로지〉 진행자 겸 총괄 프로듀서 · 『브로토피아』 저자

기술주의 생리에 대해 모든 시대를 아우르는 전문가의 분석을 들을 수 있다. 기술주에 대해 완벽히 알고 있다고 생각했던 나도 이 책에서 많은 것을 배웠다. 당신도 그럴 것이다.

— 짐 크레이머, 〈매드 머니〉 진행자 · 더스트리트닷컴 설립자

차례

레슨 1

종목 선택의 함정을 피하라

레슨 2

펀더멘털과 추세는 완전히 별개다

레슨 6

주가는 결국 사이즈가 키운다

레슨 7

투자자를 위하는 회사의 주식을 버려라

레슨 8

사람을 보면 미래의 주가가 보인다

레슨 9

밸류에이션은 종목 선택의 절대적 기준이 아니다

"오직 기술주뿐이었다!"

―25년간 기술주 애널리스트로 지내며 알게 된 것들

나는 월가에서 가장 오랫동안 활동해온 기술주 애널리스트다. 운 좋게 도 25년 가까이 인터넷과 플랫폼 부문을 담당하면서 월가에서 가장 역동적이고 흥미로운 섹터에 대한 글을 쓰며 모델을 만들고 분석하고 논의하고 설명해왔다. 지난 25년 동안 알리바바Alibaba, 아마존Amazon, AOL, 이베이eBay, 익스피디아Expedia, 페이스북Facebook, 구글Google, 링크드인LinkedIn, 넷플릭스Netflix, 판도라Pandora, 프라이스라인Priceline, 스냅Snap, 스포티파이Spotify, 트위터Twitter, 우버Uber, 야후Yahoo, 질로Zillow 등 가장 혁신적인 기업의 발전 과정을 추적해왔다. 제프 베이조스Jeff Bezos, 리드 헤이스팅스Reed Hastings, 멕 휘트먼Meg Whitman, 스티브 케이스Steve Case, 마크 큐반Mark Cuban, 에릭 슈미트Eric Schmidt, 잭 도시Jack Dorsey, 제프 보이드Jeff Boyd, 다라 코즈로샤히Dara Khosrowshahi, 팀 웨스터그렌Tim Westergren, 에번 스피

걸Evan Spiegel, 더그 레브다Doug Lebda 등 선도적인 기업가와 CEO를 만나 친해질 기회도 있었다(겨우 아는 사이가 되는 때도, 잘 알게 되는 때도 있었다).

내가 추천한 종목은 실패한 것으로 드러나기도 했지만 여러 번 큰 투자 수익을 올리기도 했다. 2010년 초 310달러였던 구글이 465퍼센트 상승해 2020년 말 1,750달러가 되기까지 지난 10년 동안 구글에 대해 매수 의견을 내왔다. 지금은 메타Meta로 사명을 바꾼 페이스북이 기업공개 후 50퍼센트 가격 조정을 경험했을 때는 매수로 의견을 상향 조정했고, 이후로도 계속 매수 의견을 고수했다. 그 사이에 페이스북은 2020년 말 20달러에서 273달러로 1,265퍼센트 급등했다. 역시 10년 동안 내가 매수 의견을 유지해왔던 넷플릭스는 2011년 초 25달러였던 주식이 2020년 말 541달러로 2,000퍼센트 이상 급등했다. 아마존은 15년 동안 매수 의견을 유지해왔는데 2005년 초 44달러였던 주가가 2020년 말 3,250달러로 무려 7,300퍼센트나 폭발적으로 상승하면서 세계에서 가장 비싼 회사 중 하나가 되었다. 이들 4개 종목이 지난 몇 년간 수익성이 가장 좋은 투자 포트폴리오(페이스북, 아마존, 넷플릭스, 구글의 머리글자를 따서 'FANG'이라고 부른다)였다. 그리고 이 주식들과 그 모든 과정을 함께했다. 실력도 좋았지만 운이 따랐다.

물론 운이 나쁠 때도 있었다. 2003년 닷컴 버블이 터졌을 때는 전설적인 애널리스트 메리 미커Mary Meeker 밑에서 5년간 일하다가 모건 스탠리에서 해고당했다. 악명 높은 헤지 펀드 매니저 라지 라자라트남Raj Rajaratnam이 이끄는 갤리온Galleon에서는 1년간 끔찍한 트레이딩 룸에서 혹사당한 끝에 '에지edge(다른 사람들에 비해 나에게 상대적으로 유리한 포인트 - 옮긴이)가 없다'라는 이유로 잘렸다(지나서 생각해보니 갤리온에서 해고된 것은 오히려 다행이었다. 해고는 전혀 유쾌한 일이 아니지만 말이다). 시티은행에서는 7년 동안 뼈를 갈아 월가에서 가장 선도적인 인터넷 부문 리서치 프랜차이즈를 만들어냈는데, 회사의 미디어 공개 정책을 위반했다는 이유로 해고되었다. 직업적 측면에서나 개인적 측면에서 아주 고통스러운 경험이었다.

내 경력을 돌아보면 닷컴 호황기(1998년 이베이 기업공개)에 고용되어 닷컴 버블이 터졌을 때(2000~2001년 야후 주가 90퍼센트 조정) 해고되었고, 닷컴이 회복되자 다시 고용되었다가(2004년 구글 기업공개), 닷컴 논란이 점화되자 해고되었다(2012년 페이스북 기업공개). 그리고 닷컴이 다시 시장을 장악하자 직장으로 돌아왔다(이 책을 쓰는 2021년 현재 세계에서 시가총액이 가장 큰 주식 3개는 구글, 아마존, 페이스북이다).

25년 동안 내 이메일 서명은 '언제나 인터넷이 전부다All Net, All The Time', '오직 인터넷뿐Nothing But Net', '언제나 온라인Always Online'이라는 슬로건이었다. 20년 동안 '성장'한 대부분의 사람들처럼(나는 이제 50세가 조금 넘었다) 인터넷과 플랫폼은 내 삶 깊숙이 파고들었다. 첫째 아들 노아가 다운증후군을 가지고 태어났을 때는 뉴욕시립병원에 컴퓨터를 사용할 수 있게 해달라고 부탁해서 아마존에서 판매하는 다운증후군 관련 책이란 책은 전부 주문했고 야후에 등록된 모든 다운증후군 그룹에 가입했다. 매년 부모님의 기일이 돌아오면 장례식에서 읊었던 추도사를 페이스북에 다시 올린다. 그리고 지메일Gmail, 넷플릭스, 페이스북, 트위터Twitter, 킨들Kindle, 알렉사Alexa, 구글 글라스Google Glass, 스냅챗 스펙터클스Snapchat

Spectacles, 아마존 파이어 폰Amazon Fire Phone, 스티치 픽스Stitch Fix, 오큘러스 VR 헤드셋Oculus Virtual Reality headsets, 우버 등 서비스와 제품을 누구보다 빨리 받아들이는 한결같은 얼리 어답터다. 새로운 서비스나 제품에 관심이 많기도 하지만 한편으로는 내가 담당하는 섹터에서 최고의 자리를 유지하기 위해서다. 나중에는 4명의 아들 덕분에 (늘 의식적으로 그런 것은 아니었지만) 인스타그램Instagram이나 스냅챗Snapchat, 틱톡TikTok 같은 최신 SNS에 대한 최고의 통찰력을 얻기도 했다.

애널리스트는 이상한 행동을 많이 한다. 가령 특이한 곳에서 상관관계를 찾는 일처럼 말이다. 한 가지 예로 큰아들 노아는 나스닥이 5,048포인트 고점을 찍고서 이틀 뒤인 2000년 3월 12일에 태어났다. 노아의 생일을 기점으로 여러 해 동안 기술주의 하락 장세bear market가 이어질 거라는 사실은 전혀 모른 채 나는 처음부터 노아를 '곰'이라고 불렀다. 그리고 2001년 11월 20일에 둘째 카터가 태어났다. 카터에게는 '캥거루'라는 별명을 붙여줬다. 카터의 생일부터 나스닥 차트는 어떻게 됐을까? 오르내림이 심했다. 그리고 2003년 8월 5일, 에이든이 태어났다. 이 녀석의 별명이 뭐냐고? '토끼'다. 그 날짜로 나스닥의 타임머신을 돌려보면 차트가 여러 번 껑충껑충 뛰어올랐다는 걸 알 수 있다. 마지막으로 2007년 4월 4일, 별명이 '원숭이'인 맬컴이 태어났다. 그날부터 나스닥 차트는 거의 우상향했다.

기술주에 대한 내 분석이 좋았기도 했고 이 분야의 중요성이 커지면서 나는 트레이딩 업계의 간판스타가 되었다. 지난 10년 동안 CNBC, 블룸버그 TV, 폭스 TV 등 여러 매체에서 500건이 훌쩍 넘는 TV 인터뷰를 했다. 같은 기간 《월스트리트 저널Wall Street Journal》, 《뉴욕 타임스New York Times》, 《샌 호세 머큐리 뉴스San Jose Mercury News》, 《USA 투데이USA Today》, 《샌프란시스코 크로니클San Francisco Chronicle》과의 인터뷰를 비롯해 시티은행에서 해고 사유가 된, 그다지 유명하지 않은 프랑스 경제 잡지(《르 캐피탈Le Capital》이었던 것 같다)와의 인터뷰 등 여러 출판물에 실린 인터뷰는 1,000건도 넘는다.

2년 전 《비즈니스 인사이더Business Insider》는 '테크tech 애널리스트의 36시간'이라는 기사를 내면서 나에 대해 다루었다. 구글에서 '섹시한 인터넷 애널리스트'라고 검색하면 순식간에 나와 또 다른 애널리스트 2명에 대한 《뉴욕 타임스》 기사 링크가 뜬다. 이 기사는 우리의 매력과는 아무 관련이 없었다. 독자들이 엑셀 스프레드시트에 빠져 있지 않는 한 말이다. 이 기사는 상장된 주식에 대해 우리가 얼마나 큰 영향력을 발휘하게 되었는지와 관련이 있었다. 트위터 세계를 돌아다니면 트위터에 대해 매도 의견을 낸 것을 두고 나를 멍청한 놈으로 칭하는 레퍼런스를 볼 수 있을 것이다. 맞다. 나 자신에 대한 홍보는 많이 되었다. 대부분은 좋았지만 나쁜 것도 있었다.

나는 거의 사반세기 동안 인터넷과 기술주 섹터를 담당해왔다. 일부 고객이나 동료가 살아온 인생보다 더 긴 시간이라는 사실을 생각하면 내가 늙었다는 생각이 든다. 하지만 이는 엄청나게 특별한 기회였다. 완전히 새로운 산업의 탄생과 성장을 지켜보고, 추적하고, 분석하는 것이었으니 말이다. 자동차가 대중화되고 흔해진 1920년대 자동차 애널리스트가 된 것과 비슷하다. 항공 여행의 황금기였던 1950년대 항공 애널리스트가 된 것과도, 케이블 TV가 주요 도시와 대도시로 확장되었던 1970년대 케이블 애널리스트가 된 것과도 비슷한 느낌이다.

애널리스트로서 낸 최고의 의견과 최악의 의견

애널리스트로서 내 일은 인터넷 관련 주식에 대해 매수buy, 중립hold, 매도sell 의견을 내는 것이었다. 그리고 어떤 종목을 매수해야 하나? 언제? 얼마에? 촉매제는 무엇인가? 어떤 경영진이 좋아 보이나? 누가 의심스러워 보이나? 가장 큰 경쟁 위험은 무엇인가? 시장 기회는 얼마나 크거나 또는 얼마나 작은가? (시간이 지남에 따라 알게 된) 가장 중요한 질문인 "제품 또는 서비스 혁신이 가장 훌륭한 곳은 어디인가?", "최악인 곳은 어디인가?" 등 인터넷 주식에 대한 질문에 답하는 것이었다.

인터넷과 플랫폼 부문을 담당하면서 정말 기억에 남을 순간이 몇 번 있었다. 하나는 브로드캐스트닷컴Broadcast.com이 상장일에 249퍼센트나 급등하자 창립자 마크 큐반Mark Cuban과 함께 경외의 눈으로 바라본 순간이다. 당시 기업공개 사상 최대의 첫 거래일 상승 폭을 기록했다. 공모가가 너무 낮아서 큐반이 화가 났을까? 큐반은 이 일을 브로드캐스트닷컴에 좋은 마케팅 이벤트라고 생각했다.

두번째로는 1999년 시애틀에서 열린 투자자의 날 저녁 식사 자리에서 제프 베이조스와 당시 아마존의 CFO였던 조이 코비Joy Covey가 허벅지 씨름하는 것을 본 것이다. 사실 누가 이겼는지는 잘 기억나지 않는다. 하지만 정말 재미있었다.

세번째로 2000년 애리조나주 스코츠데일에서 열린 모건 스탠리 기술주 투자 콘퍼런스에서 이베이의 시가총액이 처음으로 야후를 넘어섰을 때 이베이의 CEO였던 멕 휘트먼이 (아주 간단하게) 축하하는 것을 본 것. 당연히 CEO들도 점수를 매긴다.

네번째는 넷스케이프Netscape 창립자이자 현재는 세계에서 가장 영향력 있는 벤처 투자자 중 한 명인 마크 앤드리슨Marc Andreessen이 2005년 산업 콘퍼런스에서 마이크로소프트Microsoft가 결코 구글이 성공하게 두지 않을 것이라고 내게 경고한 것이었다.

마지막으로 다섯번째는 저명한 투자자 피터 린치Peter Lynch와의 전화 통화. 실제로 린치는 2015년 온라인 쇼핑 기업인 그루폰Groupon을 조사하면서 내게 여러 번 전화했다. 그루폰은 린치가 전형적으로 선호하는 주식이었다. 당시 기술주 투자자들은 그루폰을 혐오하고 무시했기 때문에 그루폰은 동종 기업peer 및 시장 대비 현저히 낮은 수익률을 보였다. 하지만 재무제표는 매우 탄탄했고 향후 손실이 실적으로 선회할 수 있는 상황이었다. 린치는 내게 구체적이고 통찰력 있는 질문을 던지며 반론을 제기했다. 나는 그에게 그루폰 대신 구글과 아마존을 파고들라고 말했다. 이후 린치가 인터넷 섹터에 투자하기로 했는지, 어떻게 투자하기로 했는지는 모른다. 하지만 존경하는 마음으로 그와 나눈 대화를 생생히 기억한다.

이처럼 나는 수없이 많은 투자 의견을 냈다. 좋은 투자 의견도 많았고, 그냥 그런 의견도 많았으며, 나쁜 의견도 많았다. 좋은 의견에는 다음과 같은 것들이 있었다.

1. 2013년부터 지금까지 넷플릭스에 대해 매수 의견을 내고 유지한 것. CNBC에 따르면 넷플릭스는 2010년부터 2019년까지 약 4,200퍼센트 상승하며 S&P 500 주식 중 가장 높은 수익률을 기록했다.

2. 2005년부터 현재까지 아마존에 대해 매수 의견을 유지한 것. 아마존 주가는 2004년 12월 31일 44.29달러에서 2020년 말 3,257달러로 7,254퍼센트 상승했다. S&P 500 종목 중 지난 15년 동안 수익률이 가장 높은 종목이었다는 사실은 굳이 확인하지 않겠다(이는 넷플릭스가 2010년에 S&P 500 지수에 편입됐기 때문이다).

3. 2008년부터 2018년까지 프라이스라인(현재는 부킹홀딩스)을 매수 추천한 것. 107달러에서 1,738달러로 1,524퍼센트 급등했다.

한편 나쁜 투자 의견에는 다음과 같은 것들이 있었다.

1. 2017년 7월, 온라인 밀키트 배송업체 블루 에이프런Blue Apron이 기업공개를 한 직후, 6.55달러였던 주식을 목표 주가 10달러에 매수 의견을 제시하며 커버리지를 개시한 것(애널리스트가 종목을 분석하며 실적과 목표 주가 등을 전망하는 행위 – 옮긴이). 블루 에이프런의 주가를 찾아보면 2020년 12월 기준 6.5달러 수준에서 거래되고 있는데 이를 두고 "마크, 그렇게 나쁜 건 아닌데요?"라고 이야기할지도 모르겠다. 하지만 구글에서 잠깐만 검색해보면 블루 에이프런이 2019년 중반 15주를 1주로 병합하는 주식병합을 단행했다는 사실을 알 수 있다. 이 말은 내가 98.25달러에서 블루 에이프런에 대해 매수 의견

을 냈다는 말과 같은 뜻이다. 또 내 추천에 따라 블루 에이프런을 매수한 투자자는 투자금의 93퍼센트를 잃었다는 이야기다. 끔찍하다.

2. 2016년 9월, 주가가 과대평가됐고 펀더멘털fundamental(매출, 영업이익, 잉여현금흐름 등 기업의 경영 상태를 파악할 수 있는 기초적인 자료-옮긴이)이 악화되고 있다며 18.49달러였던 트위터에 대해 매도 의견을 낸 것. 그로부터 1년 6개월 후인 2018년 2월, 주가가 69퍼센트 상승해 31.22달러가 된 후 중립으로 투자 의견을 상향 조정했다. 끔찍한 투자 의견이었다.

3. 2004년 10월 구글이 처음 실적을 발표하기 전에 구글에 대해 매도 의견을 낸 것. 내가 낸 최악의 투자 의견이다. 구글의 주가는 기업공개 이후 50퍼센트 급등했다. 나는 이것이 지나치다고 생각했다. 그리고 야후가 더 나은 기초 자산fundamental asset이 될 거라고 잘못 판단했다. 성급했고, 구글이 획득한 놀라운 혁신과 시장 기회를 과소평가했다. 그래서 매도 의견을 냈는데 구글은 아주 높은 분기 실적을 발표했고, 다음 날 주가는 15퍼센트 상승해 1년 동안 계속해서 공격적인 상승세를 유지했다. 검색 광고가 광고 시장에 돌풍을 일으키며 구글은 시장점유율을 잠식하기 시작했다.

그간 내가 얼마나 많은 투자 의견을 냈을까? 답을 구할 수 있는 방법 중 하나로 매 분기 투자 의견을 유지하거나 상향 조정, 또는 하향 조정하며 주식을 재평가할 수 있다는 사실을 생각해보자. 간단히 계산해보면 20년이면 80분기이고 대충 서른 가지 종목을 담당했다면 총 2,400개의 투자 의견을 낸 것이다. 하지만 이것은 제대로 된 계산이 아니다. 주식은 늘 변화하고 뉴스는 끊임없이 나오기 때문에 투자 의견을 조정할 기회는 매일 있다. 이것이 자극을 촉발하는 일부 헤지 펀드 애널리스트가 하는 일이다. 그들 중에는 이런 일을 아주 잘하는 사람이 몇몇 있다. 이렇게 보면 1년은 대략 200 거래일이고 그렇게 20년간 약 서른 가지 종목을 담당했다면 12만 번 투자 의견을 낸 것이다! 생각만 해도 머리가 빙빙 돈다. 담당하는 종목이 어느 날 현저히 상승 또는 하락하는 이유를 파악하는 것이 내 일이기는 하지만 다행히도 나는 이런 부류는 아니다.

내 요점은 그만큼 내가 수없이 많은 투자 의견을 냈다는 것이다. 지난 20년 동안 월가에서 가장 역동적이고 수익률이 좋은 섹터에서 말이다. 그 과정에서 몇 가지를 배웠고 그 중요한 교훈을 10가지로 정리했다. 바로 그 교훈들을 이 책에서 여러분과 나눌 것이다.

우연찮게 발을 들인 월가의 기술주 섹터

『아웃라이어Outliers』에서 말콤 글래드웰Malcolm Gladwell은 대다수의 성공이 단지 운이라는 예리한 통찰력을 보여준다. 적절한 시간에 적절한 장소에 있었을 뿐이라고 말이다. '성공의 9할은 일단 출석하는 것'이라는 말과 비슷하다. 하지만 제대로 성공하고 싶다면 적절한 시간에, 적절한 장소에 나타나야 한다. 1998년에 인터넷 섹터를 분석하는 일은 적시 적소에 이루어졌다. 말한 것처럼 나는 운이 아주아주 좋았다.

내 운은 1998년 와튼 경영대학원 동기 크리스 부바Chris Boova가 10년 넘게 모건 스탠리에서 인터넷 애널리스트로 활동했던 메리 미커의 리서치 보고서를 몇 편 건네주면서 찾아왔다. 미커는 1997년 하퍼 비즈니스 출판사Harper Business Books에서 발간한 150페이지 분량의 인터넷 섹터 투자입문서인 『인터넷 리포트The Internet Report』의 제1 저자이기도 했다. 나는 이 리포트를 생생히 기억하는데, 보고서가 나왔다는 《월스트리트 저널》 기사를 보고 허둥지둥 필라델피아 시내에 있는 반스 앤드 노블 서점에 가서 사 왔기 때문이다. 아이러니하게도 그 보고서를 처음부터 끝까지 읽고 나서 월가에서 인터넷 섹터를 담당하고 싶다는 생각이 들었다.

어쨌든 다시 내 운과 크리스 부바 이야기로 돌아가자. 당시 모건 스탠리에서 일하던 크리스는 회사 로비에서 나를 만나 미커의 리서치 보고서를 몇 권 건네줬다. 그리고 친절하게도 미커의 보조 연구원 2명 중 1명이 곧 퇴사할 예정이라 새로운 연구원을 찾고 있다는 사실을 알려줬다. 관심이 있었냐고? 당연히 있었다! 그러니 내가 월가에서 인터넷 애널리스트로 경력을 시작하는 데 가장 큰 빚을 진 사람이 있다면 그건 크리스다(크리스, 고마워!).

그 후 6개월간의 인터뷰 과정을 거쳐 미커의 보조 연구원으로 모건 스탠리 주식 리서치 팀에 들어갔다. 그 과정에서 퇴사하는 미커의 보조 연구원 러스 그랜디네티Russ Grandinetti를 여러 번 만났다. 나중에 알고 보니 멋진 선택이었지만 당시 그는 '아마존닷컴'이라는 작은 온라인 리테일 회사에 들어가기 위해 모건 스탠리를 떠나는 것이었다. 그는 아마존에서 킨들 제품 라인을 출시하는 것을 도왔다. 모건 스탠리에서 인터뷰를 진행하고 있을 때 한 친구에게 내 꿈은 '러스보다 더 뛰어난 사람이 되는 것'

이라고 말한 적이 있다.

그 6개월간의 채용 인터뷰 과정에서 당시 모건 스탠리의 기술 투자은행 그룹Technology Investment Banking Group의 수장이던 루스 포랫Ruth Porat도 만났다. 포랫은 이후 모건 스탠리의 CFO가 되었다가 구글의 CFO가 되었다. 내 커리어의 아이러니 혹은 행운 중 하나는 모건 스탠리 측에서 내가 핵심 경쟁자인 골드먼 삭스와 그곳 인터넷 애널리스트 마이클 퍼렉Michael Parekh과도 인터뷰를 진행하고 있다고 생각하고 포랫과 인터뷰를 잡았다는 것이다. 퍼렉을 만나긴 했다. 하지만 거기서 공식적인 인터뷰 과정은 아무것도 시작하지 않았다. 그런데도 어찌 된 일인지 모건 스탠리는 내가 골드먼 삭스 측과 만났다는 사실을 알았고 그 때문에 인터뷰 절차를 빨리 진행했다. 어쩌면 내가 지나가는 말로 언급했을지도 모르겠지만 어쨌든 얼마 후 나는 모건 스탠리에 정식으로 채용되었다. 이 책의 목적과 관련해 여러분이 알아야 할 나의 배경은 이것이 전부다.

우리는 기술주 대세 상승의 한가운데를 지나고 있다

1989년 피델리티의 유명한 포트폴리오 매니저 피터 린치는 개인 투자자가 주식시장에서 성공하는 데 도움을 줄 수 있는 『전설로 떠나는 월가의 영웅One Up on Wall Street』을 출판했다. 《뉴욕 타임스》 베스트셀러가 된 이 책은 여러 훌륭한 기업들과 주식에 대한 이야기를 담고 있으며 '10배 주식ten-bagger'이라는 개념을 소개했다. 10배 주식이란 상당 기간 10배 상승해 시장 수익률을 크게 상회하는 주식을 의미한다. 린치는 개인 투자자에게 주변에서 일상적인 투자 기회(예를 들어 던킨 도너츠, 펩 보이즈Pep Boys, 리미티드The Limited)를 찾고 인내심을 가지고 "계속해서 내일의 수십 배 주식big bagger을 찾으려고 애쓰라"고 조언했다.

인터넷 및 기술주 섹터에는 10배 주식이 잔뜩 널려 있다. 내가 계산해 본 바에 따르면 미국에서는 2020년 말까지 300배 주식 2종목(부킹닷컴

Booking.com, 렌딩 트리LendingTree), 400배 주식 1종목(J2 글로벌J2 Global), 500배 주식 1종목(아카마이Akamai), 슈퍼 점보 주식 2종목(넷플릭스, 아마존)을 포함해 적어도 23개의 10배 주식(최소 10배 이상 오른 종목)이 있다. 넷플릭스는 2002년 10월 0.37달러에서 2020년 9월 557달러로 상승해 1,500배 주식이 되었고, 아마존은 1997년 5월 1.40달러에서 2020년 9월 3,531달러로 상승해 2,500배 주식이 되었다. 물론 기술주 섹터에도 시장 수익률을 하회하거나 상당 기간 그저 시장 수익률로만 거래되는 별 볼일 없는 주식도 많다. 하지만 이처럼 극적으로 10배 수익률을 내는 주식이 분명히 존재한다.

2000년에 피터 린치는 『전설로 떠나는 월가의 영웅』 밀레니엄판 서문에서 당시 뜨거운 주제였던 기술주에 대해 언급했다. 그는 스스로 '기술 공포증technophobic'이 있다고 말하면서 아마존을 "기적적인 상승을 이룬 최소 500개의 닷컴 주식 중 하나"라고 회의적으로 이야기했다. 이 책이 나왔을 무렵 나는 모건 스탠리의 저명한 기술주 애널리스트 메리 미커 아래에서 인터넷 섹터에 정말로 가치가 있는지 알아내려고 최선을 다하고 있었다. 당시 모건 스탠리의 시장 전략 수석 애널리스트가 엘리베이터에서 나를 멈춰 세우더니 손가락질하며 "아마존은 결코 수익을 내지 못할 거야!"라고 단언했던 일이 생생하게 기억난다. 사실은 나도 어찌될지 몰랐다.

그러나 아마존은 수년 후에 결국 상당한 주당순이익Earning Per Share, EPS(기업이 1년간 벌어들인 순이익을 전체 주식 수로 나눈 값. 1주당 이익을 얼마나 창출했는지 파악할 수 있다. 이하 EPS로 표기. - 옮긴이)과 잉여현금흐름Free Cash

Flow, FCF(기업이 벌어들인 돈에서 세금과 영업비용, 설비투자액 등을 제외하고 남은 현금 – 옮긴이)을 창출해내기 시작했다. 이제는 세계 어느 기업보다도 연간 잉여현금흐름을 많이 창출하는 회사 중 하나가 되었다. 그리고 주가는 10 배의 몇 배로 더 뛰어올랐다. 250배쯤 말이다.

기술주는 지난 2·5·10년 동안 유례없는 수익률을 기록했다. 나스닥 지수는 2020년 12월 31일까지 과거 2년간 94퍼센트 상승했고, 과거 5년 으로 보면 157퍼센트, 과거 10년으로 보면 386퍼센트 상승했다. 각각의 기간 동안 기술주(나스닥)는 전체 시장(S&P 500)을 2배 정도 상회하는 수 익률을 기록했다. 기술주가 아주 뜨거웠다는 말이다.

그리고 이렇게 극적인 기술주 상승의 중심에는 미국 인터넷 기업들이 있었다. 페이스북(지금의 메타), 아마존, 넷플릭스, 구글 등 일명 'FANG' 이라고 불리는 이 믿음직한 기업들은 2020년 한 해 평균 52퍼센트, 2019~2020년 99퍼센트, 2016~2020년 262퍼센트, 2011~2020년 1,219 퍼센트 상승하며 시장을 크게 압도하는 수익률을 기록했다. 또 이 기업 들은 거실에서도 쉽게 볼 수 있는 이름이 되었다. 좋든 나쁘든 우리의 10 대 자녀들은 인스타그램을 확인하지 않고는 하루도 살 수 없게 되었다. 2020년 늦은 봄, 코로나19가 우리 삶에 영향을 미치면서 대부분의 미국 인이 기댈 수 있는 유일한 가게는 아마존이었다. 넷플릭스의 영향력은 젊 은 체스 천재에 대한 짧은 오리지널 시리즈(퀸스 갬빗The Queen's Gambit)가 전 세계 체스 세트 판매를 급증시킬 정도로 커졌다. 한편 구글은 모든 곳 에 있다. 구글은 내가 '운 좋은 단어lucky lexicon'라고 말하는 것이 되었다. 회사 이름이 일반적으로 사용하는 동사가 된 것이다. '제록스Xerox(복사기 제조사인 동시에, 동사로 '복사하다'라는 뜻으로도 쓰인다. – 옮긴이)'나 '콜라 Coke'처럼 말이다. 오늘날에는 구글, 트위터, 우버, 에어비앤비가 그렇다.

하지만 기술주 섹터에는 FANG 외에도 훨씬 더 많은 종목이 있다. 부킹 홀딩스Booking Holdings, 추이Chewy, 이베이, 엣시Etsy, 익스피디아Expedia, 그 럽허브Grubhub, 리프트Lyft, 핀터레스트Pinterest, 쇼피파이Shopify, 스냅, 트레 이드 데스크The Trade Desk, 트위터, 우버, 윅스Wix, 질로 등 다양한 인터넷 관련주와 기업이 기술주 섹터에 매력과 투자자의 관심을 더했다.

2020년 기업공개 시장의 열기는 공모 금액 측면에서도 기록적으로 뜨 거웠는데, 시장의 관심을 한 몸에 받은 몇몇 대어는 인터넷 관련주였다. 에어비앤비와 도어대시DoorDash가 대표적으로 두 종목 모두 상장 첫날 거 의 100퍼센트 상승을 기록했다. 2020년 기업공개 시장의 가장 큰 물고기 였던 에어비앤비는 특히 주목할 만했다. 코로나19 사태 때문에 예약 건 수와 매출이 전년 대비 30퍼센트 감소한 상황에서 상장이 진행됐기 때문 이다. 성장 기업growth company이 기업공개를 할 때는 일반적으로 기업이 확장할 거라고 기대된다. 그런데 에어비앤비는 기울고 있었지만 매우 성 공적으로 기업공개를 해냈다. 이는 코로나19 이후 에어비앤비에 혁신적 인 장기 성장 기회가 있다고 보는 투자자들의 신뢰와 희망이 많이 반영된 것이었다. 아주 많이 말이다. 그러니 역대 가장 빠르게 성장하고 있는 틱톡 이 기업공개 의사를 발표한다면 얼마나 많은 관심이 몰릴지 상상해봐라!

코로나19 위기는 몇몇 인터넷 기업을 필수 불가결하게 만들었다. 팬데 믹 기간 우리에게는 펜트리와 옷장을 채우기 위해 아마존이, 재미와 즐길 거리를 위해서는 넷플릭스가 필요했다. 반려동물 입양이 급증하면서 반려동물용품을 판매하는 추이의 고객 수도 늘어 2020년 3분기 연속 분기당 최소 100만 명씩 고객이 증가했다. 한편 안전을 지키면서 자신의 개성도 표현하고 싶은 사람들은 디자이너 마스크를 사기 위해 엣시로 몰려들었다. 엣시에는 2020년 2분기 1,250만 명의 액티브 바이어active buyer(물건을 적극적으로 구매하는 소비자 – 옮긴이)가 유입되었다. 이는 과거 2년간 유입된 고객 수와 비슷하다. 외식 선택권이 심하게 축소되면서 도어대시 같은 음식 배달 서비스는 자영업자와 소비자 모두의 생명줄이 되었다. 도어대시의 매출은 2020년 2분기에는 전년 동기 대비 214퍼센트, 2020년 3분기에는 268퍼센트 급증했다. 물론 기업들의 주가도 매출에 따라 반응했다. 2020년 아마존 72퍼센트, 넷플릭스 64퍼센트, 추이 203퍼센트, 엣시 294퍼센트, 도어대시는 1만 7,000퍼센트 상승했다(상장 첫날 있었던 85퍼센트 상승을 연환산한 것이다)!

나는 주식, 특히 인터넷 섹터와 이 섹터가 기업가와 기업, 투자자에게 창출해내는 성장 기회에 대해 아주 낙관적이다. 지난 25년간 내가 어렵게 배운 교훈은 향후 인터넷주와 기술주, 성장주에 투자하는 방법(단순히 거래하는 방법이 아니라)에 대해 좋은 가이드라인을 제공할 것이다. 다음 분기나 연도가 아니라 앞으로 20년, 그리고 그 이상 말이다. 거리 두기와 거래 수수료 철폐 덕분에 코로나19 위기 동안 주식시장에 신규 진입한 수백만 명의 투자자를 생각하면, 성장주 및 기술주 투자 지침에 대한 필요성이 그 어느 때보다도 큰 것 같다.

닷컴 버블이 일어났던 1998~1999년, 나스닥 지수가 2년 동안 100퍼센트 가까이 급등해 2000년 3월 10일에는 짧게나마 5,000포인트를 넘어섰다. 이후 버블이 꺼지면서 6개월 동안 77퍼센트 하락했고 회복되기까지 무려 15년이라는 긴 시간이 걸렸다. 나는 그저 오늘날의 새로운 투자자들이 기술주에 올인해서 회복하는 데 15년간 기다릴 필요가 없게 하고 싶을 뿐이다.

지난 20년간 가장 큰 상승장이 펼쳐진 기술주 섹터

약 25년 동안 나는 월가에서 대규모 상승장the big long(원래는 과감한 대규모 매수 포지션을 뜻하는 말이나, 여기서는 '대세 상승'의 의미로 보는 것이 자연스럽다.-옮긴이)의 중심에 있었다. 마이클 루이스Michael Lewis의 저서 『빅숏The Big Short』은 주택시장의 과잉을 불러온 탐욕과 기만에 초점을 맞춰 2007~2008년 글로벌 금융 위기를 야기한 주택시장의 거품과 붕괴를 절묘하게 풀어냈다. 내가 집중했던 것, 그리고 운 좋게 지켜볼 수 있었던 것은 지난 25년 동안 인터넷이 부상하면서 엄청난 부가 창출되는 상황, 바로 대세 상승장의 출현이었다.

지난 25년 동안 월가 애널리스트로서 지켜본 인터넷과 기술주 섹터의 발전은 대단히 황홀했다. 구글, 아마존, 페이스북, 넷플릭스 등 오늘의 최강자가 부상하고 야후, 이베이, AOL 등 어제의 승자가 추락하는 모습을 지켜봤다. 이렇게 역동적이고 경쟁적인 분야에서는 극소수 기업만 선도적이고 지배적인 위치를 유지한다는 사실이 그리 놀랍지 않다. 어떤 회사가 시장 지배자가 될지 알기란 매우 어려운 일이다. 그러나 일단 지배적 위치를 차지한 회사는 지난 세대 동안 주식시장에서 최고의 포트폴리오 수익률을 창출해냈다.

피터 린치는 『전설로 떠나는 월가의 영웅』 2000년판 서문에서 철도, 전화, 텔레비전 등 다른 주요 혁신처럼 인터넷도 수많은 신생 기업을 탄생시키겠지만, 그들 중 극소수만이 살아남아 업계를 주도할 것이라고 썼다.

"버거업계에서 맥도날드가 그랬고 유전 서비스업계에서 슐룸베르거 Schlumberger가 그랬던 것처럼 일류 기업 한두 곳이 업계를 장악할 것이다."

린치의 말이 맞았다. 그는 인터넷이 연간 10억 달러 이상의 당기순이익을 내는 10억 달러 클럽을 만들어낼 거라고 예측했다. 그리고 실제로 인터넷 섹터에서는 이런 기업이 10개나 나왔다. 알리바바Alibaba, 아마존, 부킹, 이베이, 페이스북, 구글, 제이디닷컴JD.Com, 넷플릭스, 텐센트Tencent

표 1.1 당기순이익 10억 달러를 달성한 기술주 기업

기업명	티커*	2019년 당기순이익(단위 백만 달러)
알파벳	GOOG	34,218
알리바바	BABA	26,329
페이스북	FB	18,485
텐센트	700:HK	14,289
아마존	AMZN	11,588
부킹	BKNG	4,866
넷플릭스	NFLX	1,867
제이디닷컴	JD	1,866
이베이	EBAY	1,516
트위터	TWTR	1,458

출처: Company Fillings
*티커ticker: 미국 주식 시장에서 개별 종목에 부여하는 알파벳으로 이루어진 식별 코드 - 옮긴이

등이다(표 1.1). 이들 중 알리바바, 아마존, 페이스북, 구글, 텐센트 등 5개 기업의 연간 당기순이익은 100억 달러를 훌쩍 넘는다. 나는 향후 10년 안에 당기순이익 10억 달러 클럽에 또 다른 기업이 10개쯤 추가될 거라고 생각한다.

분명히 말하지만 지난 20년 동안 가장 큰 상승장 단 하나를 고르라면 그것은 인터넷 섹터다. 1999년 닷컴 붐이 한창일 때 유명한 벤처 투자자 존 도어John Doerr는 인터넷을 두고 "지구 역사상 합법적으로 부를 창출할 수 있는 가장 큰 기회"라 말했다. 2년 뒤 닷컴 버블이 가라앉았을 때는 자신의 말이 돈 버는 데만 급급한 일확천금식 태도에 일조했다며 사과했지만 말이다. 장기적으로 봤을 때 올바른 기업가, 경영진, 기업, 주식을 선택해 시장과 섹터의 거친 변동성에도 진득하게 함께한 투자자에게 인터넷 기업은 어마어마한 부를 가져다줬다. 사실 나는 시간이 흐르면서 점차 헛고생이라고 생각하게 된 방식이기는 하지만, 그 모든 변동성을 겪으며 죽어라고 거래한 투자자에게 말이다.

1999년에 미국 시가총액 상위 6개 기업은 마이크로소프트, 제너럴 일렉트릭General Electric, 시스코 시스템스Cisco Systems, 엑슨 모빌Exxon Mobil, 월마트Wal-Mart Stores, 인텔Intel이었다. 이 책을 쓰는 2021년 현재 시가총액 상위 6개 기업에 구글, 아마존, 페이스북이 새롭게 들어가 있다. 인터넷은 분명 시가총액 상위 기업 목록에 커다란 변화를 불러왔다. 시가총액 상위 6개 기업 중 다른 두 기업은 애플과 마이크로소프트로, 이 둘도 인터넷 덕분에 목록에 들어갔다고 볼 수 있다. 우리는 버라이즌Verizon 네트워크로 통화할 수 있는지 확인해보려고 아이폰을 사지 않는다. 인터넷에 접속

하려고 아이폰을 산다. 마이크로소프트의 성공도 오래전에 데스크톱을 떠나 클라우드로 넘어갔다. 인터넷은 분명 어마어마한 변화를 가져왔다.

2020년 말 구글, 아마존, 페이스북의 시가총액을 합치면 3조 5,000억 달러가 넘는다. 다른 주요 인터넷 기업(넷플릭스·부킹닷컴·도어대시·에어비앤비·스포티파이 등)의 시가총액까지 더하면 4조 달러를 훌쩍 넘는다. 여기에 중국의 주요 인터넷 기업(알리바바·텐센트 등)까지 합치면 5조 달러가 넘는다. 20년 전만 해도 5조 원이라는 주식 가치는 존재하지 않았다. 인터넷이 미국과 세계 경제에 얼마나 큰 영향을 미쳤는지 다투는 흥미로운 논쟁이 많지만, 얼마나 큰 주식 가치를 창출해냈는지에 대해서라면 논쟁의 여지가 없다. 인터넷은 지난 25년 동안의 과감한 매수로 접근했어야 할 섹터였다.

물론 실패와 위기도 많았다. 페츠닷컴Pets.com, 이토이스eToys, 프리마 케츠FreeMarkets 같은 회사에 투자한 투자자라면 어느 시점에선가 거의 모든 투자금을 잃었을지도 모른다(솔직히 말해서 나는 산업용 자재의 온라인 경매를 지원하는 B2B 인터넷 회사 프리마케츠를 좋게 봤다. 완전히 잘못된 생각이었다). 문제가 생긴 것은 작은 회사만이 아니었다. 인터넷 시대의 '승자'라고 여겨지던 기업 중에도 엄청난 실망과 손실을 안겨주는 곳이 있었다. 최고의 인터넷 기업을 고르는 일은 이미 지나고 난 뒤에야 쉬운 것이다.

1990년대 후반에는 AOL이 확실히 최고의 인터넷 기업이 될 것 같았다. 유료 구독자가 2,000만 명이 넘었고 그 이름은 사실상 인터넷과 동의어였다. 또 스티브 케이스Steve Case와 밥 피트먼Bob Pittman 같은 노련한 경영진이 있었고 세계에서 가장 큰 미디어 기업 중 하나인 타임 워너Time

Warner를 매수할 추진력과 대담함도 있었다. 하지만 오늘날 AOL은 이전에 비해 규모가 현저히 축소됐고 버라이즌에 인수됐으며, 타임 워너 인수는 기업 역사상 가장 큰 실수 중 하나로 여겨진다. 1999년 나는 보스턴에서 열린 소규모 투자자 회의에서 피트먼 옆에 서 있었다. 피트먼은 모뎀 접속 방식dial-up을 취하는 AOL은 모든 케이블 사업자와 힘 있는 위치에서 협상할 만한 영향력을 지니고 있기 때문에 브로드밴드가 위협이 되지 않는다고 주장했다. 하지만 일은 그렇게 흘러가지 않았다.

그리고 야후가 있었다. 야후의 주가는 1999년 4분기에 사실상 2배가 되었다. 잘못될 수가 없는 회사였다. CEO였던 팀 쿠글Tim Koogle은 '쿨한 기업인'의 전형으로 회사 밖에서, 어쩌면 회사 안에서도 기막히게 기타를 연주했을 것이다. 2000년, 야후는 캘리포니아 서니베일에 있는 본사에서 애널리스트의 날을 주최했다. 모두가 야후의 성공 비결을 배우러 왔다. 이 '쿨'한 CEO가 야후의 성공 비밀은 '멍청이bozos'는 채용하지 않는 '멍청이 금지no-bozos' 정책에 있다고 이야기했을 때 그곳에 있던 투자자들은 '아, 야후는 이렇게 하는구나!' 하는 강렬한 통찰의 순간을 맞았다. 또 그 순간 '나는 멍청이 금지 테스트를 통과할 수 있을까?'라고 스스로를 돌아보았다. 안타깝게도 몇 년 후 쿠글을 포함한 일부 경영진은 닷컴 버블이 터지고 야후의 경영이 악화되면서 회사를 떠나라는 압력을 받았다(멍청이 금지 정책이 얼마나 빈틈없는지 놀라울 정도다).

마지막으로 이베이가 있었다. 2001년부터 2004년까지 거의 모든 인터넷 기업이 망했을 때 이베이는 시가총액이 급등하며 무적의 인터넷 기업이 되었다. 같은 기간 나스닥 종합지수는 14퍼센트 하락했지만 이베이는 무려 600퍼센트 급등했다! 이베이의 CEO였던 멕 휘트먼은 매출 및 이익 성장 면에서뿐만 아니라 주가 부양 측면에서도 주 경쟁자인 제프 베이조스를 크게 앞지르며 업계에서 가장 뛰어난 경영인 중 한 명으로 평가받았다. 이베이의 채용 설명회는 너무 인기가 많아서 샌호세 인근 280번 도로의 일부 구간을 막기까지 했다. 휘트먼은 이베이의 성공을 이끌며 캘리포니아 주지사로 출마할 길을 닦았다. 하지만 현재 이베이의 시가총액은 아마존의 2퍼센트에 불과하며, 많은 인터넷 사용자가 이베이를 촌스럽고 구식이라고 생각한다.

앞서 말했듯 인터넷 부문에서는 아주 소수의 기업만이 선도적이고 지배적인 지위를 유지한다. 그럼에도 지배적인 플랫폼이 되고 그 과정에서 주주들에게 막대한 부를 안겨준 기업도 있었다. 구글은 단연코 전 세계에서 광고 매출을 가장 많이 창출하는 기업이 되었다. 코로나19 팬데믹이 강타하기 직전까지 전년 동기 대비 매출 성장률이 50분기 연속(2014년 2개 분기와 2019년 2개 분기는 살짝 예외였지만 무려 12년 동안) 20퍼센트에 달하는 경이로운 실적을 올렸다(매출 추정치가 1,000억 달러를 훌쩍 넘는). 구글 같은 규모의 기업에서는 들도 보도 못한 성장률이다. 지금은 알파벳이 된 구글은 기업공개 직후 잠깐 매도 의견을 냈을 때(지나고 보니 정말 형편없는 의견이었다)와 에릭 슈미트에서 래리 페이지Larry Page로 CEO가 승계될 동안 중립 의견을 냈을 때를 빼고는 내가 지난 15년 동안 꾸준히 추천한 종목이다. 슈미트는 지적이고 솔직하며 개방적일 뿐만 아니라 매력적이고 다가가기 쉬워서 나는 늘 그를 높이 평가했다. 구글이 주최한 첫 번째 애널리스트의 날에 슈미트는 내가 리서치 보고서에서 제기했던 질문들을 공개적으로 물어볼 수 있게 해줬다. 나는 궁금했던 점을 물어봤고, 슈미트와 공동 창업자 래리 페이지가 질문에 바로 답해줬다. 2020년 말까지 5년 동안 구글의 주가는 131퍼센트 상승해 84퍼센트 상승한 S&P 500의 수익률을 가볍게 넘어섰다. 여기에서는 연평균 성장률compound revenue growth이라는 놀라운 주식 효과에 대해 배울 수 있지만 이 부분은 나중에 살펴보겠다.

닷컴 버블이 꺼졌을 때 주요 경제지들은 아마존을 '아마존닷봄Amazon. bomb', '아마존닷토스트Amazon.toast'라고 공공연하게 조롱했다. 월가의 일반적인 정서를 보여주는 바로미터 중 하나인《배런스Barron's》는 지난 20년간 아마존에 대한 기사를 수없이 많이 냈는데 (전부는 아니더라도) 대부분이 회의적인 내용이었다. 그중 가장 유명한 기사는 1999년 5월 31일에 실린 '아마존닷봄'일 것이다. 기자는 "아마존의 CEO 제프 베이조스가 새로운 비즈니스 패러다임을 개척했다는 생각은 바보 같다"고 단언했다. 오늘날 아마존은 전 세계 유통업계에서 가장 지배적이고 파괴적인 기업이다. 별로 바보 같지 않다. 아마존은 매우 인상적으로 전략을 변경해 세계 최고의 클라우드 컴퓨팅 사업을 구축했고, 세계 최대의 광고 매출을 올리는 회사가 됐으며, 잠재적으로 세계 최대의 식료품 유통 회사이자 사무용품 회사… 등등이 되었다. 아, 그리고 2020년에는 3년 연속 GAAP Generally Accepted Principles(미국에서 활용되는 표준 회계 원칙 및 가이드라인. 미국 주식시장에 상장된 기업들은 재무제표 작성 시 이 기준을 따른다. - 옮긴이)기준 순이익 100억 달러 이상을 벌어들였다.

넷플릭스는 그야말로 드라마틱한 회사다. 미국의 주요 인터넷 기업 중 다양한 이유로 가장 많은 논란의 대상이 되었다. 매달 우편 서비스로 DVD를 구독할 가구가 얼마나 있을지, 이후에는 맞춤형 on-demand 스트리밍 서비스를 구독할 가구가 얼마나 있을지 확실히 알 수 없었다. 게다가 경쟁 위험도 극복하기 어려운 듯했다. 캘리포니아 로스 가토스에 본사를 둔 작은 회사가 어떻게 블록버스터 Blockbuster, 월마트, 아마존, HBO, 디즈니와 경쟁해서 살아남겠는가? 그러나 넷플릭스는 살아남았고 번성했다. 1998년 샌프란시스코 근처의 메리어트 호텔에서 리드 헤이스팅스가 매우 회의적인 투자자들에게 넷플릭스의 비즈니스 아이디어를 설명하던 것을 기억한다. 이때 투자자들이 자신의 의심을 넘어설 수 있었다면 엄청난 투자수익률을 누릴 수 있었을 것이다. 2020년 말 기준 넷플릭스는 2002년 기업공개 이후 4만 퍼센트 이상 상승했다. 무려 400배 주식이 된 것이다. 2010~2019년, 10년 동안 넷플릭스는 S&P 500 종목 중에서 수익률이 가장 높은 주식이었다.

마지막으로 지금은 메타로 이름이 바뀐 페이스북을 들 수 있다. 이 괴물 같은 기업은 전 세계 30억 명의 사용자를 보유하고 있으며 2020년 기준 매출 7조 1,860억 달러, 잉여현금흐름 2,140억 달러를 창출해냈고 2021년 초 시가총액이 7,000억 달러를 넘어섰다. 페이스북은 엄청난 영향력을 지닌 문화 현상이 되었는데, 페이스북이 2016년 미국 대통령 선거를 흔드는 데 일조했다고 생각하는 사람들도 있다. 다시 말하지만 페이스북은 2021년 기준 전 세계 30억 명의 사용자가 이용하고 있다. 중국, 미국, 일본의 전체 인구를 합친 것보다 많다. 하지만 기업공개 후 모바일 전략이 없다는 인식 때문에 40달러가 넘던 주가가 17달러까지 조정받았을 때는 괴물처럼 보이지 않았다. 그럼에도 페이스북은 2020년 말까지 1,441퍼센트 상승하며 15배 주식이 되었다. 실로 엄청난 상승이다.

이 책은 주식, 채권, 상품, 리츠REITs, 통화 등 모든 자산군을 다루지는 않는다. 내 경험은 거의 주식에만 집중되어 있다. 고성장주, 경기 순환주, 저성장주, 턴 어라운드주, 저평가주 등 모든 주식군을 다루는 것도 아니다. 나는 고성장주만 분석해왔다. 아니, 인터넷이라는 고성장 섹터에서 경쟁하는 기업을 다뤄왔다고 표현하는 편이 낫겠다. 이 부문은 고성장주 외에는 좀처럼 신경 쓰지 않는다. 성공적인 턴 어라운드도 거의 일어나지 않는다. 저성장은 보통 느린 죽음으로 해석하며, 더 정확히 표현하자면 시장 수익률을 따라가지만 상회하지는 못하는 주식으로 해석한다.

이 책에서는 주식시장에서 인터넷 섹터의 역사를 간략히 살펴본다. 지난 20년 동안 기술주를 이끌어온 큰 추세를 알아볼 것이다. 닷컴 붐이 어떻게 닷컴 거품으로 이어지고, 닷컴 폭발과 닷컴 붕괴로 이어졌는지 살펴볼 예정이다. 또 어떤 기업이 가장 크게 성공했고 어떤 기업이 실패했는지도 되짚어보겠다.

하지만 이 책은 역사서가 아니다. 내가 25년간 월가에서 가장 역동적인 섹터인 기술주를 분석하면서 힘들게 배운 몇 가지(정확하게는 10가지) 가르침에 대한 책이다. 눈앞에 놓인 엄청난 성장 기회에 독자 여러분이 더 잘 투자할 수 있도록(트레이딩이 아니라 투자다) 이 가르침들이 도움이 되기를 바란다. 2000년에 이런 엄청난 성장 기회를 찾았던 투자자들은 "이번엔 달라"라든지 "당신은 이해 못한다!"는 표현에 너무 자주 의지했다. 나는 이 책의 독자들이 총 도달 가능 시장Total Addressable Market, TAM(해당 산업의 전체 시장 규모 – 옮긴이)이나 매출 성장률과 영업이익률이 모두 높은 크루셜 콤보crucial combo, 이탈한 우량주dislocated high-quality 등 이 책에서 자세히 다루는 개념을 참고해 투자를 결정하고 정당성을 주장할 수 있기를 진심으로 바란다. 독자들이 그렇게 할 수 있다면 나는 성공했다고 할 만하다. 만약 독자들이 투자 결정을 내리고 그 투자의 정당성을 주장할 수 있을 뿐만 아니라 합당한 투자 수익까지 얻는다면 제대로 성공한 것이다.

NOTHING BUT NET

종목 선택의 함정을 피하라

주식 투자를 하면 틀림없이, 명백하게, 분명히 시장에서 돈을 잃을 수 있다. 투자 원금의 일부나 전부가 마이너스로 전환되어 몇 시간, 며칠, 몇 달, 심지어 몇 분기까지 지속되기도 하는데, 시장에 충격이 가해졌거나 '확실한' 종목인데도 70퍼센트 수준에서 거래될 때가 있기 때문이다. 투자자는 이런 힘든 시간을 견뎌야만 한다.

주가는 움직인다. 상승하고 하락한다. 크게 상승하기도, 크게 하락하기도 한다. 투자자가 어쩔 수 있는 부분이 아니다. 이런 점이 마음에 들지 않는다면 애당초 주식시장에 투자하지 말아야 한다.

주식을 매수함으로써 투자자는 (교육을 받았을 수도 있고, 연구를 했을 수도 있고, 열심히 생각했을 수도 있다. 아니면 이런 것들을 다 안 했을 수도 있다) 그 기업의 향후 펀더멘털과 밸류에이션 멀티플valuation multiples(기업이 앞으로 벌어들일 이익의 몇 배를 기업 가치로 볼 것인가를 평가하는 것 – 옮긴이)에 베팅한다. 주식 투자에 성공하려면 투자자는 훌륭한 펀더멘털리스트가 되어야 한다. 즉 특정 시장의 특정 경영진이 특정 경쟁자에 대해 창출해낼 만한 매출과 이익을 합리적으로 예측할 수 있어야 한다. 이는 미래를 예측하는 것과 비슷하므로 매우 어려운 일이다. 아니, 미래를 예측하는 일 그 자체다. 그리고 미래를 예측하는 일을 제대로 해낼 수 있는 사람은 없다.

종목을 고를 때 어려운 점은 투자자가 훌륭한 펀더멘털리스트라 해도 형편없는 종목을 고를 수 있다는 것이다. 주식 투자에 성공하기 위해 투자자는 다른 한편으로 훌륭한 심리학자가 되어야 한다. 그리고 자신이 예측한 펀더멘털을 시장이 어떻게 평가할지도 예측해야 한다. 시장이 내가 예측한 펀더멘털에 높은 멀티플을 줄지 아니면 낮은 멀티플을 줄지, 혹은 현재 거래되는 것보다 멀티플을 더 높게 책정할지 낮게 책정할지 말이다. 그리고 이 과정에서 많은 것이 잘못될 수 있다.

여기 간단한 예가 있다(다년간 투자 경험이 있는 투자자라면 다음 몇 문단은 건너뛰어도 좋다). 어떤 주식의 EPS는 1달러이며, 주가를 당기순이익으로 나눈 주가수익비율 price earnings ratio(머리글자를 따서 PER이라고도 한다. 이하 PER로 표기. – 옮긴이)은 지난 20년 동안 S&P 500 평균 예상 PER에 가까운 15배다. 이 주식에 대해 애널리스트 보고서도 찾아보고, 사업보고서도 읽고, 검색도 하며 공부를 좀 해보니 EPS가 향후 3년간 매년 10퍼센트씩 늘어 3년 후 1.33달러가 될 것으로 생각한다고 해보자. 이 주식에 대한 멀티플이 바뀌지 않는다면 3년 후 주가는 15달러에서 19.97달러로 상승할 것이다. EPS가 성장함에 따라 3년 동안 매년 10퍼센트씩 오르는 것이다. 이제 되었다. 누워서 떡 먹기다. 다음!

하지만 만약 시장 심리가 바뀌어 EPS 1.33달러에 기존 멀티플을 적용하는 것이 적당하지 않다고 판단한다면? 사업에 뭔가 변화가 생겼고 향후 성장 전망이 별로 밝지 않다면? 이 회사가 반려동물용품 판매점이라고 가정해보자. 3년 동안 온라인 반려동물용품 판매점(이 회사를 Chewy.com이라고 하자)이 시장에 진출해 훌륭한 고객 서비스, 능숙한 마케팅, 다양하게 구비한 판매 제품을 통해 시장점유율을 모조리 잠식하기 시작했다. 그다음에는 전 세계적인 유행병이 돌아 판매점이 상당 기간 문을 닫아야만 했다. 그래서 시장은 이 회사의 미래 이익에 대해 주가수익배수를 10배만 주기로 결정했다. 이제 19.97달러가 될 거라고 예상했던 주식은 13.31달러에 거래된다. 그리고 투자자는 투자금의 11퍼센트를 잃었다. 이 투자자는 미래 이익만큼은 완벽하게 맞혔다(훌륭한 펀더멘털리스트다). 그러나 멀티플은 완전히 틀렸다(실력 없는 심리학자다). 결국 형편없는 주식 투자자가 된 것이다.

바보 같은 예를 들었다고 생각할지도 모르겠다. 하지만 추이는 실제 존재하는 회사다. 그리고 펫 밸류Pet Valu도 2020년 11월, 사업을 단계적으로 축소하고 미국 전역의 358개 매장과 창고를 닫는다고 발표하기 전까지는 그랬다. 이는 사실 11퍼센트 주가 조정보다 훨씬 더 나쁜 상황이다. 정말 훨씬 나쁘다.

투자자들이 간혹 주식시장에서 100퍼센트 확실하게 손실을 입는 이유 중 하나는 개별 주식의 주가 움직임에서 많은 부분이 그 주식의 특정한 펀더멘털과는 전혀 관련이 없기 때문이다. 이는 시장과 관련이 있다. 주가 변동의 3분의 1은 그 주식의 펀더멘털 때문이고, 3분의 1은 그 주식이 속한 섹터 때문이며, 나머지 3분의 1은 전체 시장 때문이라는 것이 월가에서는 어느 정도 진리로 통한다. 지난 25년간 나는 이를 경험해봤고 이 말이 정확하다고 느꼈다.

우리는 이 말을 생생히 상기하게 해준 사건을 경험하지 않았는가? 2020년 2월 20일, S&P 500 지수는 3,373이었다. 한 달 뒤인 3월 23일에는 34퍼센트 하락한 2,237이었다. 코로나19 때문이었다. 그달에 거의 모든 성장주나 기술주는 하락 거래되었다. 일부 종목은 큰 폭으로 하락해 스냅은 37퍼센트, 우버는 45퍼센트 하락했고, 비행기 이용에 대한 대중의 관심이 바닥으로 떨어지면서 익스피디아는 무려 58퍼센트 하락했다. 한편 하락 폭이 그리 크지 않은 성장주도 있었다. 마이크로소프트는 26퍼센트, 아카마이 테크놀로지Akamai Technologies는 16퍼센트 하락했고, 펠로톤Peloton은 실내 체육관이 문을 닫고 집에서 운동하려는 사람들이 늘어나면서 13퍼센트 하락에 그쳤다. 이 기간에 상승한 기술주는 단 하나뿐이었는데, 바로 줌Zoom이었다. 이 종목은 무려 50퍼센트나 상승했다. 단 한 달 만에 말이다! 추이는 10퍼센트, 클라우드플레어Cloudflare는 5퍼센트 상승했다. 대대적인 재택근무가 시행됨에 따라 결국 팬데믹의 승자임이 분명해진 종목조차 이 한 달 동안에는 모두 하락 거래되었다. 아마존은 12퍼센트, 엣시는 39퍼센트, 넷플릭스는 7퍼센트, 쇼피파이는 30퍼센트 조정되었다.

요점은 투자자가 주요 시장의 움직임 때문에 아무리 펀더멘털과 가치 평가가 건전한 종목을 선택했다 해도 돈을 잃기 쉽다는 것이다. 이런 시장 움직임은 예측 불가능하고 희귀한 충격을 통해 일어난다. 속칭 '블랙스완black swan(나심 탈레브의 저서 『블랙스완』에 나오는 용어로 예측하지 못한 극단적인 상황이 벌어지는 것을 의미한다. - 옮긴이)'이다. 나심 니컬러스 탈레브Nassim Nicholas Taleb는 같은 제목의 저서에서 이 현상에 대해 명확하게 설명했다. 이 책의 메시지는 미래는 예측할 수 없으며, 미래에 대해 확신하는 사람은 결국 무참히 실망하게 된다는 것이다. 이 사실을 잊지 말아야 한다.

그러니 주식시장에서 출혈이 없을 수는 없을 것이다. 시장의 신이 미소 짓고 있어도, 인터넷처럼 폭발적으로 성장하는 섹터를 골랐더라도 말이다. 왜? 주식을 잘못 선택해서. 이건 내가 잘 알 수밖에 없다. 여러 번 경험해봤기 때문이다.

너무 복잡한 사업을 하는 기업의 주식 ― 블루 에이프런

2017년 6월 29일, 뉴욕 증권거래소에 10달러에 상장된 블루 에이프런Blue Apron은 3억 달러가 넘는 자금을 조달했고 기업 가치 평가액은 19억 달러에 달했다. 이날 매트 샐즈버그Matt Salzberg CEO는 CNBC에 출연해 회사 전망을 발표했다. 그는 지난 2년 동안 회사가 10배 성장했고, 농장에서 집 문 앞까지 연결되는 통합된 엔드-투-엔드end-to-end 공급망을 구축했으며, 이미 단위 경제성unit economics(사업 단위당 수입과 비용―옮긴이)을 달성했다고 말했다. 구체적으로 약 6개월이면 고객 유치 비용customer acquisition costs의 손익분기점에 도달할 수 있으며 3년간 고객 1명당 평균 매출 1,000달러를 올릴 수 있다고 말했다. 대단한 발표였다. 하지만 안타깝게도 그날이 블루 에이프런의 주가가 사상 최고치를 찍은 날이었다.

블루 에이프런의 경우 모든 것이 너무 빨리 무너졌다(그림 1.1). 기업공개 후 한 달 만에 공동 창업자 3명 중 한 명이 COO 자리에서 물러났으며 5개월 만에 대규모 해고를 단행하며 다른 공동 창업자 중 한 명도 CEO 자리에서 물러났다. 그해 말 주가는 4달러로 떨어졌으며, 18개월 만에 90퍼센트 이상 하락해 0.66달러까지 떨어졌다. 결국 상장폐지를 막기 위해 이례적으로 주식 15주를 1주로 병합해야 했다. 코로나19 관련주, 거리 두

기 정책의 수혜주로 '인식되기' 전인 2020년 3월 중순, 주가는 병합 전 기준으로 0.15달러까지 떨어졌다. 이후 한 달도 안 되어 5배가 올랐지만 몇 달 후 상승분의 절반을 반납했다.

그림 1.1 블루 에이프런의 주가 변동

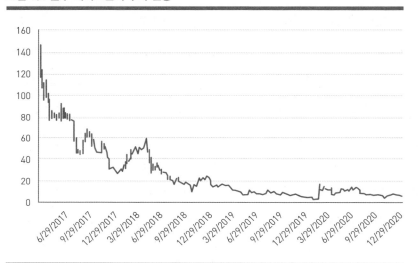

종목 선택과 관련해 블루 에이프런에서 배울 수 있는 교훈이 뭘까? 먼저 '함정setup'을 알아야 한다는 것이다. 한동안 블루 에이프런은 '확실한 주식'으로 여겨졌다. 기업공개 직전 분기에는 100만 명 이상의 고객을 확보하고 2억 4,500만 달러의 분기 매출을 올리며 연간 매출 추정치가 약 10억 달러에 달했다. 이는 엄청난 숫자다. 많은 기업이 훨씬 낮은 매출과 고객 기반을 갖추었어도 기업공개에 성공했다. 블루 에이프런 경영진은 미국 내 밀키트 시장의 99퍼센트를 점유하겠다는 포부를 밝혔다. 그 숫자가 정확히 얼마일까? 시장조사 기업 유로모니터 인터내셔널Euromonitor International에 따르면 블루 에이프런이 기업공개를 할 당시 미국 식품 소매 및 외식시장의 지출 총액은 1조 3,000억 달러였다.

블루 에이프런은 기업공개를 하기 5년 전부터 사업을 운영해왔으며, 몇 년 동안 세 자릿수 성장률(100퍼센트 이상)을 기록해왔다. 밀키트업계에는 플레이티드Plated, 선 바스켓Sun Basket, 퍼플 캐럿Purple Carrot 등 경쟁자도 많았고 글로벌 시장조사업체 피치북Pitchbook에 따르면 4억 달러가 넘는 벤처 자금이 들어와 있었다. 하지만 블루 에이프런은 가장 중요한 기준인 매출과 고객 수에서 분명한 업계 선두였다. 게다가 구독 모델을 가지고 있었기 때문에 매출 가시성이 높았다. 잘못될 일이 뭐가 있겠는가?

기업공개를 하게 되었을 때 주요 은행들은 '엄청난 투자 기회'에 참여하라고 권유했다. 2017년 초 우리 은행은 나를 매트 샐즈버그의 맨해튼 사무실로 보냈다. 몇 달 뒤에는 인수단과 함께 블루 에이프런의 시식 시설 중 한 곳에서 이 회사의 전체 경영진과 훌륭한 저녁 식사를 했다. 브루클린의 멋진 브라운스톤에서 블루 에이프런의 셰프들이 고급스러운 식사를 준비했다. 이날 모임에서 다년간 언더아머Under Armour의 CFO로 성공적인 경력을 쌓고 한 해 전에 블루 에이프런에 합류한 CFO 브래드 디커슨Brad Dickerson을 만났는데, 그가 블루 에이프런의 이야기에 신빙성을 더했다. 다음 날 우리는 실험복과 장갑, 머리 망을 착용하고 뉴저지 교외에 있는 회사의 물류 센터 중 한 곳을 둘러봤다. 나 역시 블루 에이프런의 고객이 되어 가족을 위해 다양한 식사를 준비하는 것을 즐겼다.

기업공개를 하고 약 한 달 후 목표 주가 10달러에 아웃퍼폼outperform 의견(주식 상승률이 시장 평균보다 더 높을 것으로 예측하며 해당 주식을 긍정적으로 보지만 '매수'보다는 약한 의견 – 옮긴이)을 제시하며 커버리지를 개시했다. 그런데 10달러는 공모가 금액이다. 목표 주가가 공모가와 똑같다? 그렇다. 블루 에이프런은 그 사이에 이미 35퍼센트나 하락해 6.5달러에 거래되고 있었다. 나는 커버리지 개시 보고서에서 블루 에이프런을 향한 시장의 의심은 이해할 수 있지만 총 도달 가능 시장의 엄청난 규모(1조 3,000억 달러), 시장점유율에서 블루 에이프런이 차지하는 선도적 위치, 곧 시행할 상품 및 서비스 개선, 저평가된 밸류에이션이 매력적인 위험 보상 기회를 만들고 있다고 주장했다. 그러다가 4개월 후 CEO의 사임으로 목표 주가 4달러에 '섹터 퍼폼sector perform(섹터 수익률, 해당 분야 평균 수익률과 비슷할 거라는 전망 – 옮긴이)'로 투자 의견을 하향 조정했다. 당시 주가는 2.99달러였다. 1년 후 주가는 0.66달러(병합 전)가 되었다. 1년이 조금 지난 후에는 0.15달러까지 떨어졌다. 그렇다면 블루 에이프런에서 배울 수 있는 교훈은 무엇인가?

블루 에이프런에 관련된 수많은 보고서는 처음부터 회사를 괴롭혔던 경쟁 위험에 초점을 맞춰왔다. 밀키트업계에는 블루 에이프런이 기업공개를 하기 전후 몇 년 동안 10여 개의 경쟁 업체가 존재했다. 내셔널 컨슈머 보이스The National Consumer Voice, theconsumervoice.org는 미국의 10대 밀키트 배달 서비스를 발표한다(블루 에이프런은 이 리스트에 이름을 올리지 못했다). 블루 에이프런의 기업공개 직전 홀푸드Whole Foods 인수를 발표한 아마존이라는 고래도 있었다. 투자자들은 블루 에이프런의 기업공개 로드

쇼에서 아마존이라는 위험에 즉각적으로 포커스를 맞췄다. 아마존의 위협은 블루 에이프런의 공모가(10달러)가 희망 공모가 밴드(15~17달러)보다 상당히 아래에서 결정된 가장 큰 이유일 것이다. 아마존을 인정하긴 하지만 나는 이것이 블루 에이프런이 실패한 진짜 원인이라고는 생각하지 않는다. 아마존에서 밀키트를 배달시키는 사람을 본 적 있는가?

뒤에 자세한 설명이 나오지만, 내가 블루 에이프런의 '벤다이어그램 챌린지'라고 말하는 것에 대해서도 많은 의견이 있었다. 센스 있는 한 업계 전문가는 다음과 같이 말했다.

"요리는 하고 싶은데 직접 식재료를 구매하거나 식사 준비는 하기 싫다면, 배가 그렇게 많이 고프지는 않다면, 많은 친구를 위해 요리하는 걸 좋아하지 않는다면 블루 에이프런이 있다. 블루 에이프런은 한 끼 식사로 딱 맞는 양의 연어와 껍질콩, 버터, 레몬을 정확히 계량하고 포장해서 집으로 배송해주는 스타트업이다."

블루 에이프런의 매력은 집에서 요리하는 걸 좋아하지만 그렇다고 아주 많이 좋아하지는 않는 사람들에게 호소력이 있었다. 식사는 30분에서 45분 안에 준비할 수 있게 되어 있었다. 또 2인 가구나 4인 가구에 적합했다. 3인 가구에서는 재료가 남았고 5인 이상 가구는 추가 구독을 신청하거나 식탁에서 쟁탈전을 벌여야 했다. 블루 에이프런은 식료품점에서 쇼핑하는 것을 즐기지 않으며, 비교적 고정된 배송 스케줄에 기꺼이 식단을 맡기고, 2인 구성일 때 주당 60달러, 4인 구성일 때 주당 72달러의 구독 서비스에 가입할 사람들에게 매력적이었다. 구독료는 사실 한 끼 식사 기준으로 상당히 저렴했지만 그럼에도 약간의 경제적 부담은 있었다. 이 모든 조건을 만족시켜야 한다는 점에서 벤다이어그램 챌린지라고 할 수 있었다. 하지만 이것도 블루 에이프런이 실패한 결정적 원인은 아니다.

벤다이어그램 챌린지를 가장 잘 만족시키는 회사는 헬로프레시 HelloFresh다. 미국 투자자들은 대부분 이 회사를 모를 텐데, 독일 베를린에 본사가 있고 주식은 프랑크푸르트 증권거래소에서 거래되기 때문이다. 블루 에이프런이 큰 실패를 겪는 동안 헬로프레시는 (2020년 말 기준) 미국 고객 250만 명을 포함해 전 세계 500만 명 이상 고객을 확보하고 2020년 45억 달러에 이르는 매출을 올려(코로나19 관련 이동 제한 조치 덕분에 전년 동기 대비 100퍼센트 이상 성장했다) 세계에서 가장 큰 밀키트 배송 사업을 구축했다. 헬로프레시는 수익률도 높다. 2018~2020년 주가가 400퍼센트 상승해 2021년 초 기준 시가총액이 거의 120억 달러가 됐는데, 이는 기업공개 당시 블루 에이프런 기업 가치의 약 6배에 달한다. 헬로프레시는 2020년 12월 투자자 설명회에서 제품 카테고리를 확장하고 아침이나 점심처럼 새로운 식사로 상품 구성을 확대하겠다는 다양한 계획을 발표했다. 이는 정확히 3년 전 블루 에이프런이 논의했던 것이다. 그러니까 이일도 이루어지고 있는 것이다!

하지만 블루 에이프런의 사례에서 배울 수 있는 진정한 투자 교훈은 기술 투자는 물론 그 밖의 투자에서도 가장 중요한 단 하나의 요소, 바로 '경영'과 관련이 있다. 블루 에이프런에 시장 기회가 있었다. 비즈니스 모델을 구축하는 것은 쉽지 않았지만 불가능한 일도 아니었다. 블루 에이프런에 실질적으로 경쟁력 있는 해자는 없었지만 경쟁은 그저 마우스 클릭이나 화면을 터치하는 것이었고, 블루 에이프런은 시장 리더였다. 그것도 상당 기간 그랬다. 경마 용어로 말하자면 트랙은 탄탄하고 말은 건강했으며 선두를 달리고 있었다. 하지만 기수에게 약간의 문제가 있었다.

변호하자면 밀키트 배송 사업은 그 자체로 매우 힘든 사업이다. 나도 물류 센터를 방문해봤지만 블루 에이프런은 머리 망, 장갑, 실험복을 착용하라고 했다. 아, 그리고 신선 식품을 보관하기 위해 냉장 중이기 때문에 따뜻한 옷을 입으라고도 했다. 이 모든 것은 처음부터 매우 복잡한 운영 프로세스를 구축해야 했다는 뜻이다. 그런 다음 마케팅과 고객 확보에 나서고 상품 개발도 해내야 했다.

이 모든 것을 제대로 하기는 힘들기 때문에 오랫동안 이 일에 집중할 아주 유능한 경영진이 필요했다. 기업공개 후 5개월도 안 돼서 물러난 공동 창업자들은 아닐 것이었다. 물론 그들은 기업공개 이전 5년 동안 블루 에이프런과 함께했다. 하지만 이 정도로는 충분하지 않았다. 다시 한번 『아웃라이어』의 핵심 내용이 떠오른다. 어떤 일에 탁월해지려면 10년 또는 1만 시간이 필요하다는 사실 말이다. 지금까지도 나는 블루 에이프런의 경영진이 밀키트 배송 사업을 성공시킬 수 있을지 잘 모르겠다. 창업자들이 '고작' 5년 만에 그만둬버렸고 그것이 투자 손실을 줄일 가장 좋은 신호였다는 것만 알 뿐이다.

가장 중요한 것을 충족하지 못하는 기업의 주식 — 줄릴리

내가 올바른 종목 선택의 기쁨을 누리지 못했던 또 다른 주식이 있다. 2013년 11월 15일, 젊은 엄마와 어린아이를 타깃으로 한 플래시 세일 온라인 쇼핑몰 줄릴리Zulily는 희망 공모 밴드 18~20달러보다 높은 주당 22 달러에 기업공개에 성공해 2억 5,000만 달러를 모집했다. 주가는 2배 가까이 빠르게 상승해 41달러가 되었고, 시가총액은 약 50억 달러가 되었다. 줄릴리 창업자 마크 배돈Mark Vadon과 대럴 캐번스Darrell Cavens는 이전에 온라인 주얼리 상점 블루 나일Blue Nile을 성공적으로 창업해 경영한 경험이 있었다. 창업자들의 평판이 줄릴리의 기업공개가 큰 기대를 받은 이유 중 하나였다.

기업공개 후 2년이 채 지나지 않은 2015년 8월, 줄릴리는 주당 약 19 달러에 리버티 인터랙티브Liberty Interactive의 QVC에 인수되었다. 당시 주가에 50퍼센트 프리미엄이 붙은 가격이었지만 공모가보다는 낮았다. 이는 줄릴리가 짧은 상장 기간에 시장 대비 현저히 낮은 수익률을 기록했다는 의미다. 어떻게 된 걸까? 그리고 여기에서 어떤 깨달음을 얻을 수 있을까?

몇몇 기술 기업의 경영자처럼 누구나 아는 이름은 아닐 수도 있지만 마크 배돈은 자신의 사업에 열정적인 기업가의 매력적인 전형이다. 그는 1999년 약혼자에게 줄 다이아몬드 반지를 고르면서 겪은 실망스러운 경험 때문에 블루 나일을 창업했다. 상점에서 다이아몬드 반지를 쇼핑하는 과정이 주눅 들고 불편하며 지나치게 복잡하다고 느낀 배돈은 인터넷이 더 나은 방법을 제공할 거라고 생각했다. 배돈은 블루 나일을 세계에서 가장 큰 보석상 중 하나로 키웠다. 블루 나일은 2004년 5월 상장되었고 주가는 거래 첫날 39퍼센트 상승했다. 시가총액이 수십억 달러까지 성장하지는 못했지만 2017년 사모 투자 전문 회사인 베인 캐피털Bain Capital과보 스트리트Bow Street에 약 5억 달러에 인수되기 전까지 13년 동안 상장된 주식이었다.

그리고 2009년 배돈과 캐번스는 주로 젊은 엄마와 아이를 위한 의류, 신발, 장난감, 가정용품을 판매하는 줄릴리를 창립했다. 앞서 이야기했듯 배돈은 개인적으로 불만족스러웠던 경험에서 블루 나일을 시작했다. 배돈과 캐번스는 배돈의 아내가 첫아이를 임신하고 구매해야 할 육아용품이 너무 많아 어쩔 줄 모를 때 줄릴리를 창업했다. 배돈은 인터넷에서 보석을 구매할 수 있으리라고 생각했던 것처럼 인터넷이 소비자에게 임부복과 육아용품을 찾고 구매할 수 있는 더 좋은 방법을 제공할 거라고 생각했다.

2013년 중반, 내가 다니던 회사에서 배돈과 캐번스가 최근 창업한 벤처에 주식시장이 관심을 가질 것인지 평가해달라고 요청했을 때 나는 열심히 과제를 수행했다. 나는 줄릴리의 창업자들을 잘 알았고 그들이 블루 나일을 경영하는 모습을 보았으며, 시장 기회가 매력적일 것 같다고 판단했다. 특히 경영진의 장점에 집중했다. 두 사람이 얄미울 만큼 똑똑하고 사업에 열정적이며 근면 성실하고 절제되고 겸손한 방식으로 접근한다고 생각했다. 훌륭한 경영진의 특징이었다.

블루 에이프런 때와 달리 줄릴리에 대해서는 매수 의견으로 커버리지를 개시하지 않았다. 주가는 공모가보다 80퍼센트 높은 수준이었지만 나는 다소 공격적인 밸류에이션이 혁신적인 비즈니스 모델과 3,000억 달러가 넘는 풍부한 시장 기회, 재능과 경험이 풍부한 경영진이라는 장점을 상쇄한다고 주장하며 섹터 퍼폼 의견으로 커버리지를 개시했다. 높은 밸류에이션 때문에 주저했던 것이다.

나는 줄릴리를 추적 관찰하면서 투자자들에게 이 회사의 모든 장점을 강조하는 한편 밸류에이션(주가를 주당 매출액으로 나눈 주가매출액비율price-sales이 4배였다) 때문에 조심해야 한다고 경고했다. 심지어 6개월 후 발행한 어닝 노트earnings note의 제목을 '여전히 매력적인 진입 시점을 기다리는 중'이라고 붙일 정도였다.

그러다 마침내 방아쇠를 당겼다. 2014년 6월 26일, 주가가 50퍼센트 조정받았을 때(2014년 초 75달러에서 고점을 찍고 약 40달러까지 하락) 목표 주가 50달러에 매수로 투자 의견을 상향 조정했다. 이때 가격이 공모가의 거의 2배였는데도 나는 주가가 50퍼센트 조정받았기 때문에 내가 주가를 좇지 않는 것처럼 보인다고 생각했다. 게다가 줄릴리가 고객 만족도가 높은 최고의 플래시 세일 사이트가 될 것임을 분명히 보여주는 새로운 설문 조사 데이터도 가지고 있었다. 그러나 6개월 뒤인 2015년 2월에는 중립으로 투자 의견을 하향 조정할 수밖에 없었다. 이때 주가는 매수로 투자 의견을 상향 조정했을 때보다 약 50퍼센트 하락한 19.89달러였다. 50퍼센트 조정을 이용하기 위해 매수로 투자 의견을 상향 조정했지만 또 다른 50퍼센트 하락이 기다리고 있었던 것이다. 중립으로 투자 의견을 수정한 뒤에는 어떻게 됐을까? 줄릴리의 주가는 거기서 또 50퍼센트 정도 하락해서 12달러보다 아래로 떨어졌다(그림 1.2).

어떻게 된 걸까? 그리고 여기에서 얻을 수 있는 교훈은 무엇인가? 지나치게 단순화할 위험이 있지만 나는 고객 가치 제안customer value proposition이 문제였다고 하겠다. 줄릴리의 고객 가치 제안은 회사의 본질적인 모멘텀을 유지할 만큼 강력하지 않았다. 여기서 우리는 고객 가치 제안이 전체 시장의 규모나 비즈니스 모델에 우선한다는 사실을 알 수 있다. 고객 가치를 제대로 제안하면 그 자체로 수많은 문제와 어려움을 상쇄할 수 있다. 반면 고객 가치를 잘못 제안하면 폭넓은 시장 기회와 훌륭한 비즈니스 모델(수익성이 높거나 자본 효율성이 높은) 같은 여러 장점까지 무용지물이 될 수 있다.

그렇다면 줄릴리의 고객 가치 제안은 무엇이 문제였을까? 배송 속도와 환불 정책이었다. 구체적으로 말하자면 2014년 초 줄릴리 고객은 주문에서 배송까지 걸리는 기간을 평균 13일로 생각해야 했다. 고객이 제품을 주문한 때부터 발송이 이루어지기까지 거의 2주가 걸렸다는 뜻이다. 그리고 물건이 실제로 소비자의 문 앞에 도착하려면 거기에서 2~3일 더 기다려야 했다. 이렇게 되면 2주가 넘는다. 인터넷 시대의 속도가 아니다.

환불 정책은 어땠을까? 아무것도 없었다. 줄릴리는 수년 동안 '환불 불가' 정책을 고수했다. 내가 2014년 중반 실시한 설문 조사에 따르면 고객들은 줄릴리에서 가장 마음에 안 드는 점으로 배송 속도와 환불 정책을 꼽았다. 다만 이 설문 조사에서 고객 만족도는 높게 나왔다. 문제는 이 설문 조사가 기존 고객을 대상으로 했다는 것이다. (적어도 나는) 고객이 아닌 집단을 대상으로는 실질적으로 조사를 시행할 수 없었기 때문에 새로운 집단이 어떻게 반응할지 확실히 알 수 없었다. 결국 줄릴리에 만족한 고객은 500만 명 정도였고 배송 속도와 환불 정책을 고려하면 그보다 아주 더 많지는 않았을 것이다. 2014년 4분기 줄릴리의 고객 수는 490만 명이 되었지만 그 이상 증가하지 않았다. 두 분기 후 매출 성장률은 불과 2

년 전 100퍼센트 이상의 성장률을 보였던 것과는 대조적으로 전년 동기 대비 4퍼센트로 둔화되었다.

줄릴리는 안정적이고 높은 매출 총 이익, 재고 부담이 별로 없는 모델, 음의 값을 갖는 탄탄한 운전자본 사이클 등 인상적인 비즈니스 모델을 갖추고 있었다. 재고 부담을 지지 않는다는 것은 다른 유통업체들처럼 자본을 많이 묶어둘 필요가 없다는 의미다. 운전자본이 마이너스라는 것은 공급 업체에 돈을 지불하기 훨씬 전에 고객으로부터 돈을 지급받는다는 뜻이다. 이 모든 요소는 줄릴리의 손익과 현금 흐름표에 긍정적인 신호였다. 하지만 이런 비즈니스 모델을 구축할 수 있게 했던 긴 배송 기간과 환불 불가 정책은 대부분의 소비자에게 그다지 매력적인 거래가 아니었다.

그림 1.2 줄릴리의 주가 변동

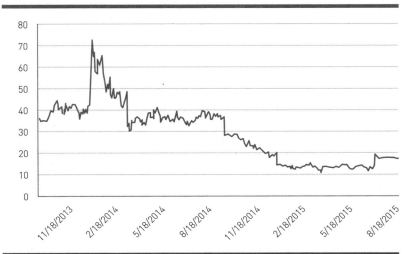

이것이 줄릴리가 대중적인 브랜드가 되지 못한 이유, 2015년 성장이 멈춰버린 이유, 그리고 2015년 QVC에 매각된 이유였다.

지나치게 확장하는 기업의 주식 — 그루폰

그루폰의 10년 주가 변동을 보여주는 차트는 썩 훌륭해 보이지 않는다. 사실 별로 좋지 않다. 만일 피터 린치가 이 주식을 매수해 돈을 벌었다면 대단히 민첩해야 했을 것이다(그림 1.3).

블루 에이프런처럼 그루폰도 2020년 6월, 20주를 1주로 주식병합했다. 이는 귀중한 투자 교훈이다. 어떤 회사가 주식병합을 생각만 해도 달아나야 한다. 인터넷 섹터에서는 이것이 좋은 교훈이었다. 다만 오로지 이 교훈을 따랐다면 프라이스라인을 놓쳤을 수 있다. 프라이스라인은 2003년 6주를 1주로 병합한 후 5년 동안 수익률이 가장 높은 S&P 종목이 되었다. 프라이스라인에 대해서는 나중에 더 자세히 살펴보자.

2011년 11월 4일 이루어진 그루폰의 기업공개는 2004년 구글 상장 이후 미국에서 가장 큰 규모였다. 공모가는 20달러(주식병합 이후 기준 400달러)였고, 2주 만에 26달러(주식 병합 후 523달러)까지 30퍼센트가 올라 고점을 찍었다. 이후 10년 동안 오르내림이 많았지만 분명한 장기 추세는 하향이었고 2021년 초 기준 1.7달러(주식병합 이후 기준 34달러) 수준에서 거래된다. 엉망이었다.

나는 2013년 2월 27일 투자 의견 중립 또는 섹터 퍼폼, 목표 주가 5달러(병합 전)를 제시하며 그루폰에 대한 커버리지를 시작했다. 주가는 기

그림 1.3 그루폰의 주가 변동

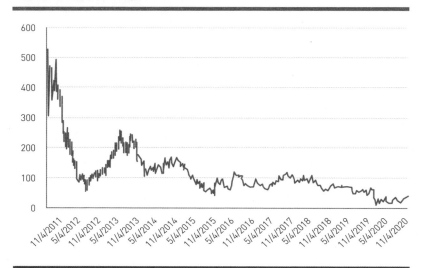

업공개 후 80퍼센트 이상 하락해 이미 큰 폭으로 조정을 받은 상태였다. 커버리지를 시작한 다음 날 회사 창업자이자 CEO 앤드루 메이슨Andrew Mason이 해고되었다. 그는 그루폰 직원들에게 다음과 같이 편지를 보냈다.

'그루폰의 CEO로서 4년 반 동안 치열하고 놀라운 시간을 보낸 후 가족과 더 많은 시간을 보내야겠다고 결심했습니다. 사실 농담이에요. 저는 오늘 해고됐습니다. 그 이유가 궁금하다면 그동안 회사가 돌아가는 사정에 주의를 기울이지 않았다는 뜻이에요. 우리가 증권거래위원회The Securities and Exchange Commission, SEC에 접수한 S-1 파일(증권 신고서 - 옮긴이), 10-K(미국 상장 기업이 매년 제출해야 하는 기업 실적 리

58   기술주 투자 절대 원칙

포트 – 옮긴이) 내용에 논란이 많았던 것부터 실적이 두 분기 연속으로 기대에 미치지 못한 것, 주가가 공모가의 4분의 1 수준에서 맴돈 것까지 지난 1년 반 동안 일어난 사건에 대해 무슨 말이 더 필요하겠어요. CEO로서 제게 책임이 있습니다.'

여담으로 메이슨의 편지에 담긴 솔직함은 인상적이었다. 그리고 공개적으로 모든 책임을 지려는 의지도 감동적이었다. 이런 태도는 보기 드물다. 메이슨은 무례하고, 재미있고, 무모하고, 천재적이라는 평판을 들어왔다. 이 편지를 보면 앞에 나열한 세 가지 성격이 잘 드러난다. 밑바닥에서부터 그루폰의 혁신적인 비즈니스 모델을 만들었다는 사실에서는 네번째 특징을 알 수 있다. 나는 아마존에서 오랫동안 근무하다 그루폰에 합류한 CFO와 꽤 친분이 있었는데, 그가 2년 전 앤드루를 소개해줬다. 그 CFO는 메이슨이 제프 베이조스를 연상시키는 유일한 경영자라고 말했다. 이것은 최고의 찬사였고, 나는 이 말을 진지하게 받아들였다. 게다가 그루폰은 혁신적인 비즈니스 모델이었다. 지역 상인들에게는 똑똑하고 빠른 고객 확보 도구를 제공했으며, 소비자에게는 다양한 서비스를 저렴하게 이용하는 방법을 제공했다.

그루폰의 핵심은 데일리 딜daily deal이었다. 그루폰의 창립 초기 고객들은 그날의 딜에 많은 사람이 모이면 피자와 파스타 점심 4인 세트를 25퍼센트 할인받는다든가, 동네 꽃집에서 30퍼센트 할인된 가격으로 꽃을 살 수 있는 등 하루 한 번 홍보용 할인 혜택을 받았다. 여기에는 설득력 있는 요소가 많았다. 소비자는 돈을 절약할 수 있었고, 지역 상인은 고객을 유치할 수 있었으며('쿠폰'은 새로운 고객을 유치하기 위한 마케팅 비용 또는 광고 지출로 생각할 수 있다), 소셜 게이미피케이션social gamification(딜은 충분한 인원이 참여해야 성사되기 때문에 개인이 친구나 지인에게 알릴 인센티브가 있었다) 요소까지 있었다. 시간이 흐르면서 그루폰은 제공하는 서비스, 제품군, 시장을 엄청나게 확장했다. 과도한 확장과 잘못된 경영은 시가총액과 주가를 여러 해 동안 하락시켰지만, 그루폰의 원래 아이디어는 매우 혁신적이고 천재적이었다.

게다가 그루폰은 초반에 매우 큰 성공을 거두었다. 2008년 창립되어 2011년에는 매출 16억 달러를 달성했다. 역사상 가장 빠르게 성장한 기업이었을 것이다. 사람들도 그루폰을 주목했다. 보도된 바에 따르면 2010년 구글은 60억 달러에 그루폰을 인수하겠다고 제안했으나 메이슨과 그루폰의 이사회가 거절했다(2021년 초 그루폰의 시가총액은 11억 달러였다. 이때 팔 수 있었는데, 팔았어야 했는데, 팔 걸 그랬다).

그렇다면 뭐가 잘못된 걸까? 그리고 여기서 얻을 수 있는 교훈은 무엇일까? 그루폰은 2010년 말, 북미, 유럽, 아시아, 남미 250개 도시에서 서비스를 제공했다. 2015년 초에는 전 세계 500개 도시로 진출했고, 제공 중인 딜이 42만 5,000개나 되었으며, 다른 기업을 인수하기도 하면서 자연스럽게 글로벌 시장으로 확장해나갔다. 하지만 나중에 그루폰은 여러 글로벌 시장에서 퇴출되었고, 1,000명도 넘는 영업 및 고객 서비스 직원을 해고해야 했다. 2013년 11월에는 한국의 티켓 판매 및 전자 상거래 회사 티켓 몬스터Ticket Monster를 2억 6,000만 달러에 인수했지만 18개월도 되지 않아 지분을 매각해야 했다. 이처럼 그루폰이 글로벌 시장에서 실패한 원인은 일부 경쟁이 치열해졌기 때문이다. 한때 그루폰을 모방한 기업이 전 세계에 7,000개나 있었다. 다른 한편으로는 단순히 시장을 너무 무리하게 확장한 것이 문제였다. 서비스를 제공하는 시장은 물론 제공하는 서비스라는 양쪽 측면에서 지나치게 말이다.

그루폰은 그루폰 굿즈Groupon Goods를 포함해 다양하고 새로운 카테고리에 공격적으로 진출했다. 할인 상품에 초점을 맞추는 그루폰 굿즈 때문에 그루폰은 아마존 같은 유통 및 물류 전문성을 개발해야 했다. 이것이 어떤 결과를 가져왔는지 짐작할 수 있을 것이다. 또 그루폰은 그루폰 겟어웨이스Groupon Getaways를 론칭해 프라이스라인, 익스피디아, 기타 여행사와 레저 여행 시장을 놓고 경쟁을 벌였다. 그루폰라이브GrouponLive는 이벤트 티케팅 시장에서 티켓마스터TicketMaster를 비롯한 여러 회사와 경쟁했고, 음식 배달 서비스인 그루폰 투 고Groupon To Go는 단위 경제성을 증명하기 위해 앞으로 5년이라는 시간과 코로나19 위기가 필요했다. 그리고 단위 경제성도 도어대시DoorDash가 증명했을 뿐, 그루폰 투 고는 증명하지 못했다. 이 밖에 그루폰은 세이버드Savored라는 회사를 인수해 레스토랑 예약 부문에도 진출했다. 이 부문에는 확실히 자리 잡은 오픈테이블OpenTable이라는 선두 기업이 있었다.

이 대부분의 기간에 그루폰은 실질적인 CEO 없이 경영되었다. 2013년 앤드루 메이슨이 물러난 후 아마존에서 온 리치 윌리엄스Rich Williams가 새로운 CEO로 발탁되기까지 거의 3년이 걸렸다. 메이슨이 해고되고 그루폰 공동 창업자 에릭 레프코프스키Eric Lefkofsky가 임시 CEO로 취임했다. 레프코프스키는 몇 개월 후 CEO로 임명됐지만 나중에 자신도 인정했듯 그루폰을 다음 단계로 이끌기 위해 필요한 경영 능력과 운영 능력이 없었다. 시장과 제품을 드라마틱하게 확장했다는 사실을 고려했을 때 그루폰에는 이런 관리 및 운영 능력이 필요했다. 그루폰은 '모바일 커머스의 출발점'이 되고 싶다고 발표했지만 그 원대한 목표를 달성할 만한 능력이 없었다.

나는 2014년 초 그루폰에 대한 투자 의견을 매도로 하향 조정하면서 다음과 같이 썼다.

> '모바일 커머스의 출발점이 되겠다는 그루폰의 목표는 지나치게 야심차며 로컬 커머스·서비스 시장을 장악할 수 있는 회사의 잠재력까지 약화한다. 문제는 그루폰이 진출하고자 하는 상품 및 여행 시장이 아마존, 이베이, 프라이스라인, 익스피디아처럼 매우 강력한 경쟁자들이 자리 잡은 극도로 경쟁적인 시장이라는 것이다. 우리가 이런 변화를 성공으로 이끌 만한 그루폰의 능력을 지나치게 비관적으로 보고 있는지도 모른다. 하지만 설사 변화에 성공한다고 해도 변화하는 데 시간이 걸리기 때문에 지금 그루폰을 매수하는 것은 위험하다.'

이후 몇 년 동안 그루폰의 주가는 큰 변동성을 보였고 나의 투자 의견은 매도와 중립 또는 섹터 언더퍼폼sector underperform과 섹터 퍼폼 사이에서 왔다 갔다 했다. 그루폰은 '모바일 커머스의 출발점'이 되겠다는 목표를 향해 일관되게 나아가지 못했다. 아마존과 구글 등 다른 회사들이 이미 이 목표를 달성하고 있었기 때문이다. 또 다른 이유는 그루폰이 설정한 목표를 달성하려면 비상한 경영 능력이 필요한데, 그루폰 경영진에게는 이런 능력이 없었다는 것이었다.

주식 수익률도 썩 좋지 않았다. 아무리 민첩한 투자자나 트레이더라도 그루폰을 매수해 수익을 내려면 어려움을 겪었을 것이다. 간단히 비교해보자면 2011년 11월 기업공개 이후 그루폰의 수익률은 마이너스 7퍼센트였던 반면, S&P 500 수익률은 825퍼센트였다. 지난 5년 동안 수익률을 비교해보면 그루폰은 마이너스 32퍼센트 수익률을 기록했지만 S&P 500은 90퍼센트 수익률을 기록했다. 2020년 한 해 동안 그루폰은 마이너스 19퍼센트 수익률을 기록한 것에 비해 S&P 500의 수익률은 14퍼센트였다. 나는 피터 린치가 그루폰을 매수하지 않았기를 진심으로 바란다.

이렇게 결론을 내릴 수 있다. 시장에서는 늘 다칠 수 있으며, 잘못된 종목을 고르면 크게 다칠 가능성이 높아진다는 것이다.

주식시장에 투자하면 이따금 손실을 입을 것이다. 좋은 주식을 고르려면 매출과 이익을 정확히 예측하는 훌륭한 펀더멘털리스트가 되어야 하는 동시에 기업의 매출과 이익에 시장이 얼마나 멀티플을 줄지 정확히 예측할 수 있는 훌륭한 심리학자가 되어야 한다. 훌륭한 펀더멘털리스트이자 훌륭한 심리학자가 되는 것은 대부분 아주아주 어려운 일이다. 그리고 언제나 잘 짜인 종목 선정 계획을 흔드는 예측 불가능한 시장 충격이 있다(2020년 초 코로나19 팬데믹을 떠올려보라). 투자에는 배짱이 필요하다.

또 아주 높은 확률로 잘못된 판단을 내려 돈을 잃기도 할 것이다. 줄릴리에 대해 잘못 판단했을 때 나는 거의 15년 동안 전문적으로 주식을 분석해왔고 경영진도 잘 알고 있었다. 그러나 고객 가치 제안이 어떻게 총 도달 가능 시장과 성장 전망을 제한하는지 충분히 알지 못했다. 블루 에이프런에 대해 잘못 판단했을 때는 거의 20년째 경력을 이어가고 있었다. 나는 경영진의 능력을 과대평가했거나 회사가 풀어야 할 문제를 과소평가했다. 그루폰은 대체로 맞힐 수 있었지만 이 회사의 유례없는 성장과 매우 혁신적인 비즈니스 모델이 시장의 관심과 투자 자금을 엄청나게 끌어들였다. 투자자는 모든 주식에 대해 올바른 판단을 할 수 없으며 '확실한' 주식일지라도 70퍼센트, 80퍼센트, 심지어 90퍼센트까지도 하락할 수 있다는 사실을 기억하라.

NOTHING BUT NET

펀더멘털과 추세는
완전히 별개다

특정 업종에서 가장 좋은 기업과 주식을 골랐더라도 하락을 견딜 준비를 해야 한다. 인내는 보상받겠지만 투자자는 그 과정에서 심각하고 고통스러운 하락을 경험할 것이다. 아무리 펀더멘털이 탄탄한 주식을 매수했더라도 말이다. 업계 최고의 주식도 대규모 매도세는 피하지 못한다.

아마존, 구글, 페이스북, 넷플릭스는 지난 1·2·5·10·15년 동안 대단한 수익률을 올린 주식이었다. 이들은 10배 주식, 아니 수십 배 주식이었다. 이들을 매수해서 보유했던 인내심 많은 투자자는 엄청난 투자 수익을 거뒀다. 하지만 투자자들의 인내심은 시험에 들기도 했다. 때로는 뼈아플 정도로, 때로는 드라마틱하게 말이다. 그리고 여기에 중요한 사실이 있다. 아무리 좋은 주식도 '구릴suck' 때가 있다는 것이다. 경영대학원에서는 이런 걸 가르쳐주지 않는다. 물론 주식을 '구리다'라고 표현하라고 가르치지도 않는다. 하지만 이게 진실이다. 그러니 마음을 단단히 먹어라. 다음 이야기에서 이에 관련된 교훈을 배울 수 있다.

페이스북이 자초한 43퍼센트 주가 하락

메타로 이름이 바뀌기 전, 페이스북은 지난 몇 년간 인터넷 섹터에서 가장 논란 많은 주식 중 하나였지만 논란의 원인이 펀더멘털은 아니었다.

페이스북은 2019년 3분기까지 35분기 연속 전년 동기 대비 최소 30퍼센트의 매출 성장률을 기록했다. 보기 드문 슈퍼 프리미엄 성장이다. 그리고 40퍼센트가 훌쩍 넘는 엄청난 영업이익률을 유지하면서 이런 성장을 이뤄냈다. 매출 성장률 30퍼센트와 영업이익률 40퍼센트는 페이스북이 여러 해 동안 70퍼센트가 넘는 크루셜 콤보를 즐겼다는 의미다. 인터넷 섹터나 기술 섹터, 기타 섹터에서 거둘 수 있는 훌륭한 결과 중에서도 인상적인 수준이었다. 잉여현금흐름을 중시하는 사람을 위해 덧붙이자면, 페이스북은 2016년부터 2020년까지 매년 최소 100억 달러의 잉여현금흐름을 창출해냈다. 정말 대단하다.

하지만 의심할 여지없이 페이스북은 기술주 섹터에서 가장 논란 많은 주식 중 하나였다. 왜일까? 가장 큰 이유 중 하나는 페이스북의 편재성 ubiquity 때문이다. 2020년 말까지 32억 명이 넘는 사람들이 매월 페이스북이 운영하는 서비스인 페이스북, 인스타그램, 왓츠앱 중 하나를 사용했다. 이는 전체 인구의 41.026퍼센트에 해당하는 숫자다. 구글 말고는 이렇게 많은 사람이 널리 이용하는 서비스가 없다. 페이스북의 편재성은 그 자체로 논란이 되어왔다. 페이스북은 어떻게 이렇게 커졌는가? 얼마나 영향력이 있고 강력해진 것인가? 이 거대한 플랫폼의 책임자는 정확히 누구인가? 렉스 루서 Lex Luthor (코믹스 세계관에 등장하는 슈퍼 빌런으로 슈퍼맨의 적이다. - 옮긴이)가 마크 저커버그의 뒤를 잇는다면? 아니, 마크 저커버그가 숨겨진 렉스 루서라면? 이것을 편재성의 저주라고 부르자.

페이스북이 논란거리가 된 데는 다른 이유도 있다. 페이스북 플랫폼에서 공유되는 어떤 콘텐츠는 대단히 충격적이었기 때문이다. 2019년 3월

15일, 브렌턴 태런트Brenton Tarrant는 뉴질랜드 크라이스트처치에서 무고한 시민 51명을 살해하는 장면을 페이스북으로 생중계했다. 그가 올린 영상은 입소문을 타고 퍼져 24시간 만에 150만 건의 관련 포스팅이 게시되었다. 테러, 실시간 방송, 리포스팅 모두가 굉장히 충격적이었다. 이런 것들은 문제시되는 인간의 본성을 부각했고, 그 때문에 논란이 되는 페이스북의 특징을 눈에 띄게 했다. 마을 회관에서 누구나 마이크를 잡을 수 있는 오픈 마이크 나이트나 오픈 카메라 나이트를 개최한다면 주최 측이 콘텐츠 관리content moderation에 아무리 많은 자원을 투입해도 분명히 충격적인 내용을 보고 듣게 될 것이다.

페이스북은 콘텐츠 관리에 수천만 달러와 수만 명의 직원을 동원하며 엄청난 자원을 투입했다. 그런데 이것이 훨씬 더 많은 논란을 불러일으켰다. 관리해야 할 콘텐츠를 누가 정하는가? 경쟁적이며 때로 분열을 초래하기도 하는 정치 캠페인의 핵심적인 부분, 경계선에 있는 정치 선전은 어떻게 하는가? 무엇이 정확하고 무엇이 부정확한지 누가 결정하는가? 테드 크루즈Ted Cruz 공화당 상원 의원은 국회 청문회에서 잭 도시Jack Dorsey 트위터 CEO에게 이렇게 의문을 제기한 바 있다. "누가 당신을 선출했나요?" 이 질문에 함축된 비판은 저커버그에게도 마찬가지로 적용된다.

페이스북이 사용자들의 사생활을 보호하는 데 충분히 주의를 기울이지 않는다는 정당한 문제 제기도 있었다. 2020년 4월 연방 법원은 연방거래위원회Federal Trade Commission가 페이스북에 부과한 50억 달러의 과징금을 승인했다. 연방거래위원회는 2016년 트럼프 대통령의 선거 캠페인을 도운 정치 컨설팅업체가 페이스북 사용자 8,700만 명의 데이터를 이용한 케임브리지 애널리티카Cambridge Analytica 스캔들이 사용자의 개인 정보를 보호해야 한다는 페이스북과 연방거래위원회의 2012년 합의를 위반한 것이라고 주장했다.

이 모든 일 때문에 2018년 2분기, 기술주 역사에서 회사가 자초한 주가 하락으로는 가장 큰 규모의 하락이 일어났다. 이 일로 어떻게 하면 최고의 주식이 엉망이 되는지 알 수 있었다. 여기에 2018년 7월 25일부터 2018년 12월 24일까지 페이스북 주가는 218달러에서 124달러로 43퍼센트 조정받았다. 그해 초부터는 20퍼센트, 18개월 전부터는 86퍼센트 상승을 계속하다가 일어난 하락이었다. 페이스북은 2020년 초까지 218달러를 회복한 후 하반기에는 극적으로 상승할 것으로 예상되었지만, 43퍼센트 조정은 규모가 너무 크고 고통스러웠다. 게다가 주가 하락은 전적으로 회사가 자초한 것이라고 할 수 있었다.

2018년 7월 25일, 페이스북은 2분기 실적을 발표했고 주가는 폭락했다(그림 2.1). 다음은 주가 하락을 불러온 페이스북의 실적 발표 중 핵심적인 내용이다. 마크 저커버그는 이렇게 밝혔다.

"우리는 사람들을 안전하게 보호할 책임이 있기 때문에 앞으로도 보안 및 개인 정보 보호에 계속 막대한 투자를 할 것입니다. 하지만 지난 실적 발표에서도 말씀드린 것처럼 페이스북은 보안에 많은 투자를 하고 있고, 이는 수익성에 상당한 영향을 미칠 것입니다. 이번 분기에 그 영향이 나타나기 시작했습니다. 그러나 우리는 보안 및 개인 정보 보호에 힘써야 할 책임 외에도 새로운 방식으로 사람들을 더 가깝게 연결하는 서비스를 구축해야 할 책임도 지고 있습니다. 우리는 보안 비용이 늘어나 새로운 서비스에 대한 투자를 줄일 수도 있었지만, 그렇게 하지 않을 것입니다. 새로운 서비스에 대한 투자를 줄이는 것은 공동체에 기여할 수 있는 올바른 방법이 아닐뿐더러 우리는 회사를 다음 분기만 아니라 더 오랫동안 운영할 것이기 때문입니다. 잠시 후 데이브가 이 부분에 대해 발표할 것입니다.”

'데이브'는 페이스북 CFO 데이비드 웨너David Wehner다. 그는 몇 분 뒤 다음과 같이 말했다.

“페이스북의 2분기 총 매출 성장률은 1분기 대비 약 7퍼센트 포인트 감소했습니다. 총 매출 성장률은 2018년 하반기에도 계속 둔화될 것으로 보이며, 3분기와 4분기 모두 이전 분기 대비 한 자릿수 후반대의 비율로 총 매출 성장률이 감소할 것으로 예상됩니다. ⋯ 2018년 총 비용은 작년 대비 50~60퍼센트 증가할 것입니다. 이러한 비용 증가는 핵심 제품 개발 및 인프라뿐만 아니라 보안, AR/VR, 마케팅, 콘텐츠 확보 등에 대한 투자가 증가함에 따른 것입니다. 2018년 이후, 2019년에는 총 비용 증가율이 매출 성장률을 넘어설 것으로 예상됩니다. 향후 몇 년간 영업이익률은 30퍼센트 중반을 기록할 것으로 생각합니다.”

그림 2.1 2018년 큰 폭으로 조정받은 페이스북의 주가

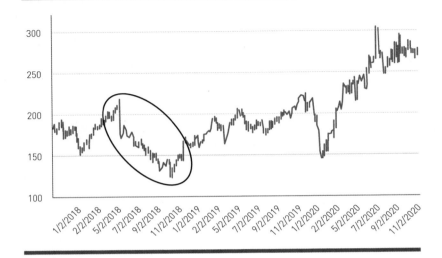

25년 동안 기술주를 분석하며 무수히 많은 실적 발표를 들었지만 월가의 실적 전망을 이렇게 완전히 바꿔버린 경영진은 본 적이 없다. 나중에는 이것이 장기적으로 보면 경영진이 한 일 가운데 가장 똑똑한 일 중 하나였다고 생각하게 되었지만, 그것은 나중에야 내린 결론이었다. 당시 페이스북 실적 발표가 불러온 단기적 영향은 극적이고 부정적이었다. 월가는 2019년에 들어서며 페이스북의 EPS가 30퍼센트 이상 성장할 것이라고 가정했는데, 페이스북 경영진은 나 같은 애널리스트에게 성장률이 기껏해야 한 자릿수일 거라고 가이던스guidance를 준 것이다. 7월 25일 실적 발표 이전 월가는 2019년 페이스북의 매출 성장률은 30퍼센트 수준을 보이고 영업이익률도 더 확대될 거라고 예상했다. EPS가 30퍼센트 이

상 성장할 거라고 생각한 것이다. 훌륭한 성장률이다. 그런데 실적 발표 이후 월가는 매출 성장률은 20퍼센트 수준으로 낮추고 영업이익률도 상당히 줄여 모델을 수정했다. 이는 2019년 EPS가 거의 성장하지 않는다는 뜻이었다. 투자자 입장에서는 훨씬 더 낮은 멀티플이 적용된다는 의미였다. 엄청난 디레이팅(PER이 낮아지는 현상 – 옮긴이)이었다. 그리고 이 일이 정확히 일어났다.

페이스북이 새롭게 제시한 20퍼센트 수준의 매출 성장률과 30퍼센트 중반의 영업이익률은 이들의 비즈니스 모델이 여전히 탄탄하다는 의미였다. 1년에 500억 달러 이상 매출을 창출해내는 기업이 55퍼센트의 크루셜 콤보를 달성한다는 것이다. S&P 500에 포함된 회사 중 이 기준을 만족시키는 회사는 극히 소수다. 그러나 이는 2분기 실적 발표에서 시장이 기대하던 내용과는 크게 다른 것이었다. 페이스북을 추적 관찰하는 독자를 위해 이야기하자면 페이스북의 암울한 전망은 실제로 이루어지지 않았다. 2019년 매출 성장률은 30퍼센트에 달했다. 영업이익률도 일회성 소송비용을 제하고 41퍼센트였다. 하지만 2018년 7월에 시장은 이 사실을 알지 못했다.

지나고 나서 생각해보니 페이스북은 플랫폼을 둘러싼 일부 대중적 논란에 대응하기 위해 플랫폼의 안전을 보장하기 위해 필요한 모든 조치를 취하겠다고 투자자와 대중을 설득하려 한 것이었다. 페이스북은 이렇게 할 필요가 있었다. 실제로 페이스북 삭제 운동(#deleteFacebook)이 일어나고 있었기 때문이다. 하지만 다른 한편으로는 증강 현실이나 가상 현실, 페이스북 워치 Facebook Watch(미니 유튜브)를 위한 콘텐츠 등에도 상당한 투자를 하겠다고 밝혔다. 단순히 방어적 투자만이 아니라 공격적 투자도 하겠다는 의미였다. 페이스북은 인내심 있는 장기 투자자들이 좋은 경영진에게 원하는 바로 그 일, 새로운 수익원을 개발하고자 했기 때문에 향후 일시적으로 수익성이 떨어질 예정이었다. 새로운 수익원을 개발하는 일은 단기적으로(가령 5개월 정도) 페이스북의 주가에 엄청난 고통과 혼란을 가져왔다.

가장 중요한 핵심은 이탈한 우량주를 찾아야 한다는 것이다. 이 기회는 전체적인 시장 조정(코로나19 위기 등), 시장의 오해, 기업의 실수, 단기 수익을 감소시키는 경영진의 구체적인 조치(페이스북의 사례) 때문에 우량주가 혼란에 빠지고 공격적으로 매도될 때 생긴다. 이탈한 우량주에 대해서는 10장에서 자세히 알아보겠지만 여기에서는 아무리 좋은 주식이라도 가끔은 이탈할 수 있다는 점을 강조하겠다. 때때로 엉망이 될 수도 있다고 말이다. 게다가 때로는 기업이 이를 자초하기도 한다.

주가 조정은 이탈한 우량주를 찾을 최고의 기회다

코로나19 바이러스가 퍼지기 전부터 세계는 비디오 엔터테인먼트 소비에서 극적인 변화를 겪고 있었다. 기업으로서의 넷플릭스와 주식으로서의 넷플릭스는 분명 이 변화의 가장 큰 수혜자였다. 점점 더 많은 소비자가 한 달에 8.99달러(스타벅스에서 큰 사이즈 커피 4잔 가격이다)라는 합리적인 구독료를 내고 거의 모든 영화와 TV 쇼를 아무 때나 아무 기계로 볼 수 있는 스트리밍이라는 탁월한 가치 제안을 선호하게 됨에 따라 세계는 스트리밍의 시대로 나아갔다. 그리고 넷플릭스는 스트리밍 서비스 분야에서 확실한 리더가 되었다. 2015년 말에는 전 세계 가입자 수가 7,500만 명이었는데 2017년 말에는 1억 1,100만 명, 2020년 말에는 2억 명이 넘었다.

주가도 2015년부터 2020년까지 5년 동안 111달러에서 531달러(375 퍼센트 이상 상승)로 올라 같은 기간 93퍼센트 오른 S&P 500보다 4배 더 높은 수익률을 올렸다. 하지만 이렇게 인상적인 상승은 두 번의 극적인 조정을 포함해 높은 변동성을 수반했다. 첫 번째 조정은 2018년 6월 20일 417달러에서 2018년 12월 24일 234달러로 44퍼센트 하락했을 때다. 두 번째 조정은 2019년 5월 3일 385달러에서 2019년 9월 24일 255달러로 34퍼센트 하락했을 때다(그림 2.2). 5년 동안 이렇게 대단한 수익률을 거둔 주식조차 큰 폭의 조정을 겪었고, 이는 넷플릭스 주식에 낙관적이던 투자자와 나 같은 애널리스트를 모진 시험에 들게 했다.

2018년 중반부터 시작된 40퍼센트의 주가 조정은 대단했다. 2분기 신규 가입자 수가 높아진 기대치에 부응하지 못했기 때문이다. '신규 가입자 수가 예측치 이하subs miss'라는 말은 2분기에 넷플릭스가 신규 구독자 수에 대한 월가의 예상과 자체 가이던스를 달성하지 못했다는 뜻이다. 미국에서 넷플릭스는 67만 4,000명의 신규 가입자를 유치했으나 회사 자체 가이던스와 월가가 기대했던 120만 명에는 미치지 못했다. 가장 중요한 지표의 기대치를 50퍼센트가량 밑돈 것이다. 전 세계적으로는 450만 명의 신규 가입자가 유입되었지만, 가이던스와 월가는 최소 500만 명을 예상했다. 기본적으로 2분기 매출 성장률은 40퍼센트, 영업이익률은 12

그림 2.2 2018년 40퍼센트 조정받은 넷플릭스의 주가

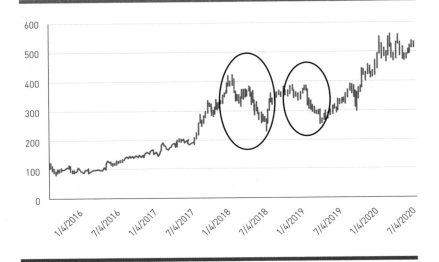

퍼센트로 전 분기와 비슷해 거의 변화가 없었으나 예측치를 하회하는 신규 가입자 수는 악재였다. 사실 지난 네 분기 동안 넷플릭스는 지속적으로 신규 가입자 수에서 기업 자체 가이던스와 시장의 예상치를 웃도는 결과를 냈고, 주가는 2018년 상반기에만 210달러에서 411달러까지 2배나 올랐기 때문에 신규 가입자 수가 예측치를 하회했다는 결과는 보통보다더 나쁘게 받아들여졌다. 그만큼 시장의 기대치가 정말 높았던 것이다.

한 분기 후 넷플릭스가 신규 가입자에 대한 자체 가이던스와 월가의 추정치를 가뿐히 웃도는 결과를 내면서 주가가 회복되기 시작했다. 비록 4분기에 기술주(실제로는 모든 종목)에 대한 매도세가 일시적으로 넷플릭스에 하방 압력을 가하기는 했지만 말이다. 중요한 점은 넷플릭스가

2018년에 2017년보다 더 많은 신규 가입자를 유치했고, 스트리밍 서비스가 전 세계적으로 여전히 도입 초기 단계임을 보여줬다는 것이다. 하지만 주가 40퍼센트 하락은 실제로 일어난 일이었고 굉장히 고통스러웠다.

무엇 때문에 그해 2분기 신규 가입자 수가 예측치를 하회했을까? 적어도 네 가지 이유가 있었다. 첫째, 그해 여름 월드컵 때문에 유럽에서 신규 가입자 유입이 둔화되었을 것이다. 유럽인은 축구 보는 걸 아주 좋아한다. 둘째, 그해 초에는 매우 인기 있던 드라마 〈루머의 루머의 루머13 Reasons Why〉 효과가 있었지만 2분기에는 새로운 콘텐츠의 출시로 재미를 보지 못했다. 셋째, 2분기는 원래 1년 중 성장률이 가장 낮은 분기다(2020년 코로나19 팬데믹 기간은 제외). 스트리밍 서비스가 기온이 높고 긴 여름 야외 활동과 경쟁해야 하기 때문이다. 넷째, 신규 가입자 수와 매출, 이익을 예측하는 것이 본질적으로 어려운 일이기 때문이다. 이것은 미래를 예측하는 일이며 미래를 항상 맞힐 수는 없다.

넷플릭스에서 가이던스 수립 담당자가 되었다고 상상해보자. 나는 넷플릭스가 분기마다 월가에 제공하는 신규 가입자 수에 대한 가이던스가 회사 내부에서 자체적으로 예측한 수치라는 넷플릭스 경영진의 말을 그대로 믿는다. 방어적이고 보수적으로 예측했을 수는 있지만 지난 5년 동안 넷플릭스가 자체 가이던스를 맞히지 못한 경우가 적지 않다는 사실은, 가이던스가 내부 예측의 정직한 중간값일 가능성이 높다는 생각에 신빙성을 더한다(넷플릭스는 5년 동안 약 3분의 1 비중으로 매출 및 신규 가입자 수에서 가이던스를 하회하는 결과를 냈다).

그러니까 전 세계 150개국에서 향후 90일 동안 정확히 얼마나 많은 신규 가입자가 유입될지 예측해야 하는 넷플릭스의 책임자가 되었다고 상상해보자. 각 시장의 경제 상황, 새로운 콘텐츠(넷플릭스와 로컬 경쟁사가 제공하는)의 잠재적 매력, 브로드밴드와 스트리밍 서비스의 전반적인 수준, 날씨(기온 높고 긴 여름날이 미친 영향을 기억하라) 등을 고려해야 한다. 실제로 어떤 정확성을 가지고 예측하기란 거의 불가능하다. 그러니 가이던스를 만드는 사람이 되었다고 상상해보라는 것이다.

나는 그럴 필요가 없었다. 2018년 5월 한 무리의 투자자를 데리고 캘리포니아 로스 가토스에 위치한 넷플릭스 본사를 방문했을 때 그 담당자를 직접 만났기 때문이다. 나는 1년에 두 번 밸리 투어Rallies in the Valley라는 이름으로 진행되는 실리콘밸리 기술 기업들의 방문을 주선하는데, 넷플릭스는 이 버스 투어의 일부였다. 이 투어에서 넷플릭스의 전망 담당 팀forecasting group 책임자를 실제로 만날 수 있었다. 그는 그 분기의 진행 상황에 대해서는 구체적으로 밝히지 않았지만, 대신 전망 팀의 예측 방법에 대해 투자자들이 던지는 잇따른 질문을 재치 있게 받아넘겼다. 나와 투자자들은 넷플릭스가 빈틈없고 세부적인 예측 프로세스를 거쳐 예측치를 내놓기 때문에 신규 가입자 수가 예측치를 크게 밑돌 가능성은 적겠다는 확신을 가지고 그 자리를 떠났다. 하지만 60일 뒤에 골치 아픈 상황이 펼쳐졌다.

2019년 중반에 일어난 32퍼센트 하락도 대단했다. 이때도 신규 가입자 수가 전망치를 하회한 것이 원인이었다. 게다가 디즈니Disney라는 죽음의 별에 대한 공포도 있었다. 디즈니+가 곧 스트리밍 서비스를 개시할 거라고 알려졌기 때문이다. 2019년 4월 29일 385달러였던 넷플릭스의 주가는 2019년 9월 23일 263달러로 32퍼센트 하락했다. 주가는 1분기 실적 발표(4월 중순)와 2분기 실적 발표(7월 중순)에 흘러내렸다. 2분기 실적은 3년 만에 가장 큰 1일 매도 폭(10퍼센트)으로 이어졌다. 넷플릭스의 신규 가입자 실적은 회사 자체 가이던스와 월가 예상치를 단순히 빗나간 것이 아니었다. 아주 심하게 하회했다. 설상가상으로 3월부터 6월까지 가입자 수가 13만 명 줄어들며 10년 만에 처음으로 미국 내 가입자 수 감소를 기록했다. 전 세계 가입자 수에도 빨간불이 들어왔다.

2018년 2분기에 신규 가입자 수가 전망치를 하회한 이유는 앞에서도 설명했지만 강력하고 새로운 콘텐츠의 부족, 여름이라는 계절성 때문만은 아니었다. 클릭 한 번으로 가입과 해지 가능한 구독 서비스 산업에서 글로벌 가입자 수를 예측하는 일 자체에 어려움이 있기도 했다. 그럼에도 몇 달 동안 주가가 상당히 하락한 데는 두 가지 그럴듯한 이유가 있었다.

첫째, 넷플릭스는 그해 초에 또 한 번 구독료를 인상했다. 5년 동안 네 번째 인상이었지만 이번 인상은 넷플릭스가 처음으로 베이식 요금제를 월 7.99달러에서 8.99달러로 올린 것이기 때문에 더 공격적이었다. 둘째, 4월 중순 디즈니가 디즈니+ 출시를 발표했고 공식적인 출시일이 11월 12일로 정해졌다. 2019년 2분기에 신규 가입자 수가 전망치를 밑돌면서 넷플릭스의 펀더멘털에 영구적인 영향을 미칠지도 모른다는 우려로 주가가 하락했고, 투자자들은 그 원인을 설명하기 위해 이 두 가지 요인을 빠르게 받아들였다.

막상 넷플릭스의 구독료 인상은 성공적이었다. 그리고 디즈니+ 출시도 넷플릭스의 신규 가입자 증가에 장기적으로 부정적 영향을 미치지 않았다. 넷플릭스 주가는 3분기 실적 발표 이후 글로벌 신규 가입자 수가 전망치를 크게 넘어서며 견고하게 상승했다. 게다가 2020년 1분기와 2분기에는 코로나19로 인한 봉쇄 조치로 신규 가입자가 역대 가장 큰 폭으로 늘었다. 주가는 신고점을 찍으며 그해 말까지 대체적으로 유지되었다. 커피 4잔 값밖에 안 되는 저렴한 구독료, 스트리밍 서비스마다 독점적이고 차별화된 콘텐츠를 제공한다는 점을 고려했을 때 소비자는 하나 이상의 스트리밍 서비스에 가입할 의사가 있는 것 같았다.

하지만 너무 앞서갔다. 넷플릭스의 주가 조정은 투자자에게 이탈한 우량주를 찾을 좋은 기회를 제공했다. 바로 이것이 이 책에서 경고하는 부분이다. 넷플릭스의 사례에서도 아무리 좋은 주식이라도(넷플릭스는 지난 5년간 375퍼센트 상승했다) 간혹 엉망이 될 수 있다(주가 32퍼센트 하락, 40퍼센트 하락)는 교훈을 배울 수 있다.

2019년의 구글 실적과 여전히 미스터리로 남은 것들

구글은 2016년 초 731달러부터 2020년 말 1,735달러까지 약 140퍼센트 상승하며 지난 5년간 지속적으로 높은 수익률을 기록해왔다. 같은 기간 S&P 500은 93퍼센트 상승했다. 구글의 수익률은 시장 대비 50퍼센트 이상 높은 것이다. 아주 훌륭하다.

구글 주식은 꾸준히 높은 수익률을 기록했는데, 이는 구글의 펀더멘털이 좋았기 때문이다. 구글은 2014년 두 분기와 2019년 한 분기를 제외하고 2019년 4분기까지 50개 분기 연속 20퍼센트를 넘는 매출 성장률을 기록했다. 무려 12년 6개월이다! 그러다가 코로나19 팬데믹이 시작되었다. 이 정도 실적은 구글과 비슷한 규모의 기업에는 매우 인상적인 것이다. 구글은 2019년 매출 1,620억 달러를 달성하며 전 세계에서 매출 10위 안에 드는 기업이 되었다. 기업 규모가 커질수록 높은 성장률을 유지하기가 힘들다. 매출이 10억 달러인 기업의 성장률이 20퍼센트라면 신규 매출을 2억 달러 더 달성해야 한다는 뜻이다. 1,620억 달러 매출에 성장률이 20퍼센트라면 신규 매출로 320억 달러를 창출해야 한다는 뜻인데, 이는 세계 100여 개국의 GDP보다 더 큰 규모다. 다른 방식으로 생각해 보자면 오랫동안 전 세계 GDP 성장률은 2~5퍼센트 범위에 있다. 따라서 매출 성장률이 20퍼센트라는 것은 전 세계 경제보다 4배에서 10배 더 빨리 성장한다는 말과 같다.

그만큼 매출 20퍼센트 성장률은 인상적이다. 구글은 지속적으로 이런 성과를 냈다. 2018년 4분기까지 말이다. 그러다 2019년 1분기에 성장률이 20퍼센트를 밑돌자 주가는 4월 29일 1,296달러에서 6월 3일 1,039달러로 20퍼센트 하락했다. 다음 페이지에 있는 그림 2.3이 이를 보여준다.

사실 나는 지금까지도 정확히 무슨 일이 일어난 건지 모르겠다. 2019년 1분기 실적 발표에서 구글은 거의 4년 만에 처음으로 20퍼센트를 하회하는(정확하게는 19퍼센트다) 매출 성장률을 기록했다. 구글이 구체적인 가이던스를 제공한 적은 없지만 월가는 오랫동안 그랬던 것처럼 성장률이 한결같이 유지될 것이라고 추정했다. 그래서 2018년 4분기 23퍼센트에서 2019년 1분기 19퍼센트로 매출 성장률이 감소했다는 사실은 네거티브 서프라이즈negative surprise(실적이 예상보다 낮아 주가 하락이 예상되는

그림 2.3 2019년 20퍼센트 조정받은 구글의 주가

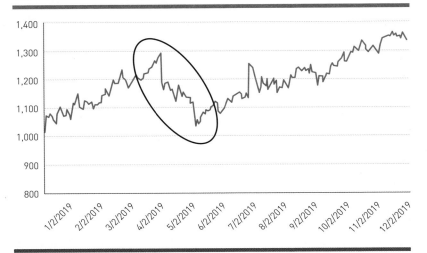

것－옮긴이)였다. 매출도 월가의 전망치에 미치지 못했다.

주가는 바로 다음 날 1,199달러까지 떨어지며 7퍼센트 조정(구글처럼 시가총액이 큰 회사에는 매우 큰 하락 폭이며, 얼마간 구글의 가장 큰 하루 조정 폭이었다)이 이뤄졌고 이후 5주 동안 계속 하락했다. 쉽게 말해 하루 7퍼센트 조정으로 시가총액이 590억 달러 증발해버렸다. S&P 500에 속한 종목 중 75퍼센트의 시가총액보다 크다. 또 시가총액이 590억 달러 증발해버렸다는 말은 GM이나 달러 제너럴Dollar General, 듀폰DuPont, 웨이스트 매니지먼트Waste Management를 날려버렸다는 말과 같다. 엄청난 규모다.

회사의 실적 발표 내용을 읽어보면 잘못된 게 없다는 생각이 들 것이다. 루스 포랫 알파벳 구글 CFO는 "모바일 검색, 유튜브, 클라우드가 견조한 성장을 이끌어 알파벳 매출은 전년 대비 17퍼센트 증가한 363억 달러로 일정 환율 기준으로는 19퍼센트 증가했다. 우리는 여전히 사업 전반에 걸친 상당한 성장 기회에 집중하고 있다"고 말했다.

여기에는 특별한 게 없었다! 그러나 월가와 월가에서 구글을 커버하는 애널리스트들은 몇 달 동안 무슨 일이 일어난 건지 알아내려고 애썼다. 구글이 그해 2분기 실적 발표에서 전년 대비 매출 성장률이 22퍼센트로 과거와 비슷한 수준으로 돌아갔다고 발표하기 전까지 말이다. 주가는 사상 최고점을 갱신하고 코로나19 사태가 터지기 전까지 계속 상승했다. 이탈한 우량주를 찾을 확실한 기회였다. 하지만 나는 다시 한번 너무 앞서갔다.

사건이 다 끝난 뒤 구글 경영진의 수많은 발표문을 다시 검토해보고 회사의 재무 동향을 살펴봐도 여전히 2019년 1분기에 무슨 일이 일어났던 것인지 알 수 없었다. 구글 경영진이 잘했다고 할 만한 점은(혹은 비난해야 할 점) 1분기 실적에 대해 압박을 받을 때도 일관되고 단순하게 실적이 전망치에 부합한다고 진술한 것이다. 돌아보니 문제가 된 1분기에 클라우드 컴퓨팅을 포함한 구글의 기타 매출 부문은 다소 약세를 보였고, 중남미와 유럽 지역 실적도 모두 약세를 보였다. 그럼에도 2019년 1분기에 구글의 매출 성장률이 낮아진 분명하고 설득력 있는 이유는 찾기가 어렵다. 아마도 다양한 최종 시장에서 일어나는 무작위적 변화와 상품의 변화가 이유일 수도 있다. 우리는 절대 밝혀낼 수 없을지도 모른다.

다만 탄탄한 펀더멘털을 반영해 5년 동안 시장 대비 더 높은 수익률을 기록해온(140퍼센트 상승) 구글이 상당 기간 큰 폭으로 하락했다는 사실(6주 동안 20퍼센트)은 확실히 알고 있다. 아무리 좋은 주식이라도 때로 엉망이 될 때가 있는 법이다.

시가총액 1조 달러를 달성한 주식, 왜 32퍼센트나 하락했을까

구글에 이렇게 검색해봐라. "기업공개 시 A라는 주식에 1,000달러를 투자했다면 지금 얼마일까?" 재미있는 질문이다. 이 질문에 아마존을 넣어서 검색해보면 여러분을 정답으로 이끌 링크가 뜰 것이다. 아니면 구글 파이낸스에서 아마존 차트를 열어 최대 기간을 클릭해라. 18만 3,292퍼센트. 기업공개 이후 아마존이 기록한 상승률이다(2021년 초 기준). 기업공모 당시 1,000달러를 투자했다면 지금쯤 183만 2,920달러가 됐을 것이다. 그리고 아마 이 책을 읽느라 애쓸 필요도 없을 것이다.

1997년 5월 기업공개 후 아마존의 수익률은 굉장했다. 2021년 초까지 달성한 18만 3,292퍼센트 수익률은 애플(기업공개 이후 8만 8,000퍼센트 상승)보다 2배 이상 높다. 심지어 애플의 기업공개는 아마존의 기업공개보다 16년 빨랐다. 마이크로소프트의 수익률(기업공개 이후 22만 3,000퍼센트 상승)만큼 경이롭지는 않지만 마이크로소프트의 기업공개는 아마존보다 11년 먼저 이루어졌다.

20세기의 마지막 날 이후 아마존은 76.13달러에서 현재 3,100달러까지 4,300퍼센트 상승해 43배 주식이 되었다. 정말 대단하다! 이 기간에 아마존을 매수해서 보유하고 있었다면 경이로운 수익률을 달성했을 것이다. 그러나 평정심을 유지하기도 극도로 어려웠을 것이다. 2000년대 초반 몇 년 동안 아마존의 펀더멘털에 대한 전망은 불투명했다.

2001~2003년, 닷컴 버블이 꺼졌을 때는 수익성을 달성하기 위해 거의 모든 성장 투자 및 지출에 고삐를 죄어야 했으므로 일부 부문의 매출 성장률이 한 자릿수로 둔화되었다. 2000년 초 76.13달러였던 주가가 2001년 가을 6.00달러 밑으로 급격히 하락(92퍼센트)한 것도 이 때문이었다.

그해 가을에 아마존을 매수하는 데 관심을 가졌던 투자자가 어렴풋이 기억난다. 유럽의 펀드매니저였다. 그의 이름이 기억났으면 좋겠는데, 그가 아주 성공적으로 업계에서 은퇴한 지 오래되었길 바란다. 당시 그는 아마존이 주가매출액비율(매출액을 발행주식 수로 나눈 주당 매출액을 주가로 나눈 수치 – 옮긴이) 기준으로 월마트보다 더 저렴하게 거래되고 있으며, 만약 유통업이 온라인으로 옮겨 간다면 아마존은 결국 월마트보다 훨씬 빨리 성장하게 될 것이고, 따라서 훨씬 더 높은 멀티플로 거래될 거라고 주장했다. 간단한 투자 이론이었고 아주 정확한 이론이었다.

하지만 아마존은 1997년 기업공개 이후 여러 해 동안 매우 투기적인 투자 아이디어였다. 알려지지 않은 것이 너무 많았다. 유통업이 정말 온라인으로 옮겨 갈까? 그렇게 된다면 아마존이 마켓 리더가 될까? 아마존의 비즈니스 모델이 실제로 수익을 창출할 수 있을까? 아마존 경영진이 이 모든 것을 이해하고 제대로 실행할 만큼 실력이 있는가?

그렇다면 흥미로운 질문은 이것이다. 대체 아마존은 언제 '이성적으로 정상적인' 성장주가 되었는가? 아마존은 언제 인터넷 유통산업의 미래라는 투기적인 투자 대상에서 거대 인터넷 플랫폼의 미래라는 성장 투자growth investment(여전히 위험하지만 투기적이지는 않은) 대상으로 바뀌었는가? 여기에 대한 내 대답은 2006~2007년이다. 아마존이 클라우드 컴퓨팅 서비스인 아마존 웹 서비스Amazon Web Services, AWS와 전자책 단말기인 아마존 킨들을 출시했을 때다. 당시 나는 아마존 웹 서비스에 회의적이었고, 그것을 범용 상품 사업과 유사한 제한적 사업으로 생각했다. 하지만 아마존 웹 서비스는 결국 아마존에서 가장 중요한 성장 엔진이 되었고, 현재는 아마존 시가총액의 거의 절반을 차지한다. 한편 킨들의 첫 번째 버전은 투박하고 불편했다. 그러나 이 첫 번째 버전만으로도 거의 모든 책을 즉시 구입할 수 있다는 환상적인 아이디어를 이해할 수 있었다. 온디맨드 책! 이는 몇 년 후 넷플릭스가 소개한 비디오 스트리밍의 와우 팩터wow factor(사람들을 깜짝 놀라게 하는 요소 - 옮긴이)와 비슷하다.

아마존 웹 서비스와 아마존 킨들의 출시로 아마존은 단순한 유통 회사 이상이 될 수 있음을 증명했다. 아마존은 엔터프라이즈 솔루션 회사가 될 수도 있었고 장치 및 상품 회사가 될 수도 있었다. 2006~2007년에는 연속으로 10억 달러가 넘는 순이익을 창출하며 회사의 핵심 사업인 유통 부문이 낮은 영업이익률에도 상당한 수익성을 증명했다.

아마존에 대한 더 자세한 이야기는 나중에 또 다루겠다. 여기에서는 높은 매출 성장률과 한결같은 이익이라는 측면에서 아마존은 지금까지 15년 동안 펀더멘털이 매력적인 회사였고, 이것이 2006년 초부터 지금까지 7,200퍼센트라는 높은 주가 상승률을 이끈 이유였다고만 짚고 넘어가겠다. 2016년부터 2020년까지 5년 동안 아마존은 441퍼센트 급등했다. S&P 500이 93퍼센트 오른 것에 비해 거의 5배나 높다.

하지만 영원한 것은 없다. 하늘 끝까지 자라는 나무도 없다. 그리고 아무리 좋은 주식이라도 가끔은 엉망이 될 때가 있다. 2018년 8월 31일부터 12월 21일까지 아마존 주가는 2,013달러에서 1,377달러로 32퍼센트 하락했다(그림 2.4). 2장에 나오는 페이스북·구글·넷플릭스 등 다른 기업의 사례는 실제 EPS가 전망치에 미치지 못하는 등 모두 기업 실적과 관련이 있다. 하지만 아마존은 조금 다르다. 아마존은 시장 전반의 광범위한 하락(해당 기간 S&P 500은 17퍼센트 하락)과 기술주 전반의 더 심한 하락(나스닥 22퍼센트 하락)에 발목이 잡혔다.

시장에서는 투매가 일어난다. 특히 2018년 말에 이루어진 투매는 트럼프 대통령이 중국과 무역 전쟁을 선포하고, 세계 경제 성장률이 둔화되었으며, 연방준비제도의 금리 인상 속도가 너무 빠르다는 우려 때문이었다. 이런 요인은 아마존과는 특별히 관련이 없었다. 하지만 시장의 대량 매도세는 아마존 주식까지 큰 폭으로 하락시켰다. 아마존 지지자는 혹독

그림 2.4 2018년 32퍼센트 조정받은 아마존의 주가

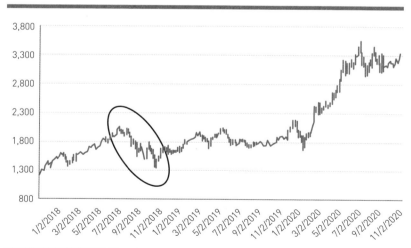

한 시험에 들었다. 이들은 아무리 좋은 주식이라도 때로 엉망이 될 수 있다는 교훈을 얻었다.

아마존 사례에서는 주가의 단기적 움직임이 무의미할 때도 있다는 기본적인 가르침도 얻을 수 있다. 아마존의 주가는 2018년 말 4개월 동안 32퍼센트 하락했다. 7월 말, 2분기 실적 발표 결과는 견조했고 나는 EPS 노트를 발간하며 제목을 '성장&이익&1조 달러로 가는 길Scale&Profits&A Path to $1T'이라고 붙였다. '시가총액이 1조 달러' 할 때의 1조 달러다. 내가 어떤 회사의 목표 주가를 시가총액 1조 달러로 제시한 것은 처음이었다. 하지만 당시 아마존의 규모(잠정 매출 2,080억 달러), 매우 일관되게 높은 매출 성장률(26퍼센트), 계속해서 사상 최대 기록을 갱신하는 영업이익률(6퍼센트)을 감안하면 아마존이 향후 12개월 안에 시가총액 1조 달러 수준을 달성할 수 있을 거라고 판단했다. 결국 아마존은 35일 뒤 이 규모에 도달했다. 그리고 32퍼센트 조정이 시작되었다. 4개월 동안 시가총액 3,200억 달러가 사라졌다. GM, 달러 제너럴, 듀폰, 웨이스트 매니지먼트의 시가총액을 모두 합한 규모다.

그러나 그 4개월 동안 아마존의 펀더멘털에는 변화가 없었다. 3분기와 4분기의 매출 성장률은 20퍼센트를 웃돌며 견고하게 유지됐고, 영업이익률도 한 자릿수 중반대로 굳건히 유지되었다. 3·4분기 실적은 월가의 예상치에 부합하거나 그보다 더 높았다. 기본적으로 아마존의 펀더멘털 전망에는 아무런 변화가 없었던 것이다. 그러나 주가는 3분의 1이나 하락했다. 때때로 주가는 회사의 펀더멘털과 괴리되어 움직인다. 제아무리 최고의 기업이라도 말이다. 이것이 아마존 사례에서 알 수 있는 사실이다. 그리고 이것이 우리가 종종 주가의 단기 변동성을 무시해야 하는 이유다. 주가의 단기적 움직임은 가끔 아무런 의미가 없을 때가 있으므로 길게 생각하고 길게 성공하자. 아마도 실적을 중심으로 거래할 때보다 더 명확한 방법은 없을 것이다.

특정 업종에서 가장 좋은 종목일지라도 기업 고유의 대규모 매도세는 피해 갈 수 없다. 2015년부터 2020년까지 최고의 수익률을 거둔 페이스북·구글·넷플릭스 등 3개 주식은 모두 해당 기간 대규모 조정(20퍼센트에서 40퍼센트까지)을 경험했다. 넷플릭스는 12개월 동안 두 번의 대규모 조정을 받았다. 펀더멘털이 다른 기술주(S&P 500에 속한 종목 중 95퍼센트 이상)보다 월등히 좋았음에도 이들 종목은 큰 하락을 겪었고, 이후 회복되어 시장 수익률을 크게 앞질렀다.

업계에서 가장 좋은 종목일지라도 광범위한 시장의 대규모 매도세를 피해 갈수는 없다. 2018년 말, 무역 전쟁에 대한 우려와 글로벌 GDP 성장률 둔화, 금리인상과 관련한 광범위한 시장 조정의 여파로 아마존은 기업의 실적 추정이나 성장 전망에 변화가 없음에도 시가총액의 3분의 1을 잃었다. 투자자는 업계 최고의 기업과 종목을 골랐더라도 상당한 하락을 견뎌낼 준비가 되어 있어야 한다. 때로는 완전히 고유 회사의 통제 밖에 있는 이유 때문에 손실을 입게 될 것이다.

NOTHING BUT NET

레슨
3

때때로 주가는 펀더멘털과 전혀 상관없이 움직인다

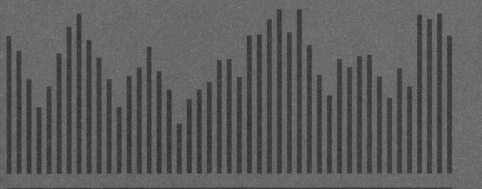

실적 발표를 이용한 단기 투자에 성공하려면 펀더멘털을 정확히 읽고 (더 중요하게는) 근일의 예측치에 대해 올바른 평가를 내릴 수 있어야 한다. 그런데 이는 개인 투자자는 물론 대부분의 전문 투자자도 해내기 어려운 일이다. 그만큼 분기 실적 발표를 중심으로 한 거래는 손실로 이어질 가능성이 크다. 장기적인 미래에 집중하고 단기적인 주가 변동은 무시하라.

여러 해 동안 내가 투자자들에게 가장 받기 싫어한 질문 중 하나는 "실적 발표 전에 XYZ 주식을 사야 하나요?"였다. 질문 자체에는 아무런 문제가 없다. 특히 기술주 비중이 큰 펀드이거나 변동성과 리스크를 관리하기 위해 포트폴리오를 포지셔닝할 방법을 찾고 있는 펀드의 경우라면 더욱 그렇다. 또 완전한 주식 포지션을 구축하고 싶지만 이를 한 번에 구축하고 싶지는 않거나 밸류에이션에 기반한 이상적인 진입 시점을 찾고 있는 펀드매니저라면 실적 발표 전에 주식을 매수해도 되냐는 식의 질문을 당연히 할 수 있다.

하지만 이 질문은 너무 자주 "실적 발표 직후 주식을 팔아서 깔끔한 단기 수익을 얻고 싶은데, 그러려면 실적 발표 전에 XYZ 주식을 사야 할까요?"라는 의도를 담고 있었다. 내가 이 질문을 받기 싫어하는 데는 몇 가지 이유가 있다.

첫째, 실적 발표를 이용한 단기 투자는 종종 펀더멘털에 기초한 투자라기보다는 예측에 기초한 투자인 경우가 있기 때문이다. 투자자는 기업 실적이 월가의 추정치를 밑돌지, 비슷한 수준으로 나올지, 혹은 뛰어넘을지 정확히 예측해야 할 뿐만 아니라, 실적 추정치에 대한 판단도 정확히 내려야 한다. 그러니까 '추정치를 상회하는 실적'이 주가를 상승시키기에 충분한 정도인지 판단해야 한다는 것이다.

둘째, 주식의 단기적 움직임은 기업 펀더멘털의 중요한 변화와 관계가 거의 없기 때문이다. 설사 주가 변동이 분기 실적 발표처럼 기업의 펀더멘털과 관련된 중요한 이벤트와 바로 근접해서 일어났다 해도 주가는 종종 펀더멘털과 괴리된다. 주식은 펀더멘털적으로 좋지 않은 결과를 보여도 주가는 올라갈 수 있고 펀더멘털적으로 좋은 결과에도 주가는 떨어질 수 있다. 이런 움직임에 집중하다 보면 큰 그림을 보지 못하고 결정적인 투자 기회를 놓칠 수 있다.

셋째, 특히 개인 투자자가 한 분기 실적만 놓고 베팅한다면 데이터 측면에서 엄청나게 불리한 상태로 투자하게 되는 셈이기 때문이다. 전문적인 기관 투자자는 종종 비용을 지불하고 신용카드 데이터, 제3자 웹 트래픽 데이터, 사용자 설문 조사, 전문가 네트워크 등 개인 투자자가 구하지 못하는 자료에 접근한다. 이들은 많은 경우 회사가 어떻게 분기 실적을 보고할 것 같은지, 그리고 시장 전망치는 어느 정도인지에 대해 그 어떤 개인 투자자보다 좋은 정보를 갖고 있다.

넷째, '분기 실적 발표를 이용한 투자 판단'은 본질적으로 어렵기 때문이다. 내가 아는 가장 노련한 헤지 펀드 애널리스트 중 한 명은 "실적과 가이던스는 어떻게 될지 미리 알 수 있지만 주식이 그 결과에 어떤 식으로 반응할지는 여전히 알 수 없다"고 단언했다.

이런 이유로 나는 개인 투자자에게 실적 발표를 이용해 투자하지 말라고 조언하고 싶다. 다른 말로 표현하자면, 단기적 주가 변동성에 주의를 빼앗기지 말라는 것이다.

물론 '실적 발표를 이용한 단기 투자'의 매력을 충분히 이해한다. 분기 실적을 발표할 때 애플이나 테슬라Tesla, 펠로톤이 오를지 또는 내릴지 정확히 예측해 24시간 만에 10퍼센트 수익률을 올리는 일은 금전적으로 즉각적인 만족감을 준다. 하지만 이것은 종종 즉각적인 손실을 의미하기도 한다. 그리고 다시 한번 말하지만 이런 투자 방식에 집중하면 중요한 투자 기회를 놓칠 수도 있다.

96쪽에 있는 표 3.1은 아마존의 예를 보여준다. 2015년 1월 1일부터 2018년 12월 31일까지 아마존은 309달러에서 1,502달러까지 386퍼센트 상승했다. 1년에 거의 100퍼센트 상승한 셈이다. 같은 기간 S&P 500은 22퍼센트 상승했다. 이 4년간 아마존은 놀라울 정도로 상승을 이어갔다. 같은 기간 실적 발표는 16번 있었는데, 이 16번의 실적 발표 중 주가가 하루에 10퍼센트 이상 급등한 것은 4번뿐이었다. 투자자는 4번의 급등을 잡으려고 '단기 투자'할 수도 있었고 그냥 진득하게 투자할 수도 있었다. 진득하게 투자했다면 훨씬 더 많은 돈을 벌었을 것이다. 아, 그리고 실적 발표를 이용한 단기 투자를 했다면 주가가 크게 하락했던 4번의 실적 발표 때는 손실을 입었을 것이다. 아마존의 사례와 다음 표를 본다면 실적 발표를 이용한 단기 투자가 헛고생에 가깝다는 점을 알 수 있다.

표 3.1 분기별 실적 발표에 따른 아마존의 주가 변동

분기	실적 발표일	종가	1일 가격 변동	3일 가격 변동
1Q:15	4/23/2015	$389.99	14%	10%
2Q:15	7/23/2015	$482.18	10%	9%
3Q:15	10/22/2015	$563.91	6%	8%
4Q:15	1/28/2016	$635.35	-8%	-13%
1Q:16	4/28/2016	$602.00	10%	12%
2Q:16	7/28/2016	$752.61	1%	1%
3Q:16	10/27/2016	$818.36	-5%	-4%
4Q:16	2/2/2017	$839.95	-4%	-3%
1Q:17	4/26/2017	$909.29	1%	4%
2Q:17	7/27/2017	$1,046.00	-2%	-5%
3Q:17	10/26/2017	$972.43	13%	14%
4Q:17	2/1/2018	$1,390.00	3%	4%
1Q:18	4/26/2018	$1,517.96	4%	4%
2Q:18	7/26/2018	$1,808.00	1%	-2%
3Q:18	10/25/2018	$1,782.17	-8%	-14%
4Q:18	1/31/2019	$1,718.73	-5%	-3%

　그렇다면 분기 실적 발표는 중요한가? 당연히 중요하다. 1년 4개 분기의 재무 실적과 연간 실적은 깊은 상관관계가 있다. 거의 100퍼센트. 아니, 정확히 100퍼센트 관련 있다. 그러나 한 분기의 실적이 어떤 투자 논리를 완전히 증명해주거나 반박하지는 않는다. 어떤 주식을 매수하라고 추천했을 때 애널리스트로서 내가 기대하는 것은, 네 분기 중 세 분기라도 내가 주장한 매수 논리가 대체적으로 증명되는 것이다. 그 세 분기의 고객 지표와 매출, 이익이 적어도 나와 월가의 전망치와 일치하는 것이

다. 발표된 실적이 전망치를 하회하거나 실망스러울 경우 나는 그 결과가 내가 주장한 매수 논리에 일시적이거나 영구적인 변화를 주는지 평가한다. 어도비Adobe나 스냅 같은 소프트웨어 또는 앱 개발 회사의 경우, 상품 실적 발표까지 상품을 출시하지 못했기 때문에 또는 월가의 애널리스트들이 공휴일 여행 스케줄(예를 들어 부활절)의 변동 사항을 충분히 고려하지 않았기 때문에 실적이 매출 추정치를 하회한 건가? 후자는 내가 프라이스라인과 익스피디아 등 온라인 여행사를 추적하던 지난 25년 동안 이들 종목에서 자주 일어났던 일이다.

시간이 흐르면서 실적 발표 근처에는 원래 변동성이 클 때가 많지만 그 수준은 거의 항상 회사의 재무적 전망에 생기는 근본적인 변화보다 크다는 사실을 알게 되었다. 실적이 추정치를 하회해 주식이 10퍼센트 하락 거래돼도 장기 추정치는 10퍼센트까지 감소하지 않는다. 주식의 변화는 펀더멘털의 변화에 비해 늘 과장된다. 이것이 이탈한 우량주를 찾을 기회를 만들어낸다.

여기서 배울 수 있는 핵심은 분기 실적은 예측하기 어려우며, 분기 실적 발표를 이용한 단기 투자는 잘못되기 쉽다는 것이다. 단기 주가 변동은 무시하고 장기적으로 집중하라. 투자에 대해 다루는 수많은 명저가 단기 투자를 피하고 장기적으로 투자하라고 조언한다. 나도 마찬가지다. 다만 실적 발표를 이용한 단기 투자를 원하는 수요가 얼마나 많은지 알고 있기 때문에 똑같은 조언을 더 생생하고, 기억하기 쉽고, 솔직히 말해 더 실행하기 쉽게 건네고 있는 것뿐이다. 이것을 증명할 수 있는 통화 기록도 있다.

단기 투자가 엄청난 기회를 놓치는 방식 — 스냅

2019년 1분기 스냅(처음에는 스냅챗으로 알려져 있었다) 사례는 실적 발표를 이용한 단기 투자가 어떻게 엄청난 투자 기회를 놓칠 수 있는지 잘 보여준다. 2019년 4월 23일 스냅은 월가 예상치보다 1,400만 달러 또는 5퍼센트 이상 많은 3억 2,000만 달러의 매출을 달성했다고 발표했다. 매출 성장률도 높아져 2018년 4분기에는 전년 동기 대비 36퍼센트였으나 2019년 1분기에는 39퍼센트를 기록했다. 즉 매출 동향이 점점 좋아지고 있었다. 현금성 영업이익(기업의 현금 창출 능력을 나타내는 수익성 지표로 법인세·이자·감가상각비 차감 전 영업이익을 뜻한다. 기업의 실제 가치를 평가하고 기업 간 수익 창출 능력을 비교하는 데 활용된다. ─ 옮긴이) 적자도 줄었다. 예상치는 1억 4,400만 달러 적자였는데, 실제로는 1억 2,300만 달러 적자로 예상치보다 좋았다. 현금성 영업이익 적자는 2018년 1분기보다 1억 달러 감소해 손익 동향도 개선되고 있었다.

마지막으로 회사의 가장 중요한 사용자 지표(일간 활성 사용자DAU 또는 일 평균 사용자)도 예상치를 상회했다. 월가는 1억 8,700만 명을 예상했지만 실제 일간 활성 사용자는 1억 9,000만 명이었다. 일 평균 사용자는 전 분기보다 400만 명 늘어나며 1년 중 가장 큰 증가 폭을 보였다. 스냅의 1분기 실적은 예상치를 상회했고 펀더멘털도 개선되고 있었다. 그런데 무엇이 잘못이었을까?

바로 주식이었다. 스냅 주가는 다음 날 6퍼센트 하락한 후 이틀간 하락세를 이어가며 10퍼센트까지 하락했다. 상당한 조정이었다. 어떤 투자자가 예상치보다 실적이 더 잘 나올 것 같고 펀더멘털도 개선되고 있다고 생각해 분기 실적 발표를 노린 단기 투자를 했다면 생각은 완전히 적중했어도 포지션은 10퍼센트 손실을 입었을 것이다. 이 투자자는 낙담해서 주식을 매도해 손실을 확정 지었을 것이고, 두 달 후 주가가 어떻게 됐나 다시 보았을 때는 38퍼센트나 급등한 것을 보고 충격받았을 것이다. 그해 말 스냅은 15.89달러까지 올라 전년 대비 174퍼센트나 상승했다. 이 투자자는 실적 발표를 노린 실패한 단기 투자 때문에 아주 좋은 투자 기회를 잃었고, 이에 대해 할 말을 잃고 좌절감을 느꼈을 것이다. 어쨌거나 스냅은 2020년 말에는 50달러까지 오르며 다시 한번 198퍼센트 상승했다.

자, 이 투자자가 2019년 1분기 실적 발표를 이용해 스냅에 단기 투자했던 이유 중 하나는 그가 4월 5일에 어떤 월가 애널리스트가 스냅에 대한 투자 의견을 아웃퍼폼으로 상향 조정한 것을 보았기 때문이다. 실적 발표를 하기 약 3주 전에 말이다. 그 애널리스트는 바로 나였다. 하지만 이 이야기를 하기에 앞서 스냅챗을 살펴보자.

스냅챗은 2011년 에번 스피겔과 보비 머피Bobby Murphy가 함께 창립한 회사다. 2016년에 회사명을 스냅으로 변경했다. 또 같은 해에 스펙터클스Spectacles라는 스마트 안경을 출시했다. 안경의 기능은 매우 제한적이었지만 회사의 혁신적인 매력을 높였다. 전하는 바에 따르면 그 과정에서 스냅은 페이스북(2013년 30억 달러 제안)과 구글(2016년 300억 달러 제안)의 인수 제안을 거절했다. 페이스북의 30억 달러 인수 제안을 거절하며 스피겔은 "단기적인 이익을 위해 회사를 거래하는 것에는 그다지 관심이 가지 않는다"고 말했다. 스피겔의 말은 일반적으로도 상당히 훌륭한 투자 조언이었는데, 결국 선견지명까지 있었던 것으로 밝혀졌다(2021

년 중반 기준 스냅의 시가총액은 1,000억 달러가 넘는다). 2016년 말까지 스냅의 일간 활성 사용자는 1억 4,400만 명이었고, 연간 매출은 4억 달러로 전년 동기 대비 590퍼센트 증가했다. 스냅은 승승장구하고 있었다!

2017년 3월 2일, 티커 'SNAP'으로 뉴욕 증권거래소에 상장된 스냅은 첫날 주가가 26.05달러까지 오르며 44퍼센트 상승했고, 시가총액 330억 달러의 기업이 되었다. 하지만 이 가격이 거의 3년 동안 최고점이었다! 이후 2년 동안 스냅은 81퍼센트 하락해 2018년 12월 말 4.99달러로 바닥을 치며 시가총액 80억 달러가 되었다. 이는 페이스북이 제안했던 30억 달러는 훨씬 웃돌지만(에번, 이 제안은 잘 거절했네요) 구글이 제안했던 300억 달러에는 한참 못 미치는 가격이었다(어쩌면 이 제안에는 관심을 가졌어야 했던 것일지도 모른다). 결국 주가는 2020년 7월이 되어서야 26달러였던 첫날 거래 수준으로 회복되었다. 그리고 2020년 말에는 50달러까지 올라 시가총액이 700억 달러가 되었다. 완전히 롤러코스터 같지 않은가!

나는 스냅챗의 경영진을 기업공개 하기 1년 전쯤 처음 만났다. 당시 스냅은 신임 최고 전략 책임자로 임란 칸Imran Khan을 임명했는데, 그는 J. P 모건의 수석 인터넷 애널리스트로 내가 여러 해 동안 알고 경쟁해온 사람이었다. 베니스 비치에 있는 스냅 본사에서 칸과 스냅의 신임 CFO 드루 볼레로Drew Vollero를 만났다. 맞다. 만난 곳은 베니스 비치였다. 지나고 나서 생각해보니 그것이 첫 번째 적신호였다. 베니스 비치에 문제가 있는 건 아니었다. 그곳은 재미있고, 흥미롭고, 자극적인 곳이다. 문신을 새기기 좋은 곳이고 성 마가Saint Mark가 도시의 수호성인인 곳이다. 하지만 본사를 건축한 방식이 뭐랄까 좀… 이상했다. 중앙 출입구가 비밀스러웠다. 표시가 없었다. 첩보 요원 스타일로 이어폰을 낀 보안 요원들이 베니스 비치 골목의 아무 표시 없는 문을 지키고 있었다. 당시 스냅은 베니스 비치 주변에 비슷한 건물을 여러 채 소유하고 있었는데, 모두 비밀스러웠다. 이렇게 특이한 회사 건물은 기업 문화에 역효과를 불러올 거라는 사실을 짐작할 수 있을 것이다. 상장 기업으로서 처음 2~3년 동안 스냅이 보여준 불안정한 펀더멘털과 주가를 고려하면 이런 생각은 옳았다.

에번 스피겔은 표시 없는 건물 중 하나에서 열린 기업공개 전 애널리스트 기관 회의에서 처음 만났다. 당시 26세였던 스피겔은 최연소 억만장자 중 하나였다. 매우 마르고 왜소했으며, 스키니 진과 아무 무늬 없는 진한 회색 셔츠를 입고 있었다. 대학생이나 대학원생, 젊고 배고픈 예술가처럼 보이기도 했다. 그는 회의장에 살짝 들어와 약 45분 동안 애널리스트들과 질의응답 시간을 가졌다. 짧은 만남이었지만 스피겔은 제품 비전과 회사 전략에 대해 월가에서 '가장 잘나가고 똑똑한' 사람들이 던지는 광범위하고 날카로운 질문을 사려 깊게 받아넘기며 매우 지적인 이미지와 기이할 정도로 침착한 인상을 줬다. 나머지 시간에는 스냅의 다른 경영진에게 이야기를 듣고 질문을 했다. 스펙터클스 스마트 안경이 막 출시되어 그곳에 모인 애널리스트 전부가 구매할 수 있었다. 나도 당시 10대였던 아들들을 위해 2개를 샀지만 내 아들들은 상자를 열어보지도 않았다. 광적인 스냅 유저였는데 말이다. 이것이 두 번째 적신호였다.

기업공개를 하고 약 3주 후 목표 주가 31달러에 아웃퍼폼 의견으로 스냅의 커버리지를 시작했다. 그때 주가는 22.74달러였다. 이후 2018년 12월, 주가가 81퍼센트 하락해 4.99달러가 될 때까지 2년간 나는 매수와 중립 의견 사이를 왔다 갔다 하며 실수를 저질렀다. 아마도 이렇게 하락할 거라는 사실은 상장 기업으로서 첫 번째 실적 발표에서부터 분명했던 것 같다. 이날 스냅의 주가는 발표된 실적이 월가가 전망한 매출 예상치와 현금성 영업이익 예상치보다 낮았고 하루 동안 21퍼센트나 폭락했다.

처음 스냅에 대해 아웃퍼폼 의견을 냈을 때 나는 스냅이 달성한 업계 최고의 성장률, 밀레니얼 세대를 끌어들이는 독특하고 강한 매력(설문 조사 결과 스냅은 젊은 사용자들에게 매우 인기 있었다), 상대적으로 우수한 제품 혁신 성과(페이스북이 스냅의 혁신적 기능을 공격적으로 따라 하려 했다는 사실은, 스냅의 제품 개발이 얼마나 뛰어난지에 대해 많은 것을 말해준다), 잠재적으로 큰 시장 기회(1조 달러에 가까운 글로벌 광고 시장)를 중심으로 매수 논리를 세웠다. 이 논리는 결과적으로는 맞았지만 2년 정도 너무 빨랐다. 기업공개 이후 2년 동안 81퍼센트의 주가 조정을 받은 스냅의 사례는 내가 얻은 중요한 투자 교훈(비록 가끔 잊기도 하지만)을 아주 잘 보여준다.

하나, 우수하고 안정적인 경영진의 중요성. 해당 기간 스냅은 1명도 아니고 2명의 CFO와 마케팅 부사장 겸 최고 전략 책임자를 잃었다. 이러한 경영진의 불안정성이 이후 2년간 회사의 재무 실적을 불안정하게 한 핵심 요인이었다고 생각한다.

둘, 제품 혁신의 중요성. 2년 동안 스냅은 스냅 맵스Snap Maps를 비롯한 여러 새로운 기능을 성공적으로 출시했지만 가장 큰 제품 혁신을 망쳐버렸다. 바로 안드로이드용 앱을 재디자인하는 것이었다. 망해버린 이 앱은 제대로 나오기까지 사용자를 짜증 나게 만드는 여러 버전을 거쳤고, 2018년 중반 스냅 이용자 수 감소에 일조하며 회사의 펀더멘털에 문제를 야기했다.

셋, 거대한 총 도달 가능 시장의 막대한 가치. 스냅이 안드로이드용 앱을 재디자인해야 했던 가장 중요한 이유는, 간단히 말해 기존 앱이 안드로이드 기반 스마트폰에서는 아이폰에서만큼 잘 작동하지 않았기 때문이다. 안드로이드 체제에서는 더 느리고 불편했다. 일부 안드로이드 기반 스마트폰에서는 카메라가 스냅 앱과 매끄럽게 연동되지 않았다. 아이폰용 앱만큼 많은 자원을 투자하지 않았기 때문에 안드로이드용 앱이 제대로 작동하지 않았던 것이다. 스냅이 글로벌 시장으로 확장을 꾀하면서 이 점이 문제가 되었는데, 미국 밖에서는 안드로이드 플랫폼이 애플 플랫폼보다 인기가 훨씬 더 많았기 때문이다. 바깥은 애플 세상이 아니라 안드로이드 세상이었다(전 세계 스마트폰의 70퍼센트 이상이 안드로이드 운영체제를 기반으로 한다). 따라서 안드로이드 기반 스마트폰에서 제대로 작동하는 앱을 만들기 전까지는 도달 가능한 시장 기회는 지리적 한계가 있었다.

넷, 주가는 정말로 펀더멘털을 따른다는 사실. 지나친 단순화의 위험이 있긴 하지만 스냅의 매출 성장률은 2017년 1분기 전년 동기 대비 286퍼센트에서 지속적으로 감소해 2018년 4분기 36퍼센트까지 떨어졌고, 선행 주가매출액비율 배수는 20배 이상에서 5배 이하로 하락했다. 이에 따라 2017년 3월 26.05달러였던 주가도 2018년 12월에는 4.99달러까지 하락했다. 성장률이 낮을수록 배수도 낮다. 2019년 1분기 매출 성장률이 다시 가속화되자 주가매출액비율 배수가 커지고 주가도 오르기 시작했다(그림 3.1).

여기까지가 적어도 월가의 관점에서 본, 스냅이 성공적인 투자 대상이 되기 전까지의 이야기였다. 이에 대해 나는 다음 네 가지 이유를 근거로 2019년 4월 5일 스냅에 대한 투자 의견을 아웃퍼폼으로 상향 조정했다. 안드로이드용 플랫폼 개선이 마침내, 드디어! 반응을 얻고 있다는 초기 증거가 있었고, 회사는 다년간 높은 수준의 제품 혁신을 이뤘으며, 최근 열린 개발자·파트너 콘퍼런스에서 긍정적인 성과를 냈고, 펀더멘털의 변곡점에 도달했을지도 모른다는 믿음이 있었다.

그 후로 2년 동안 스냅의 펀더멘털은 실제로 개선되었다. 매출 성장률이 가속화됐고 매출 총 이익이 확대됐으며 잉여현금흐름은 적자 폭이 감소되었다. 스냅에 대한 매수 논리는 옳았다. 주가는 2019년에 174퍼센트, 2020년에는 198퍼센트 상승했다. 하지만 분기마다 오른 것은 아니었

그림 3.1 스냅은 어떻게 하락에서 빠져나왔나

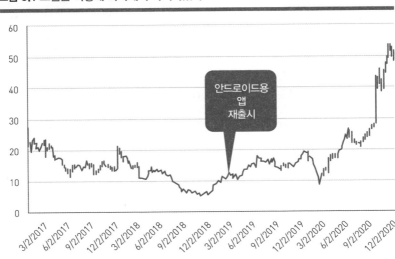

다. 2019년 1분기에는 펀더멘털이 개선되고 월가의 예측치를 상회하는 실적을 냈음에도 10퍼센트 하락 거래되었다. 2019년 3분기와 4분기 실적 발표 때도 마찬가지였다. 하지만 장기적인 투자는 유효했으며 높은 수익률을 냈다. 분기 실적 발표를 이용하는 단기 투자는 잡음일 뿐이었다. 이 잡음을 무시할 수 있었다면 위대한 펀더멘털의 음악을 들었을 것이고, 그 2년 동안 기술 섹터에서 가장 수익률 좋은 주식 중 하나를 통해 이익을 얻었을 것이다.

마지막으로 핵심 질문으로 돌아가겠다. 스냅이 2019년 1분기에 10퍼센트 하락 거래된 이유는 정확히 무엇이었을까? 여기에는 두 가지 답이 있다. 첫 번째, 기대감에 의한 조정이다. 실적 발표까지 스냅의 주가는 연초부터 107퍼센트나 급등했다. 비공식적인 시장의 기대가 높았다. 월가에서 자주 펼쳐지는 실적 맞히기 게임에서 사람들은 스냅이 월가의 예상치를 뛰어넘는 실적을 낼 거라고 예상했다. 예상치를 얼마나 상회할지는 정확히 알기 어렵다. 스냅의 실제 매출이 월가 예상치보다 5퍼센트 높게 나왔다는 사실을 감안했을 때, 주가는 5퍼센트 이상 상승 여력이 '있어야 했다'. 그러나 주가는 10퍼센트 하락했다. '기대치'가 정확히 어느 정도였는지는 알기 어렵다. 이것을 아는 것은 개인 투자자에게는 불가능에 가깝다. 한 가지 간단한 경험칙은 실적 발표 전에 주가가 공격적으로 상승한다면, 이를테면 어떤 주식이 연초부터 107퍼센트나 올랐는데 같은 기간 S&P 500은 17퍼센트밖에 오르지 않았다면, 실적에 대한 기대감이 높으며 '예상치를 상회하는 실적'이 주가를 더 끌어올리기에 충분하지 않을 것임을 확신할 수 있다는 것이다.

어쩌면 두 번째 답은 더 유용할지 모르겠다. 단기적 주가 변동은 설사 분기 실적 발표처럼 분명한 펀더멘털 이벤트가 관련되어 있다고 해도 아무런 의미가 없기 쉽다는 것이다. 단기적 가격 움직임은 종종 주의만 흐트러뜨릴 뿐이다. 특정 주식의 2~3일간 방향성을 예측하는 것은 거의 불가능하다. 게다가 단기적 주가 변동에 집착하다 보면 장기적으로 좋은 투자 기회를 놓칠 수도 있다. 이것이 2019년 1분기 스냅 실적 발표에서 얻은 최고의 가르침이다.

10퍼센트 하락과 103퍼센트 상승 사이 — 추이

2020년 2분기 추이의 실적 발표도 분기 실적 발표를 노린 단기 투자가 어떻게 좋은 투자 기회를 놓치게 하는지 보여주는 아주 좋은 사례다. 추이는 9월 10일 2분기 실적을 발표했는데, 월가 전망치보다 4퍼센트, 또는 6,000만 달러 더 많은 17억 달러 매출을 기록했다. 매출 성장률도 1분기에는 전년 동기 대비 46퍼센트였지만 2분기에는 47퍼센트로 높아졌다. 즉 매출 동향이 점점 좋아지고 있었다. 이 부분에 대해 더 자세히 이야기해야겠다. 추이의 매출 동향은 아주 탄탄했다. 전년 동기 대비 46퍼센트씩 성장할 수 있는 기업은 흔치 않은데, 매출 기반이 16억 달러인 기업이라면 특히 더 어렵다. 2분기 매출 총 이익 또한 사상 최고치를 기록했으며 월가 추정치보다 높았다. 게다가 사상 최대 규모인 160만 명의 신규 고객을 유치하면서 1,660만 명의 고객을 확보했다. 2분기 실적은 예상치보다 좋았고 펀더멘털과 내재 가치가 개선되었다. 매출 성장률이 높아졌고 매출 총 이익이 늘었으며, 현금성 영업이익이 증가하고 고객도 훨씬 늘어났다. 뭐가 잘못된 걸까?

여러분은 이미 답을 알고 있다. 바로 주식이었다. 먼저 보았던 스냅과 비슷하다. 실적 발표 다음 날 추이의 주가는 59.69달러에서 53.81달러로 10퍼센트 하락한 뒤 그달 내내 53달러에서 56달러 선에 머물렀다. 만약 분기 실적 발표를 이용한 단기 투자를 하려고 추이를 매수한 투자자라면 좌절했을 것이다. 그는 몇 주 동안 시장이 정신을 차리고 추이의 펀더멘털이 개선되고 있다는 사실을 깨닫기를 기다렸을지도 모른다. 하지만 아무 일도 일어나지 않았다. 그래서 투자자는 얼마 지나지 않아 매도했다. 그리고 몇 달 동안 추이의 주가 변동을 보지 않으려고 무시하다가 겨울 휴가 기간에 슬쩍 봤는데, 그해 종가가 9월 10일보다 50퍼센트 높은 89.89달러였다는 사실에 망연자실했을 것이다. 이런 좌절감은 강아지에게 배변 훈련을 시키려 할 때 마지막으로 느꼈다.

대체 무슨 일이 있었던 걸까? 먼저 추이에 대해 이야기해보자. 아니, 그전에 먼저 페츠닷컴에 대한 이야기부터 해야겠다. 페츠닷컴과 이 회사 주식IPET이 엉망진창으로 남긴 똥을 치울 삽이 모자랐다. 페츠닷컴은 2000년 2월 공모가 11달러에 상장되었고 30퍼센트 정도 상승해 14달러까지 올랐다(IPO 투자는 아주 기만적일 때가 있다). 상장 시 매출은 600만 달러로 역대 최대였다. 600만 달러! 이것이 기업공개를 할 때까지 페츠닷컴이 창출한 매출액의 총합이었다. 그도 그럴 것이 영업을 한 지 12개월밖에 안 되었기 때문이다. 페츠닷컴은 기업공개로 8,300만 달러를 모집했고 시가총액은 3억 달러에 달했다. 그리고 이게 다였다. 기억에 남을 만한 슈퍼볼 광고까지 내보냈지만 페츠닷컴은 9개월 후 파산했고, 파산 발표 당일 주가는 0.19달러까지 떨어졌다. 닷컴 버블의 지나침과 어리석음을 보여주는 가장 악명 높은 사례 중 하나였다.

또 다른 사례로 코즈모Kozmo가 있었다. 코즈모는 '비디오, 게임, DVD, 음반, 잡지, 책, 음식, 생필품 등'을 1시간 내에 무료로 배달해주는 서비스를 제공했다. 코즈모는 페츠닷컴보다는 잘했는데, 3년을 버티다 파산했다. 지나고 보니 페츠닷컴과 코즈모는 기술주 투자에 오랜 영향을 미쳤다. 이들은 오늘날에도 새로운 기술 기업들이 여전히 기어오르는 영구에 가까운 걱정의 벽wall of worry(여러 부정적 요인을 극복하고 주가가 계속 오르는 금융 시장의 주기적 경향 – 옮긴이)을 만드는 데 일조했다. 그리고 추이(2021년 중반 기준 시가총액 400억 달러)와 도어대시(2021년 중반 기준 시가총액 600억 달러)가 나오기 위한 길을 닦았다.

추이는 2019년 6월 공모가 22달러에 기업공개에 성공했다. 첫 거래일에는 59퍼센트 상승해 35달러까지 올랐다. 그러다 11월 말 23달러까지 떨어지며 35퍼센트 하락을 기록했고, 2020년 3월까지 35달러 수준을 회복하지 못했다. 페츠닷컴과 비슷한 점이 많았다. 기업공개일에 CNBC 웹사이트의 기사는 추이가 수익성 없이 상장된 기업(우버·핀터레스트Pinterest·서베이 몽키Survey Monkey 등) 대열에 합류했고, 수익성도 없이 상장에 나선 회사의 비율에 대해 '닷컴 버블에서나 봤던 수준'이라고 지적했다.

그러나 추이는 페츠닷컴과 다른 점이 하나 있었다. 시장 기회나 기본적인 고객 가치 제안이 달랐던 것이 아니라 규모와 경영진이 달랐다. 페츠닷컴은 최근 12개월 매출이 600만 달러일 때 기업공개에 나섰지만, 추이는 최근 12개월 매출이 35억 달러일 때 기업공개에 나섰다. 페츠닷컴의 무려 583배다. 게다가 추이는 순이익적 측면이 아니라(수익성은 여전히 없다) 기술주 투자자가 집중해서 살펴봐야 하는 매출과 이익 가능성 측면에서 펀더멘털이 건전한 사업이었다.

추이는 라이언 코언Ryan Cohen과 마이클 데이Michael Day가 2011년에 세운 회사다. 아마존, 펫스마트PetSmart, 홀푸드에서 임직원을 데려와 몇 년간 공격적으로 성장했고, 2017년에 매출 20억 달러, 미국 온라인 사료 판매 시장에서 점유율을 50퍼센트 가까이 확보했다. 그 과정에서 줄릴리 창업자 마크 배돈 등 몇몇 영민한 개인 투자자에게 펀딩을 받기도 했다. 2017년 추이는 상장을 고려했지만 당시 전자 상거래 회사로서는 사상 최대 규모인 34억 달러를 받고 펫스마트에 회사를 매각하기로 결정했다. 2년 후 회사는 상장했다.

나는 2017년 플로리다 데이니어 비치에 있는 추이 본사에서 경영진을 처음 만났다. 데이니어 비치는 증강 현실 장비 개발 회사인 매직 리프Magic Leap가 매우 가까이에 있긴 하지만 기술 회사가 있을 거라고 사람들이 예상하는 곳은 아니다. 어쨌든 이곳에서 당시 추이의 CFO(아마존에서 재무 전문가였다가 금방 아마존을 떠났다)와 그의 동료 마리오 마르테Mario Marte(이후 CFO가 되었다)를 만났다. 1시간 미팅으로 회사 전반에 대한 내용, 회사의 시장 기회, 아마존과의 경쟁 방법 등을 알 수 있었다. 나는 사무실로 돌아와 동료들에게 추이가 좋은 기업공개 대상이 될 것 같다고 이야기했다. 그리고 몇 달 뒤 추이는 펫스마트에 매각되었다.

그런데 2년 후 다시 플로리다로 가서 추이의 고위 임원진과 저녁 식사를 하고 전체 경영진과 미팅을 가졌다. 기업공개 과정이 시작된 것이다. 이때의 미팅은 내게 경영진에 대한 큰 통찰을 안겨줬고, 특히 2017년에 추이에 합류한 CEO 서밋 싱Sumit Singh은 대단한 인상을 남겼다. 서밋은 유난히 똑똑하고 성실하며 아주 세밀한 느낌이었다. 특히 마지막 특징이 가장 눈에 띄었다. 이후 2년간 여러 차례 전화 통화와 미팅을 하면서 서밋이 마케팅, 물류, 제품 계획 등 추이의 사업 전반에 대해 대단히 자세한 지식을 갖춘 것을 알고 매우 놀랐다. 내가 만나본 CEO 중에는 인상적인 비전을 지녔지만 운영에 대해서는 그렇지 않은 경우가 많았다. 어떤 경우는 그 반대일 때도 있었다. 완벽한 CEO에 관련한 단 하나의 공식은 없다. CEO에게 요구되는 자질은 기업과 업계의 필요에 따라 다르다.

추이 주식으로 돌아가보자. 주가는 2020년 3월에야 공모 가격을 회복했다. 그리고 유례없는 팬데믹이 찾아왔다. 코로나19 사태는 추이에 큰 힘을 실어주었고, 9월 10일 2분기 실적 발표에서 주가가 103퍼센트 상승하는 데 일조했다. 코로나19 바이러스의 확산은 식당, 여행, 오프라인 상점, 라이브 이벤트 분야에 속한 기업을 필두로 대부분 기업에 부정적 영향을 미쳤지만 추이의 경우는 아니었다. 아이들처럼 반려동물도 팬데믹이든 아니든 계속 먹이고 돌봐줘야 한다. 게다가 오프라인 상점은 몇 주 혹은 몇 달 동안 문을 닫아야 했다. 이것이 추이에 좋은 기회였다. 그뿐만 아니라 사람들이 어쩔 수 없이 집 안에서만 머무르게 되면서 가정 내 관계에 대한 욕구가 높아졌고 미국 내 반려동물 입양이 크게 증가했다. 《USA 투데이USA Today》가 발표한 보고서에 따르면 반려동물 입양률은 2019년 64퍼센트에서 2020년 73퍼센트로 뛰어올랐고, 반려동물에 대한 수요가 유난히 높아져 동물 보호소 안락사도 43퍼센트나 감소했다.

이런 이유 덕분에 추이는 1분기와 2분기 각각 150만 명이 넘는 신규 고객을 확보하며 신규 고객 수가 기록적으로 늘어났다. 매출 성장률도 가속화되었다. 매출 총 이익과 현금성 영업이익 마진율도 기록을 갱신했다. 그런데도 주식은 2분기 실적 발표에 10퍼센트 하락 거래되었다(그림 3.2). 어째서 그랬을까? 2019년 1분기 스냅의 실적 발표 때와 마찬가지로 기대감 때문이었다. 그해에 주가가 103퍼센트 상승했다면 기대감이 높다는 사실을 알 수 있다. 실적이 기대치보다 못할 가능성도 높고, 기대감에 의한 조정이 올 가능성도 높기에 이를 대비해야 한다. 그러나 회사의 펀더멘털이 강화되고 있었기 때문에 주가가 계속해서 시장 수익률보다

그림 3.2 장기적으로 상승하는 추이의 주가

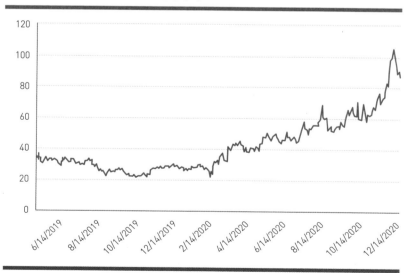

더 높은 수익률을 낼 가능성에도 대비해야 한다. 이것이 다음 가르침의 핵심이다.

주가는 중·장기적으로 펀더멘털을 따른다. 여기서 기억해야 할 것은 주가는 종종 단기적으로 펀더멘털을 따르지 않기도 하지만, 이런 단기적인 움직임 때문에 펀더멘털 개선에 따른 주가 잠재력에서 멀어져서는 안 된다는 것이다. 나는 스냅 때 저지른 실수를 기억하고 추이는 기업공개 직후 투자 의견 중립으로 커버리지를 개시했다. 몇 개월 뒤인 2020년 2월에는 펀더멘털 개선에 따른 주가 상승을 예상하고 투자 의견을 상향 조정했다. 그리고 주가가 103퍼센트 상승하는 동안 상향 조정한 투자 의견을 유지했다. 실적 발표를 중심으로 변동성이 높아졌을 때도 말이다.

아무 상관없는 이벤트가 주가를 흔들 때 — 우버

우버는 기업공개에 실패했다. 적어도 2019년 5월 기업공개 이후 대부분의 시장 참가자의 견해는 그랬다. 우버에 대한 비판 중 상당 부분은 지난해 몇몇 논평가가 언급한 것처럼 우버의 밸류에이션, 즉 우버의 '꿈같은 밸류에이션'을 중심으로 한 것이었다. 기업공개 1년 전인 2018년 우버의 잉여현금흐름은 20억 달러 적자였다. 2019년에는 잉여현금흐름 적자 폭이 2배 이상 증가해 마이너스 49억 달러가 되었다. 2019년 당기순이익 적자는 80억 달러가 넘었다. 시가총액 750억 달러짜리 기업공개에서 말이다! 참으로 환상적인 밸류에이션이다! 하지만 이번 장에서는 밸류에이션에 대해 논의하지 않는다. 또 전통적인 밸류에이션 지표로는

2020년 (코로나19에도) 우버의 65퍼센트 주가 상승을 놓칠 수밖에 없었던 이유, 전통적인 밸류에이션 지표가 우버의 지속적인 상승세를 놓칠 수밖에 없는 이유에 대해서도 논의하지 않는다. 이것은 9장에서 다룰 것이다.

지금 당장의 핵심은 스냅, 추이, 그 밖의 여러 기술 회사들처럼 우버도 기업공개 당일 '반짝 상승' 후 공격적으로 하락했다는 것이다. 우버의 공모가는 주당 45달러였으며, 상장 당일 7퍼센트 하락해 42달러 이하로 떨어졌다. 수익성에 대한 우려가 커지면서 우버의 주가는 11월 6일 공모가보다 40퍼센트 낮은 26.94달러까지 하락세를 이어갔다. 이후로도 8월 초 2분기 실적이 발표된 뒤 15퍼센트 하락했고, 11월 4일 3분기 실적 발표 이후 또다시 13퍼센트 하락했다(그림 3.3).

11월 4일 3분기 실적 발표의 핵심은 우버 투자자들에게 펀더멘털 측면에서 좋은 소식이 있었다는 것이다. 투자자들이 가장 많은 관심을 가지는 숫자, 바로 현금성 영업이익이 좋아졌다. 3분기 현금성 영업이익 적자는 5억 8,500만 달러로 여전히 아주 컸지만 월가 예상치보다는 30퍼센트 더 좋은 수치였다. 실제 실적과 월가 예상치가 이렇게 크게 차이 나는 경우는 드물다. 게다가 우버 경영진은 2019년 현금성 영업이익 적자 폭에 대한 가이던스를 2억 5,000만 달러 낮췄는데, 이는 예상되는 현금성 영업이익 적자가 당초 예상했던 것보다 2억 5,000만 달러 더 축소될 거라는 의미였다. 또 처음으로 2021년에는 현금성 영업이익이 흑자로 돌아설 것이라고 공식적으로 발표했다. 수익성 우려에 시달리던 기업과 주식에 반가운 소식이었다.

덧붙이자면 유명한 투자자 찰리 멍거Charlie Munger(워런 버핏이 이끄는 버

그림 3.3 기업공개 이후 하락세를 보인 우버의 주가

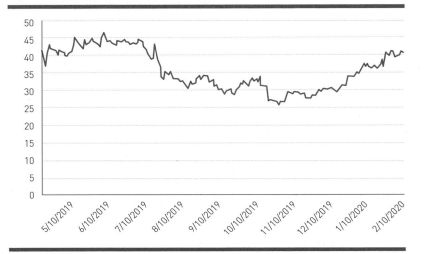

크셔 해서웨이Berkshire Hathaway 그룹 부회장)가 현금성 영업이익을 '개소리 같은 이익bull*@!t earnings'이라고 언급한 것은 유명하며, 사실 그의 말은 옳다. 현금성 영업이익은 순이익이 아니다. 현금성 영업이익은 이자, 세금, 감가상각비용, 기타 영업이익 아랫단에 오는 항목을 제하기 전 이익을 말한다. 마치 영업이익이 순이익이 아닌 것처럼 말이다. 매출 총 이익도 순이익이 아니다. 매출 총 이익은 영업비용, 이자, 세금, 감가상각비, 기타 영업이익 아랫단에 오는 항목을 제하기 전 이익을 말한다. 요점은 이 모든 수익성 지표가 순이익과 연결되어 있다는 사실이다. 이 지표 가운데 하나가 개선되는 것은 항상은 아니라도 거의 언제나 현재 혹은 미래 이익에 긍정적인 척도가 된다. 그러니까 우버의 2019년 3분기 현금성 영업이익은 분명히 펀더멘털에 긍정적인 결과였다.

실적 발표 후 이틀 동안 우버 주가가 13퍼센트 하락한 것은 생각해보면 분명히 뭔가 잘못된 것이었다. 하지만 펀더멘털이 잘못된 것은 아니었다. 의무보호예수lockup가 해제되었기 때문이었다. 3분기 실적 발표 이틀 뒤인 11월 6일은 초기 투자자와 직원 등 기업 내부자들이 보유 주식을 매각할 수 있는 첫날이었다. 기업공개 후 정확히 180일 뒤로 다른 기업공개 주식과 마찬가지였다. 대략 7억 5,000만 주의 보호예수 물량에 대한 매도 제한이 11월 6일부터 해제되었다. 의무보호예수 제도의 목적은 (주로 수년 동안 주식을 보유하고 있던) 기업 내부자들이 기업공개를 하자마자 몇 주, 몇 달 동안 보유하고 있던 주식을 매도해 신규 상장된 주식 가격이 하락하는 일이 없게끔 방지하고 기업공개에 더 큰 안정성을 제공하는 것이었다. 기본적인 수요와 공급 이론이다. 공급을 제한하면 가격은 유지되거나 오를 것이다. 이 말은 곧 매도 제한이 해제되어 결국 공급이 풀리면 가격이 유지되거나 떨어진다는 의미다. 이런 일은 거의 항상 일어난다. 매도 제한이 해제될 즈음이면 주가의 하방 압력이 생긴다.

이것이 3분기 수익성이 개선되었다는 뉴스에도 11월 4~6일과 그다음 주까지 우버에 일어난 일이었다. 하지만 우버는 반등하기 시작했다. 수익성이 좋아졌다는 소식에 주가가 2월 말까지 51퍼센트 상승했다. 4분기 실적 발표가 이런 흐름에 더욱 힘을 실어주었다. 결국 주가를 이끄는 것은 펀더멘털이다. 다만 펀더멘털과 주가는 단기적으로는 실적 발표처럼 기업의 펀더멘털과 관련된 중요한 이벤트가 있어도 때로는 기대감 때문에, 때로는 펀더멘털과 상관없는 매도 제한 해제 같은 이벤트 때문에 서로 괴리되곤 한다.

POINT

실적 발표를 이용해 단기 투자에 몰두하지 마라. 실적 발표를 이용한 단기 투자에 성공하려면 펀더멘털을 정확히 읽고 가까운 미래의 수치에 대해 올바른 평가를 내릴 수 있어야 한다. 그런데 이는 개인 투자자는 물론 전문 투자자도 대부분 해내기 어려운 일이다. 분기 실적 발표를 중심으로 한 단기 거래 시에는 잘못된 판단을 내리기 쉬우며, 이런 단기 거래를 하다가 장기적인 펀더멘털과 주가 동향을 놓치기도 한다. 2015년에서 2018년까지 아마존은 386퍼센트 상승했지만 총 16번의 실적 발표 중 4번만 하루 상승 폭이 10퍼센트 이상이었고, 4번은 하루 하락 폭이 5퍼센트 이상이었다. 펀더멘털이 좋은 기업에 장기로 투자하고 단기 주가 변동을 무시한다면 높은 수익률을 거둘 수 있다.

실적 발표를 이용한 단기 투자는 기대감에 따라 크게 좌우된다. (매출 성장률이 가속화되고 영업이익률이 확대되어) 펀더멘털이 분명히 개선되고 있어도 실제 실적이 '비공식적인' 시장의 기대를 충족시키지 못한다면 주식은 하락할 수 있다. 이것이 스냅의 2019년 1분기 실적 발표와 추이의 2020년 1분기 실적 발표 때 일어났던 일이다. 기업공개 의무보호예수 해제처럼 펀더멘털 동향과 결부되지 않고 단기적인 주가 변동을 유발하는 이례적인 이벤트도 있을 수 있다. 2019년 11월 우버가 그런 사례였다. 과민 반응이나 단기적인 주가 변동 등의 이벤트 때문에 장기 투자를 단념하지 마라. 대신 실적 발표를 이용한 단기 투자에 대한 환상을 버려라.

NOTHING BUT NET

레슨
4

'20퍼센트의 법칙'과
'2퍼센트의 법칙'을 기억하라

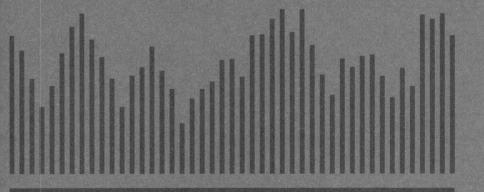

장기적으로는 펀더멘털이 주가를 움직인다. 그리고 고성장 기술주의 경우 가장 중요한 펀더멘털은 매출이다. '매출 성장률 20퍼센트의 법칙'이 있다. 매출 성장률을 꾸준히 20퍼센트 이상 달성하는 기업은 단기 수익성에 크게 상관없이 주식 수익률이 높을 가능성이 높다. 5년간 매출 성장률을 20퍼센트 이상 꾸준히 올릴 수 있는 기업은 S&P 500 구성 종목 중 2퍼센트뿐이지만, 이 2퍼센트가 시장을 크게 상회하는 수익률을 낸다는 것이다. 따라서 좋은high-quality 고성장 기술주임을 알려주는 펀더멘털 요소 중 하나는 꾸준히 20퍼센트 이상 매출 성장률을 보이는 것이다. 이것을 찾아라.

오랫동안 월가에서 일해온 한 테크 애널리스트는 이렇게 털어놓았다. "시장이 비효율적이라 우리는 참 운이 좋아요. 그렇지 않으면 직장을 잃었을걸요." 나는 수년간 이 말과 거기에 담긴 의미를 여러 번 생각했다. 그리고 그 애널리스트가 틀렸다는 결론에 도달했다. 참고로 그는 더 이상 월가에서 일하지 않는다. 적어도 네 곳의 인터넷 상장 기업에서 CFO를 역임했지만 말이다.

내가 대략 25년간 추적해온 시장은 제시된 모든 새로운 정보와 데이터를 받아들이고 그에 신속히 반응하는 데 매우 효율적이었다. 정말 그랬다. 비효율성은 시장이 과거 특정한 출처가 얼마나 신뢰할 수 있었는지는 상관하지 않고 언제나 가장 최신 데이터를 더 중시하는 것처럼 보인다는 사실에서 비롯된다(이를 지칭하는 유사 과학적 용어가 '최신 편향recency bias'이라고 생각한다). 적어도 내가 보기에 시장은 다른 정보보다 더 강력하고 신뢰성 높은 정보가 분명히 있음에도, 동시에 들어온 모든 데이터에 늘 동일한 가중치를 부여하는 것 같다.

넷플릭스와 외주 업체third-party services가 가장 좋은 예로 떠오른다. 외주 업체는 수년 동안 돈을 지불한 기관 투자자들에게 넷플릭스가 이번 분기에 얼마나 많은 신규 가입자를 유치할지 정확하게 예측할 수 있다고 주장했다. 그러나 시간이 지날수록 외주 업체가 예측을 제대로 하는 것만큼이나 예측을 잘못할 가능성도 높은 것 같았다. 특히 이름에 '파크park'가 들어간 회사가 있었다. '파크'가 넷플릭스의 분기 가입자 수가 예상치를 상회할지 하회할지 주간 업데이트를 제공하면 넷플릭스 주가가 반응했다. 오늘 넷플릭스 주가가 2퍼센트 하락한다면? '파크'는 가입자 수가 예상치를 하회할 거라고 전망했어야 했다. 넷플릭스 주가가 3퍼센트 상승한다면? '파크'는 가입자 수가 예상치를 상회할 거라고 판단했어야 했다! 하지만 '파크'는 일관되게 분기 가입자 수를 예측한 적이 한 번도 없었다. 때로 이 외주 업체의 추정치는 터무니없이 빗나갔다. 나는 이 회사를 '사우스 파크South Park'라고 부르기 시작했다. 결국 '파크'는 넷플릭스 가입자 수를 예측하는 일을 그만뒀다. 이 회사의 고객들은 환불을 요구했을 것이다.

여기서 얻을 수 있는 교훈은 펀더멘털이 주가를 움직인다는 것이다. 투자자로서 여러분은 펀더멘털에 집중해야 한다. 특히 매출과 주요 고객 지표가 중요하다. 지금부터 그 이유를 알아보자.

매출 성장률과 밸류에이션의 상관관계

『전설로 떠나는 월가의 영웅』에서 피터 린치는 투자자들에게 세 가지 핵심적인 재무 지표에 집중하라고 조언했다. 바로 이익, 이익, 이익이다. 나는 기술주 투자자에게 이익과는 다른 세 가지 재무 지표에 집중하라고 조언하고 싶다. 바로 '매출', '매출', '매출'이다.

와튼 경영대학원에서 내 MBA 학위를 취소하기 전에 이익도 중요하다고 인정하겠다. 잉여현금흐름도 중요하고 말이다. 나는 매출 할인discounted revenue 모형을 활용하는 세련된 시장 투자자는 한 명도 본 적이 없다. 모두 여러 해의 현금 흐름을 예측하고 그것을 현재로 할인해 적정한 현재 가치를 결정하는 현금 흐름 할인discounted cash flow 모형을 사용한다.

그런데 매출이 없으면 이익이나 현금 흐름도 창출해낼 수 없다. 물론 매출은 있는데 순이익이나 현금 흐름은 만들지 못하는 기업도 많다. 수익성이 없는 기업이다. 만약 기업이 순이익이나 현금 흐름을 전혀 창출해내지 못한다면 사업을 계속할 수 없을 것이다. 혹은 순이익이나 현금 흐름을 창출해낼 잠재력을 보여주지 않는다면 투자자들이 이 회사의 주식을 매수하지 않을 것이다. 다만 나는 먼저 매출을 창출해내지 않고 순이익이나 현금 흐름을 만들어내는 기술 회사는 단 하나도 보지 못했다. 따라서 매출은 순이익과 현금 흐름의 선행 지표라고 할 수 있다. 이것이 기술주 투자자들이 기업마다 고유한 주요 고객 지표와 함께 매출에 집중해야 하는 첫 번째 이유다.

두 번째 이유는 공개 시장 투자자들이 다른 방식보다 매출 성장을 통해 이익을 창출하는 회사에 더 높은 멀티플을 부여하는 경향이 있기 때문이다. 간단히 말해 기업이 순이익을 창출하는 방법은 세 가지다. 매출을 증대시키거나, 영업비용을 감소시키거나, '금융 공학적 방법'을 이용하는 것이다. 금융 공학적 방법이란 손실 발생 자산을 매각하는 것, 세금이 더 낮은 지역으로 이익을 옮겨 세율을 줄이는 것, 투자 지분을 매각해 일회성 수익을 만드는 것, 자사주를 매입하는 것, 대차대조표의 현금 및 현금 등가물로 더 높은 투자 수익을 창출하는 것 등의 방법을 의미한다.

이것은 '노력이 클수록 보상도 커진다'는 단순한 격언을 보여주는 것일지도 모른다. 금융 공학적 방법은 쉬운 방편이다. 기업이 세금 전략과 자산 전략을 더 잘 실행할 수 있게 돕는 컨설턴트가 있다. 그들은 TV 광고도 한다. 비용을 줄이는 방법도 다소 쉽다(실제로 그렇게 쉽진 않지만). 직원을 해고하거나 마케팅 캠페인을 축소하거나 신규 R&D 프로젝트 자금을 줄이는 식이다. 하지만 매출을 늘리는 일은 어렵다. 기술 섹터에서 매출을 증대시키려면 새로운 기능과 제품을 성공적으로 혁신하고, 새로운 시장으로 확장해나가고, 고객 기반을 늘리고, (위험하게) 가격을 올리는 등의 방법이 수반된다. 그래서 투자자들은 매출 성장이라는 가장 어려운 일을 해낼 수 있는 기업에 더 많은 보상을 부여하는 것이다(즉 매출이든 순이익이든 잉여현금흐름이든 더 높은 멀티플을 받는 것이다).

기관 투자자라면 밸류에이션 멀티플(그림 4.1은 매출액 대비 기업 가치 enterprise value to sales를 비교한다. 매출액 대비 기업 가치는 주가매출액비율 또는 매출액 대비 시가총액과 비슷하지만 대차대조표의 현금 및 부채를 포함한 기업 가치를 고려한다)과 기업의 예상 매출 성장률을 비교하는 그림 4.1 같은 차트가 익숙할 것이다. 이 차트에는 2021년 초 기준 약 30개의 주요 기술주가 표시되어 있다. 상관관계가 완벽하지는 않지만 일반적으로 매출 성장률이 높을수록 멀티플이 높아진다. 차트에 따르면 이베이는 2022년 약 7퍼

그림 4.1 매출 성장률과 밸류에이션의 상관관계

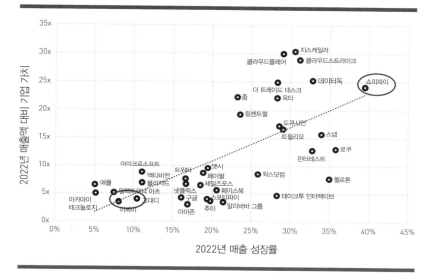

센트의 매출 성장률이 예상되며 매출액 대비 기업 가치는 4배다. 반면 캐나다 인터넷 서비스 회사인 쇼피파이는 2022년 40퍼센트에 가까운 매출 성장률을 보일 것으로 예상되고 매출액 대비 기업 가치는 약 25배다. 이 차트의 핵심은 다른 모든 조건이 비교적 동일하다면 성장률이 높을수록 멀티플이 높다는 것이다.

기술주 투자자라면 다르게 생각해야 한다

기술주 투자는 다른 사고방식을 요구한다. 전통적인 투자서는 순이익, 이익의 극대화, 자사주 매입, 배당에 독자들의 관심을 집중시킨다. 하지만 기술주 투자자는 다르게 생각해야 한다. 기술주 투자자는 성장에 초점을 맞춰야 한다. 따라서 기업이 공격적으로 수익성을 높이기 시작한다면, 의심 많은 기술주 투자자는 "뒤에 투자할 성장 확대 계획이 없습니까?"라고 물어야 한다. 기업이 배당금을 지급하기 시작할 때 비판적인 기술주 투자자라면 "이게 끝인가? 사업을 성장시킬 아이디어가 바닥나서 그만두고 주주들에게 배당을 주는 것인가?"라는 질문을 던져야 한다. 물론 수익성을 높이고 배당을 주는 정책에는 아무런 문제가 없으며 적절한 시기에 이루어진다면 옳은 조치임이 틀림없다. 하지만 이런 조치를 취하기에 적절한 시기에 기술주 투자자는 그 주식에 관심을 잃었을 것이다.

앞에서 언급하지는 않았지만 꽤 자주 사용하는 실적 성장 전략 중 하나로 인수합병이 있다. 용어의 격을 낮춘다는 걸 알지만 이 방법을 '금융공학적 방법'으로 분류하겠다. 나는 일반적으로 판매 증가, 신상품 출시, 지리적 시장 확대, 가격 인상으로 인한 유기적 매출 성장이 획득한 성장보다 기술주 투자자에게 더 깊은 인상을 주고 더 높은 가치를 인정받아야 한다고 생각한다.

그러나 중·장기적으로 엄청난 재무 가치를 창출하고 주가 상승을 이끈 인수 건이 몇 개 있기는 했다. 지난 25년간 내가 봐온 것 중 최고의 인수 사례는 2002년 이베이의 페이팔 인수, 2005년 프라이스라인의 부킹닷엔엘Bookings.nl 인수, 2006년 구글의 유튜브 인수, 2012년 페이스북의 인스타그램 인수였다. 2003년 야후의 오버추어Overture 인수도 들 수 있을 것이다. 오버추어 인수로 당시 야후는 선도적인 디지털 미디어 기업의 지위를 얻었고, 나중에 구글에 잃긴 했지만 떠오르고 있는 검색 산업에서 상당한 우세를 점하게 되었다. 2005년 야후의 알리바바 인수도 있는데, 이는 인수라기보다 투자였다. 야후는 10억 달러에 알리바바 지분 30퍼센트를 매수했다. 이 30퍼센트 지분은 2020년 말 2,500억 달러의 가치가 있었을 것이다. 이론적으로 250배 수익이다.

여기서는 잘한 인수만 조명한다. 잘못한 인수는 나중에 살펴볼 것이다. 하지만 성공한 인수를 살펴볼수록 유기적 매출 성장으로 기술 섹터에서 얼마나 많은 주주 가치가 창출되었는지 놀라게 된다. 2021년 2월 기준 시가총액이 1조 6,000억 달러인 아마존(세계에서 시가총액이 가장 큰 기업 중 하나)은 성장 과정에서 많은 기업을 인수했는데, 인수된 기업 중 아마존의 시가총액에 10퍼센트 이상 기여한 곳은 하나도 없었다. 아마존이 진행한 가장 큰 규모의 인수로 2017년 140억 달러에 진행된 홀푸드 인수는 아직 좋은지 나쁜지 결론이 나지 않았다. 유튜브는 구글에 아주 중요한 사업이지만 유튜브가 현재 구글 시가총액 4분의 1 이상을 담당한다고 말하기는 어렵다. 게다가 유튜브가 성공할 수 있었던 것은 구글이 유튜브에 엄청난 자본과 인재, 자원을 투입했기 때문이다. 특히 구글에 인수될 당시 유튜브가 법적으로 어려움을 겪는 중이었다는 점을 고려하면, 유튜브가 스스로 살아남을 수 있었을 거라고 확신하기는 쉽지 않다.

기술주 투자자들이 매출에 주로 집중해야 하는 세 번째이자 가장 중요한 이유는 바로 시장이 그렇게 하기 때문이다. 단기적으로뿐만 아니라 장기적으로도 말이다. 이 말을 증명할 수 있는 세 가지 분명한 사례가 있다. 첫 번째는 인터넷 시대의 선구적인 개척자였던 두 기업의 안타까운 사례다. 두 기업 모두 눈부신 수익성을 유지했지만 이 섹터의 가장 큰 성장 트렌드를 몇 가지 놓쳤고, 결국 수십억 달러의 시가총액을 날려버렸다. 바로 야후와 이베이 이야기다. 두 번째는 화려했다가 다소 평범한 사례가 된 온라인 여행의 글로벌 공룡 프라이스라인의 매출과 주가 측면을 살펴본다. 세 번째 사례는 1,500억 달러가 넘는 시가총액을 창출하고 순수하게 매출과 구독자 성장을 통해 엔터테인먼트 산업 전체를 뒤엎은 기업으로, 10년 동안 점점 더 높은 현금 흐름 적자를 발생시켰다. 맞다. 바로 넷플릭스다.

이베이와 야후는 장기간에 걸쳐 꾸준히 상당한 수익성을 창출했음에도 둘 다 일관되게 높은 매출 성장을 유지할 수 없었기 때문에 사실상 장기 주식으로서는 실패했다. 프라이스라인이 꾸준히 상당한 수익성을 거뒀기 때문이 아니라(수익성이 있기는 했다), 10년 이상 아주 높은 매출 성장률(부킹닷컴으로)을 유지할 수 있었기 때문에 장기 주식으로서 경이적인 성과를 거둔 것과는 대조적이다. 또 넷플릭스가 꾸준히 상당한 수익을 올렸기 때문이 아니라(거의 10년 내내 잉여현금흐름을 창출하지 않았다), 10년 동안 높은 매출 성장률과 구독자 수 증가를 유지할 수 있었기 때문에 장기 주식으로서 경이적인 성과를 거둔 것과도 뚜렷한 대조를 이룬다. 기술주의 경우 매출은 다른 어떤 것보다 더 중요하다.

이 책을 읽는 몇몇 젊은 독자는 이베이나 야후를 전혀 이용해보지 않았을 가능성이 높다. 20년 전 젊은이들은 야후와 이베이를 열심히 이용하며 이 기업들이 혁신적이라고 생각했다. 1998년부터 2003년까지 온라인 유통업계는 아마존, AOL, 이베이, 그리고 야후 등 4개 기업이 장악했다. 당시 투자자들에게 비공식적으로 여론조사를 실시하면 장기적으로 가장 크게 될 승자로 아마존을 꼽지는 않았을 것이라 확신한다. 투자자들에게 이 네 기업 중 하나가 20년 후 시가총액 1조 달러를 달성하게 될 거라고 말해준다면, 그들은 분명히 아마존이 그 주인공일 거라고는 생각하지 않았을 것이다.

특히 2000년 이후 아마존을 둘러싼 회의론은 아주 대단했다. 입이 떡벌어지는 수치를 비교해보자. 1999년 12월 말, AOL의 시가총액은 1,930억 달러로 야후(970억 달러)의 약 2배, 아마존(340억 달러)의 6배, 이베이(80억 달러)의 24배였다. 20년 후 아마존은 이 그룹에서 체중 800파운드(약 362킬로그램 - 옮긴이) 고릴라 같은 지배적 강자로 부상했다. 이베이는 20파운드(약 9킬로그램 - 옮긴이) 고릴라가 되었다(이베이의 현재 시가총액은 아마존의 40분의 1이다). AOL과 야후는 각각 2파운드(약 0.9킬로그램 - 옮긴이) 고릴라가 됐고 둘 다 2015년과 2017년에 약 45억 달러(아마존 가치의 357분의 1)에 버라이즌에 인수되었다.

닷컴 붐 당시, 지금은 사라진 《인더스트리 스탠더드The Industry Standard》라는 잡지가 매년 후원하는 중요한 기술 콘퍼런스가 있었다. 라구나 비치근처의 호화로운 리조트, 리츠칼튼에서 열린 1999년 콘퍼런스에는 당시 주요 온라인 기업의 고위 경영진이 패널로 참석했다. 그때 패널 중 한 명이던 야후 임원이 여기 있는 회사 중 하나는 20년 후에 더 이상 존재하지 않을 거라고 다른 패널들을 조롱했던 일이 생생하게 기억난다. 역시 예측은 어렵다. 특히 미래를 예측하는 것은 더 어렵다. 이번 장에서는 성공하지 못한 주식도 살펴보며, 기술주의 경우 무엇보다도 매출이 중요하다는 점을 짚어보려 한다.

시장의 기대를 한몸에 받던 그 주식은 왜 추락했을까 — ①이베이

이베이는 1998년 9월 24일 18달러에 상장되었다. 거래 첫날 168퍼센트 상승하며 47달러를 찍고 시가총액 20억 달러 기업이 되었다. 이베이가 거래 첫날 이렇게 극적으로 상승했던 이유 중 하나는 아주 영향력 있는 애널리스트가 그날 아침 이베이 주식에 대해 매수 추천 보고서를 냈기 때문이다. 바로 모건 스탠리의 인터넷 담당 애널리스트이자 내 상사 메리 미커였다. 당시 이것은 아주 이례적인 일이었다. 신디케이트(일반적으로 신디케이트syndicate라는 말은 공동의 이익을 추구하거나 증진하기 위해 개인, 회사, 기업 또는 단체로 구성된 자체 조직을 뜻한다. - 옮긴이) 은행에 소속된 애널리스트는 기업공개 후 40일 동안 해당 종목의 커버리지를 개시하지 못하는 규제가 있었기 때문이다. 모건 스탠리가 이베이의 기업공개 신디케이트에 참여하지 않았기 때문에 이 규제는 메리에게 적용되지 않았다. 하지만 신디케이트에 포함되지 않은 애널리스트가 상장 첫날에 커버리지 개시 보고서를, 그것도 매수 의견으로 발간한다는 것은 전례 없는 일이었다. 이 일이 얼마나 놀라웠냐 하면 이베이의 기업공개를 주관했던 골드먼삭스의 자본시장 팀에 있던 친구가 그날 아침 일찍 우리 집에 전화를 걸어서 메리가 보고서를 낸 것이 맞냐면서 확인할 정도였다. 친구의 전화가 자고 있던 나를 깨웠는데, 보고서 발간을 돕느라 전날 밤을 거의 새웠기 때문이다.

상장 후 15년 동안 이베이는 주식분할을 다섯 번 시행했으므로 분할 조정된 공모가는 0.32달러다. 이후 6년 동안 나스닥의 대규모 하락과 닷컴 붕괴에도 이베이는 2004년 말까지 5,100퍼센트(51배) 상승해 24.48달러가 되었고, 시가총액은 320억 달러가 되었다(그림 4.2). 이베이는 해당 기간 주식 수익률이 시장 수익률을 크게 웃도는 몇 안 되는 기술 회사 중 하나였다.

그리고 이렇게 놀라운 주식 수익률은 놀라운 펀더멘털이 이끈 것이었다(표 4.1). 2000년부터 2004년까지 5년 동안 이베이의 매출 성장률은 평균 70퍼센트가 넘었는데, 2002년 페이팔을 전략적으로 잘 인수한 영향도 있었다. 이베이의 가장 중요한 고객 지표로 플랫폼에서 거래된 모든 상품과 서비스의 총 금액을 의미하는 총 거래 금액Gross Merchandise Value, GMV 또한 5년 동안 평균 70퍼센트에 가까운 성장률을 보였다. 성장이 둔화되긴 했지만 미미했고, 2004년 현금성 영업이익 마진율은 41퍼센트로

그림 4.2 2000년대 들어 대폭 상승한 이베이의 주가

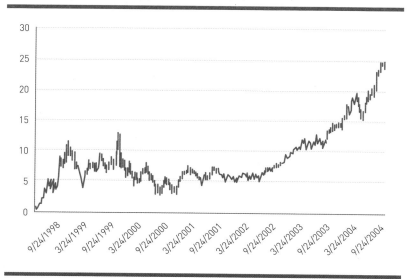

표 4.1 이베이의 펀더멘털 변화

(백만 달러)	2000	2001	2002	2003	2004
총 거래 금액 연간 성장률	**5,414** 93%	**9,318** 72%	**14,868** 60%	**23,779** 60%	**34,168** 44%
매출 연간 성장률(M&A 등 빅딜 없는 유기적 성장률)	**431** 88%	**749** 74%	**1,214** 62%	**2,165** 78%	**3,271** 51%
현금성 영업이익 마진율(현금성 영업이익을 매출로 나눈 값-옮긴이)	**83** 19%	**229** 31%	**436** 36%	**796** 37%	**1,330** 41%

수익성도 높았다.

그러다가 상황이 변하기 시작했다. 2005년 말, 이베이는 인터넷 통신 회사인 스카이프Skype를 약 30억 달러에 전격 인수한다고 발표했다. 인수 당시 시너지 효과는 불분명했고 불과 2년 후 스카이프 자산 14억 달러를 상각 처리하게 되면서 시간이 지날수록 시너지 효과는 점점 더 불분명해졌다. 나중에서야 스카이프 인수는 핵심 사업의 실질적 성장 둔화에 대한 우려가 점점 더 커지던 이베이의 마지막 돌파구였을지도 모른다는 설명이 신빙성을 얻었다. 그리고 정확히 그런 일이 일어났다.

총 거래 금액은 이베이의 핵심 고객 지표였다. 이베이의 마켓플레이스 매출, 즉 커미션 매출과 페이팔 매출의 상당 부분이 총 거래 금액과 직접 관련되어 있었다. 총 거래 금액의 성장이 가속화되면 매출 성장도 가속화되었다. 그러나 총 거래 금액의 성장이 둔화되면 매출 성장도 둔화되었다. 이것이 이베이에서 일어났던 일이다. 2006년 이전 이베이의 총 거래 금액은 매년 30퍼센트 이상 성장했다. 그러나 2006년부터 이 성장률은 18퍼센트로 떨어졌고, 2007년에는 13퍼센트, 2008년에는 1퍼센트, 금융 위기 때인 2009년에는 마이너스 4퍼센트까지 떨어졌다. 금융 위기 이후 다소 회복되어 2011년 11퍼센트의 성장률을 기록했지만, 이것은 2020년

표 4.2 악화되는 이베이의 매출 성장률

연도	총 거래 금액 GMV (백만 달러)	연간 매출 성장률	매출 (백만 달러)	연간 매출 성장률 (유기적)	현금성 영업이익 (백만 달러)	마진율
2004	34,168	44%	3,271	51%	1,330	41%
2005	44,299	30%	4,552	39%	1,833	40%
2006	52,473	18%	5,970	31%	2,290	38%
2007	59,353	13%	7,672	29%	2,914	38%
2008	59,650	1%	8,541	11%	3,200	37%
2009	57,207	-4%	8,727	2%	3,049	35%
2010	61,819	8%	9,156	5%	3,242	35%
2011	68,634	11%	11,652	27%	3,846	33%
2012	75,376	10%	14,071	21%	4,599	33%
2013	83,330	11%	16,047	14%	5,807	36%
2014	82,954	0%	8,790	-6%	3,647	41%
2015	81,718	-1%	8,592	-2%	3,568	42%

코로나19 위기까지 두 자릿수 성장률을 기록한 세 번(나머지는 2012년 10 퍼센트, 2013년 11퍼센트) 중 한 번일 뿐이었다. 이후 10년 동안 꾸준히 높은 수익성을 유지했음에도 성장이 둔화되자 2004년까지 계속됐던 이베이의 놀라운 주가 상승세도 끝났다(표 4.2).

그림 4.3은 2004년부터 2014년까지 10년 동안 이베이 주가에 어떤 일이 있었는지 보여준다. 아무 일도 없었다. 말 그대로 아무 일도 없었다. 이베이는 2005년 첫 거래일을 24.01달러로 마감했고 2015년 첫 거래일은 23.66달러로 마감했다. 무려 10년 동안. 정말 아무 일도 없었다. 같은 기간에 S&P 500은 71퍼센트, 아마존은 593퍼센트 상승했다. 이렇게 된 이유는 아주 중요하기 때문에 뒤에 가서 자세히 다룰 것이다. 하지만 일단 여기에서 얻을 수 있는 핵심은 시장은 매출 성장률이 높은 기업의 주가

그림 4.3 10년 동안 지지부진한 이베이의 주가

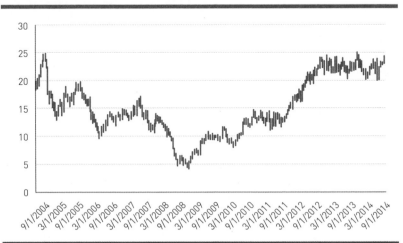

(2005년부터 2015년까지 아마존의 매출 성장률은 매년 20퍼센트가 넘었다)는 가격을 계속 올리려고 하고 매출 성장률이 높지 않은 기업(이베이)의 주가는 그렇지 않다는 사실이다. 무려 10년이다. 심지어 이베이는 수익성도 높았다. 이처럼 기술주는 매출과 고객 지표가 무엇보다 중요하다.

시장의 기대를 한몸에 받던 그 주식은 왜 추락했을까 — ②야후

자, 이제 야후를 살펴보자. 야후는 그야말로 인터넷업계 초기 참여자였다. 야후 창립자들은 회사 이름 뒤에 '!'를 넣을 만큼 똑똑했다. 이름 뒤에 느낌표가 붙은 회사가 어떻게 실패하겠는가!?

야후는 닷컴 붐이 일던 1990년대에 인터넷업계를 지배한 회사였다. 1994년 제리 양Jerry Yang과 데이비드 필로David Filo가 창립하고 약 2년 뒤 상장해 거래 첫날 주가가 150퍼센트 급등했다(창업부터 기업공개까지 2년은 이례적으로 짧은 시간이다). 야후는 2016년 말 영국을 시작으로 빠르게 글로벌 시장으로 진출했고, 이후 지오시티GeoCities와 브로드캐스트닷컴Broadcast.com을 포함한 일련의 회사를 일대일 주식 맞교환 형태로 총 110억 달러에 인수했다. 현금은 전혀 쓰지 않았다. 지나고 보니 야후의 경영진과 이사회가 야후의 주가가 조금 과대평가됐을지도 모른다고 생각했던 것 같기도 하다.

야후는 1999년 12월, S&P 500에 편입됐고 덕분에 그 4분기 주가가 2배 이상 상승하며 시가총액 1,000억 달러에 이르게 되었다. PER은 1,000배가 넘었다(S&P 500 편입으로 인한 '메가 상승'은 테슬라가 2020년 12월 S&P

500에 편입됐을 때 일어났던 일과 매우 유사했다. 여러 해 동안 S&P 500 지수 편입은 내가 추적하는 기술주에는 가장 큰 상승 촉매제 중 하나였다.). 2000년 1월 초, 야후 주가는 475달러로 최고점을 찍었다. 기업공개 이후 3,550퍼센트 상승한 것이다.

2000년 3월 나스닥이 정점을 찍은 바로 직후인 2000년 4월, 데니스 퀘이드Dennis Quaid와 짐 카비젤Jim Caviezel이 주연한 영화 〈프리퀀시Frequency〉가 개봉되었다. 〈프리퀀시〉는 연쇄살인범, 1969년과 1999년을 오가는 타임워프 요소, 액션이 가미된 영화다. 영화에서 1999년을 사는 주인공이 1969년 소꿉친구에게 돈이 되는 팁을 알려준다면서 야후 주식을 사라고 말해준다. 1969년을 살던 아이는 기억력이 좋았던 게 틀림없다. 1999년 마지막 장면에서 '1 YAHOO'라고 적힌 번호판을 단 매우 비싼 자동차를 모는 모습이 등장하기 때문이다. 야후는 소수 기업만이 해내는 인기 있는 시대정신이 되었다. 야후는 이 정도였다.

하지만 이게 다였다. 16년 뒤 버라이즌은 현금 48억 달러에 야후를 인수했는데, 이 금액은 2000년 초 주식시장이 짧게나마 야후에 부여했던 가치의 20분의 1이었다. 시가총액 950억 달러가 연기처럼 사라졌다(그림 4.4). 그저 주식시장이 과열됐기 때문이었을까? 내 단호한 대답은 '그렇지 않다!'이다. 16년 동안 야후의 시가총액은 950억 달러가 사라졌지만 구글의 시가총액은 5,000억 달러가 늘었고 페이스북의 시가총액은 3,500억 달러가 늘었다. 다시 말해 시장은 16년 동안 야후보다 나은 두 기업에 8,000억~9,000억의 시장 가치를 기꺼이 부여한 것이다. 이 두 기업은 뛰어난 제품 개발과 우수한 실행력을 바탕으로 야후가 2000년 인터넷 광고

그림 4.4 야후의 주가 변동

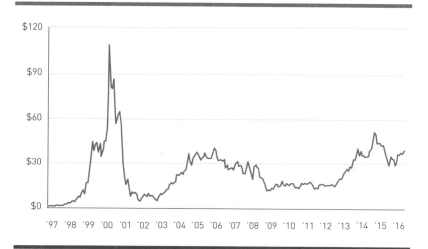

플랫폼의 선두 주자였던 것처럼 2016년 인터넷 광고 플랫폼의 선두 주자
가 될 수 있었다.

야후에 대해 분명한 사실 하나는 수익성에는 전혀 문제가 없었다는 것
이다. 야후는 2000년부터 2015년까지 15년 동안 매년 평균 33퍼센트라
는 탄탄한 현금성 영업이익 마진율을 창출했다. 물론 변동성이 상당하
긴 했지만 마진율이 매우 낮았던 것은 딱 한 해뿐이었다. 닷컴 붕괴 후인
2001년이었는데 매출은 35퍼센트 감소한 7억 1,700만 달러였고, 현금성
영업이익 마진율은 6퍼센트까지 떨어졌다. 그러나 이때조차 약 2,100만
달러의 잉여현금흐름을 창출해냈다. 거의 한 해 걸러 한 해에 탄탄한 잉
여현금흐름을 만들어냈는데, 잉여현금흐름이 마이너스로 떨어진 두 해
는 알리바바 투자 지분과 관련한 세금 문제처럼 일회성 사건 때문이었다.

표 4.3 악화되는 야후의 매출 성장률

연도	순매출액 (백만 달러)	연간 매출 성장률	현금성 영업이익 (백만 달러)	마진율	잉여현금흐름 (백만 달러)
2000	1,110	88%	411	37%	415
2001	717	-35%	44	6%	21
2002	953	33%	206	22%	251
2003	1,473	55%	477	32%	311
2004	2,600	77%	1,032	40%	844
2005	3,696	42%	1,557	42%	1,302
2006	4,560	23%	1,906	42%	682
2007	5,113	12%	1,927	38%	1,317
2008	5,399	6%	1,805	33%	1,205
2009	4,682	-13%	1,691	36%	877
2010	4,588	-2%	1,710	37%	526
2011	4,381	-5%	1,655	38%	731
2012	4,468	2%	1,676	38%	-787
2013	4,522	1%	1,564	35%	857
2014	4,719	4%	1,362	29%	521
2015	4,934	5%	943	19%	-2,926

그러니까 기술주 투자자들이 야후에서 멀어진 것은 수익성 때문이 아니었다. 그보다는 2006년 이후 높은 매출 성장률(20퍼센트 이상)을 회복하지 못한 것이 원인이었다. 그림 4.4와 표 4.3의 펀더멘털을 비교해보면 요점이 아주 명확해진다. 2002년에서 2006년까지 닷컴 붕괴에서 회복한 야후가 높은 매출 성장률을 보이자 주가는 2003년 초부터 2005년 말까지 383퍼센트 상승하며 시장 수익률을 크게 상회했다. 하지만 이베이처럼 야후의 주가도 2006년 초 41달러에서 2015년 초 50달러로 오르며 이후 10년 동안 보합세를 보였다. 주가는 10년 동안 약 20퍼센트 상승했는데, 펀더멘털에 영향을 미치는 매출 상승이 아니라 해당 기간 말미의 M&A 이슈(마이크로소프트의 야후 인수 실패)가 가장 큰 상승 요인이었다. 10년 동안 야후는 단 한 번도 지속적으로 높은 매출 성장률을 회복하지 못했다. 기술 투자자들은 매출 성장을 원했지만 말이다.

시장의 기대를 한몸에 받던 그 주식은 왜 추락했을까
─ ③프라이스라인

2013년 4월 15일, 《배런스Barron's》의 커버 스토리는 '프라이스라인의 종말End of the Line for Priceline'이라는 제목으로 프라이스라인 광고에 나오는 윌리엄 샤트너William Shatner(원조이자 최고의 커크 함장)가 높은 외줄 위에서 바나나 껍질을 밟고 미끄러지기 직전의 모습을 그린 만화를 실었다. 이 기사는 프라이스라인이 지난 5년간 519퍼센트 상승하며 S&P 500 종목 중 수익률이 가장 높은 단일 종목이었다고 언급했다. 프라이스라인은

2003년 이후 100배 상승했다.

그러나 《배런스》는 프라이스라인의 좋은 날은 지나갔다고 경고했다. 익스피디아, 오비츠Orbitz, 트래블로시티Travelocity와의 직접적 경쟁과 구글과의 간접적인 경쟁으로 프라이스라인의 이익률이 떨어질 것이라고 예측했다. 또 아시아 및 중남미 시장으로의 확장 계획은 매우 위험하며, 이 지역은 수익성이 낮은 시장이라고 주장했다. 《배런스》는 프라이스라인이 20퍼센트 이상 하락할 수 있다고 결론지었다.

당시 나는 프라이스라인에 관련해 월가에서 가장 유명한 낙관론자였다. 너무 유명했기 때문에 그 주말에 프라이스라인을 변호하는 보고서를 써야 할 것 같았다. 일요일 밤 11쪽 분량의 보고서를 발간했고, 월요일이 되자 미국 동부 시간 아침 7시 15분(서부 시간으로는 4시 15분이었다)부터 《배런스》의 기사가 잘못된 이유를 설명하고 프라이스라인을 변호하면서 다시 한번 목표 주가 900달러를 주장하기 위해 기관 투자자들에게 콜을 돌렸다. 그러나 아무도 내 말을 듣지 않았다. 프라이스라인의 주가는 월요일 743달러에서 711달러로 4퍼센트 하락한 후 하락세를 이어가 금요일에는 684달러까지 떨어졌고 8퍼센트 조정을 받았다.

그 주에 《배런스》는 온라인 매거진에 내가 쓴 반박 보고서를 실었다. 2년쯤 뒤에는 '프라이스라인: 지배적이고 성장하고 있는 저평가 주식 Priceline Stock: Dominant, Growing and Undervalued'이라는 제목으로 후속 기사를 내보냈다. 그때쯤(2015년 6월 4일) 프라이스라인의 주가는 2013년 4월 《배런스》에 커버 스토리로 실린 이후 60퍼센트 상승한 1,186달러였다. 프라이스라인의 주가는 이후로도 오름세를 지속했고 2018년 3월까지 83퍼센트 상승해 2,171달러가 되었다. 2003년 말부터 2018년 초까지 약 14년 동안 프라이스라인의 주가는 120배 이상 올랐다. 굉장한 수익률이다. 오랫동안 프라이스라인의 CEO였던 제프 보이드Jeff Boyd가 2013년 말 은퇴할 때 나는 뉴욕에서 내가 공동 사회를 본 투자자 콘퍼런스에서 그에게 선물을 건넸다(참고로 선물 가격은 증권거래위원회의 규정을 벗어나지 않았다). 선물은 낚싯대였고(제프는 열렬한 낚시꾼이다) 거기에 '제프리 보이드, 축하합니다. 미스터 100배!'라고 새겨 넣었다.

여기서 어떤 교훈을 배울 수 있을까? 프라이스라인을 지지했던 낙관론자들이 바르게 이해한 것은 무엇이고《배런스》가 잘못 이해한 것은 무엇일까? 매출과 주요 고객 지표에 초점을 맞춰보자. 그림 4.5의 프라이스라인 주가 차트를 보자. 모든 낙관론자가 살면서 보고 싶어 할 아름다운

그림 4.5 14년 동안 120배 상승한 프라이스라인의 주가

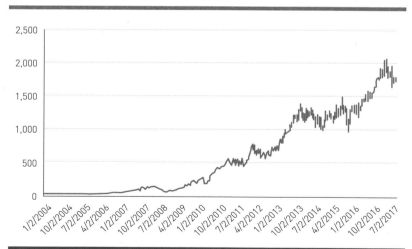

차트다. (2018년 초 프라이스라인은 사명을 부킹 홀딩스Booking Holdings로 바꾸고 티커를 BKNG로 변경했다)

이제 표 4.4를 보자. 이 표는 2004년부터 2017년까지 프라이스라인의 총 예약액gross bookings, 객실 이용 박 수room nights, 수익성을 보여준다. 프라이스라인 같은 온라인 여행사에서 총 예약액은 항공권, 호텔 투숙, 렌터카 등 고객이 구매한 여행 서비스의 총 가치를 나타낸다. 프라이스라인은 여행 서비스 판매 시 거둬들이는 수수료만 매출로 기록했기 때문에 총 예약액은 매출이 아니었다. 그러나 총 예약액은 월가가 프라이스라인과 같은 온라인 여행사를 볼 때 항상 초점을 맞춰서 본 핵심 매출 지표였다. 그리고 객실 숙박은 프라이스라인에서 단연코 가장 많이 판매되는 항목이었기 때문에 객실 이용 박 수가 프라이스라인의 주요 고객 지표였다.

표 4.4에서 확실히 알 수 있는 사실은 오랫동안 프라이스라인의 매출 성장률과 고객 지표가 굉장히 우수했다는 것이다. 14년 동안 프라이스라인은 매년 평균 40퍼센트 정도의 총 예약액 성장률을 보였다. 이런 성장률은 전 세계 GDP 성장률의 10배, 전 세계 여행 성장률의 8배에 해당한다. 프라이스라인의 총 예약액 성장률은 완전히 특별한 것이었고 이런 특별한 성장률이 엄청난 주가 수익률을 견인했다.

물론 이렇게 특별한 주가 수익률을 이끈 다른 요소도 있었다. 특히 두 가지 요소를 주의 깊게 살펴봐야 한다. 첫째, 14년 동안 프라이스라인은 평균 30퍼센트에 가까운 현금성 영업이익 마진율을 창출하며 지속적으로 높은 수익을 냈다. 둘째, 해당 기간 밸류에이션이 꾸준히 '합리적인' 수준이었다. 전체 시장(15~20배) 대비 높은 PER(15~25배)로 거래되는 때

표 4.4 프라이스라인의 펀더멘털 변화

연도	총 예약액 (백만 달러)	연간 매출 성장률	객실 이용 박 수 (000)	연간 매출 성장률	현금성 영업이익 (백만 달러)	마진율
2004	1,676	52%	7,771	36%	48	5%
2005	2,227	33%	11,759	51%	69	7%
2006	3,320	49%	18,651	59%	109	10%
2007	4,829	45%	27,777	49%	228	16%
2008	7,400	53%	40,814	47%	374	20%
2009	9,310	32%	60,912	49%	553	24%
2010	13,646	50%	92,752	52%	902	29%
2011	21,658	53%	141,500	53%	1,510	35%
2012	28,456	37%	197,500	40%	1,978	38%
2013	39,172	38%	270,500	37%	2,684	40%
2014	50,061	29%	343,520	27%	3,281	39%
2015	55,528	24%	432,400	26%	3,779	41%
2016	68,087	25%	556,500	29%	4,406	41%
2017	81,226	19%	673,100	21%	5,141	41%

가 많았지만 회사의 성장률에 비하면 저렴한 수준이 이어졌다. 가령 PER
은 20배였지만 이익 성장률EPS growth은 30퍼센트가 넘었다. 이것은 프라
이스라인이 상당 기간 기술주 중에서 매력적인 성장률 조정 밸류에이션

growth-adjusted valuations을 지니고 있었다는 뜻이다. 일반적으로 기술주의 PER은 기업의 성장률과 비슷하거나 성장률에 프리미엄이 붙은 수준이기 때문이다. 예를 들어 이익 성장률이 20퍼센트라면 주식은 PER 30배로 거래된다.

다시 말하지만 프라이스라인의 특별한 매출 성장률을 이끈 주요인은 특히 두 가지였다. 이 두 요인은 내가 전하고 싶은 중요한 교훈이기도 해서 나중에 각각 한 장씩 할애해 설명하려고 한다. 이렇게 오랫동안 높은 매출 성장률을 견인한 첫 번째 요인은 대규모 총 도달 가능 시장이었다. 프라이스라인은 글로벌 여행 시장에서 경쟁하고 있었기 때문에 총 도달 가능 시장의 규모는 1조 5,000억 달러가 훨씬 넘었다. 이 말은 그렇게 놀라운 성장을 거듭했는데도 2017년 프라이스라인은 여전히 글로벌 전체 여행 예약의 5퍼센트밖에 점유하지 못했다는 뜻이다. 즉 앞으로도 수년간 높은 성장률을 유지할 수 있다는 말이었다.

두 번째 요인은 유난히 훌륭한 경영진이었다. 모든 경영진이 훌륭할 수는 없다. 하지만 프라이스라인의 경영진은 평균보다 훨씬 뛰어났고, 나는 이 이야기를 8장에서 자세히 다룰 것이다. 여기서 핵심은 기술주의 상승을 견인하는 데 무엇보다 중요한 것이 매출이라는 사실이다. 그것이 프라이스라인의 사례에서 얻을 수 있는 교훈이다.

잠깐, 중요한 이야기가 더 남았다. 2018년 이후 프라이스라인은 매출 성장률이 주가 상승에 얼마나 중요한지 증명하는 좋은 증거를 몇 가지 더 보여준다. 앞서 나는 온라인 여행 분야의 글로벌 거인 프라이스라인을 매출과 주가 측면에서 화려했다가 다소 평범해진 사례라고 말했다. 이제

그림 4.6 프라이스라인의 주가 변동

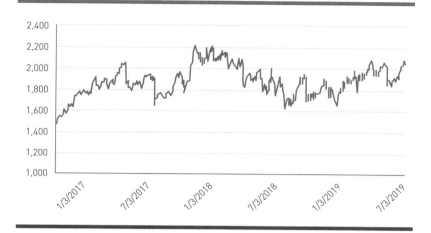

2017년 초부터 2019년 말까지 프라이스라인의 주가를 나타낸 그림 4.6을 살펴보자. 강력하고 맥박이 고동치며 위로 오르던 상승 차트는 사라졌다. 대신 3년 동안 43퍼센트 오른 S&P 500과 비슷하게 39퍼센트 상승한, 그럭저럭 괜찮지만 평범한 차트가 그 자리를 대신했다.

이제 표 4.5에서 2015년부터 2020년까지 프라이스라인의 펀더멘털을 살펴보자. 5년 동안 이 회사는 매년 41퍼센트 또는 42퍼센트의 현금성 영업이익 마진율을 창출하며 이례적으로 매우 높은 수익성을 유지했다. 이해를 돕자면 기술주의 경우 40퍼센트가 넘는 현금성 영업이익 마진율은 일반적이라기보다는 예외적인 실적이다. 달라진 것은 매출이었다. 2019년까지 총 예약액은 8퍼센트로, 객실 이용 박 수는 11퍼센트로 지속 하락한 것이 보이는가? 요점이 무엇인가? 매출 성장률이 높은 수준(다소 자의

표 4.5 프라이스라인의 펀더멘털 변화

(백만 달러)	2015	2016	2017	2018	2019
총 예약액 연간 매출 성장률	55,528 24%	68,087 25%	81,226 19%	92,731 13%	96,443 8%
객실 이용 박 수(000) 연간 매출 성장률	432,400 26%	556,600 29%	673,100 21%	759,600 13%	844,000 11%
현금성 영업이익 마진율	3,779 41%	4,406 41%	5,141 41%	6,045 42%	6,180 41%

적이긴 하지만 나는 수많은 경험을 토대로 이 수준을 20퍼센트 이상이라고 정의 내렸다)을 벗어나면 그때가 주가가 시장 수익률을 상회하는 드라마틱한 상승을 끝내는 때라는 것이다.

다음 네 가지로 요점을 정리하면서 프라이스라인에 대한 이야기를 마무리하려 한다. 첫째, 적어도 다섯 분기에서 여섯 분기 정도 상당한 기간 지속적으로 높은 매출 성장률을 기록한 회사를 발견했다면 향후 매우 좋은 주식이 될 종목을 찾아낸 것이다. 큰 상승세를 놓친 것 같아서 걱정이 되는가? 그럴 필요 없다. 대신 높은 성장을 유지할 수 있다는 증거로 여러 분기에 걸친 실적을 살펴봐라. 프라이스라인 주식을 2007년 초에 처음 봤다면 과거 3년 동안의 평균 매출 성장률이 40퍼센트인 것을 보고 너무 늦었다고 판단했을지도 모른다. 그리고 이후 11년 동안의 주가 상승을 놓쳤을 것이다! 2011년 초에 이 주식을 봤다면 과거 7년 동안의 평균 매출 성장률이 40퍼센트인 것을 보고 너무 늦었다고 판단했을 수도 있다. 그리고 이후 7년 동안의 주가 상승을 놓쳤을 것이다. 2015년 초에 봤다면 과거 11년 동안 매출 성장률이 평균 40퍼센트였다는 것을 알았을 것이고 너무 늦었다고 판단했을 것이다. 그리고 이후 3년 동안의 주가 상승을 놓쳤을 것이다. 때로는 과거의 성과가 미래의 성과를 보여주는 지표가 되기도 한다.

둘째, 급격한 매출 성장 둔화 조짐을 경계해야 한다. 성장률이 반으로 줄었다면 급격하다고 볼 수 있다. 매출이 꾸준히 30퍼센트 수준을 유지하며 성장하는 회사가 있다. 그런데 세 분기 또는 네 분기 성장률이 15퍼센트로 줄어든다면 이것은 위험 신호다. 사실 성장률 15퍼센트는 훌륭한 실적이다. 하지만 30퍼센트 성장률을 기록하다가 줄어든 것은 훌륭하지 않다. 이렇게 되면 시장점유율 감소, 시장 포화, 경영상 오집행에 대한 의문이 제기된다. 성장률은 결국 모두 서서히 사그라든다. 그래서 대수의 법칙이 있다. 사그라드는 속도가 중요하다는 것이다. 단기간(서너 분기)에 50퍼센트가 감소하는 것은 우려할 만한 상황이다.

셋째, 성장률이 20퍼센트 아래로 떨어진다고 해서 '기술주 붕괴tech wreck'나 상당한 주가 조정에 직면하게 된다는 뜻은 아니다. 프라이스라인의 성장률도 20퍼센트 이하로 떨어졌다. 2017년 19퍼센트에서 2019년 8퍼센트로 떨어졌다. 하지만 3년 동안이었다. '기술주 붕괴'는 이 3년 동안 시장과 비슷하게 거래되는 것으로 마무리되었다. 지난 14년 동안 120배 오른 뒤에 말이다. 은하계 사이를 비행한 후 연착륙했다고 할 만하다!

넷째, 오랫동안 성장률에 비해 저렴하게 거래될 때 프라이스라인을 매수했다면 좋았을 것이다. 높은 성장률에 비해 할인된 가격으로 거래되는 기술주를 찾았다면 그 회사는 틀림없이 조사해볼 가치가 있다. 가령 매출 성장률이 30퍼센트인데 PER은 20배인 회사 말이다. 설사 밸류에이션이 따라주지 않는다 해도 매출 성장률이 높은 좋은 기업에는 여전히 놀라운 상승을 기록할 기회가 있다. 여러분에게 캘리포니아 로스 가토스에 있는 DVD 대여 회사를 소개한다.

넷플릭스 주가가 420배 상승한 이유

넷플릭스는 2002년 5월 상장했다. 2020년에 처음으로 10억 달러가 넘는 상당한 잉여현금흐름이 플러스로 전환되었다. 이 부분에 대해 잠깐만 생각해보자. 이 말은 곧 18년 동안 잉여현금흐름이 마이너스였다는

그림 4.7 18년 동안 420배 상승한 넷플릭스 주가

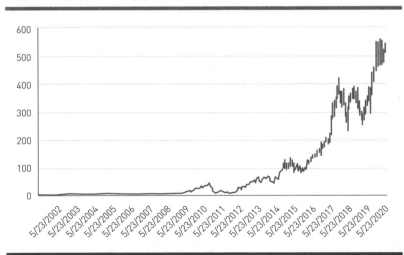

뜻이다. 그 기간에 주식은 4만 2,000퍼센트 상승했다(그림 4.7).

넷플릭스 주가가 이처럼 급등한 것은 단기적인 잉여현금흐름이 좋을 거라고 예상됐기 때문이 아니다. 그렇다면 무엇 때문이었을까? 바로 매출과 가입자 수였다. 넷플릭스의 놀라운 주가 상승은 매출 성장과 주요 고객 지표가 기술주 상승을 견인한다는 사실을 보여주는 완벽한 사례다. 넷플릭스의 경우 주요 고객 지표는 언제나 유료 가입자 수였다. 넷플릭스를 마음껏 스트리밍하기 위해 매달 약 9달러의 구독료를 내는 미국인과 전 세계 사람들의 숫자 말이다.

찬찬히 살펴보자. 넷플릭스는 상장 이후 처음 5년 동안은 단순한 DVD 대여 회사였다. 이후 몇 년 동안 스트리밍이 주요 서비스가 아니었다. 넷플릭스는 여러 측면에서 기술주에 투자하는 방법을 알려주는 좋은 사례다. 넷플릭스의 총 도달 가능 시장은 늘 광범위했다. 엔터테인먼트 부문의 전 세계 소비자 지출액은 한 해 4,000억 달러가 넘는다. 넷플릭스는 상품 개발에도 아주 뛰어났다. 스트리밍 서비스를 누가 만들어냈다고 생각하는가? 마지막으로 넷플릭스에는 기술업계에서 가장 훌륭하다고 손꼽히는 경영진이 있었다. 그들을 이끄는 사람은 기술적으로 뛰어난 능력, 장기적인 비전, 멀리 보면 이롭겠지만 단기적으로는 호응을 얻지 못할 선택까지 할 수 있는 용기를 겸비한 창립자 겸 CEO, 리드 헤이스팅스였다.

기억이 맞는다면 나는 1998년 말 샌프란시스코 국제공항 옆 메리어트 호텔에서 열린 스타트업 콘퍼런스에서 리드 헤이스팅스를 처음 만났다. 많은 스타트업과 상당히 젊은 회사에서 투자자들에게 사업 계획을 발표하고 있었다. 리드가 발표했던 회의장이 가득 찼다는 것과 넷플릭스의

DVD 서비스에 대한 투자자들의 관심이 매우 높았다는 것 외에 자세한 내용은 기억나지 않지만, 넷플릭스는 이미 실리콘밸리에서 가장 유망한 신생 회사 중 하나로 인정받고 있었다.

이후 25년 동안 리드를 비롯한 넷플릭스 경영진과 수십 차례 미팅을 했고 10여 년 동안 넷플릭스의 CFO직을 맡았던 배리 매카시Barry McCarthy 와도 여러 차례 만났다. 넷플릭스의 기업 문화에 대해 쓴 어느 최근 책에서 매카시를 '기분 변화가 좀 심한 사람'이라고 묘사했다. 내가 아는 바로는 애널리스트나 투자자가 지나치게 단순하거나 깊이 생각하지 않은 질문을 던지면(나를 포함해서 이런 일은 꽤 자주 있다) 매카시는 때때로 믿지 못하겠다는 듯 질문자를 바라보거나 눈을 굴리거나 테이블 위에 올린 팔 안으로 머리를 파묻었다.

때로는 리드도 비슷한 태도를 보였을지 모른다. 사실 리드도 그런 적이 있었다. 한번은 그의 사무실로 동부 최대 투자 펀드 중 한 곳의 베테랑 포트폴리오 매니저 3명을 데려갔다. 우리는 각각 다른 영화에서 이름을 따온 회의실에서 리드를 만나기로 했는데, 그는 혼자 우리를 기다리고 있었다. 조언자나 비서도 없었다. 그는 이런 미팅을 거의 하지 않지만 자신의 생각에 이의를 제기하고 새롭게 생각할 거리를 주는 똑똑하고 노련한 개인 투자자와의 만남이 가치가 있다는 걸 충분히 안다고 말하면서 미팅을 시작했다. 리드는 열정적이었다. 총괄 포트폴리오 매니저는 넷플릭스의 시장 기회에 대해 일반적인 질문을 던지면서 대화를 시작했다. 그러자 리드는 말없이 그를 바라보더니 이렇게 말했다. "이 자리를 위해 그 먼 길을 왔는데 이게 최선의 질문인가요?"

나머지 미팅은 잘 진행되었고 이 펀드는 넷플릭스에 상당한 투자를 집행해 아주 훌륭한 수익률을 거뒀다. 그 포트폴리오 매니저에게는 어색한 몇 분을 보상하고도 남는 높은 수익률이었다고 생각한다. 그리고 다시 말하자면 리드 헤이스팅스와 넷플릭스 경영진은 내가 지난 25년간 지켜본 최고의 경영진 중 하나였다. 배리 매카시는 넷플릭스뿐 아니라 기업공개 기간 CFO를 맡았던 스포티파이에서도 훌륭했다.

다시 펀더멘털로 돌아가면 넷플릭스는 2013년부터 8년 연속 20퍼센트 이상의 매출 성장률을 기록하며 기술 분야에서 가장 인상적인 성장세를 자랑했다. 사실 이 성장률에는 적어도 2012년 이후부터 지속적으로 감소한 DVD 대여 매출이 포함되기 때문에 실제보다 낮게 기록된 것이다. 2012년 무렵에는 DVD 대여가 넷플릭스 전체 매출의 거의 3분의 1을 차지했다. 넷플릭스의 스트리밍 매출 성장세는 8년 연속 30퍼센트에 가까웠다.

이는 거의 전례없는 성장이다. 다시 한번 말하지만, 전 세계 GDP 성장률은 한 자릿수 초·중반대다. 지난 20년 동안 S&P 500 기업의 매출 성장률 중간값은 5~7퍼센트였다. 그러니까 지금 우리는 전 세계 500대 기업의 핵심 매출 성장률의 4배에서 6배에 이르는 매출 성장률에 대해 이야기하고 있는 것이다. 정말 엄청나다.

가입자 수도 마찬가지다. 실제로 넷플릭스의 신규 가입자 수는 2012년부터 2020년까지 2019년 한 해만 제외하고 매년 빠른 속도로 증가했다. 2012년에는 1,000만 명의 신규 가입자가 유입되었고, 2020년에는 상반기에 코로나19의 영향으로 사상 최다 가입자가 유입되며 약 3,500만 명이 새롭게 가입했다.

　이렇게 유례없는 매출과 주요 고객 지표의 성장이 넷플릭스의 주가 상
승을 견인하고 지난 10년 동안 가장 높은 수익률을 내도록 이끈 요인이었
다. 단기 잉여현금흐름은 실제로 해당 기간에 마이너스 폭이 점점 더 커졌
기 때문에 상승을 이끈 요인이 아니었다. 표 4.6에서 볼 수 있는 것처럼 넷
플릭스의 2012년 잉여현금흐름은 마이너스 6,700만 달러였다. 2016년
잉여현금흐름은 마이너스 17억 달러로 마이너스 폭이 더 커졌다. 2019

표 4.6 넷플릭스의 펀더멘털 변화

연도	총 매출 (백만 달러)	연간 매출 성장률	스트리밍 서비스 매출 (백만 달러)	연간 매출 성장률	신규 가입자 수 (백만 명)	잉여현금흐름 유출(백만 달러)
2012	3,609	13%	2,472	—	10	-67
2013	4,375	21%	3,464	40%	11	-22
2014	5,505	26%	4,739	37%	13	-128
2015	6,780	23%	6,134	29%	17	-919
2016	8,831	30%	8,288	35%	19	-1,659
2017	11,693	32%	11,242	36%	24	-2,013
2018	15,794	35%	15,429	37%	29	-2,893
2019	20,156	28%	19,859	29%	28	-3,162
2020	24,996	24%	24,757	25%	37	1,929

년에는 잉여현금흐름이 무려 마이너스 32억 달러에 달했다.

정말 대단하지 않은가! 넷플릭스의 주가는 잉여현금흐름이 마이너스로 계속 증가해 유출이 사상 최대가 되었음에도 극적인 상승을 지속했다. 가치 투자자들은 무덤 속에서 편히 잠들지 못하고 몇 번이나 벌떡벌떡 일어났을 것이다.

넷플릭스 투자자들은 정말 재무적 현실에 대한 이해력이 떨어졌던 것일까? 그렇지 않다. 그들은 매출 성장세와 가입자 증가 추세를 보고 결국 넷플릭스가 엄청난 잉여현금흐름을 창출하게 될 거라고 추론했다. 이들은 영업이익률이 상승 추세이며 GAAP 당기순이익이 오르고 있다는 사실을 통해 넷플릭스에 이익 잠재력이 있음을 알았고, PER이 꾸준히 50배를 웃도는 주식에 계속 투자할 수 있었다.

여기서 핵심은 기술주의 상승을 견인하는 데 매출과 고객 지표가 무엇보다 중요하다는 것이다. 이것이 넷플릭스에서 배울 수 있는 교훈이다. 프라이스라인에서 얻은 것과 똑같은 교훈이지만 프라이스라인과 달리 잉여현금흐름의 마이너스 폭이 공격적으로 증가해 단기적으로 밸류에이션을 지지할 요소가 없었다는 점에서 더 강력하다.

다음과 같이 세 가지로 요점을 정리하면서 넷플릭스에 대한 이야기를 마무리하겠다. 첫째, 적어도 다섯 분기 또는 여섯 분기 정도 상당한 기간에 내가 20퍼센트 이상이라고 정의한 높은 매출 성장률을 지속적으로 달성한 회사를 발견했다면 향후 매우 좋은 주식이 될 종목을 찾아낸 것이다. 특히 넷플릭스 같은 구독 사업에서는 큰 상승세를 놓쳤을까 봐 걱정할 필요가 없다.

둘째, 구독 사업은 성공했을 경우 두 가지 효과를 발휘하기 때문에 아주 좋다. 먼저 엄청난 매출 가시성이 생긴다. 서비스를 이용하는 고객이 많아지면 많아질수록 점점 더 많은 매출이 기간 초에 '확정'된다. 넷플릭스는 1억 1,000만 명의 유료 구독자를 확보한 상태에서 2017년을 마무리했다. 이는 넷플릭스가 이 구독자를 무리 없이 유지할 수 있다면 신규 가입자를 확보하거나 성장 곡선 증대 계획Growth Curve Initiatives을 시행하지 않고도 2018년에는 119억 달러(구독자 1억 1,000만 명이 한 달 9달러씩 12개월간 지불한 금액) 매출을 창출할 수 있다는 의미다. 구독 사업이 성공했을 때 발생하는 또 다른 효과는 마케팅 비용이 레버리지의 성격을 띤다는 것이다. 즉 마케팅 비용은 매출에 대한 비율로 감소한다. 마케팅 비용은 주로 신규 가입자를 유치하는 데 초점이 맞춰져 있기 때문이다. 가입자 기반이 더 오래되고 가입 기간이 길어질수록 전체 가입자 기반에 대해 필요한 마케팅 비용은 적어진다.

셋째, 주식시장은 장기적으로 볼 수 있다. 실리콘밸리에 있는 여러 경험 많은 투자자는 이 말에 동의하지 않겠지만, 넷플릭스와 아마존 같은 사례가 이 말을 증명한다고 생각한다. 주식시장이 매출과 고객 기반을 통해 넷플릭스가 잉여현금흐름을 플러스로 창출해낼 거라고 여러 해를 앞서 내다본 것이 아니라면, 잉여현금흐름의 마이너스 폭이 커지고 있었음에도 2020년에 들어서면서 넷플릭스의 시가총액이 1,000억 달러를 넘을 수는 없었을 것이다. 주식은 모든 종류의 단기적 촉매에 날카롭게 반응하지만, 주가를 뒷받침하는 밸류에이션 구조는 장기적이다. 그리고 이것은 매출과 고객 지표가 먼저 이끈다. 이렇듯 다른 무엇보다 기술주의 상승을 견인하는 요소는 매출과 고객 지표다.

성장 곡선 증대 계획과 넷플릭스의 밸류에이션 변화

앞에서 언급한 성장 곡선 증대 계획을 다시 살펴보자. 프라이스라인에 대해 이야기하면서 매출 성장률이 크게 둔화되면 주가에 어떤 영향을 미치는지 설명한 바 있다. 여기서는 반대로 매출 성장률이 가속화되면 주가에 어떤 영향을 미치는지 이야기해보려고 한다. 매출 성장률이 가속화되면 대부분 주가에 긍정적인 촉매제가 된다. 간단히 말해 성장이 가속화되면 더 높은 멀티플로 재평가받는다. 이익 성장률이 가속화되면 PER이 확대된다. 주가매출액비율도 대개 마찬가지다.

무엇이 이익 성장률을 가속화하느냐에 따라 멀티플은 조금 재평가받기도 하고 많이 재평가받기도 한다. 이 문제는 앞서 이익을 증대시키는 세 가지 방법, 즉 매출 증대, 영업비용 감소, 금융 공학적 방법 활용에 대한 논의로 연결된다. 시장은 매출 증대에 따른 이익 성장을 가장 높이 사는데, 이것이 세 가지 방법 중 달성하기가 가장 어렵기 때문이다. 매출 증대를 가속화하는 것이 바로 성장 곡선 증대 계획이다.

그렇다면 성장 곡선 증대 계획이란 무엇일까? 이는 기업이 새로운 매출 성장을 견인하기 위해 취하는 조치다. 매출 성장을 가속화하기 위해 성장 곡선이 다시 위쪽을 향하게 만드는 것이다. 가격 인상, 지리적 시장 확대, 신상품 출시가 내가 본 가장 강력한 조치였다. 성장 곡선 증대 계획 시행 사례로 다시 한번 2017년 말에서 2018년 초 넷플릭스의 상황을 제시하고 싶다. 앞서 매출 가시성에 대해 이야기하며 2018년 매출이 119억 달러일 거라고 확인한 바 있다. 넷플릭스가 세 가지 성장 곡선 증대 계획을 모두 시행하자 매출이 가속화되었고, 영업이익률이 높아졌으며, 멀티

그림 4.8 성장 곡선 증대 계획이 넷플릭스 주가에 미친 영향

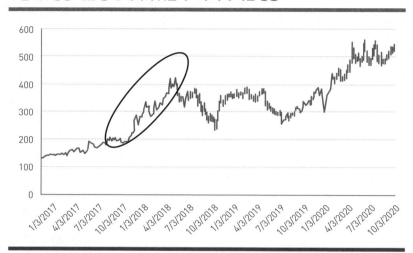

그림 4.9 성장 곡선 증대 계획이 넷플릭스의 매출액 대비 기업 가치에 미친 영향

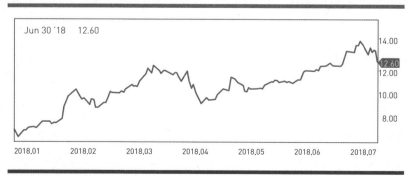

플이 재평가받아 주가가 6개월 만에 98퍼센트 급등했다(그림 4.8).

그림 4.8이 최종 결과다. 좀 더 구체적으로 살펴본 그림 4.9에서는 멀티플이 어떻게 재평가받았는지 확인할 수 있다. 2018년 1월 1일부터 2018년 7월 1일까지 넷플릭스의 매출액 대비 기업 가치는 7배에서 13배로 커졌다.

활짝 열린 '틈'을 찾아라

2018년 초 매출 성장률이 가속화되고 영업이익률이 높아지면서 넷플릭스의 밸류에이션이 재평가되었다(표 4.7). 총 매출 성장률은 2017년 4분기 33퍼센트에서 2018년 1분기와 2분기에 40퍼센트로 높아졌다. 2018년 1분기와 2분기에는 스트리밍 부문의 매출 성장률도 43퍼센트로 상승하며 5년 내 가장 빠르게 증가했다. 영업이익률도 2016년 4퍼센트, 2017년 7퍼센트에서 12퍼센트로 뛰어오르며 사상 최고치를 기록했다. 매출 성장률이 가속화됨에 따른 장점은 고정비용fixed-cost 덕분에 매출 성장이 영업이익률 확대로 이어질 수 있다는 것이다. 가격 인상 조치가 성공할 경우는 특별히 달콤한데, 상품 단위당 창출되는 매출은 늘어나지만 상품을 만드는 데 드는 비용은 그대로이기 때문이다. 그래서 가격 인상이 '순수한 마진'으로 여겨지는 것이다. 추가적인 매출 유입이 바로 순이익에 반영된다. 가격 인상으로 고객이 일제히 가입을 해지하는 일이 벌어지지 않아 인상에 성공한다면 말이다.

이런 변곡점에 대해 생각할 수 있는 또 다른 방법은 내가 '이익 성장

표 4.7 넷플릭스의 펀더멘털 변화

(백만 달러)	2017년 3분기	2017년 4분기	2018년 1분기	2018년 2분기
총 매출액	**2,985**	**3,286**	**3,701**	**3,907**
연간 성장률	30%	33%	40%	40%
스트리밍 부문 매출액	**2,875**	**3,181**	**3,602**	**3,814**
연간 성장률	33%	35%	43%	43%
영업이익률	**7%**	**7%**	**12%**	**12%**

틈earnings growth aperture'이라고 부르는 것이다. 꾸준한 매출 성장과 안정적인 영업이익률을 창출함으로써 이익이 성장하는 경우가 있다. 틈이 열려 있는 것이다. 매출 성장이 가속화되고 안정적인 영업이익률을 창출함에 따라 이익이 성장하는 경우도 있다. 틈이 더 넓게 열려 있다. 마지막으로 매출 성장이 가속화되고 영업이익률이 확대되면서 이익이 성장하는 경우가 있다. 틈이 가장 넓게 열려 있는 상황이다. 주식은 이런 경우 긍정적으로 반응한다. 틈이 활짝 열리기 전에 먼저 혹은 틈이 열려 있는 동안 투자한다면 아주 높은 수익률을 얻을 수 있을 것이다.

이것이 성장 곡선을 위로 뻗어나가게 하기 위해 기업이 취하는 조치인 성장 곡선 증대 계획에 주의를 기울여야 하는 이유다. 새로운 제품군이나 새로운 핵심 기능을 선보이는가? 회사가 상당한 규모의 해외시장에 처음 진출하는가? 가격을 인상하거나 프리미엄급 상품 혹은 서비스를 내놓는가? 이런 변화를 주시해야 한다.

2018년 초에 넷플릭스는 이런 조치들을 시행했다. 2017년 가을 베이식 요금제는 7.99달러로 그대로 유지했지만 스탠더드 요금제(동시 이용자

2명)는 9.99달러에서 10.99달러로 10퍼센트 인상했고, 프리미엄 요금제 (동시 이용자 4명)는 11.99달러에서 13.99달러로 17퍼센트 인상했다. 넷플릭스는 2년 전에도 다소 비슷한 가격 인상을 단행해 성공한 적이 있었다. 즉 신규 가입자 증가세는 둔화되지 않았고 기존 고객 이탈도 눈에 띄게 증가하지 않았다. 2017년 가을에 단행한 가격 인상도 마찬가지로 성공적이었다. 덴마크에서 만든 〈레인The Rain〉과 브라질에서 만든 〈3%〉 등 새로운 해외 시리즈를 비롯해 〈루머의 루머의 루머〉, 〈산타 클라리타 다이어트Santa Clarita Diet〉, 〈언브레이커블 키미 슈미트The Unbreakable Kimmy Schmidt〉 등이 새로운 시즌을 시작하며 새로운 오리지널 콘텐츠의 출시도 가속화되었다. 게다가 티모바일T-Mobile, 스카이Sky, 컴캐스트Comcast와 새로운 파트너십도 맺었다. 마지막으로 넷플릭스는 아시아 시장으로 공격적인 확장을 해나갔다. 이것이 바로 성장 곡선 증대 계획이다.

다시 말하지만 성장 곡선 증대 계획을 찾아라. 성공한다면 계획을 시행하지 않았을 때보다 매출이 몇 배로 성장할 것이고 시장은 더 높은 주가로 답할 것이다.

팬데믹 효과를 제외하고 성장률을 비교하는 법

전문가로서 한 가지 유용한 조언을 건네고자 한다. 일관된 매출 성장 추세를 찾는 사람들에게 코로나19 사태는 약간의 어려움을 안겼다. 여행 수요(에어비앤비·부킹·익스피디아), 승차 공유(리프트·우버), 광고 수익(구글·트위터)과 관련된 기업은 2020년 전년 동기 대비 매출이 크게 감소했다.

반면 아마존, 엣시, 넷플릭스, 펠로톤, 줌 등 재택근무의 분명한 승자들은 2020년 상당한 매출 성장률을 경험했다.

이는 2020년과 2021년 일관된 매출 성장률을 찾는 투자자들에게 문제가 되었다. '코로나19의 패자'는 2021년 인상적인 매출 회복 또는 매출 증대를 이루겠지만 '코로나19의 승자'는 급격한 매출 감소를 경험할 것이기 때문이다. 양쪽 경우 모두 핵심은 결과를 정상화하는 것이다. 코로나19 위기는 블랙 스완이었다. 수익성의 정확한 추세를 보려면 이례적인 일회성 비용과 이익을 제외하고 순이익을 계산해야 하는 것처럼, 팬데믹이 성장률에 미친 극적인 영향도 조정해야 한다.

두 가지 방법이 있다. 첫 번째 방법은 매출 성장률을 2년씩 묶어서 살펴보는 것이다. 어느 한 분기의 전년 동기 대비 매출 성장률을 전년도 같은 분기의 전년 동기 대비 매출 성장률과 더하고 이를 일정 기간 추적해 중대한 변화가 있는지 확인한다. 아마존을 예로 들어 간단히 살펴보자. 2020년 1분기 아마존의 전년 동기 대비 매출 성장률은 26퍼센트였다. 그러다 2020년 2분기 코로나19 사태 때문에 상점들이 문을 닫자 아마존 같은 온라인 소매업체로 수요가 몰리면서 매출 성장률이 전년 동기 대비 40퍼센트까지 높아졌다.

이는 이례적 사건으로 나타난 결과이기 때문에 아마존은 2021년 1분기에서 2분기로 매출 성장률이 둔화될 가능성이 있다. 이를테면 2021년 1분기 40퍼센트이던 아마존의 매출 성장률이 2021년 2분기에는 24퍼센트에 불과했다고 가정해보자. 성장률이 엄청나게 둔화된 것처럼 보인다. 하지만 2년씩 묶어서 보면 성장률은 66퍼센트(26퍼센트+40퍼센트)에서 64

퍼센트(40퍼센트+24퍼센트)로 변한 것이다. 이례적인 사건으로 조정된 아마존의 매출 성장률은 상당한 일관성을 보이는데, 이는 좋은 신호다.

매출 성장률을 조정하는 두 번째 방법은 간단히 2021년 2분기 하락 폭을 2020년 2분기 상승 폭과 비교하는 것이다. 하락 폭이 전년도 상승 폭과 비슷하다면 이례적인 사건이 조정된 아마존의 매출 성장률은 일관성이 있는 것이다. 앞서 가정한 아마존의 사례에서 2021년 2분기 전년 동기 대비 매출 성장률(24퍼센트)은 2021년 1분기(40퍼센트)보다 16퍼센트포인트 감소했다. 하지만 이 수치는 2020년 2분기 전년 동기 대비 매출 성장률(40퍼센트)이 2020년 1분기(26퍼센트)보다 14퍼센트포인트 증가한 것과 비슷하다. 여기서도 이례적 사건으로 조정된 아마존의 매출 성장률은 일관성을 유지했다는 것을 알 수 있다.

'20퍼센트의 법칙'에 대한 몇 가지 증거

'법칙'을 작은따옴표 안에 넣은 이유가 있다. 좋은 종목을 선택하려면 간단히 매출 성장률이 20퍼센트를 넘는 기업을 찾아서 매수하면 된다는 생각을 환기하고 싶었기 때문이다.

인터넷 주식의 역사는 높은 매출 성장률이 고성장 기술주에 있어 상승의 핵심 동인이라는 생각에 신빙성을 부여한다. 물론 순이익도 중요하다. 하지만 나는 매출 성장에 의한 순이익 성장이 마진 확대나 금융 공학적 방법에 의한 순이익 성장보다 기술주 투자자에게 더 큰 무게로 다가온다는 사실을 경험으로 배웠다. 여기에는 충분한 이유가 있다. 매출은 성장시키기가 어렵다. 높은 매출 성장은 달성하기가 더 어렵다. 그리고 그중에서도 일관되게 높은 매출 성장은 달성하기가 가장 어렵다.

주식 수익률에서 매출 성장의 중요성은 이번 장에서 살펴본 이베이, 야후, 프라이스라인, 넷플릭스의 사례에서도 알 수 있다. 주식시장에서 아마존과 구글의 역사(나중에 자세히 다룰 것이다) 역시 높은 매출 성장률이 기술주를 상승으로 이끄는 핵심 동인이라는 생각을 뒷받침한다. 이 두 회사는 매출 250억 달러를 달성한 후 꼬박 10년 동안 20퍼센트의 일관된 매출 성장률을 창출하며 전례없는 성과를 이뤘다. 역사상 이 성과에 필적할 수 있는 회사는 단 하나, 애플뿐이다. 아마존, 구글, 애플은 보기 드문 장기적 승자다. 페이스북은 이런 성과를 달성하기 위한 과정을 거치고 있으며, 이 주식 또한 장기적 승자다.

20퍼센트 이상의 일관된 매출 성장률은 좋은 기술주를 가리키는 상당한 펀더멘털 단서라는 지난 20~30년간의 합리적인 시장 증거가 있다. 첫째, 일관되게 20퍼센트 이상의 높은 매출 성장률을 달성하는 경우는 드물다는 것이다. 이는 S&P 500 기업의 매출 성장률 중간값보다 3~4배 더 높은 성과다. 1994년 이후 S&P 500 기업들의 매출을 살펴보면 과거 5년 동안 꾸준히 20퍼센트 이상의 매출 성장률을 보고할 수 있는 기업은 약 2퍼센트뿐이었다. S&P 500에 포함된 기업 중 약 10개뿐이라는 말이다. 이들 기업은 이 땅에서 가장 좋은 기업이라고 널리 인정받는다. 뚜렷한 구분을 위해 덧붙이자면 S&P 500 기업 중 대략 15퍼센트가 20퍼센트가 넘는 매출 성장률을 보고했다. 그러나 과거 5년 동안 꾸준히 20퍼센트 이상의 매출 성장률을 보인 기업은 2퍼센트뿐이었다.

둘째, (5년 동안) 일관되게 20퍼센트 이상의 매출 성장률을 달성한 기업은 그러지 못한 기업보다 높은 수익률을 내는 경향이 있으며, 그 차이는 때때로 상당하다는 것이다. 2010년부터 2020년까지 20퍼센트가 넘는 매출 성장률을 꾸준히 달성한 기업은 11년 중 8년(전체 기간의 73퍼센트)간 다른 주식을 능가하는 수익률을 달성했으며, 전체 기간에 이들 기업이 상회한 수익률 차이의 중간값은 52퍼센트였다.

1994년부터 2020년까지로 분석 기간을 늘려보면 일관되게 20퍼센트가 넘는 매출 성장률을 달성한 기업은 27년 중 15년(전체 기간의 56퍼센트)간 다른 주식을 능가하는 수익률을 달성했으며, 8년(전체 기간의 30퍼센트)간 다른 주식들을 하회하는 수익률을 달성했고, 4년(전체 기간의 15퍼센트)간 다른 주식들과 비슷한 수익률을 냈다. 이들 기업이 전체 기간에 상회한 수익률 차이의 중간값은 12퍼센트였다(표 4.8).

표 4.8 지속적으로 매출 성장률 20퍼센트 이상을 달성한 기업의 수익률 비교

기간	상회	하회	비슷	상회한 수익률 차이의 중간값 %
1994~2000	15년	8년	4년	12%
전체 기간 중 비율	56%	30%	15%	
2010~2020	8년	3년	0년	52%
전체 기간 중 비율	73%	27%	0%	

참고: 수익률은 과거 5년간 해마다 20퍼센트 이상 매출 성장률을 기록한 S&P 500 기업의 1년 평균 수익률을 다른 기업과 비교해 평가한다.

다시 말하지만, 나는 '법칙'을 작은따옴표 안에 넣었다. 20퍼센트 이상의 일관된 매출 성장률은 좋은 기술주를 알려주는 훌륭한 펀더멘털 단서다. 그러나 이는 앞으로 등장할 네 장의 주제인 양질의 고성장 기술주의 핵심 상승 동인을 보여주는 단서(동인의 결과물)일 뿐이다. 20퍼센트 매출 성장률의 '법칙'은 절대 단독으로 사용해서는 안 된다는 사실을 기억하길 바란다.

장기적으로 펀더멘털은 주식을 움직이며 기술주의 경우 가장 중요한 펀더멘털은 매출, 매출, 매출이다. 매출이나 주요 고객 지표 측면에서 지속적으로 20퍼센트 이상의 성장률을 창출해내는 기업은 단기 수익성 전망에 관계없이 잠재적으로 양호한 주식 수익률을 제공할 수 있다. 이것이 내가 높은 성장률이라고 말하는 20퍼센트 매출 성장률의 '법칙'이다. 20퍼센트 이상의 일관된 매출 성장률은 S&P 500 기업의 매출 성장률보다 3~4배 높은 성과이며 지속하기 어렵다. 20퍼센트 이상의 일관된 매출 성장률은 종종 커다란 시장 기회, 끈질기고 성공적인 제품 혁신, 강력한 가치 제안, 최고의 경영진이 반영된 결과다. 그리고 이것이 장기적으로 좋은 투자 기회에서 투자자들이 찾아야 하는 요소다. 우선 다섯 분기 또는 여섯 분기 연속으로 20퍼센트 이상 성장률을 달성한 기업을 찾아라. 때때로 과거의 성과는 미래 성과를 보여주는 지표가 될 수 있다.

가령 세 분기나 네 분기에 걸쳐 매출 성장률이 절반으로 감소하는 경우처럼 어떤 기업의 매출 성장률이 급격히 둔화된다면, 이 기업의 주가는 제대로 상승하지 못할 가능성이 높다. 특히 시장점유율 하락, 시장 포화, 경영진의 잘못된 경영이 성장률 둔화의 원인이라면 더욱 그렇다. 다만 코로나19 위기처럼 중대한 블랙 스완이 성장률 둔화의 원인이라면 문제가 다르다. 반대로 성장 곡선 증대 계획을 성공적으로 시행해 매출 성장률을 가속화한 기업은, 그렇지 않은 기업보다 높은 수익률을 창출할 수 있다. 성장 곡선 증대 계획은 특히 주가 상승에 큰 촉매제가 되므로 투자자는 이를 잘 활용해야 한다. 신제품 출시, 지리적 시장 확대, 가격 인상 등 성장 곡선 증대 계획이 효과를 발휘하면 매출 성장률이 가속화된다. 또 종종 마진 확대로 이어져 이익 성장 틈이 열리며 멀티플에 대한 재평가가 이루어진다. 그러므로 성장 곡선 증대 계획을 찾아라.

성공적인 기술주 투자가 이익을 신경 쓰지 않는다는 뜻은 아니다. 수익성 없는 성장은 장기적으로 아무런 가치도 창출해내지 못한다. 그러나 지난 20년 동안 많은 주요 기술 기업의 역사를 보면 높은 매출 성장률은 미래의 수익성을 가리키는 훌륭한 지표였다. 매출이 커지면 회사는 대규모 고정비용(일반 관리비·건물 등 관리비·연구 개발비 등)에 대해 레버리지를 얻기 시작하거나 규모가 커지면서 공급 업체에 대한 레버리지를 확보하고, 증가된 경험과 규모를 통해 비용을 보다 효율적으로 관리할 수 있게 되어 단위 경제성을 개선할 수 있다.

NOTHING BUT NET

레슨
5

혁신은 그대로
숫자에 반영된다

성공적인 제품 혁신은 펀더멘털, 그중에서도 특히 매출 성장을 이끄는 가장 중요한 요인 중 하나이며, 주가를 움직이는 요인이기도 하다. 성공적인 제품 혁신은 완전히 새로운 매출원을 창출할 수 있고, 기존 매출원을 강화할 수도 있다. 성공적인 제품 혁신은 소비자 중심 기술 기업에서 특히 눈에 띄게 나타난다. 제품 혁신은 반복 가능하다. 한두 가지 인상적인 제품 혁신을 이루어낸 경영진은 프로세스를 구비했거나 성공적인 제품 혁신을 촉진하는 문화를 형성했기 때문에 지속적으로 더 많은 혁신을 이끌어낼 수 있다.

장기적으로 주가를 움직이는 요소가 펀더멘털이고, 기술주에 가장 중요한 펀더멘털이 매출이라면 매출을 견인하는 요소는 무엇인가? 나는 끈질긴 제품 혁신, 거대한 시장 기회, 강력한 가치 제안, 훌륭한 경영진을 핵심 요소로 꼽는다.

　제품 혁신에는 여러 가지가 있다. 애플이 2007년 6월 출시한 이후 거의 매년 시장에 내놓고 있는 새로운 버전의 아이폰이 한 가지 예다. 그렇게 확실한 예는 아니지만 테슬라가 2008년 테슬라 로드스터를 선보인 이후 매달 테슬라 자동차를 위해 소프트웨어를 업데이트하는 것도 또 다른 예다. 5장에서는 성공한 사례는 물론 실패한 사례까지 다양한 제품 혁신 사례를 살펴보고, 제품 혁신이 어떻게 매출과 주식을 상승으로 이끄는지 알아볼 것이다.

　대부분의 사람들은 제품 혁신이 성공했는지 여부를 평가할 수 있다. 지난 20년간 이루어진 중요한 제품 혁신이 대개 소비자 지향적이었기 때문이다. 그동안 혁신은 기존 소비자 경험을 개선하거나 새로운 소비자 경험을 창출하는 데 집중해왔다. 이 책을 읽는 여러분은 소비자다. 따라서 어떤 혁신이 놀라운지, 어떤 혁신이 그저 그런지, 또는 어떤 혁신이 나쁜지 판단할 수 있다.

만약 정말 좋다 또는 크게 개선되었다고 느껴지는 제품이나 서비스를 발견한다면 투자하기에 좋은 주식을 발견한 것일지도 모른다. 적어도 어떤 주식에 대해 숙제를 시작할 동기가 나타난 것이다.

사소한 예로 2020년 초에 내가 스티치 픽스Stitch Fix를 좋게 봤던 이유 중 하나는 나 자신이 그 기업의 고객이었기 때문이다. 스티치 픽스가 내놓은 몇 가지 새로운 기능이 아주 인상적이었는데, 특히 '당신의 색깔을 쇼핑하세요Shop Your Colors'와 '당신의 의상을 쇼핑하세요Shop Your Looks' 기능을 이용하면 사고 싶은 옷을 훨씬 쉽게 찾을 수 있었다. 이런 점이 주가가 매우 낮다는 점과 맞물려 스티치 픽스의 펀더멘털과 주가가 둘 다 크게 오를 것 같다는 생각을 하게 만들었다. 물론 운도 따랐다. 하지만 어느 정도는 이 새로운 기능 덕분에 고객 지표와 매출 성장 전망이 개선되었고, 그에 따라 주가는 2020년 4월 12달러에서 그해 말 70달러까지 상승했다.

사소하지 않은 예로는 2006년 아마존이 출시한 클라우드 컴퓨팅 서비스인 아마존 웹 서비스를 들 수 있다. 아마존 웹 서비스는 아이폰, 테슬라와 함께 2000년 이후 금세기의 가장 인상적이고 영향력 있는 제품 혁신 중 하나다. 오늘날 기술주 투자자들은 아마존 웹 서비스를 널리 알고 있고 대단히 크게 인정한다. 그러나 처음 출시되었을 때는 그렇지 않았다. (안타깝게도 나를 포함한) 일부 기술업계 관계자는 제프 베이조스가 처음 아마존 웹 서비스를 출시한다고 발표했을 때 회의적이었다. 영세하고 범용 상품 사업과 유사한 재미없는 분야로 전환하는 것처럼 보였다. 이 '전환'은 현재 아마존 시가총액 1조 5,000억 달러의 절반을 차지한다.

완전히 새로운 매출원이 등장했을 때 — 아마존

아마존은 수년간 다양한 제품 혁신을 일으켜왔다. 1999년 3월 이베이에 대적하기 위해 출시한 옥션Auctions과 2014년 6월 출시한 파이어폰Fire Phone 등 몇 가지는 실패했다. 파이어폰은 엇갈린 평가를 받으며 소비자의 관심을 거의 끌지 못했고 12개월 만에 1억 7,000만 달러의 재고자산을 상각해야 했다.

아마존 프라임Amazon Prime(2005년 출시된 빠른 배송 서비스로 현재 전 세계 2억 명이 가입돼 있다), 아마존 정기 배송 할인Amazon Subscribe & Save(2007년 시작한 서비스로 다양한 생활용품을 자동으로 재주문할 수 있다), 내가 개인적으로 가장 좋아하는 서비스인 아마존 킨들Amazon Kindle(2007년 출시된 전자책 단말기로 이후 전자책 단말기 부문의 선두 주자가 되었고, 아마존은 킨들 덕분에 종이책 판매 사업의 디지털 탈중개화에 대비할 수 있었다)을 포함한 다른 시도는 꽤 성공적이었다.

독서광에게 아마존 킨들은 하늘이 내린 선물이었다. 거의 모든 책을 언제든지 다운로드해 읽을 수 있다는 것은 엄청난 혁신이었다. 1세대 킨들은 사용법이 복잡하고 어색했지만 소비자의 불편friction을 없앴다. 책을 찾고서 그것을 읽는 활동 사이의 시간을 줄인 것이다. 불편을 없앤다는 생각은 지난 20년 동안 인터넷과 기술 전반에서 우리가 목격해온 혁신 대부분의 핵심이었다. 더 빠르고, 더 쉽고, 더 쌀수록 더 많은 소비자가 선택한다. 검색 결과가 나오는 시간을 마이크로초로 줄이면 사람들이 구글을 더 많이 사용할 것이다. 1990년대 컨트리 음악 히트곡을 더 쉽게 들을 수 있게 하면 스포티파이를 더 많이 사용할 것이다. 배송 속도를 높여 수영장에 설치하는 어린이용 농구 골대의 구매 비용을 줄이면(결국 시간은 돈이다) 사람들은 아마존을 더 많이 이용할 것이다. 불편을 줄이면 성공한다.

어쨌든 오리지널 킨들은 소비자의 불편함을 줄였고 개선이 가능해 보였다. 2008년 초 나는 킨들에 대한 첫 번째 월가 보고서를 발행했다. 그것이 무엇이고, 아마존의 혁신에 대해 무엇을 시사하는지, 아마존의 손익계산서에 어떤 의미가 있는지에 대해 썼다. 나는 아직도 한 블로거가 내 분석을 맹비난하면서 "유치원Kindlegarten으로 돌아가라"라고 한 것이 기억난다. 그 재치는 인정한다.

온라인 유통 사업을 제외하고 아마존이 이룬 가장 크고 성공적인 제품 혁신은 단연코 2006년 출시한 아마존 웹 서비스다. 나는 오래전부터 전문 투자자들에게 아마존 웹 서비스는 정말 대단한 제품 혁신이니 아마존은 주식 티커를 'AMZN'에서 'AWS'로 바꿨어야 했다고 농담처럼 말해왔다. 투자자들은 웃었다. 그래, 솔직히 몇 명이 웃었다.

아마존 웹 서비스를 출시할 무렵 제프 베이조스는 언젠가는 이 서비스가 회사의 유통 부문만큼 커질 것이라고 공개적으로 밝힌 바 있다. 당시 나는 이 말이 터무니없다고 생각했다. 2006년 아마존은 핵심 사업인 유통 부문을 통해 연간 100억 달러가 넘는 매출과 10억 달러가 넘는 영업이익을 올리고 있었다. 어떤 '지루한 IT 사업'도 이런 성과를 낼 수 없었다. 그러나 아마존 웹 서비스는 2015년 10억 달러가 넘는 영업이익을 창출했고, 2016년에는 100억 달러가 넘는 매출을 달성했다(그림 5.1). 2020년에는 매출 450억 달러, 영업이익 140억 달러를 창출했는데 이는 유통 사업 매출의 20퍼센트, 유통 사업 영업이익의 2배에 가까운 성과였다. 아마존 웹 서비스는 유통 사업보다 훨씬 빠르게 성장하고 있었다. AWS가 더 적절한 티커였을지도 모른다.

그렇다면 아마존 웹 서비스란 도대체 무엇이고 어떤 점이 그렇게 혁신적이었을까? 아마존은 아마존 웹 서비스가 '전 세계 190개국 수십만 개 기업에 매우 안정적이고 확장 가능하며 저렴한 클라우드 인프라 플랫폼'

그림 5.1 아마존 웹 서비스 매출액

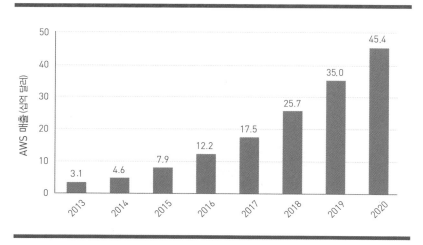

을 제공한다고 설명한다. 비전문가 관점에서 아마존 웹 서비스를 통해 기업은 IT 부서를 아웃소싱할 수 있다. 데이터(제품·운영·고객에 대한)를 저장·분석·활용하기 위해 사용하는 모든 서버, 서버 랙, 데이터베이스, 코드, 인력, 기타 등등을 아마존 웹 서비스에 아웃소싱할 수 있는 것이다. 기업은 미리 상당한 고정 자본 지출을 일으킬 필요 없이 IT 서비스를 사용한 만큼만 돈을 지불하면 된다.

아마존 웹 서비스와 클라우드 컴퓨팅은 완전히 혁신적이었다. 속도와 효율성이 증대되었으며, 어떤 조직이든 확장할 수 있었다. 아마존 웹 서비스를 통해 모든 기업은 아마존의 광대한 서버 인프라에 애플리케이션과 소프트웨어 솔루션을 '스핀업spin up(클라우드 컴퓨팅 서비스를 사용해 가상 머신을 만드는 것 - 옮긴이)'하고 전 세계 소비자와 기업이 이용하게끔 할 수 있었다. 자체 인프라에 대규모 투자를 하지 않고도 상당한 시간과 돈, 운영상의 복잡함을 줄일 수 있었다. 현재 페이스북, 링크드인, 넷플릭스, 스냅, CIA 등 세계적인 디지털 기업들도 아마존 웹 서비스를 사용하고 있다.

나는 가끔 아마존 웹 서비스와 클라우드 컴퓨팅이 19세 리스크19-year-old risk를 만든다고 말한다. 아마존 웹 서비스를 통해 좋은 비즈니스 아이디어만 가지고 있다면 19세라도 수천만 달러의 초기 인프라 비용을 들이지 않고 수천만 명의 고객에게 아이디어를 확장할 수 있다. 이런 점에서 클라우드 컴퓨팅은 기술 환경 전반의 경쟁과 혁신에 큰 자극제가 되고 있다.

그렇다면 아마존이 클라우드 컴퓨팅을 발명했을까? 대답은 '아니오'다. 클라우드 컴퓨팅은 1960년대 아파넷ARPANET(미국 고등연구계획국이 개발한 컴퓨터 네트워크 - 옮긴이)을 개발한 조지프 칼 로브넷 리클라이더Joseph Carl Robnett Licklider 박사가 만들었다. 위키피디아에 따르면 2006년 아마존이 일래스틱 컴퓨트 클라우드Elastic Compute Cloud를 출시하면서 클라우드 컴퓨팅이 '대중화'되었다. 나는 '대중화' 대신 '상업화'라는 단어를 사용하겠다. 투자자 대부분이 나와 같은 생각일 것이다. 아마존 웹 서비스는 클라우드 컴퓨팅 산업 전체 매출의 50퍼센트 이상을 창출하며 마이크로소프트에 이어 세계에서 두 번째로 큰 소프트웨어 회사로 올라섰기 때문이다.

아마존 웹 서비스가 탄생하게 된 배경은 다음과 같다. 2000년 아마존 엔지니어들은 타깃Target 같은 회사가 온라인 쇼핑 사이트를 만들 때 이용할 수 있는 서비스를 내놓으려고 노력하고 있었다. 그런데 공통된 웹 인프라 서비스(데이터베이스·스토리지·컴퓨팅 용량 등)가 존재하지 않았기 때문에 작업을 수행하는 데 어려움이 있었다. 게다가 팀마다 이런 서비스를 처음부터 만들어야 했기 때문에 아마존 내부 프로젝트는 늘 예상보다 오래 걸렸다. 그러다가 결국 전구에 불이 들어왔다. 경영진은 아마존의 내부적 필요와 기업 고객의 필요가 완전히 새로운 시장 기회에 대한 가능성을 보여준다는 사실을 깨달은 것이다.

이제 아마존이 좋은 주식이 될 것임을 알려주는 지표를 살펴보자. 나는 이 지표들이 2008년 언젠가부터 밝은 녹색으로 빛나기 시작했다고 생각한다. 2008년 아마존은 이미 6년 연속 20퍼센트 이상의 매출 성장률을 기록하며 높은 매출 성장률을 유지할 수 있다는 사실을 입증했다. 그리고 이 시기 아마존은 킨들과 아마존 웹 서비스라는 최소 두 가지 새로운 상품·서비스를 성공적으로 출시하면서 회사의 혁신성을 증명하고 있었다. 클라우드 컴퓨팅이 얼마나 성장할지는 가늠할 필요 없었다. 그저 이 온라인 유통 회사가 인수가 아닌 자력으로 핵심 사업과 완전히 다른 새로운 사업을 시작했고, 성공할 것처럼 보인다는 사실만 알면 되었다.

투자자는 아마존의 핵심 사업(온라인 유통)은 높은 매출 성장률을 기록하고 있으며, 회사는 잠재적으로 다른 매출원을 만들고 있음을 미리 볼 수도 있었다. 아마존은 플랫폼 회사처럼 보였다. 성공적으로 복수의 매출원을 만들어내는 희소성 있는 회사 말이다. 적어도 아마존은 회사의 혁신성을 분명히 보여주었다. 경영진이 과거 혁신적이었다는 사실은 그 주식을 보유해야 할 좋은 이유가 된다. 그 경영진이 다시 한번 혁신성을 발휘할 수 있기 때문이다(실제로 아마존이 그랬다). 과거의 성과는 미래 성과의 지표가 되기도 한다.

2008년에 들어서면서 나는 이미 아마존에 대해 매수 의견을 발표했다. 하지만 그것은 아마존 주식이 내가 정한 목표 주가 이상으로 급등할 경우 바꿀 수 있는 전략적인 매수에 가까웠다. 그러다가 이 기간 중 언젠가부터 아마존은 내 강력 추천주가 되었다. 투자 의견을 바꾸려면 극단적인 이유가 필요하다는 뜻이다. 플랫폼으로서 아마존의 영향력을 점점 더 인정하게 되면서 아무리 공격적인 밸류에이션에도 투자 의견을 바꾸지 않았다. 비록 밸류에이션 때문에 매수 추천 목록에서 순위가 달라지긴 했지만 말이다. 돌이켜 보면 매년 추천 순위는 제대로 매기지 못했어도 매수 종목에 대한 판단만큼은 확실히 들어맞았다. 아마존 매수를 추천한 것은 내 경력에서 가장 잘한 판단 중 하나였다.

베팅에 가까운 혁신, 추락하던 주가를 끌어올리다 — 넷플릭스

아마존 웹 서비스가 제품 혁신을 통해 새롭고 강력한 매출원을 창출해 낸 놀라운 사례라면, 스트리밍 서비스는 제품 혁신이 기존 핵심 매출원을 잠식하고 기업을 더 강하게 만든 사례다. 넷플릭스를 보자.

일찍부터 넷플릭스의 공동 창립자 리드 헤이스팅스는 스트리밍 서비스를 원했다. 하지만 넷플릭스가 창립된 1997년의 기술 지형은 스트리밍 서비스를 지원할 수 없었다. 미국의 일반적인 가정에 광대역 통신망 보급이 미흡했던 것이 가장 큰 제약 요소gating factor였다. 미국 가정의 광대역 통신망 보급률은 2007년까지 50퍼센트에도 미치지 못했다. 미국연방통신위원회Federal Communication Commision에 따르면 2000년 당시 프리미엄 서비스의 데이터 전송 속도는 200Kbps였는데, 이 서비스를 사용할 수 있는 미국 가정은 약 280만 가구였다. 스트리밍 표준 Def 비디오의 경우 일반적으로 권장되는 데이터 전송 속도는 3Mbps로 2000년 프리미엄 통신 서비스가 제공하는 속도보다 15배나 빠른 것이었다. 따라서 2000년에는 〈트래픽Traffic〉, 〈메멘토Memento〉, 〈리멤버 타이탄Remember the Titans〉, 〈언브레이커블Unbreakable〉을 스트리밍할 사람이 없었다. 이런 이유 때문에 넷플릭스는 스트리밍 서비스를 시작한 첫해인 2007년까지는 오로지 우편으로 DVD를 보내주는 서비스만 제공했다.

DVD 우편 사업은 괜찮은 사업이었다. 이 사업으로 넷플릭스는 2007년 12억 달러의 매출을 달성했고 730만 명의 유료 가입자를 확보했으며, 얼마 안 되지만 6,700만 달러의 순이익을 창출했다. DVD 사업은 좋은 사업이었지만 대단한 사업은 아니었고 성장은 크게 둔화되기 시작했다. 넷플릭스의 매출 성장률은 2006년 46퍼센트에서 2007년 21퍼센트로 50퍼센트 이상 감소했다. 다음 해인 2008년 성장률은 더욱 둔화되어 13퍼센트까지 떨어졌다. 한편 2007년은 넷플릭스의 가입자 수 성장이 처음으로 둔화된 해이기도 했다. 2007년 신규 가입자 수는 120만 명으로 2004년 110만 명, 2005년 150만 명, 2006년 210만 명에 이은 결과였다. 넷플릭스는 더 이상 성장하지 않을 회사의 주식처럼 거래되었다. 2006년에는 5퍼센트 하락 거래되었고(S&P 500은 14퍼센트 상승), 2007년에는 3퍼센트 상승하며(S&P 500은 4퍼센트 상승) 3.8달러로 그해를 마감했다. 기억해야할 사실은 현재 넷플릭스의 주가는 500달러를 훨씬 웃돈다는 것이다.

스트리밍은 결과적으로 넷플릭스를 구했지만 그렇게 간단하지는 않았다. 먼저 넷플릭스 경영진은 스트리밍을 받아들일 용기를 내야 했다. 스트리밍 서비스는 지금까지 회사의 핵심 사업이던 DVD 사업을 잠식할 것이었기 때문이다. 실제로도 잠식은 일어났다. 2007년 말, 넷플릭스의 DVD 구독자 수는 대략 700만 명이었다. 현재 DVD 구독자 수는 200만 명도 채 안 된다. 지금은 스트리밍이 생각할 필요도 없는 일이지만 2007년에는 그렇지 않았다. 넷플릭스는 안정적이지만 성장이 둔화되고 있는 DVD 사업에서 방향을 전환해 대중 시장의 선호가 아직 입증되지 않았고, 단위 경제성도 불확실하며, 기술 인프라도 불안정한(넷플릭스가 제공할 스트리밍 서비스는 개인 사용자의 브로드밴드 연결성과 가정 내 와이파이 네트워크 상태 등의 변수에 따라 품질이 달라질 것이었다) 스트리밍 서비스에 막대한 투자를 시작해야 했다. 넷플릭스는 스트리밍 서비스를 시작하겠다고 발표하면서 2006년 전체 순이익에 가까운 최소 4,000만 달러의 투자 지출이 이루어질 예정이라고 월가에 경고했다. 넷플릭스로서는 큰 베팅이었다.

넷플릭스는 이 베팅에 제대로 성공해야 했다. 콘텐츠 선택, 사용 편의성, 안정성 등에서 매력적인 서비스를 개발해야 했다. 최초의 스트리밍 서비스는 콘텐츠가 1,000개 정도밖에 없었고(이에 비해 DVD로는 7만 편의 영화를 감상할 수 있었다) 가장 최신 버전의 윈도우와 인터넷 익스플로러에서만 볼 수 있었다. 극히 제한적이었다. 넷플릭스는 이 베팅을 제대로 해냈을까? 그리고 이 베팅은 성과가 있었을까? 넷플릭스는 엄청나게 잘해냈고 성과도 훌륭했다.

결국 넷플릭스는 글로벌 스트리밍의 선두 주자가 되었다. 2009년부터 10년 동안 20퍼센트가 넘는 높은 매출 성장률을 기록했고 2009년부터 2019년까지 매년 신규 가입자 수도 증가했다. 다만 2011~2012년은 요금을 대폭 인상하고 DVD 사업을 분사하려는 완전히 실패한 전략(이른바 '퀵스터Qwikster 대실패')을 쓴 까닭에 12개월 동안 가입자와 매출 성장이 저조했다(표 5.1). 하버드 경영대학원은 퀵스터 대실패에 대한 케이스 스터디를 진행할 예정이었지만 〈새터데이 나이트 라이브Saturday Night Live〉가 역사상 가장 뛰어난 기업 패러디를 선보이며 선수를 쳤다. 넷플릭스의 스트리밍 서비스가 너무 성공적이어서 명실공히 세계 최고의 엔터테인먼트 회사인 디즈니가 스트리밍 서비스(디즈니+)를 위해 비즈니스 모델을 완전히 뒤집을 정도였다. 넷플릭스는 10년 동안 가장 높은 수익률을 낸 주식이 되었다.

성공적인 제품 혁신(이 경우는 스트리밍 서비스)은 넷플릭스의 펀더멘털과 주가를 되살렸다. 넷플릭스는 미디어 엔터테인먼트를 즐기는 훨씬 더

표 5.1 넷플릭스의 펀더멘털 변화

연도	총 매출 (백만 달러)	연간 매출 성장률	전체 가입자 수 (백만 명)	순 가입자 수 증감 (백만 명)
2005	682	36%	4	2
2006	997	46%	6	2
2007	1,205	21%	7	1
2008	1,365	13%	9	2
2009	1,670	22%	12	3
2010	2,163	29%	20	8
2011	3,205	48%	26	6
2012	3,609	13%	35	9
2013	4,375	21%	44	9
2014	5,505	26%	57	13
2015	6,780	23%	75	17

나은 소비자 경험을 만듦으로써 성공했다. 가입자는 다양한 기기를 통해 1만여 편의 콘텐츠(넷플릭스가 독점적으로 제공하는 콘텐츠의 비중이 늘어나고 있다)에 소비자 맞춤으로 즉각 접근할 수 있다. 게다가 베이식 요금을 여러 해 동안 월 7.99달러로 유지하면서 이런 서비스를 터무니없이 저렴한 가격에 제공했다. 2019년 결국 베이식 요금제를 월 8.99달러로 올렸지만 여전히 말도 안 되게 싼 가격이다. 미국 대부분의 도시에서 8.99달러로는

영화관에서 혼자 영화 한 편을 보기 힘들다. 넷플릭스는 대략 영화 티켓 한 장과 같은 가격으로 한 달 내내 하루 두 편씩 콘텐츠를 볼 수 있는데, 그렇게 봐도 아직 볼 게 1만 편도 넘게 남아 있다(그리고 하루에 원하는 만큼 잔뜩 몰아 볼 수도 있다).

성공적인 제품 혁신, 즉 스트리밍 서비스는 넷플릭스의 펀더멘털과 주가에 또 다른 이점을 제공했다. 해외 진출이 훨씬 쉬워져 총 도달 시장이 엄청나게 확대된 것이다. DVD 우편 서비스 사업을 할 때 넷플릭스는 미국 바깥으로 확장하지 못했다. 스트리밍 서비스가 미국 시장에서 모멘텀을 얻기 시작하자 넷플릭스는 재빨리 세계 시장으로 진출하기로 결정했다. 2010년 캐나다를 시작으로 2011년에는 중남미, 2012년에는 유럽으로 진출했다. 시간이 지나면서 해외시장에서 넷플릭스 가입자 수 증가는 미국에서 만큼 빠르거나 그보다도 더 빨랐다. 오늘날 넷플릭스 가입자의 60퍼센트 이상이 미국 외 지역 가입자다.

애널리스트로서 나는 지난 10년 동안 넷플릭스에 대해 계속 매수 의견을 유지해왔다. 정말 잘한 판단이었다. 다시 한번 말하지만 내가 잘못된 판단을 내린 적도 많다. 그리고 지난 10년 동안 넷플릭스가 제대로 상승하지 못한 기간도 상당했다. 하지만 세 가지 이유 때문에 나는 오랫동안 넷플릭스에 대해 낙관적인 견해를 가져왔다. 한결같이 높은 매출 성장률을 유지해왔다는 점, 스트리밍으로 탁월한 제품 혁신 사례를 보여줬다는 점, 내가 분기마다 수행한 광범위한 소비자 설문 조사 결과 가입자의 만족도가 매우 높았다는 점이다.

여기서 주식 매수의 핵심 포인트는 이 요인 중 두 가지는 개인 투자자도 알 수 있었다는 것이다. 세 번째 광범위한 소비자 설문 조사는 개인 투자자도 넷플릭스가 제공하는 서비스의 품질과 가치에 대해 받은 인상으로 쉽게 파악할 수 있었다. 조사 비용은 단돈 월 7.99달러로 이 돈으로 개인 투자자는 넷플릭스의 서비스가 얼마나 직관적이고 사용하기 쉽고 재미있는지 직접 확인할 수 있었을 것이다. 또 〈하우스 오브 카드House of Cards〉처럼 넷플릭스가 자체 제작한 콘텐츠를 포함해 새로운 콘텐츠를 늘린다는 측면 외에도 콘텐츠 발굴, 개인화personalization 등에서 서비스가 어떻게 개선되는지 확인할 수 있었을 것이다. 무선 신호가 휴대폰으로 전송되는 방법을 아는 사람이 거의 없는 것처럼 스트리밍의 메커니즘은 알 필요 없었다. 그저 스트리밍이 대중화될 수 있고 넷플릭스가 예견 가능한 미래에 스트리밍 부문의 리더가 될 것 같다는 합리적인 믿음만 키우면 되었다. 성공적인 제품 혁신은 좋은 주식을 알아볼 수 있는 훌륭한 지표가 된다.

제품 혁신이 불러온 136퍼센트 주가 상승 — 스티치 픽스

스티치 픽스는 2017년 11월 17일, 15달러에 주식시장에 상장되었다. 2021년 초까지 291퍼센트 상승하며 같은 기간 46퍼센트 상승한 시장을 가볍게 제쳤다. 여러분은 스티치 픽스가 3년 동안 계속 대단한 상승을 이어갔을 거라고 생각할지도 모르겠다. 그렇다면 잘못 생각한 것이다.

구글에 스티치 픽스 상장을 검색하면 처음으로 나오는 검색 결과가 '망해버린 기업공개'에 대한 언급일 것이다. 그 이유는 주가가 거래 이틀 만에 공모가였던 15달러 아래로 떨어져 14.85달러가 됐기 때문이다. 그러나 그것은 단지 하루뿐이었다. 스티치 픽스는 이후 2년 반 동안 아래위로 몇 번 돌파할 뻔하기는 했지만 주로 공모가였던 15달러보다 높은 20달러에서 30달러 사이 박스권에서 거래되었다(그림 5.2).

그러다 코로나19 사태가 터졌고 주가는 2020년 2월 21일 29.37달러에서 4월 2일 11.47달러로 67퍼센트 급락해 동일 기간 24퍼센트 하락한 S&P 500보다 훨씬 큰 조정을 받았다. 두 가지 요인이 스티치 픽스에 공격적인 하락을 야기했다. 첫째, 6개 물류 센터 중 세 곳에서 코로나19 감염이 발생해 한때 최대 생산 능력full capacity이 30퍼센트까지 급감했다. 둘째, 사회적 거리 두기 조치로 프리미엄 패션에 대한 소비자 수요가 감소했고, 이에 따라 스티치 픽스가 제공하는 서비스에 대한 수요도 증발해버

그림 5.2 스티치 픽스의 주가 변동

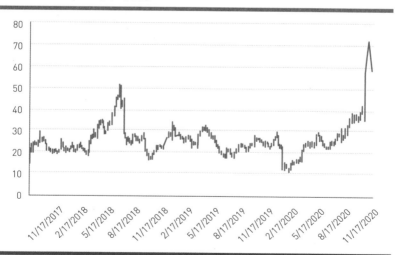

렸다. 만날 사람이 배우자, 자녀, 개, 이웃 몇 명뿐이니 '성공을 위한 옷차림'이 필요 없어진 것이다. 2020년 1분기에는 최소 14분기 동안 계속되었던 20퍼센트 이상의 매출 성장률도 깨져버렸다. 매출도 전년 동기 대비 9퍼센트나 감소했다.

스티치 픽스에 대해 간단히 살펴보자. 스티치 픽스는 2011년 카트리나 레이크Katrina Lake가 공동 창립한 회사로, 1회 스타일링 요금을 받고 개별적으로 고른 의류와 액세서리를 발송해주는 개인 스타일링 서비스를 제공한다. 고객이 온라인 설문 조사에 답하면 스타일리스트가 알고리즘에 따라 생성된 결과를 이용해서 다섯 가지 아이템을 골라 고객에게 보내준다. 고객은 아이템 받을 날짜를 지정하고 이를 '픽스fix'한다. 배송이 완료되면 고객은 3일 안에 아이템을 그대로 구매할지 일부나 전부를 반품할지 결정한다. 고객은 배송 주기도 선택할 수 있는데 2주마다 받을지, 한 달에 한 번 받을지, 두 달에 한 번 받을지 정할 수 있다.

나는 스티치 픽스 서비스와 주식의 엄청난 팬이 되었다. 스티치 픽스가 제공하는 서비스는 간편하고(물건이 집으로 배송됨) 편안하게(옷 가게를 돌아다닐 때는 이런 편안함을 느껴본 적이 없는데, 이를 패션 불안증fashion insecurity이라고 부르고 싶다) 내 옷장을 넓히는 데 도움이 되었다. 주식도 장래 크게 상승할 것 같았는데, 이미 상당한 규모(연 매출 10억 달러, 활성 고객 수 200만 명)와 수익성(기업공개 당시 2년 치 영업이익), 높은 매출 성장률(기업공개 당시 수년 동안 꾸준히 20퍼센트를 넘는 매출 성장률)을 달성했기 때문이다.

그래서 2017년 12월, 목표 주가 29달러에 스티치 픽스에 대한 매수 의견을 제시했고 이 주식이 제 할 일을 하기를 기다렸다. 기다리고 또 기다렸다. 그런데 아무 일도 일어나지 않았다. 아, 아무 일도 일어나지 않은 건 아니고 2018년에 34퍼센트 하락했다가 2019년 다시 50퍼센트 상승하며 정확히 2018년 초 가격인 26달러로 한 해를 마무리했다. 그러니까 2년 동안 매출 성장률은 높았지만 주가에는 아무 변화가 없었던 셈이다.

무엇 때문이었을까? 바로 주요 고객 지표가 문제였다. 스티치 픽스는 2018년 초부터 이후 여섯 분기 중 다섯 분기에 분기별 신규 고객 수가 감소했다. 가령 2017년 2분기 신규 고객 수는 12만 명이었다. 하지만 2018년 2분기에는 신규 고객 수가 5만 4,000명에 불과했다. 매출 성장률은 한결같았지만 고객 증가율이 그렇지 않았다(표 5.2). 고객 증가율이 하락하자 결국 매출 성장률도 하락했다. 이것이 스티치 픽스에 대한 시장의 시각이었다. 시장의 생각을 바꾸려면 성장 곡선 증대 계획과 상당한 제품 혁신이 필요할 것이었다. 그리고 스티치 픽스는 이를 실행에 옮겼다.

2019년 초 스티치 픽스는 두 가지 성장 곡선 증대 계획에 착수했다. 영국으로 진출하고 키즈 서비스를 시작한 것이다. 두 가지 계획 모두 본격적으로 시작하기까지는 시간이 걸린 데다, 영국 시장 진출은 첫해부터 몇 가지 문제에 직면해 일정이 미뤄졌다. 하지만 둘 다 회사의 장기적 성장 전망을 높이고 총 도달 가능 시장을 확대하는 조치였다. 스티치 픽스는 두 가지 계획을 진행하면서 핵심 서비스를 수정하고 변경했다. 뭐랄까, 소유를 더 쉽게 만드는 개인화 기능을 향상시켰다. 새로 개선된 직접 구매 기능direct buy functionality으로 고객들은 다음 픽스를 기다릴 필요 없이 스티치 픽스 사이트에서 바로 옷을 구매할 수 있게 되었다.

스티치 픽스는 고객이 과거 스티치 픽스에서 구매한 내역을 바탕으로

표 5.2 스티치 픽스의 펀더멘털 변화

분기	총 매출 (백만 달러)	연간 매출 성장률	활동 고객 수	신규 활동 고객 수
2018년 1월	296	24%	2,508	112
2018년 4월	317	29%	2,688	180
2018년 7월	318	23%	2,742	54
2018년 10월	366	24%	2,930	188
2019년 1월	370	25%	2,961	31
2019년 4월	409	29%	3,133	172
2019년 7월	432	36%	3,236	103
2019년 10월	445	21%	3,416	180
2020년 1월	452	22%	3,465	49

그가 사고 싶을 만한 아이템을 앱과 이메일로 제안한다. 이미 구입한 옷에 함께 걸치면 금상첨화인 아이템(슬랙스와 어울리는 셔츠), 구입한 옷과 비슷한 옷(색깔만 다른 블라우스), 구입한 옷과 어울리거나 그것을 대체할 수 있는 아이템을 제안한다. 카트리나와 직원들이 혁신을 위해 노력해왔다는 건 알지만 나는 스티치 픽스에서 산 청바지를 제일 좋아하게 됐는데도 스티치 픽스가 아직도 백업용 바지를 살 수 있는 쉬운 방법을 제공하지 않는다고 불평했다. 당시 카트리나가 내게 한 말은 "애쓰고 있어요"가 전부였다.

개인화 기능이 추가되자 2020년 2분기 신규 가입자 수는 10만 4,000명으로 2019년 2분기에 비해 살짝 증가했다. 2020년 3분기 신규 가입자 수는 24만 1,000명으로 사상 최대였다. 신규 고객을 불러온 것은 코로나19 사태가 진정돼서가 아니었다. 코로나19 확진자가 다시 한번 급증하자 미국 여러 주가 다시 록다운 상태로 돌입했기 때문이다. 오히려 제품 혁신이 불러온 결과가 누적되어 구매 성공률과 재방문율, 전체적인 고객 만족도가 향상된 것이 신규 고객을 이끈 이유였다. 매출 성장률도 가속화돼 스티치 픽스는 그해 20퍼센트를 웃도는 매출 성장률을 회복할 것이라고 예상했다. 2020년 하반기 스티치 픽스의 주가는 136퍼센트 급등했다.

스티치 픽스와 그 주식은 여전히 진행 중이다. 2021년 3월 초, 스티치 픽스는 실망스러운 2020년 4분기 실적을 발표했고, 주식은 20퍼센트 하락 거래되었다. 회사는 배송 지연과 전체 고객층에게 내놓기 전 직접 구매 기능을 더 수정해야 한다는 것을 그 이유로 들었다. 스티치 픽스의 사례를 통해 분명히 알 수 있는 것은 성공적인 제품 혁신은 기업의 펀더멘털과 주가에 핵심적이며, 지속적인 제품 혁신 또한 여전히 펀더멘털과 주가에 핵심이 된다는 사실이다.

혁신을 대신할 이벤트를 놓치지 마라 — 스포티파이

2019년 초 스포티파이Spotipy, SPOT의 창업자 겸 CEO 다니엘 에크Daniel Ek는 블로그 글에 음악뿐만 아니라 오디오가 '스포티파이의 미래'가 될 거라고 발표했다. 그러면서 스포티파이는 이미 세계적으로 가장 많이 사용되는 앱 중 하나지만 '음악을 넘어 완전히 새로운 방식으로 사용자를 확보할' 기회를 발견했다고 말했다. 스포티파이는 팟캐스트 시장을 노리고 있었다. 에크는 블로그를 통해 팟캐스트 회사 김릿Gimlet과 앵커Anchor를 인수한다고 발표했으며 넷플릭스의 CFO로 재직하며 널리 알려진 배리 매카시 스포티파이 CFO는 2019년에 총 4억 달러에서 5억 달러를 팟캐스트 인수에 사용하겠다는 의사를 밝혔다.

그러니까 스포티파이의 제품 혁신은 전적으로는 아니더라도 많은 부분 인수를 바탕으로 한 것이었다. 스포티파이는 2019년에 있었던 인수 외에도 2020년 말 인기 있는 팟캐스터 조 로건Joe Rogan을 데려오기 위해 1억 달러를 지불했고 빌 시몬스Bill Simmons, 미셸 오바마Michelle Obama, 에이미 슈머Amy Schumer도 데려오기 위해 상당한 돈을 지불했다. 여기에 총 10달러에 가까운 비용이 들었다. 10억 달러는 스포티파이가 2016년부터 2019년까지 매년 창출한 잉여현금흐름을 모두 합친 것보다 큰 금액이었다. 맞다, 스포티파이는 아주 큰 베팅을 한 것이다. 넷플릭스가 스트리밍에 베팅했던 것처럼 말이다.

이것은 전통적인 의미의 제품 혁신인가? 아니다. 하지만 스포티파이의 고객 경험이라는 측면에서 봤을 때는 분명한 제품 혁신이었다. 스포티파이 청취자들은 똑같이 베이식 요금 월 9.99달러를 내고 기본적으로 거의 모든 음악에 코미디, 뉴스, 범죄 실화, 유명 인사의 이야기 등 다양한 주제를 다루는 고품질 팟캐스트 라이브러리를 광고 없이 들을 수 있었다. 스포티파이 유료 구독자는 대부분 본전을 뽑았고 그들의 스포티파이 사용 경험은 향상되고 있었다.

스포티파이의 혁신은 효과가 있었을까? 있었다. 잠시 간단히 스포티파이에 대해 알아보자. 스포티파이는 2006년 스웨덴 스톡홀름에서 다니엘 에크와 마르턴 로렌트손Martin Lorentzon이 창립한 회사다. 2009년에 영국으로, 2011년에 미국으로 진출했다. 현재는 중국, 북한, 그리고 몇 나라를 제외한 전 세계 거의 모든 나라에서 사용되고 있다. 2011년 스포티파이가 발표한 유료 가입자 수는 100만 명이었다. 2020년 말, 유료 가입자 수는 1억 5,000만 명이었고 월간 실사용자 수Monthly Active Users, MAUs는 약 3억 5,000만 명이었다. 스포티파이는 프리미엄freemium(무료를 뜻하는 '프리free'와 할증을 뜻하는 '프리미엄premium'의 합성어로 기본적인 제품과 서비스 등은 무료로 제공하고, 추가 기능 또는 고급 기능 등은 유료화하는 것을 말한다. - 옮긴이), 즉 광고가 붙은 음악 스트리밍 서비스를 무료로 이용할 수도 있고 유료 구독 서비스에 가입해 광고 없이 서비스를 이용할 수도 있다. 현재 세계에서 가장 큰 음악·오디오 서비스이며, 다른 어떤 서비스보다 2배 많은 사용자를 보유하고 있다.

스포티파이는 2018년 4월 3일 준거 가격reference price(소비자가 구매를 결정할 때 기준으로 삼는 가격 - 옮긴이) 132달러에 상장되었다. 나는 목표 주가 220달러에 투자 의견 매수로 3월 말 스포티파이에 대한 커버리지를 개시했다(스포티파이는 전통적인 기업공개 방식이 아닌 직상장을 택했으므로 분석 보고서 발행에 대한 규제도 달랐다). 지나고 보니 좀 바보 같지만 커버리지 개시 보고서의 제목은 '보안관을 발견하다I SPOT the Sheriff'였다(에릭 클랩턴의 곡 〈I Shot the Sheriff〉을 비튼 제목으로 보인다. - 옮긴이). 내가 주장한 간략한 매수 논지는 이랬다. 음악 듣기는 스트리밍으로 가고 있다. 스트리밍은 전 세계적인 흐름이다. 스포티파이는 글로벌 리더로서 지속 가능한 경쟁 우위를 점하고 있다. 비즈니스 모델도 개선되고 있다. 밸류에이션도 합리적이다. 내가 제시한 목표 주가는 상승 가능성을 70퍼센트나 열어놓고 있었다.

그 후 2년 동안 주가에는 거의 아무 일도 일어나지 않았다. 스티치 픽스와 비슷하다(그림 5.3). 스포티파이의 주가는 2018년 4월 공모가 132달러에서 2019년 4월 초 140달러가 되었고, 2020년 4월 초 다시 132달러가 되었다. 기본적으로 2년 동안 아무 변화가 없었던 것이다. 이는 2020년 2월 말 발생한 코로나19 위기로 같은 기간 4퍼센트 하락한 S&P 500을 살짝 웃도는 수익률이다. 스포티파이는 최소 4년 연속 20퍼센트가 넘는 높은 매출 성장률을 기록했음에도 시장을 크게 상회하는 수익률을 내지 못했다. 2016년부터 2019년까지는 신규 월간 실사용자 수도 증가해 2016년에는 3,200만 명, 2017년에는 3,600만 명, 2018년에는 4,800만 명, 그리고 2019년에는 6,400만 명이 늘었다.

스포티파이의 주가는 주요 음악 레이블이 음악업계의 목을 쥐고 있기 때문에 매출 총 이익이 낮다는 문제, 아시아처럼 가격이 낮게 책정되는 경제적 취약 지역에서 사용자 증가 폭이 커지고 있다는 문제, 그리고 매출이 더 적게 나오는 가족 요금제와 학생 요금제로 믹스 시프트mix shift(파이의 크기는 변하지 않았는데 구성 조각의 크기가 바뀌는 것 – 옮긴이)가 일어나면서 서비스 가입자당 평균 매출이 감소하고 있다는 문제와 관련한 오버행 overhang(언제든지 매물로 쏟아질 수 있는 대량의 대기 물량 – 옮긴이) 압력에 시달리고 있었다. 스포티파이의 주식은 박스권을 돌파해야 했고 바로 여기에

그림 5.3 스포티파이의 주가 변동

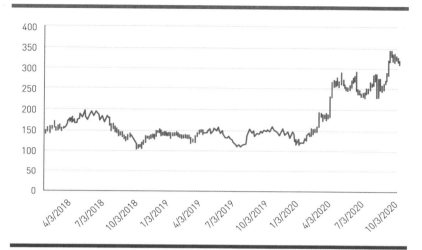

서 제품 혁신, 즉 팟캐스트가 등장했다.

스포티파이의 팟캐스트 진출 계획은 2019년 초에 시작됐지만 2020년이 되어서야 주요 고객 지표에 실제로 영향을 미치기 시작했다. 2020년 1분기부터 3분기까지 가입자 유지율이 높아졌으며 월평균 사용자도 증가했다. 2020년에는 주가도 109퍼센트 상승해 6월에는 드디어 2018년 8월 상장 후 최고가인 192달러를 돌파해 급등했다. 물론 줌, 넷플릭스, 아마존처럼 코로나19 위기로 이익을 얻은 기술 기업들이 있지만 스포티파이는 이런 기업 중 하나는 아니었다. 매출 성장률이나 주요 사용자 지표에서 코로나19로 인한 긍정적인 변화는 그리 크지 않았다. 그러나 팟캐스트의 매력은 사용자 지표를 눈에 띄게 개선시켰다.

스포티파이가 팟캐스트에 공격적인 투자를 해서 제품 혁신을 이끌어냈고, 주가를 지리한 흐름에서 벗어나게 했다는 것보다 더 많은 이야기가 있다. 첫째, 스포티파이의 팟캐스트 투자는 타이밍이 좋았다. 나는 무려 8년 동안 온라인 음악 서비스와 팟캐스트에 대한 사용자 조사를 진행해왔는데, 2020년은 처음으로 미국 온라인 이용 가구의 팟캐스트 청취율이 50퍼센트를 넘은 해였다. 둘째, 스포티파이는 팟캐스트를 통해 매출원을 다각화해 더 많은 광고 매출을 창출할 기회를 만들어냈고, 팟캐스트로 벌어들이는 광고 수익은 주요 음악 레이블과 나눌 필요가 없었기 때문에 매출 총 이익을 개선할 수 있었다. 셋째, 팟캐스트는 스포티파이가 제공하는 서비스의 전체적인 가치를 높였고, 그 덕분에 결국 구독료를 인상할 수 있었다.

나는 2020년 초 골든 글로브 최우수 미니 시리즈상을 수상한 HBO의 인기 시리즈 〈체르노빌〉로 팟캐스트의 재미를 알게 되었다. 5부작으로 이루어진 이 시리즈는 눈을 뗄 수 없을 정도로 재미있었는데, 이 시리즈에 관련된 5시간짜리 팟캐스트가 있었던 것이다. 나는 스포티파이에서 그 방송을 정신없이 들었다. CFO 자리를 떠나는 배리 매카시와 그 자리에 새로 선임된 폴 보글Paul Vogel이 참석한 2019년 11월 투자 콘퍼런스에서 나는 정해진 질의응답에서 벗어나 두 사람과 청중에게 내가 스포티파이의 팟캐스트를 얼마나 대단한 게임 체인저game changer(시장에 엄청난 변화를 야기할 혁신적인 아이디어, 사람, 서비스, 제품 – 옮긴이)라고 생각하는지 발표했다. 체르노빌에 관련된 팟캐스트에서 느낀 전율 때문에 스포티파이는 2020년 나의 매수 추천 종목 리스트에서 상위로 올라갔다.

스포티파이는 설사 인수를 통했더라도 강력하고 성공적인 제품 혁신이 어떻게 펀더멘털과 주식의 촉매제가 되는지 보여주는 또 다른 사례다. 눈과 귀를 열어라. 그러면 좋은 주식을 매수할 또 다른 기회를 발견하게 될 것이다.

스포티파이 vs 판도라, 승부를 결정지은 것들

2021년 3월, 스포티파이의 시가총액은 500억 달러를 넘어섰다. 스포티파이의 경쟁 업체 판도라Pandora는 2019년 2월 시리우스XM SiriusXM에 35억 달러에 인수되었는데, 현재 스포티파이의 가치는 시리우스XM에 인수될 당시 판도라의 가치보다 약 15배 높아진 것이다. 스포티파이는 이렇게 승리했다. 어째서였을까? 여기서 어떤 투자 교훈을 얻을 수 있을까?

스포티파이와 판도라는 여러 면에서 비슷하다. 둘 다 음악 스트리밍 서비스의 초기 개척자였다. 스포티파이는 2006년 창립되었고 판도라는 2000년에 창립되었다. 둘 다 주요 3대 레이블(유니버설Universal · 소니Sony · 워너 뮤직Warner Music)이 현대에 녹음된 대부분 음악의 저작권을 소유하고 있는 공급자 집중적인 산업에서 경제성을 창출해야 하는 어려움에 부딪혔다. 또 애플, 구글, 아마존이라는 3대 기술 플랫폼과의 치열한 경쟁에도 직면했다. 마지막으로 둘 다 광고가 붙는 무료 스트리밍 서비스와 유료 구독 서비스를 함께 제공했다. 판도라는 광고가 붙은 무료 서비스에 더 비중을 둔 반면, 스포티파이는 유료 구독 서비스에 더 비중을 뒀다.

그러나 한편으로 스포티파이와 판도라는 여러 면에서 다르다. 이런 차이가 왜 스포티파이가 판도라를 이기게 됐는지 설명하는 데 도움이 될 것이다. 첫째, 스포티파이는 이 장의 핵심 주제인 제품 혁신에 더 뛰어났다. 입증하기는 어렵지만 내가 수년간 진행한 설문 조사의 결과는 소비자가 스포티파이의 기능을 판도라의 기능보다 더 선호한다는 사실을 시사했다. 증명 가능한 사실은 스포티파이가 판도라보다 연구 개발비로 훨씬 더 많은 돈을 쓴다는 것이다. 2016년부터 2018년까지 스포티파이는 판도라보다 연구 개발에 약 3배 더 많은 비용을 지출했다(11억 달러 대 3억 5,000만 달러).

둘째, 스포티파이는 유럽에 뿌리를 둔 덕분에 판도라보다 세계적으로 더 열려 있었다. 판도라는 잠깐 호주와 뉴질랜드로 진출했지만 모든 점에서 완전히 미국 기업이었다. 이와 달리 스포티파이는 중국과 몇 나라를 제외한 거의 모든 국가로 진출했다. 이것은 스포티파이가 판도라보다 도달 가능 시장이 더 크다는 의미였으며, 결국 스포티파이가 규모의 이익을 더 잘 활용할 수 있다는 의미였다. 마지막으로 스포티파이에는 창립자가 이끄는 보다 일관된 경영진이 있었다. 공동 창립자 다니엘 에크가 스포티파이가 창립된 후 계속 CEO를 맡고 있다. 판도라는 2013년부터 2017년까지 5년 동안 무려 다섯 번이나 CEO가 교체되었다.

스포티파이의 사례에서도 끈질긴 제품 혁신, 넓은 총 도달 시장, 뛰어난 경영진이 회사와 주식을 성공으로 이끄는 핵심 요소라는 것을 알 수 있다. 이런 회사를 찾아야 한다.

10년 동안 지지부진했던 '실패한 공모주' — 트위터

트위터가 상장된 이후 주가 차트를 보면 미소를 볼 수 있다(그림 5.4). 물론 여러분이 웃는 건 아니고 웃는 입모양을 보게 될 거라는 말이다. 트위터의 주가 차트는 왼쪽 위에서 시작해 3년 동안 아래로 곡선을 그리고 다시 3년 동안 위로 곡선을 그리다가 2020년 말에 2014년 초 수준으로 되돌아갔다. 좀 비뚤어지긴 했어도 웃는 모양은 맞다.

이렇게 웃는 모양의 차트는 여러 가지로 해석될 수 있지만 이 주식을 기업공개 때 매수한 장기 투자자들의 성공까지 시사하지는 않는다. 1년 뒤에 매수한 투자자나 또 그 1년 뒤에 매수한 투자자의 경우도 마찬가지다. 대부분 주식이 그렇듯 이 차트에서도 체리 피킹cherry picking(불리한 사

그림 5.4 트위터의 주가 변동 추이

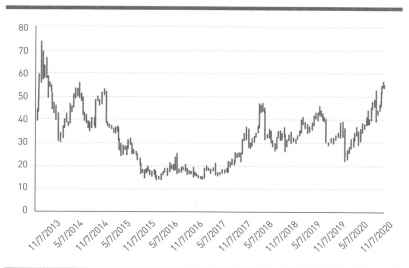

례, 자료를 숨기고 유리한 자료를 보여주며 자신의 견해 또는 입장을 지켜내려는 편향적 태도-옮긴이)할 기회가 있었다. 10달러대 중·후반에 주식을 매수해 2016년과 2017년 내내 보유하고 있다가 2018년 중반에 매도하거나 2020년 하반기 인터넷 광고주 랠리까지 보유했다면 시장을 웃도는 수익률을 거뒀을 것이다. 하지만 트위터의 주가 차트에서 특히 주목할 만한 점은 공모가 아래에서 거래된 기간이 상당히 길었다는 것이다. 공모가를 넘는 가격에 도달하기까지 상장일로부터 대략 4년이 걸렸다. 게다가 공모가 이상 가격에 도달했다고 해도 2020년 하반기까지의 상승세는 드라마틱하지 않았다. 여기에는 몇 가지 중요한 이유가 있지만, 그중 하나는 제품 혁신에 실패했다는 사실과 관련이 있다. 먼저 과거 주가 흐름을 간단히 살펴보자.

트위터는 2013년 11월 7일 공모가 26달러에 기업공개에 성공했고 첫 거래일에 73퍼센트 급등하며 46달러 근처에서 마감했다. 주가는 상승을 계속해 2개월 뒤인 2014년 1월 초에는 69달러가 되었다. 하지만 이 가격은 7년 동안 두 번 다시 볼 수 없었다. 2015년 5월 초 유난히 저조했던 1분기 실적 발표 후 주가가 38달러 아래로 떨어진 뒤에는 2018년 중반과 2019년 중반에 잠깐 46달러를 찍을 때까지 다시는 46달러를 기록하지 못했다. 2016년과 2017년 내내 트위터는 주가가 공모가 26달러를 하회하는 '실패한 공모주broken IPO'였다. 2020년은 상장 첫 거래일 종가였던 46달러에서 20퍼센트가 살짝 안 되게 오른 54달러로 마감했다. 7년이 넘는 기간 동안 딱 이만큼 올랐다. 이 사례 어딘가에 교훈이 있을 것이다.

간단히 이 회사의 배경을 살펴보면 도움이 될 것이다. 트위터는 2006년

3월 잭 도시, 노아 글라스Noah Glass, 비즈 스톤Biz Stone, 에번 윌리엄스Evan Williams가 함께 창립한 회사다. 사용자가 트윗이라는 짧은 글을 게시하고 댓글을 달 수 있는 마이크로블로깅microblogging과 소셜 네트워크 서비스를 제공한다. 트윗 중에는 2011년 5월 1일 소하이브 아타르Sohaib Athar가 올린 글처럼 유명해진 것도 있었다. 아타르는 '새벽 1시, 헬리콥터가 아보타바드 상공을 맴돌고 있다(이는 매우 드문 일이다)'며 오사마 빈 라덴 사살 작전을 처음 트위터로 생중계했다. 엘런 디제너러스Ellen DeGeneres는 2014년 오스카 시상식에서 브래드 피트Brad Pitt, 메릴 스트립Meryl Streep, 브래들리 쿠퍼Bradley Cooper 등 유명 배우들이 찍힌 사진을 트위터에 올렸고 이 사진은 310만 번 리트윗되었다. 2011년 3월에는 일본 시민들에게 진도 8.9의 대지진과 후쿠시마 원전 사고로 이어진 지진해일을 경고하는 트윗이 있었다. 도널드 트럼프Donald Trump 대통령은 4년 내내 트위터를 이용해 행정부 고위 관료를 경질하는 등 정책 명령을 내렸다.

트위터는 시대정신을 형성하는 데 기여했다. 이는 지금도 마찬가지다. 트위터 가입자는 현재 2억 명이 넘는다. 트위터는 6년 연속 상당한 플러스 잉여현금흐름을 창출해왔다. 기업공개 후 매출은 2014년 14억 달러에서 2021년 40억 달러를 훨씬 웃돌며 3배 가까이 늘었다. 그럼에도 주가는 실망스러운 긴 미소를 그렸다.

트위터의 일부 문제는 매출에서 비롯되었다. 스냅처럼 트위터 역시 기업공개 후 처음 2년 동안 매출 성장률이 꾸준히 감소해서 2013년 4분기에 전년 동기 대비 116퍼센트였던 성장률은 2016년 2분기 20퍼센트까지 떨어졌고, 그에 따라 같은 기간 동안 주가매출액비율도 17배에서 5

배까지 떨어졌다. 매출 성장률은 2016년 2분기 이후로도 계속 둔화되어 2017년에는 마이너스 3퍼센트라는 충격적인 성장률을 기록했고, 연간 기준으로 20퍼센트를 넘은 것은 2018년 딱 한 번이었다. 매출 성장률은 2020년 4분기가 되어서야 28퍼센트로 뛰어올랐다. 혁신에 의한 성장을 하며 전년 동기 대비 성장률이 최소 15퍼센트씩 나오는 온라인 광고업계에 속해 있으면서, 전 세계적인 브랜드 인지도를 쌓고 폭넓은 사용자 기반을 확보한 기업의 실적이라는 점에서 충격적인 것이었다.

트위터는 2016년부터 2020년까지 5년 내내 페이스북, 구글, 핀터레스트, 스냅 등 모든 주요 인터넷 광고 플랫폼 회사 중 가장 저조한 실적을 보였다. 이익률 측면이 아니라 투자자들이 가장 신경 쓰는 매출 성장률 측면에서 말이다. 해당 기간에 마케팅 지출은 분명히 인터넷 쪽으로 이동하고 있었지만 메이저 인터넷 광고 플랫폼이라는 관점에서 봤을 때는 트위터가 꼴찌였다.

2014년부터 2019년까지 트위터의 펀더멘털과 주식이 어려움을 겪었던 것에 대해 한 가지 요인을 탓하기는 어렵지만, 회사의 제품 개발이 별로였던 것이 일부 원인이었다고 할 수 있다. 회사의 특이한 경영 구조도 원인 중 하나였다. 이런 이유로 나는 기업공개 후 6개월 동안 매수 의견을 내며 잠깐 실수를 하긴 했지만, 지난 7년 동안 트위터에 대해 중립 또는 매도 의견을 유지했다.

'제품 개발이 별로였다'는 것은 광고주가 플랫폼에서 광고 캠페인을 시작하고 관리할 수 있게 트위터가 제공하는 도구들이 별로였다는 뜻이다. 그럴 수밖에 없었던 이유 중 하나는 사용자가 언제나 익명성을 유지할 수 있는 트위터라는 플랫폼의 표적성targetability이 제한적이었기 때문일 것이다. 트위터는 나를 내 진짜 이름이 아닌 @toptechstockpicker로 알지만, 페이스북은 나를 마크 마하니로 안다. 엄청난 양의 인구통계학적, 심리학적 세부 사항과 함께 말이다. 초기에 트위터는 마케터들에게 페이스북은 사용자의 소셜 그래프social graph(소셜 웹사이트를 이용하면서 생긴 사용자 정보를 다른 웹사이트와 공유해서 다른 웹사이트가 그 이용자에게 최적화된 정보를 제공하도록 지원하는 것 – 옮긴이)를 가지고 있지만, 트위터는 사용자가 어떤 블로거와 트위터 사용자를 팔로잉하는지 관심 그래프interest graph를 가지고 있다고 홍보했다. 그러나 관심 그래프로는 마케터가 사용자에 대해 제한적인 이해만 얻을 수 있게 했다. 게다가 2019년 말까지는 사용자가 특정 주제(이를테면 벤처 캐피털이나 오스카상, 메릴랜드대학교 남자 농구 등)를 팔로할 수 있는 기능도 없었다.

칭찬할 만한 점은 트위터 경영진이 2021년 2월 25일에 열린 애널리스트의 날에 제품 개발의 결점에 대해 인정했다는 것이다. 잭 도시 CEO는 다음과 같이 말하며 트위터가 느리고 혁신적이지 않았음을 분명히 인정했다.

"우리가 혁신적이지 않았음을 인정한다. 이것은 우리가 느리다는 비판과 매우 밀접한 관련이 있다. 고객에게 새로운 서비스를 신속하게 제공하지 못하면 실험과 반복을 할 수 없는데, 모든 출시에는 엄청난 기대와 비용이 따른다. 몇 년 전만 해도 새로운 기능이나 제품을 내놓으려면 6개월에서 1년이 걸렸다. 현재 우리 상황은 더 나아졌지만 이 기간을 몇 주로 줄이는 것이 목표다."

또 트위터는 페이스북과 구글에 비해 이용자 수가 10분의 1 수준으로 현격히 적은 유감스러운 상황이었고 마케터가 굉장히 많이 신경 쓰는 도달도와 도달 횟수reach and frequency에서는 경쟁 가능성도 없었다. 스냅은 젊은 층에 대해 흥미로운 영향력을 지니고 있었다. 핀터레스트는 다분히 상업적인 의도가 있는 플랫폼이었다. 핀터레스트 사용자들은 자기 집을 꾸미기 위해 인테리어 아이디어를 찾았다. 트위터가 가지고 있는 것이라고는 수많은 익명의 사용자와 조잡하고 심술궂으며 부정적인 코멘트(뒤늦게 강제 삭제되기 전까지), 트위터가 말하는 관심 그래프가 전부였다. 이 모든 것의 결론은 트위터가 제품 혁신을 흠잡을 데 없이 실행해야만 한다는 것이었고, 냉혹한 진실은 트위터가 그렇게 하지 못했다는 것이다.

최근에 있었던 두 가지 일이 떠오른다. 첫 번째는 2019년 3분기 매출과 영업이익이 월가 추정치를 형편없이 하회했다는 실망스러운 실적을 보고하면서 주가가 하루 만에 20퍼센트 하락했을 때의 일이다. 트위터 경영진은 광고를 타기팅하고 광고 파트너와 데이터를 공유하는 기능에 '버그'가 영향을 미쳤다며 '제품 문제'를 원인으로 거론했다. 두 번째 일은 그로부터 1년 후에 일어났다. 2020년 3분기 실적 발표에 대한 평가가 엇갈리면서 주가가 하루 만에 또 한 번 20퍼센트 하락했다. 월가가 가장 부정적인 결과로 여기는 신규 가입자 수의 급격한 둔화도 문제였지만, 트위터는 투자자들이 성장을 다시 가속화하기 위해 간절히 기대했던 핵심 광고 제품 개선을 2021년까지 연기함으로써 실망을 안겨주었다. 다시 말하지만 온라인 광고 산업에서 이 회사가 놓인 다소 어려운 상황을 고려하면 트위터는 제품 혁신을 완벽하게 이루어내야 했다. 하지만 그렇게 하지 않았다.

트위터의 제품 개발, 펀더멘털, 주가 문제를 스냅과 비교하지 않으려야 안 할 수가 없다(표 5.3). 스냅은 초기에 제품 개발에 상당한 어려움을 겪었지만(특히 안드로이드 기기에 대한 통합 문제) 지난 몇 년 동안은 사용자와 광고주 모두를 위한 일련의 매우 혁신적인 기능을 선보이며 훨씬 더 넓은 사용자 기반을 다졌고, 지속적으로 획기적인 광고 매출 성장률을 달성했다. 이것이 스냅의 주가 차트가 트위터와 초반 하락세는 비슷해도 트위터의 주가 차트처럼 가늘고 긴 미소를 그리지 않은 중요한 이유다.

표 5.3 트위터와 스냅의 펀더멘털 비교

트위터	2017	2018	2019	2020
광고 매출(백만 달러) 성장률	2,100 -6%	2,617 24%	2,993 14%	3,207 7%
mDAU(백만 명) 성장률	115 —	126 9%	152 21%	192 27%

스냅	2017	2018	2019	2020
총 매출(백만 달러) 성장률	825 104%	1,180 43%	1,716 45%	2,506 46%
mDAU(백만 명) 성장률	176 22%	188 7%	205 9%	245 19%

* mDAU = 유료화 일간 활성 사용자(monetizable Daily Active Users)

트위터보다 스냅이 제품 혁신에 더 뛰어났을까? 이는 트위터 스스로가 공개했던 제품 문제를 지적하는 것 외에는 입증하기 어렵다. 개인 투자자는 물론 전문 투자자에게도 어려운 판단이라고 생각한다. 그러나 스냅의 제품 혁신이 강력했다는 것에 관련해 투자자라면 누구나 알아차릴 수 있는 한 가지 단서가 있다. 스냅에서 선보인 새로운 기능을 페이스북이 여러 번 따라 했다는 사실이다. 스냅과 유사한 지오필터Geofilters와 셀카 마스크부터 스냅의 스토리즈Stories 기능, 카메라에 텍스트, 스티커, 특수 효과를 적용할 수 있게 한 것까지 스냅의 발자취를 따라 한 페이스북의 기능은 많다. 구글에 '페이스북이 모방한 스냅 기능'이라고 검색해보면 그 밖의 사례를 보여주는 일련의 기사를 볼 수 있다. 이것은 비밀이 아니었다. 불법도 아니었다. 스냅의 CEO인 에번 스피겔은 페이스북의 모방 행위가 "나보다 내 아내를 더 괴롭힌다"고 공개적으로 언급하며 이를 담담하게 받아들였다. 투자자가 기억해야 할 핵심은, 경쟁사가 어떤 회사의 제품을 모방한다면 그것은 그 회사가 제품 혁신에 뛰어나다는 것을 보여주는 좋은 신호라는 것이다. 모방은 성공적인 제품 혁신의 가장 진실된 형태다.

그간 제품 혁신에 대한 트위터의 성과에 문제가 많았던 것은 이 회사의 독특한 경영 구조 때문일 수 있다. 트위터 CEO 잭 도시는 동시에 스퀘어Square의 CEO이기도 했다. 테슬라에서 엄청난 혁신을 일으켜온 일론 머스크Elon Musk처럼 동시에 두 회사의 CEO를 성공적으로 맡은 사례가 지금은 여럿 있다. 도시의 또 다른 회사인 스퀘어도 주식시장에서 엄청난 성공을 거두었다. 도시는 성공적인 기업을 2개나 공동 창립했다는 것에 대해 최고의 칭찬을 받을 만하다. 그는 우리 세대의 가장 위대한 기업가 중 한 명으로 기록되어야 한다.

2015년 중반 스퀘어 기업 공모 리서치 애널리스트 미팅에서 도시와 나눴던 대화가 기억난다. 나는 도시에게 두 회사의 CEO로서 요구되는 일을 어떻게 동시에 만족시키는지 구체적으로 물어봤다. 그는 내 눈을 똑바로 바라보며 내 어깨에 다정히 손을 얹더니 "저는 시간을 매우 효율적으로 씁니다"라고 말했다. 나는 웃음을 지은 후 걸어가면서 '나도 시간을 꽤 효율적으로 쓰는데 말이야. 월가 애널리스트로 일하랴, 아들 4명 기르랴, 넷플릭스의 새 시리즈를 따라가랴. 하지만 S&P 500 기업을 동시에 2개나 운영하는 것은 불가능할 것 같은데'라고 생각했다. 반쪽짜리 CEO가 이따금 트위터가 겪은 제품 개발 문제의 요인 중 하나였을 거라는 생각은 여전하지만 도시가 이룬 성공과 그의 자신감은 인정한다.

성공적인 제품 혁신은 이분법이 아니라는 말을 하며 트위터에 대한 이야기를 마치고 싶다. 제품 혁신에 대한 어떤 기업의 성과가 엇갈리더라도 이는 영구적인 것이 아니다. 2021년 초 트위터는 광고 서버를 재구축하고 플릿츠Fleets(사라지는 게시글), 스페이스Spaces(라이브 오디오 채팅), 더 강력해진 토픽 서비스, 새로운 구독 상품 등 여러 가지 새로운 제품 기능을 선보임으로써 제품 혁신이 개선되고 있다는 잠정적인 증거를 보여줬다. 만약 트위터가 제품 혁신을 제대로 해낼 수 있다면 근본적인 변곡점을 이끌어낼 것이고, 결국 주가도 공모가보다 훨씬 높이 끌어올릴 수 있을 것이다.

　제품 혁신은 중요하다. 성공적인 제품 혁신은 펀더멘털, 특히 매출을 성장시키는 가장 큰 원동력이며 주가를 움직이는 요인이다. 성공적인 제품 혁신은 완전히 새로운 매출원을 창출하기도 하고(아마존의 클라우드 컴퓨팅), 기존 매출원을 대체할 수도 있으며(넷플릭스의 DVD 사업과 스트리밍 서비스), 기존 매출원과 주요 고객 지표를 강화할 수도 있다(스포티파이의 팟캐스트, 스티치 픽스의 직접 구매 기능). 성공적인 제품 혁신은 발견할 수 있다면 시간이 지남에 따라 주가를 움직이는 중요한 동인이 된다.

　제품 혁신은 알아차릴 수 있다. 나를 포함한 몇몇 전문 투자자는 클라우드 컴퓨팅이 얼마나 혁신적인지, 얼마나 큰 시장 기회가 있는지 일찍부터 깨달았다. 아마존 웹 서비스가 출시된 후 몇 년 동안 클라우드 컴퓨팅은 트렌드로 널리 보도되었고, 투자자는 클라우드 컴퓨팅이 엄청난 기회가 될 거라는 사실과 이 서비스를 주도하는 회사가 처음에는 온라인 서점으로 유명했던 곳이라는 것을 알고 아마존이 혁신적인 회사라는 결론을 내리면 되었다. 넷플릭스의 스트리밍 혁신에 대한 실사 비용은 고작 7.99달러였다. 10년 전만 해도 거의 존재하지 않았던 에어비앤비, 도어대시, 리프트, 우버 같은 긱 이코노gig economy(기업이 정규직보다 계약직이나 임시직으로 직원을 고용하는 경향이 커지는 것을 일컫는 용어 – 옮긴이) 기업을 생각해보면, 오늘날 일어나고 있는 가장 흥미로운 제품 혁신은 소비자 중심으로 이뤄진다고 할 수 있다. 여러분은 소비자다. 따라서 서비스를 이용해보고 정말 마음에 드는 것을 찾았다면 그것이 훌륭한 투자 아이디어가 될 수 있다. 마지막으로 경쟁사가 어떤 회사의 혁신을 공격적으로 모방한다면 모방당한 기업은 진정한 혁신가일 가능성이 높다.

제품 혁신은 반복해서 일어날 수 있다. 한두 가지 인상적인 제품 혁신을 이루어낸 회사 또는 경영진은 계속해서 더 많은 혁신을 만들어낼 수 있다. 아마존 같은 회사가 온라인 쇼핑, 클라우드 컴퓨팅, 킨들을 '발명'했다면 성공적인 제품 혁신을 촉진하는 준비된 프로세스나 문화 또는 경영진이 있기 때문에 다른 분야(광고 매출이나 에코echo 기기, 계산원 없는 상점 등)에서도 혁신을 일으키기 쉽다. 넷플릭스가 스트리밍 서비스라는 혁신에 성공했다면 오리지널 콘텐츠와 로컬 언어로 된 오리지널 콘텐츠에 대해서도 성공적으로 혁신할 수 있을 것이다. 실제로도 넷플릭스는 그렇게 했다. 때로는 과거의 성공이 미래의 성과를 보여주는 지표가 된다.

주가는 결국
사이즈가 키운다

총 도달 가능 시장은 투자에 있어 중요한 요소다. 총 도달 가능 시장의 규모가 클수록 기술 성장주의 주요 동인인 높은 매출 성장률을 달성할 기회도 더 커진다. 총 도달 가능 시장은 불편을 제거하고 새로운 사용자 경험을 추가함으로써 확대될 수 있다. 간혹 총 도달 가능 시장을 확인하기 어려울 때가 있는데, 전통적인 산업이 파괴되는 경우가 특히 그렇다. 이런 경우에는 시장 기회를 가늠하기 위한 창의적이고 새로운 접근법이 필요하다. 마지막으로 총 도달 가능 시장이 크면 성장을 촉진해 기업이 확장될 수 있으며, 이것은 경험 곡선experience curves, 단위 경제성의 이점unit economics advantages, 경제적 해자competitive moats, 네트워크 효과 network effects의 형태로 내재적 이점을 가져온다. 규모가 클수록 승리한다. 총 도달 시장이 크면 규모의 이익scale benefits을 활용할 기회가 많아진다.

총 도달 가능 시장은 가장 중요한 펀더멘털이며 결국 주가를 움직이는 매출의 두 번째 핵심 동인이다. 금융계에는 대수의 법칙law of large numbers이라는 개념이 있다. 이 개념은 통계 및 확률 정리를 조악하게 만든 것으로 기본적으로 기업의 규모가 커질수록 성장률은 둔화될 수밖에 없다는 이론이다. 맞는 말이지만 늘 그런 것은 아니다.

여기 하나의 사고 실험이 있다. 회사 두 곳이 있고 A사의 연 매출은 100억 달러, B사의 연 매출은 1,000억 달러다. 모든 조건이 같다면 어떤 회사가 더 빨리 성장할까? 대수의 법칙에 의하면 A사가 더 빨리 성장할 것이다. 그러나 A사가 경쟁하는 시장은 500억 달러 규모이고, B사가 경쟁하는 시장은 1조 달러 규모라면? 그래서 A사의 점유율은 총 도달 가능 시장의 20퍼센트를 차지하는 반면 B사의 점유율은 총 도달 가능 시장의 10퍼센트에 불과하다면. 내가 무슨 말을 하는지 요점을 파악했을 것이다. 아마도 '모든 조건이 같다'는 단서가 오해를 불러일으킨다고 주장할지도 모르겠다.

정말 중요한 핵심은 규모가 성장 잠재력에 분명히 영향을 미치기는 하지만 총 도달 가능 시장이 그보다 훨씬 더 중요하다는 것이다. 이것이 구글(B사)이 1,000억 달러가 넘는 매출을 창출하면서도 수년 동안(무려 10년이나!) 높은 매출 성장률(20퍼센트 이상)을 유지할 수 있는 이유다.

총 도달 가능 시장은 매출 성장을 결정하는 데 영향을 미치므로 투자 시 매우 중요한 고려 요소다. 내가 몇 년에 걸쳐 깨달은 가장 중요한 교훈 중 하나이기도 하다. 그리고 총 도달 가능 시장은 크면 클수록 좋다. 물론 전문 투자자는 이를 잘 알고 있다. 그래서 거의 모든 상장 기업, 상장하려는 비상장 기업이 투자자들에게 피칭pitching(기업의 사업 계획과 아이디어를 공개적으로 설명하는 행위 – 옮긴이)을 할 때 총 도달 가능 시장 규모를 전망하는 내용으로 발표를 시작하는 것이다. 피칭이라는 양파는 대개 이런 식으로 껍질이 벗겨진다.

1. 우리의 총 도달 가능 시장은 ×천억 달러 규모다.
2. 우리는 ×천억 달러 규모인 총 도달 가능 시장의 선두 주자이거나 그중 하나다.
3. 이렇게 거대한 총 도달 가능 시장에서 훨씬 더 많은 점유율을 확보하기 위한 우리의 전략은 이렇다.
4. 우리가 보유한 기술 스택technology stack은 ×천억 달러 규모의 총 도달 가능 시장에 대한 우리의 성장 계획을 완벽하게 뒷받침할 수 있다.
5. 경영진은 경험이 풍부한 선수로 구성되어 있으며 우리 계획은 ×천억 달러 규모의 총 도달 가능 시장에서 결국 성공할 것이다.

6. 우리가 ×천억 달러 규모의 총 도달 가능 시장이 있다고 이야기했나?

그만큼 총 도달 가능 시장은 중요한 요소다. 이것은 '창의적으로' 추정·예상되고 나타난다. 기업이 설득력 있게 예상할 수 있는 총 도달 가능 시장이 크면 클수록 애널리스트와 투자자는 그 기업의 주식을 더 긍정적으로 고려할 것이다. 나는 총 도달 가능 시장이 제대로 인정받지 못하거나 과소평가되는 경우도 본 적이 있다. 따라서 투자자가 기억해야 할 핵심은 기업의 총 도달 가능 시장을 이해하는 것이 투자에서 중요한 부분이라는 것이다. 총 도달 가능 시장이 클수록 기업은 더 큰 매출 성장 기회를 가지고 상당한 규모의 이익을 누릴 수 있다.

구글에는 완전히 새로운 '이것'이 있었다

구글의 S-1 파일(2004년 기업공개 당시 제출한 서류)은 창립자 세르게이 브린Sergey Brin과 래리 페이지Larry Page의 편지로 시작한다. 처음 두 문장은 이랬다. '구글은 기존 기업이 아닙니다. 우리는 그런 기업 중 하나가 될 마음이 없습니다.'

구글은 이 약속을 어느 정도 지켰다. 창립자의 편지에는 '악하게 행동하지 말자don't be evil'와 '세상을 더 좋은 곳으로 만든다'는 목표도 포함되어 있었다. 구글은 본사를 밤낮으로 문을 여는 맛있는 카페가 있고 대학교 캠퍼스처럼 창의적이며 도전적인 분위기가 고취되고 유지되는 곳으로 만들었다. 구글이 개최한 첫 번째 애널리스트의 날 진행된, 조지 레예

스George Reyes CFO가 아닌 회사 전속 총 주방장 찰리 에이어스Charlie Ayers
의 프레젠테이션이 인상적이었다. 나는 행사가 끝난 다음 날 아침 투자자
보고서를 발행하고 이 부분을 비판했는데, 구글의 IR 책임자(지금은 좋은
친구인 리즈 바이어Lise Buyer)는 열을 올리며 이렇게 반응했다. "우리 CFO
가 뭘 논의했으면 했던 거예요? 우리는 단기적인 재무 목표에 대해서는
말하지 않는 걸 아시잖아요." 이에 대해 나는 "글쎄요. 그럼 장기적인 재
무 목표에 대해서는 어때요?"라고 답했다.

구글은 장기적인 투자 지평investment horizon을 유지하는 데도 파격적이
었다. 절대로 월가에 분기 재무 가이던스를 제공하지 않았다. 구글 경영
진은 월가의 분기 추정치가 어긋나든 말든 거리낌 없이 분기 중 검색 알
고리즘을 바꾸며 실험했다. 결국 구글의 이러한 장기 지향성은 투자자들
에게 아주 좋은 결과를 가져왔다.

구글은 총 도달 가능 시장을 상세히 설명하거나 추정하거나 정량화하
려고 하지 않았다는 점에서도 기존 기업과는 달랐다. 기업공개를 한 지
18년이 지난 지금 구글이 제출했던 S-1 파일을 다시 살펴보면 이 부분이
빠져 있다. 상장된 거의 모든 주요 온라인 광고 회사의 S-1 파일을 보면
글로벌 광고 시장에 대한 언급이나 그에 대한 검토가 빠지지 않는다. 예
를 들어 2019년 핀터레스트의 S-1 파일에는 시장 기회 측면에서 글로벌
광고 시장의 규모가 8,260억 달러라고 언급하고 있다. 구글의 S-1파일에
는 이런 내용이 없다.

구글이 S-1 파일에서 회사의 총 도달 가능 시장을 구체적으로 다루지
않은 이유는 모르겠다. 내 생각에는 이 문서가 얼마나 많은 관심을 끌지

고려해본 경영진이 굳이 다룰 필요성이 없다고 생각했거나, 아니면 솔직히 실제 시장 기회를 어떻게 가늠해야 할지 몰랐던 것 같다.

전 세계 사람들에게 온 세상 정보를 제공하는 서비스의 시장 규모는 얼마나 될까? 어느 마케터든 자기가 팔고 있는 것을 찾는 소비자 바로 앞에 광고를 띄우는 서비스는 시장 규모가 얼마나 될까? 기회는 무궁무진했다. 이 시장에서 구글은 처음부터 높은 매출 성장을 이룰 기회를 제공받았고 수년 동안 점점 더 높은 주가를 견인할 수 있었다.

전 세계 마케팅 자금의 15퍼센트를 흡수하는 구글

구글은 1998년 스탠퍼드대학교 박사과정에 재학 중이던 페이지와 브린이 세운 회사다. 이들의 대담한 목표는 전 세계 누구에게나 모든 주제에 관련 정보를 즉시 전달하는 것이었다. 두 사람은 페이지에 연결된 링크의 개수와 질을 고려해 모든 웹 페이지의 순위를 매기는 페이지랭크 PageRank라는 독자적인 알고리즘을 개발했고 지금까지 그 어느 누구보다이 목표에 가까이 다가갔다. 마법같이 말이다!

S-1 파일에 포함된 창립자들의 편지에는 사용자에게 '우수한 영리적 정보great commercial information'를 제공하기 위해 노력했다고 분명하게 말하고 있다. 여기서 얻을 수 있는 경제적 이익은 휴스턴으로 가는 가장 저렴한 항공편, 야구 포수 장갑을 살 수 있는 곳, 좋은 의료 과실 전문 변호사 찾는 방법을 검색하는 것처럼 구글 검색 중 상당한 비율(3분의 1쯤)이 영리적 의도를 지니고 있었다는 점에서 비롯되었다. 이런 검색에 대해 직접

광고를 내리려고 돈을 지불하겠다는 마케터는 많았기 때문이다.

구글이 항상 이렇게 대규모 총 도달 가능 시장과 높은 매출 성장률을 기록한 이유를 설명하는 데는 두 가지 중요한 포인트가 있다. 첫째, 구글은 사람들이 정보에 매우 편하게 접근할 수 있게 만들었다. 거의 모든 정보를 인터넷에서 상대적으로 쉽게 찾을 수 있게 한 것이다. 온 세상이 인터넷으로 이동하고 있었기 때문에 구글은 세상 거의 모든 것을 무료로 빠르고 쉽게 찾게 할 수 있었다. 얼마나 자주 "구글에 검색해봐"라고 말하는지 생각해보라. 시간이 지날수록 구글은 사실을 기억하는 것을 예스럽고 시대에 뒤처진 활동으로 바꾸어놓았다. 검색만 하면 되는데 굳이 왜 외우겠는가? 게다가 구글은 동영상계의 단짝 유튜브와 함께 우리 세대의 가장 위대한 교육 도구 중 하나가 되었다.

둘째, 구글은 역사상 가장 위대한 광고 및 마케팅 수단을 만들었다. 정말이다. 광고주는 누군가가 구글 검색을 하고 광고를 클릭해서 웹사이트를 방문할 때만 돈을 지불한다. '인상'에 낭비되는 마케팅 비용이 없다. 사람들이 타임스스퀘어를 걸어가면서 정말로 내 광고판을 보고 관심을 기울였을까? 이걸 누가 알겠는가? 이제는 누군가가 검색 광고를 클릭해서 웹사이트를 방문한 다음 제품이나 서비스를 구매하지 않는다 해도 최소한 내가 지출한 마케팅 비용이 어디로 가는지 안다. 잠재 고객lead을 창출해내는 것이다. 이 말은 곧 구글 검색 광고 비용에 대한 투자수익률Return on Investment, ROI을 정확하게 계산할 수 있다는 것이다. 더 좋은 점은 구글 검색에 돈을 쓰면 사실상 원하는 어떤 투자수익률도 만들 수 있다는 것이다.

검색 광고는 이런 식으로 이루어진다. 가령 캘리포니아 소노마에 부티크 호텔을 가지고 있다고 해보자. 당신은 사업을 하고 싶다. 말하자면 호텔의 푹신한 베개에 머리를 뉠 사람들을 모으고 싶다. 이제 '소노마 부티크 호텔'이라는 검색어에 입찰하고 누군가 구글에서 당신의 검색 링크를 클릭할 때마다 3달러씩 지불하기로 한다. 그러면 어떤 사람이 '소노마 부티크 호텔'이라고 검색하면 당신의 검색 광고가 보일 것이다. 자, 이제 누군가가 당신의 웹사이트를 방문해서 실제로 방을 예약하는 확률이 10퍼센트라고 해보자. 즉 전환율conversion rate이 10퍼센트다. 평균적으로 2박을 예약하고 객실 1박당 평균 가격은 150달러라고 하자. 그러면 30달러라는 효율적인 비용을 들여 300달러 매출을 올리면, 마케팅 비용을 제하고 270달러의 수익을 얻는 것이다. 마케팅 비용이 1이라면 투자수익률이 9다.

이 사례에서 알 수 있는 아주 좋은 두 가지 특징이 있다. 첫째, 구글 검색 광고로 광고주는 투자수익률을 제대로 계산할 수 있다. 적어도 인상에 기반한 광고에 비해서는 사람들이 내 광고를 봤나 못 봤나 추측을 훨씬 덜 할 수 있다. 둘째, 투자수익률을 높이거나 떨어뜨릴 수 있다. 만약 더 많은 투숙객을 받고 싶다면? '소노마 부티크 호텔' 검색 문구에 대한 입찰가를 높이고 검색 결과 중 노출 순위를 올려 클릭되는 횟수를 늘리면 된다. 전환율 10퍼센트에 객실 1박당 평균 숙박비가 150달러로 똑같다면 클릭당 6달러를 지출할 경우 기여 이익contribution profit(매출액에서 변동비를 제한 금액 – 옮긴이)은 240달러이고 투자수익률은 4:1이다. 클릭당 2달러에 입찰해서 투자수익률을 14:1로 더 높일 수도 있다. 다만 검색 결과에서 하단에 노출되므로 잠재 고객은 거의 생기지 않을 것이다.

그러나 투자수익률은 (대체로) 내 손에 달려 있다. 이것이 구글의 비밀 소스다. 이 비밀 소스의 맛이 너무 좋아서 마케터들은 구글을 세계에서 가장 큰 마케팅 채널로 만들었다. 사실이다. 현재 전 세계 마케팅 지출의 약 15퍼센트가 한 회사, 바로 구글로 흘러 들어간다. 논쟁의 여지없이 그 어떤 기업도 이렇게 강력한 지위를 차지한 적은 없었다.

CBS와 시리우스 라디오Sirius Radio의 CEO였던 멜 카마진Mel Karmazin은 구글이 얼마나 파괴적인 기업이 될지 일찍부터 알아차린 업계 전문가다. 작가 켄 올레타Ken Auletta는 명저『구글드: 우리가 알던 세상의 종말Googled: The End of the World as We Know It』에서 초기에 구글 본사를 방문했던 카마진의 일화를 소개한다. 구글 경영진이 비즈니스 모델을 설명하는 것을 들은 후 카마진은 다음과 같은 '유명한' 말을 남겼다. "당신들은 마법을 망치고 있는 겁니다." 구글은 모든 광고주에게 더 나은 측정법, 더 나은 분석, 더 나은 통제, 더 나은 결과를 제공하는 우월한 마케팅 채널이었다.

미국의 기업가 존 워너메이커John Wanamaker가 남긴 유명한 말로 설명할 수도 있다. "내가 광고에 쓰는 돈 중 절반은 낭비된다. 문제는 그 절반이 어느 쪽인지 모른다는 것이다." 구글이 한 일은 광고에 지출한 돈이 정확히 얼마나 많은 잠재 고객과 판매를 이끌어내는지, 광고비의 몇 퍼센트가 낭비되는지 알 수 있게 한 것이었다. 실로 마법 같았다.

이러한 배경을 통해 구글이 얼마나 파괴적이고 어떻게 거의 모든 글로벌 마케팅 자금에 접근했는지 이해할 수 있다. 이런저런 것들을 다 더하면 총 도달 가능 시장은 1조 달러에 가까울 것이다. 총 도달 가능 시장의 규모가 조 단위인 회사는 매우 드물다. 하지만 이런 기업을 찾으면 투자를 할 수도 있다고 생각하고 파고들 타당한 이유가 된다. 이것이 구글 사례에서 얻을 수 있는 중요한 교훈이다.

매출 250억 달러 달성, 다음으로 무엇을 살펴봐야 할까

구글은 2004년 8월 19일 공모가 85달러(2014년 3월, 2:1 주식분할 이후 조정 42.5달러)에 상장됐으며 시가총액은 약 240억 달러였다. 《플레이보이Playboy》 잡지와의 인터뷰 등 다소 논란이 있었던 기업공개 과정을 거쳐 공개시장에 들어왔지만 상장한 이후로는 단 한 번도 뒤돌아보지 않았다. 2004년 말 주가는 96달러(분할 조정)로 2배 이상 올랐고, 2005년 말에는 207달러까지 올라 시가총액이 900억 달러를 넘어섰다(그림 6.1). 공모 당시 구글을 매수했다면 18개월 만에 3배를 벌었을 것이다!

구글 주식이 상장 이후 약 17년 동안 얼마나 괴물 같은 존재였는지 투자자들이 아는지 잘 모르겠다. 구글은 상장 이후 4,000퍼센트 이상 올랐을 뿐만 아니라 같은 기간 S&P 500보다 무려 17배나 더 높은 수익률을 기록했다. 구글은 아주 장기간 꾸준히 시장 수익률을 앞질렀다.

주식 성과를 측정하는 방법은 여러 가지다. 거의 모든 방법에서 진입 시점과 회수 시점을 선택적으로 사용한다. 여기서 몇 가지 간단한 방법을 사용해 성과를 측정해보자. 구글은 상장 이후 16년 중 10년을 S&P 500을 상회하는 수익률을 거뒀다. 5년씩 3단위로 묶었을 때(2005~2010년, 2010~2015년, 2015~2020년)도 세 번 모두 S&P 500보다 높은 수익률을

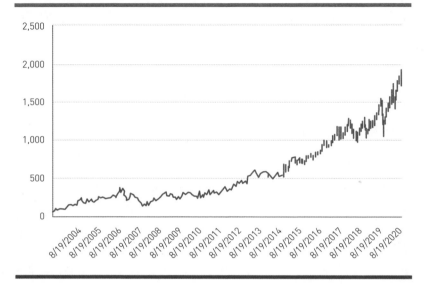

그림 6.1 34배 주식이 된 구글 주식

냈으며, S&P 500 대비 2005~2010년에는 43배, 2010~2015년에는 2배, 2015~2020년에는 3배 더 높은 수익률을 기록했다(표 6.1).

시장보다 43배 높은 수익률을 기록했다는 것은 수익률이 2배, 3배 높은 것보다 훨씬 더 대단하다. 하지만 2배, 3배라도 시장 수익률을 상회한 것은 분명한 사실이다. 결국 우리가 가장 신경 쓰는 단순 절대 수익률에 초점을 맞춘다면 구글은 2005년부터 2010년까지 201퍼센트 상승, 2010년부터 2015년까지는 148퍼센트 상승, 2015년부터 2020년까지는 229퍼센트 상승했다.

마지막으로 2005년부터 2020년까지 3년씩 묶어서 비교하면(2005~2007년, 2006~2008년 식으로), 구글은 14개 기간 중 12개 기간 동안 S&P

표 6.1 꾸준히 시장 수익률을 상회한 구글의 수익률

다기간 수익률	구글	S&P 500	상회 비율
IPO~2020	4,024%	224%	16x
2005~2010	201%	5%	43x
2010~2015	148%	80%	2x
2015~2020	229%	83%	3x

500을 상회하는 수익률을 거뒀고, 2010~2012년에만 시장 수익률을 크게 하회했다. 2년씩 묶어서 비교할 수도 있는데, 이 경우 구글은 15개 기간 중 14개 기간에 S&P 500을 상회하는 수익률을 거뒀고 2010~2011년에만 시장 수익률을 하회했다(표 6.2). 여기서 얻을 수 있는 간단한 결론은 구글의 수익률이 여러 해 동안 일관되고 상당하게 시장 수익률보다 높았다는 것이다.

어떻게 구글은 그렇게 오랫동안 일관되고 상당하게 시장 수익률을 웃돌 수 있었을까? 그것은 구글이 펀더멘털에 있어 오랫동안 일관되고 상당한 실적을 달성했기 때문이다. 이를 보여주는 가장 확실한 증거는 지난 10년간 구글의 매출 성장률일 것이다. 2010년부터 2019년까지 구글의 매출 성장률은 무려 40분기 연속 평균 23퍼센트였다. 이런 흐름은 구글의 매출이 250억 달러쯤이었을 때부터 시작되는데 10년이 지난 지금 S&P 500 기업 중 매출이 이를 뛰어넘는 곳은 5분의 1뿐이다. 해당 40분기 동안 매출 성장률의 중간값 역시 23퍼센트였다. 이는 간단히 말하면 지난 10년 동안 단 6개 분기에만 매출 성장률이 20퍼센트 이하였고(3개

표 6.2 구글과 S&P 500의 수익률 비교

3년 수익률	구글	S&P 500	수익률 차
2005~2007	250%	22%	228%
2006~2008	-27%	-29%	2%
2007~2009	33%	-21%	54%
2008~2010	-14%	-13%	-1%
2009~2011	109%	35%	74%
2010~2012	13%	26%	-13%
2011~2013	88%	45%	43%
2012~2014	62%	61%	1%
2013~2015	116%	40%	76%
2014~2016	42%	22%	20%
2015~2017	98%	30%	68%
2016~2018	37%	25%	13%
2017~2019	67%	43%	24%
2018~2020	66%	39%	27%

2년 수익률	구글	S&P 500	수익률 차
2005~2006	133%	18%	115%
2006~2007	64%	16%	48%
2007~2008	-34%	-36%	2%
2008~2009	-11%	-23%	12%
2009~2010	92%	35%	57%
2010~2011	3%	11%	-8%
2011~2012	19%	12%	6%

2012~2013	72%	45%	27%
2013~2014	47%	41%	7%
2014~2015	39%	12%	28%
2015~2016	49%	9%	40%
2016~2017	38%	33%	5%
2017~2018	31%	11%	19%
2018~2019	27%	20%	7%
2019~2020	71%	50%	21%

분기에 19퍼센트, 2개 분기에 18퍼센트, 1개 분기에 17퍼센트) 그 외에는 매출 성장률이 꾸준히 23퍼센트에 가까웠다는 것이다.

이렇게 규모가 큰 기업이 이렇게 일관되게 높은 매출 성장률을 유지하는 경우는 거의 없다. 구글 외에는 단 두 곳이 있긴 하다. 애플과 아마존이다. 마이크로소프트는 2001년 매출 250억 달러를 달성한 이후 10년 동안 평균 11퍼센트의 매출 성장률을 기록했다. 인텔Intel은 1997년 매출 250억 달러를 달성한 이후 10년 동안 평균 5퍼센트의 매출 성장률을 보였다. 세일즈포스닷컴Salesforce.com은 아직 매출 250억 달러도 달성하지 못했다. 한편 애플은 2007년 매출 250억 달러를 넘은 이후 10년 동안 평균 27퍼센트의 매출 성장률을 기록했다. 아마존은 2009년 매출 250억 달러를 넘은 이후 10년 동안 평균 28퍼센트의 매출 성장률을 기록했다(표 6.3).

매출 250억 달러를 달성한 후 10년 동안 20퍼센트 이상 매출 성장률을 유지하는 것은 아주 보기 드문 성과로 나는 이를 '구글 따라잡기'라고

표 6.3 주요 기술주 기업들의 펀더멘탈 비교

티커	매출 250억 달러를 넘어선 해	10년 평균 매출 성장률
아마존	2009	28%
애플	2007	27%
구글	2009	23%
마이크로소프트	2001	11%
인텔	1997	5%

부른다. 이 기준은 기록된 금융 역사상 단 3개 기업만이 달성했기 때문에 지나치게 높은 것일 수도 있지만 나는 어느 정도 규모(매출 수십억 달러)에 이른 후 수년 동안 높은 매출 성장률(20퍼센트 이상)을 내는 기업을 논하기 위해 이 용어를 사용하게 되었다.

'1조 달러'라는 숫자가 의미하는 것

이렇듯 높은 성과를 이끌어낸 요인은 많다. 첫째, 구글은 매우 혁신적인 회사였다. 구글 이전에도 6개 이상의 검색엔진이 존재했다. 몇 가지 예를 들면 알타비스타AltaVista, 익사이트Excite, 룩스마트LookSmart, 웹크롤러WebCrawler, 라이코스Lycos, 야후 검색Yahoo Search이 있었고 이후에도 오버추어, 에스크 지브스Ask Jeeves, 잉크토미Inktomi, MSN 검색MSN Search, 덕덕고DuckDuckGo 등 여러 검색엔진이 나왔다.

그러나 가장 객관적인 측정 기준인 사용자 수로 평가했을 때 최고의 검색엔진은 구글이었다. 글로벌 검색 시장에서 구글의 점유율은 늘 유난히 높았다. 많은 시장에서 70퍼센트 혹은 그보다 더 높은 90퍼센트 이상의 점유율을 기록했다. 둘째, 구글은 창립 이래 지금까지도 계속 매우 혁신적인 회사다. 연구 개발비 및 자본적 지출을 포함한 투자 지출은 연간 500억 달러에 이른다. 이렇게 투자할 수 있는 역량과 문화를 갖춘 기업은 드물다. 셋째, 구글은 조직적으로도, 주요 인수 측면으로도 경영을 잘했다. 특히 유튜브와 더블클릭DoubleClick을 인수해 광고주들 사이에 영역을 크게 확장할 수 있었다.

그러나 나는 총 도달 가능 시장 역시 구글이 높은 매출 성장률을 유지하는 데 필수였다고 본다. 야후가 구글만큼 혁신적이고 효율적이었다면 구글처럼 오랫동안 놀라운 성장률을 달성할 수 있었을 것이다. 야후도 '구글을 따라잡을' 수 있었다. 구글만큼 혁신적이고 효율적이었던 인터넷 광고 섹터의 또 다른 기업, 페이스북은 250억 달러 매출을 달성한 이후 10년 동안 연평균 20퍼센트의 매출 성장률을 달성하며 구글을 모방할 수 있을 것이다. 이들 기업이 겨냥하는 총 도달 가능 시장은 무려 1조 달러에 달하기 때문이다.

이 1조 달러는 엄청나게 큰 숫자면서 정확히 측정하기 어려운 수치다. 앞서 2019년 핀터레스트가 제출한 S-1 파일에서는 전 세계 광고 시장의 규모를 8,260억 달러로 추산했다고 언급했다. 나는 리서치 보고서에서 브랜드 광고(약 4,500억 달러), 다이렉트 마케팅(약 3,000억 달러), 프로모션 지출(약 3,000억 달러)을 더해 글로벌 광고 마케팅 시장 규모를 가늠했다. 이렇게 해서 1조 달러라는 숫자를 얻어냈다. 내 추정치는 높을 수도 있지만 낮을 수도 있었다. 1조 달러 시장에서는 귀퉁이만 차지해도 거대한 시장이다.

투자자는 넓은 총 도달 가능 시장을 확보한 기업을 찾아야 한다. 미국 시장 하나만으로는 이 정도 규모에 이르는 것이 거의 불가능하기에 이런 시장을 확보한 회사는 일반적으로 글로벌 입지가 탄탄하다. 이런 맥락에서 나는 경험칙에 따라 늘 국제적 입지가 상당히 다져진 기업을 선호한다. 이는 더 큰 총 도달 가능 시장에 접근할 수 있다는 뜻이기 때문이다. 처음부터 구글이 지닌 이점은 중국을 제외한 거의 모든 해외시장에서 크게 성공했다는 것이다. 기업공개 이후 구글은 언제나 총 매출액의 최소한 40퍼센트를 해외시장에서 창출했다.

구글은 불편을 제거함으로써 총 도달 가능 시장을 넓혔다. 인터넷은 사업자와 서비스 제공자가 표적 시장target market을 비용 효율적으로 확장할 수 있게 하거나 현지 영업 및 마케팅에 더 집중할 수 있게 함으로써 시장 규모를 확장했다. 여기에 구글은 더 효과적인 셀프서비스 도구를 도입해 모든 개인·조직·사업체가 인터넷에서 마케팅 캠페인을 쉽게 운영하도록 만들었다. 만약 구글이 광고 구매와 캠페인 운영을 매우 간단하게 만들지 않았다면 오늘날 1,000만에 가까운 광고주 기반을 확보할 수 없었을 것이다.

그러다가 검색을 더 폭넓게, 더 자주, 더 편리하게 이용하도록 만든 스마트폰과 음성인식 기기에 엄청난 혁신이 일어났다. 스마트폰의 확산이 구글에 대한 투자 논리에 얼마나 많은 논쟁을 제기했는지 지나고 나서 생각해보니 놀랍다. 2010년 전후로 몇 년 동안 구글이 모바일 검색 쿼리로는 데스크톱 검색 쿼리에 더해 수익을 창출할 수 없을 것이라는 비관적인 우려가 있었다. 화면도 작고, 검색은 더 캐주얼하고, 장소는 훨씬 제한적이었기 때문이다. 그러나 스마트폰이 확산되면 불편이 사라진다는 것을 언제나 최우선 논리로 삼았어야 했다. 스마트폰으로 소비자는 원하는 언제 어디서나 더 쉽게, 더 많이 검색할 수 있게 되었다. 검색을 더 많이 한다는 것은 마케터와 광고주에게 더 많은 잠재 고객, 즉 총 도달 가능 시장이 더 커진다는 것을 의미했다.

구글의 총 도달 가능 시장이 커졌다는 것은 매출 성장 잠재력이 커졌다는 뜻이고, 이는 수익성 높은 비즈니스 모델과 더불어 장기적으로 높은 주식 수익률을 창출해냈다.

2004년 4월 29일, 그리고 2004년 10월 21일

그렇다면 나는 구글 주식을 제대로 판단했을까? 크게 잘못 판단하기도 했고, 크게 제대로 판단하기도 했다. 나는 월가에서 가장 먼저 구글에 대한 공식적인 리서치 보고서를 냈다. '기존과는 다른 기업공개를 보는 기존의 관점A Conventional Look at an Unconventional IPO'이라는 제목으로 구글이 S-1 파일을 제출한 날 밤(2004년 4월 29일)에 썼다. 당시 나는 아메리칸 테크놀로지 리서치American Technology Research에서 인터넷 애널리스트로 일하고 있었는데, 구글 상장 다음 날 목표 주가 110달러(분할 전)에 투자 의견 중립으로 구글에 대한 커버리지를 공식적으로 개시했다. 나는 구글이 '인터넷주의 베타 왕'이 될 것이라고 예측했다. 변동성이 큰 인터넷 섹터의 기준으로 봤을 때도 구글의 주가 변동성은 매우 높을 것 같다는 뜻이었다. 결국 변동성이 크다는 점에서 내가 맞긴 했는데, 다만 이후 3년 동안 구글의 주가는 위로 변동성이 컸다. 마치 로켓처럼 위로 올라갔다.

그 후 나는 경력상 최악의 실수를 저질렀다. 구글이 상장 기업으로서 첫 번째 실적 발표를 하기도 전에 구글에 대한 투자 의견을 매도로 하향 조정해버린 것이다. 실적 발표 전에 주가가 50퍼센트나 오른 것이 지나치다고 생각했고 야후가 더 좋은 펀더멘털 주식이 될 거라고 생각했다. 사실 지나고 보니 나는 세 가지 실수를 했다. 단기적인 주가 움직임에 지나치게 집착했고(분기 실적 발표를 이용해 투자하려 했다), 특정 주식에 지나치게 빠져들었으며(더 잘 안다는 이유로 야후를 선호했다), 구글의 파괴적인 잠재력과 시장 기회를 과소평가했다.

나는 구글이 상장 기업으로서 첫 번째로 실시한 실적 발표에서 시장의 높은 기대를 충족시키지 못할 것이라고 예측했다. 그러나 2004년 10월 21일 구글의 매출은 월가 추정치를 10퍼센트 이상 상회했으며, EPS 추정치는 20퍼센트 이상 상회했다. 다음 날 구글의 주가는 15퍼센트 급등했고 이후 2005년까지 계속 상승했다. 그동안 나는 당시 영향력이 가장 컸던 경제 뉴스 프로그램인 〈커들로&크레이머Kudlow&Cramer〉에서 호되게 당했다. 구글이 실적을 발표하고 애프터마켓aftermarket에서 주가가 급등한 지 약 1시간 후, 구글의 첫 번째 실적 발표 보고서가 나온 그날 밤 〈커들로&크레이머〉는 구글 주식에 대한 낙관론자 한 명(애널리스트 조던 로한 Jordan Rohan)과 비관론자 한 명(나)을 게스트로 초대했다.

먼저 래리 커들로Larry Kudlow가 로한을 '오랜 친구, 오랜 벗'으로 소개하면서 어떻게 구글에 대한 매수 의견을 그렇게 정확하게 낼 수 있었는지 설명해달라고 했다. 그런 다음 짐 크레이머가 내게 몸을 돌리며 "자, 마크, 얼굴에 달걀이 3개나 들어간 오믈렛을 맞은 애널리스트로서 뭐라고 말씀하실 건가요?"라고 물었다. 실제로 오믈렛을 맞은 건 아니었지만 사실 상황은 비슷했다. 사람은 그런 순간을 쉽게 잊지 못한다. 그래서 나는 어떻게 했느냐고? 예상된 질문에 대한 대답을 미리 생각해뒀다. 시인해야 했다. 그래서 그렇게 했다. 인정하는 의미로 "음, 여기 이 사람(나)은 애널리스트들의 창고로 가야죠…"라고 말했다. 나머지 인터뷰가 어떻게 진행됐는지는 기억이 흐릿하다. 어쨌든 나는 아주 약간의 체면을 유지한 채로 어떻게든 빠져나왔다. 방송이 끝난 후 크레이머는 방송에 나와서 실수를 인정한 것은 대담한 일이었다고 칭찬했다. 맙소사, 그건 정말 큰 실수였다.

이것이 내가 주식으로서 구글을 판단하는 데 있어 크게 잘못한 일이었다. 크게 잘한 일은 몇 달 후 구글에 대한 투자 의견을 매수로 상향 조정하고, 2011년 에릭 슈미트에서 래리 페이지로 CEO가 바뀔 무렵 일시적으로 중립 의견을 취한 것을 제외하고는 16년 동안 꾸준히 매수 의견을 유지했다는 것이다. 다시 말하지만 구글과 비슷한 총 도달 가능 시장, 높은 매출 성장률, 극도로 높은 혁신도, 수익성을 갖춘 기업이 있다면 꼭 붙들고 있길 바란다.

기업이 추산하는 시장 규모는 합리적인 수치인가 — ①우버

넓은 총 도달 가능 시장의 좋은 예를 보여주는 기업 두 곳이 있다. 기술주 및 성장주 투자자 총 도달 가능 시장에 기반을 둔 이 두 회사를 간략하게나마 공부할 필요가 있다.

먼저 2020년 내 최우선 추천주top pick였던 우버를 살펴보자. 사실 나는 2020년 초 우버를 매우 낙관적으로 전망하며 기술주 투자자들에게 FANG에 'U'를 추가해야 한다고 주장했다. FANGU를 주장하고 다닌 것이다! 그러다 코로나19 사태로 그해 2월 18일부터 3월 18일까지 우버 주가는 63퍼센트나 하락했고, 그해 말 65퍼센트 이상 오르며 시장 수익률을 웃도는 결과를 냈다.

우버는 2020년 4월 11일, 증권거래위원회에 S-1 파일을 제출했다. 우버의 S-1 파일은 압도적이었다. 그 안에 담긴 정보와 자료가 정말 대단했다. 방대한 정보였다. 그림 6.2는 우버의 S-1 파일에서 시장 기회 측면의 주요 내용을 보여준다. 우버의 글로벌 총 도달 가능 시장과 유효 시장Serviceable Addressable Market, SAM(즉 글로벌 총 도달 가능 시장 내에서 현재 우버가 수익을 낼 수 있는 시장)을 자세히 보여준다. 그다음 유효 시장을 현재 유효 시장current SAM(우버가 현재 진출한 57개국)과 단기 유효 시장near-term SAM(곧 진출할 계획이 있는 6개국 추가)으로 나눈다. 딱 하나 빠진 것은 직접 도달 가능 시장Direct Addressable Market, DAM 뿐이었다. 직접 도달 가능 시장은 S-1 파일의 시장 기회 측면에서 압도적인 분량의 세부 내용을 보고 좌절한 내가 생각해낸 개념이다.

이것들을 종합해서 우버는 글로벌 총 도달 가능 시장 규모가 5조 7,000억 달러라고 주장했다. 유례없이 거대한 시장이다. 이 값은 정부 자료 및 산업 데이터를 바탕으로 각국의 총 차량 운행 거리와 대중교통 운

그림 6.2 우버의 총 도달 가능 시장TAM, 유효 시장SAM, 직접 도달 가능 시장DAM을 수량화한 자료

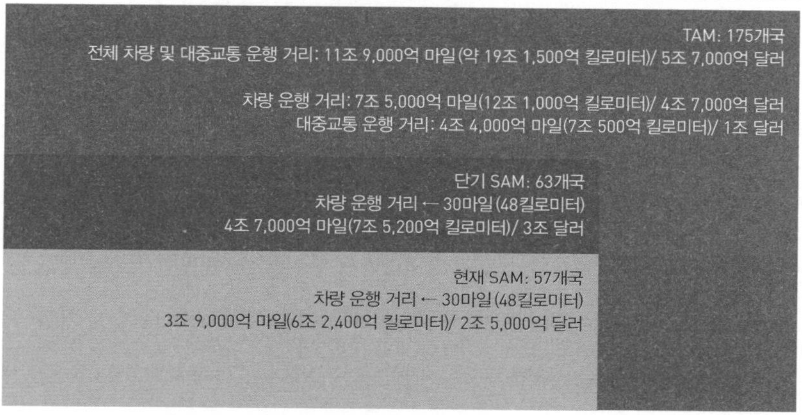

TAM: 175개국
전체 차량 및 대중교통 운행 거리: 11조 9,000억 마일(약 19조 1,500억 킬로미터)/ 5조 7,000억 달러

차량 운행 거리: 7조 5,000억 마일(12조 1,000억 킬로미터)/ 4조 7,000억 달러
대중교통 운행 거리: 4조 4,000억 마일(7조 500억 킬로미터)/ 1조 달러

단기 SAM: 63개국
차량 운행 거리 ← 30마일(48킬로미터)
4조 7,000억 마일(7조 5,200억 킬로미터)/ 3조 달러

현재 SAM: 57개국
차량 운행 거리 ← 30마일(48킬로미터)
3조 9,000억 마일(6조 2,400억 킬로미터)/ 2조 5,000억 달러

출처: 우버 S-1, 미국 연방고속도로관리국(US Federal Highway Administration), 국제도로연맹(International Road Federation), 경제협력개발기구(OECD) 산하 국제교통포럼(International Transport Forum) 전망

행 거리를 추산하고, 여기에 정부 및 산업 데이터를 바탕으로 차량 소유자가 부담하는 킬로미터당 비용(약 0.65달러)과 대중교통에 지출된 킬로미터당 비용(약 0.25달러)을 곱해서 나왔다. 이 결과는 수학적으로 복잡한 계산을 통해 나왔겠지만 숫자를 검토해보는 데는 덧셈과 곱셈만 알면 된다. 출처는 괜찮아 보였지만 입력 데이터의 질은 실제로 불분명했다.

우버가 제시한 총 도달 가능 시장은 단순한 의미를 함축하고 있었다. 우버는 스스로 모든 이동 수단에 대한 대안이 되고자 했다. 총 도달 가능 시장이 그토록 컸던 이유다. 이것이 우버의 시장 기회를 보여주는 현실적인 방법이었을까? 2014년 샌프란시스코 등 도시에서 우버의 예약 규모는 지역 택시와 리무진 서비스 시장보다 몇 배나 컸으며, 이는 우버가 여러 교통수단의 대안이 되고 있음을 시사하는 것이었다.

하지만 대부분의 투자자가 정말 집중해야 할 것은 다섯 가지였다. 첫째, 어떤 방법으로 줄여도 우버의 총 도달 가능 시장은 거대했다. 모든 추정치가 5배 부풀려져 있다고 해도 총 도달 가능 시장의 규모는 여전히 1조 달러였다. 둘째, 우버가 제시한 총 도달 가능 시장 규모는 회사의 핵심인 모빌리티 사업 부문만이었다. 우버 이츠Uber Eats(글로벌 TAM 2조 8,000억 달러)와 우버 프레이트Uber Freight(TAM 1조 달러 이상)까지 합치면 엄청난 규모의 총 도달 가능 시장이 있었다. 셋째, 앞의 두 가지 포인트는 우버가 복수의 매출원을 갖춘 플랫폼 회사라는 의미였다. 그 가치는 코로나19가 강타했을 때 모빌리티 사업은 심하게 약화되었지만 우버 이츠 사업은 크게 성장하며 빛을 발했다. 넷째, 우버는 이미 60개국에 진출해 해외시장이 총 매출액의 최소 40퍼센트를 차지하는 글로벌 플랫폼이었다. 다섯째, 우버는 불편을 없애고 사용자 경험을 확장함으로써 수년 동안 꾸준히 총 도달 가능 시장을 확장해왔다.

마지막 다섯째 포인트는 2014년 뉴욕대학교 경영대학원 교수이자 밸류에이션에 관련된 명저를 쓴 애스워스 다모다란Aswath Damodaran 교수와 우버의 초기 투자자이자 기술주 분야의 가장 노련한 벤처 투자자 중 한 명인 빌 걸리Bill Gurley가 우버의 밸류에이션에 대해 나눈 공개 토론에서 조명되었다. 당시 다모다란 교수는 우버를 도시형 자동차 서비스로 평가하며 60억 달러 이상의 가치는 없다고 결론 내렸다. 이에 대해 걸리는 다모다란 교수의 분석이 우버의 시장 기회를 25배 과소평가했다고 답했다. 다모다란 교수는 교외에서의 사용, 렌터카에 대한 대안, 대중교통에 대한 대안은 물론 자동차 소유에 대한 대안 등 가능한 사용자 경험을 고려하지 않았다는 것이다. 다모다란 교수는 우버의 시장 기회에 대해 너무 편협한 시각을 지녔다고 지적해준 것에 대해 걸리에게 공개적으로 감사를 표했다.

7년이 지난 지금 재미있는 사실은 걸리의 분석도 우버의 시장 기회를 25배 정도 과소평가했을 수도 있다는 것이다. 25배까지는 아닐 수도 있다. 다만 걸리의 분석은 우버 이츠나 우버 프레이트를 고려하지 않았는데, 이 두 부문을 합치면 우버의 모빌리티 사업과 규모가 비슷해진다. 걸리가 우버 이츠나 우버 프레이트를 고려하지 않은 이유는 우버 경영진과 이사회도 2014년 이후 몇 년이 지나서야 이런 기회 또는 사용자 경험을 고려했기 때문이다.

하지만 이것이 플랫폼 기업의 매력이다. 플랫폼 기업은 넓은 사용자 기반을 이용해 사업을 확장하는데, 시간이 지남에 따라 더 많은 사업 부문과 매출원이 켜켜이 층을 이룬다. 사실 걸리의 분석에는 비판할 점이 없다. 걸리는 다른 모든 투자자보다 더 똑똑하고 노련했으며 더 컸다(키가 약 205센티미터다). 그리고 적어도 걸리는 우버 앱을 사용해본 적도 없이 우버의 가치를 평가하고 분석한 다모다란 교수와는 달리, 가치를 평가하기 전에 서비스를 이용해봤다(부디 어떤 주식에 대한 투자 결정을 내리기 전에 그 회사의 앱을 사용해보라).

코로나19 팬데믹은 우버의 실적을 박살 냈다. 2020년 상당한 기간 전 세계적으로 이동 제한 조치가 발령되면서 우버 모빌리티의 연 매출은 40퍼센트 급감했고, 회사의 총 매출도 10퍼센트 감소해 약 130억 달러가 되었다. 코로나19 사태의 충격에서 완전히 회복하는 데는 시간이 걸리겠지만 우버가 2022년까지 250억 달러 매출 수준에 도달할 가능성은 상당하며, 총 도달 가능 시장의 규모를 고려하면 250억 달러가 넘는 매출을 달성한 이후에도 오랫동안 높은 매출 성장률을 유지할 수 있을 것이다. 우버는 '구글을 따라잡을' 수 있을 것이고, 기술주 투자자와 성장주 투자자에게 핵심적인 주식이 될 것이다.

기업이 추산하는 시장 규모는 합리적인 수치인가 ― ②도어대시

두 번째 예는 도어대시DASH다. 2000년 12월 상장했고 거래 첫날 86퍼센트 급등했다. 도어대시는 상장 당시 미국에만 1,800만 명이 넘는 고객을 확보한 유명한 회사였기 때문에 투자자들의 엄청난 관심을 받았다. 거리 두기로 수요가 급증한 코로나19 위기의 승자로 여겨졌고, 전년 동기 대비 매출 성장률이 200퍼센트가 넘는 놀라운 성장률을 기록했다.

장기 투자자들은 도어대시가 스스로를 설명하는 방법도 중요하게 받아들였다. 도어대시의 S-1 파일에 포함된 사업 강령mission statement은 이렇게 시작한다. '우리 사명은 지역 경제를 성장시키고 그것에 힘을 실어주는 것이다.' 거의 모든 소비자는 도어대시를 음식 주문 배달 회사로만 알고 있다. 도어대시는 치폴레, 리틀 시저, 윙 스톱 등을 배달한다. 지역 경제를 활성화하고 거기에 힘을 실어주는 것은 음식 배달 서비스보다 훨씬 더 광범위한 얘기처럼 들린다. 그러나 이것이 운명이었다.

음식 배달 시장은 확실히 규모가 크다. 2019년 미국인은 음식료 부문에 약 1조 5,000억 달러를 지출했고 그중 약 6,000억 달러를 식당에서 썼으며, 이 돈의 50퍼센트 정도가 점외off-premises(배달, 테이크아웃, 드라이브 스루 등 식당 이외의 장소에서 소비하는 것 - 옮긴이) 부문에서 소비되었다. 따라서 포장 및 배달 서비스 시장 규모는 약 3,000억 달러라고 볼 수 있다.

코로나19로 격리 조치가 시행되면서 많은 사람이 재택근무를 하게 되었다. 이는 집에서 밥을 먹어야 한다는 뜻이기도 하며 사람들은 도어대시, 우버 이츠, 그럽허브 등의 기업이 빠르게 다양한 메뉴와 편리함을 제공한다는 것을 알게 되었다. 따라서 미래에는 점외 부문에 지출되는 비중이 50퍼센트보다 영구적으로 더 높아질지도 모른다. 도어대시는 S-1 파일에 미국 성인의 58퍼센트와 전체 밀레니얼 세대의 70퍼센트가 식당에서 음식을 배달해 먹을 확률이 2년 전보다 높다는 미국 레스토랑협회 National Restaurant Association의 연구 결과를 첨부했는데, 이 연구는 코로나19 이전에 시행된 것이다.

이렇듯 음식 배달 시장은 크다. 도어대시가 1조 달러 규모의 총 도달 가능 시장을 확보할지 여부는 두 가지에 달려 있다. 첫째는 음식 배달 사업으로 해외시장 진출에 성공할지 여부다. 기업공개 당시 도어대시는 호주와 캐나다에 진출했다고 밝혔다. 따라서 해외시장 진출의 성공 여부는 불투명하며, 향후 잠재적 투자자에게 핵심적인 투자 포인트가 될 것이다. 우버는 상당한 글로벌 입지를 확보하고 있기 때문에 도어대시보다 큰 규모로 일관되게 높은 매출 성장률을 달성하기 쉬울 것이다. 성공적으로 해외에 진출할 수 있느냐는 앞으로 도어대시의 주가를 상승시킬 핵심 요소 중 하나가 될 것이다.

둘째는 도어대시가 정말 '지역 경제를 성장시키고 지역 경제에 힘을 실어주기' 시작했냐는 것이다. 이는 도어대시가 레스토랑에서 식료품점, 편의점, 반려동물용품점 같은 다른 전문 소매업종으로 확장한다는 사실을 의미한다. 이것은 소비자 스스로가 판단하고 결정할 것이다. 음식 배달 서비스가 하나의 산업이 될 수 있을 것인지, 즉 소비자 수요가 충분할지 알아보려면 대략 30분 안에 원하는 곳으로 식사를 배달시키기 위해 5달러에서 10달러를 기꺼이 지불할 소비자가 많을지 질문해야 한다. 지금까지 음식 배달 사업의 규모를 고려하면 이 질문에 대한 대답은 단호히 '있다'인 것처럼 보인다. 하지만 다른 업종(식료품, 편의점 등)의 경우 같은 질문에 대한 대답은 불분명하다. 바로 이것이 도어대시 같은 기업의 진짜 총 도달 가능 시장을 결정하는 열쇠다. 이렇게 새로운 영역에서 성공한다면 도어대시의 최종 시장(미국에서만)은 틀림없이 1조 달러의 문턱을 넘을수 있을 것으로 보인다.

전문 투자자는 수요에 대한 질문에 답을 얻기 위해 광범위한 소비자 조사와 신용카드 데이터 분석을 실시할 것이다. 그러나 개인 투자자는 그런 사치를 누릴 수 없다. 개인 투자자는 내가 우리 동네의 세븐일레븐에서 픽업되는 세븐 나우 딜리버리7 Now deliveries(도어대시가 배달)가 늘어나고 있음을 알았을 때, 그리고 당시 열세 살이던 아들이 가끔 이 앱으로 주문한다는 것을 알았을 때의 나처럼 스스로의 논리와 직감, 경험에 기대야한다.

도어대시는 물론이고 우버나 리프트 같은 회사가 식료품점과 편의점으로 사용자 경험을 확장하고 있는지 주의깊게 살펴보자. 이것은 도어대시 같은 회사가 1조 달러 규모의 총 도달 가능 시장을 확보하게 될지 여부를 결정하는 데 도움이 되기 때문이다. 1조 달러 규모의 총 도달 가능 시장은 높은 매출 성장률을 달성할 수 있는 상당한 기회를 제공한다. 총 도달 가능 시장이 클수록 매출 성장에 대한 전망이 강해지고 주식 잠재력도 커진다.

도어대시의 사례에서는 세부 항목(사업 강령)을 읽어야 한다는 단순한 교훈도 얻을 수 있다. 세부 항목은 종종 회사의 총 도달 가능 시장이 얼마나 커질지 암시하기 때문이다.

기업이 추산하는 시장 규모는 합리적인 수치인가
─ ③스포티파이·프라이스라인

스포티파이가 제출한 S-1 파일은 투자자에게 총 도달 가능 시장을 평가하는 데 도움이 되는 두 가지 중요한 자료를 제공했다. 첫째, 스포티파이는 한 업계 자료를 인용해 2016년 전 세계 음반 산업 매출이 160억 달러라고 밝혔다. 둘째, 또 다른 업계 자료를 인용해 전 세계 라디오 광고 매출은 280억 달러라고 밝혔다. 따라서 이를 간단히 계산해보면 스포티파이의 글로벌 총 도달 가능 시장 규모는 440억 달러라는 수치가 나온다.

총 도달 가능 시장의 규모가 440억 달러라는 것은 훌륭하긴 하지만 대단히 큰 것은 아니다. 스포티파이는 구독료 수입과 광고 매출을 모두 올리는 회사이고, 미국 시장이 전체 매출에서 일부만 담당하는 글로벌 입지가 탄탄한 회사라는 점에서 440억 달러라는 총 도달 가능 시장의 규모는 정확했다. 하지만 두 가지 면에서 문제가 있었다. 첫째, 스포티파이가 상장될 때 초기 매출 가이던스는 2018년에 약 60억 달러였는데, 이는 스포티파이가 이미 총 도달 가능 시장의 점유율을 10퍼센트 이상 확보했다는 뜻이었다. 둘째, 총 도달 가능 시장의 규모가 440억 달러라는 것은 참다운 의미에서 스포티파이는 절대로 '구글을 따라잡을 수 없을 것'이라는 사실을 담고 있었다. 매출 250억 달러를 달성한다면 이미 총 도달 가능 시장의 50퍼센트 이상에 도달한 것이기 때문이다. 거기에 이후 매년 20퍼센트씩 성장한다면 4년 안에 총 도달 가능 시장 전체를 먹어치우게 된다. 이 모든 것은 스포티파이가 곧 성장의 한계에 부딪힐 것임을, 다시 말해 성장률이 급격히 둔화될 것임을 암시했다.

이제 완전한 의미에서 '구글을 따라잡을' 수 있는 기업은 거의 없을 것이다(다시 한번 말하지만 내가 아는 한 단 3개 기업만이 이것을 해냈다). 실제로 총 도달 가능 시장의 규모가 1조 달러인 회사 자체가 많지 않다. 하지만 괜찮다. 총 도달 가능 시장의 규모가 작더라도 여러 해 동안 높은 매출 성장률을 기록할 수 있다. 엄청난 규모는 아니겠지만 말이다.

나는 종종 단순히 총 도달 가능 시장 점유율이 한 자릿수 초반대인 회사에 초점을 맞추면 되는 것이 아닌가 궁금했다. 하지만 투자자가 진정 찾고 싶은 것은 성장해서 큰 매출을 달성할 수 있는 기업이다. 성장에는 내재된 이점이 있기 때문이다. 따라서 이상적인 조합은 총 도달 가능 시장은 크고 점유율은 한 자릿수 초반대인 회사다. 그다음은 총 도달 가능 시장이 크고 점유율이 두 자릿수인 회사다. 그다음은 총 도달 가능 시장이 작고 점유율이 한 자릿수 초반대인 회사다. 실제 점유율과 실제 총 도달 가능 시장의 규모에 따라 어느 정도 달라질 수 있겠지만 이 경험칙이 도움이 될 것이다.

이런 점을 염두에 두고 프라이스라인을 다시 살펴보자. 이 회사는 글로벌 여행 시장이라는 1조 달러가 넘는 총 도달 가능 시장에서 꾸준히 한 자릿수 점유율을 차지했기 때문에 2014년까지 10년 동안 30퍼센트가 넘는 엄청나게 높은 매출 성장률(이 경우는 부킹의 성장률)을 유지해왔다. 그러나 2012년 부킹이 250억 달러 매출 수준을 달성한 이후 5년 동안 '만' 20퍼센트가 넘는 성장률을 기록하며 '완전히 구글을 따라잡을' 수는 없었다. 프라이스라인은 '구글을 절반만 따라잡았다'! 그러나 미미한 시장 점유율과 대규모 총 도달 가능 시장의 조합에서 매출 성장 기회는 극적으로 높아졌다. 아마도 2019년까지 프라이스라인의 전 세계 여행 시장점유율은 두 자릿수에 미치지 못했을 것이다. 다시 한번 말하지만, 시장점유율이 한 자릿수이고 총 도달 가능 시장이 큰 달콤한 조합을 찾아야 한다.

스포티파이에 대한 분석을 시작하려고 할 당시 나는 단순히 전 세계 음반 산업 매출과 라디오 광고 매출을 이용하는 것보다 더 창의적인 방법으로 회사의 총 도달 가능 시장을 도출해내야 한다고 생각했다. 왜냐고? 이들은 역사적인 시장, 과거의 시장legacy markets이었기 때문이다. 과거의 시장이라? 그렇다. 전 세계 음반 산업 매출에는 CD, LP, 카세트테이프 등 실물 음반 판매 수익이 포함되어 있고, 디지털 음원 판매 수익에는 영구 다운로드 수익이 포함되어 있었다. 시간이 흐르면서 이런 카테고리들은 서서히 사라져갔고, 다른 것이 그 자리를 채웠다. 아니면 애초에 다른 것이 이런 카테고리를 사라지게 만들었을지도 모른다. 다른 것이란 바로 스마트폰이다.

나를 비롯한 전문 투자자들은 몇 년 동안 수많은 조사를 하며 총 도달 가능 시장을 파악하려 했지만, 스포티파이의 제대로 된 총 도달 가능 시장 규모를 알아낼 비법은 모든 스마트폰에서 가장 인기 있는 앱 중 하나가 음악 앱이라는 사실을 깨닫는 것이었다. 나는 고객들에게 이렇게 생각해보라고 말했다. 전 세계에서 무작위로 스마트폰 1,000개를 뽑아서 홈 화면을 보면 몇 퍼센트나 음악 앱이 깔려 있을까? 실제 정확한 답은 모르지만 90퍼센트 이상일 거라는 생각이 강하게 들었다.

간단하게 구글에서 '인기 앱 다운로드'를 검색해보면 스포티파이는 많은 나라에서 보통 톱 20위 안에 든다. 거의 모든 스마트폰에는 어떤 종류든 음악 앱이 미리 깔려 있다. 분명한 것은 현재의 글로벌 음악 시장은 스마트폰 이전 8트랙 테이프 시대의 시장과는 크게 다르다는 것이다. 이제는 총 도달 가능 시장에 대한 더 나은 개념을 제시하고 스마트폰이 음악 엔터테인먼트 산업의 불편을 대폭 감소시켰다는 것을 인정할 때다. 사용자는 매일같이 끼고 사는 스마트폰으로 일주일 내내 하루 24시간을 모든 음악에 접근할 수 있게 되었다.

표 6.4 스포티파이의 총 도달 가능 시장 규모 정확히 파악하기

도달 가능 시장	월간 사용자당 평균 매출	스마트폰 사용자	TAM 규모
무료 서비스	1달러	15억 명	180억 달러
프리미엄 구독	6달러	15억 명	1,080억 달러
총 TAM			1,260억 달러

나와 우리 팀은 총 도달 가능 시장에 대해 더 나은 개념을 생각해냈다. 여러 자료가 몇 년 안에 전 세계(중국 제외) 스마트폰 사용자가 30억 명을 넘어설 것이라고 전망했다. 우리는 이들 중 절반은 광고가 붙은 무료 서비스를 이용하고 절반은 유료 구독자일 것이라고 가정해 표 6.4처럼 분석했다.

가정은 간단했다. 어쩌면 너무 간단할지도 몰랐다. 그러나 나는 이 가정이 과거의 산업 추정치를 적용하는 것보다 훨씬 더 적절하며, 스포티파이를 비롯한 다른 음악 스트리밍 서비스의 실제 사용자 경험을 훨씬 더 잘 반영한다고 생각한다. 스포티파이와 또 다른 음악 스트리밍 서비스인 판도라가 공개한 무료 스트리밍 서비스의 가입자당 평균 매출은 약 1.00달러였다. 스포티파이의 기업공개 당시 유료 구독 서비스의 사용자당 평균 매출은 6.00달러 정도였다. 스포티파이가 제출한 S-1 파일에 따르면 사용자 중 대략 절반은 유료 구독자이고 절반은 광고가 붙은 무료 서비스 구독자였다. 따라서 우리는 스마트폰 사용자 30억 명을 유료 구독자와 무료 구독자로 양분하고 회사가 발표한 가입자당 평균 매출을 사용해서 짜잔, 1,260억 달러의 총 도달 가능 시장을 도출해냈다. 전통적인 업계 자료가 제시한 규모보다 약 3배 더 크다.

우리가 제시한 총 도달 가능 시장 규모는 더 정확했을까? 음악 스트리밍 서비스에 대한 소비자 사용자 경험을 생각해보면 우리의 접근법이 확실히 더 타당했다. 스포티파이가 최근 3년간 지속적으로 20퍼센트가 넘는 성장률을 기록했다는 점을 생각하면, 실제 스포티파이의 총 도달 가능 시장 규모는 당초 제시됐던 것보다 크다고 볼 수 있다. 여기에는 또 하나

중요한 점이 있다. 우리가 제시한 개념에 따르면 스포티파이는 여러 해 동안 주요 고객 지표를 크게 성장시킬 수 있을 것이었다. 2020년 말 스포티파이는 총 사용자 수가 약 3억 5,000만 명이라고 보고했다. 30억 명에 달하는 스마트폰 사용자 기반을 스포티파이의 시장 기회로 생각하는 게 정말 맞는 방법이라면 스포티파이의 고객 기반이 10년 동안 2배, 3배, 심지어 4배로 성장할 수 있다고 생각하는 것은 타당하다. 이는 스포티파이가 장기적으로 엄청나게 성장할 수 있다는 의미였다.

여기서 얻을 수 있는 결론은 총 도달 가능 시장은 매우 중요하며, 때로 그 규모를 밝히는 데 있어 창의성이 필요하다는 것이다. 특히 전통적인 산업을 파괴하는 기업이 포함된 경우에는 더욱 말이다.

이렇게 스마트폰과 관련해 총 도달 가능 시장을 구하는 연습은 주로 스마트폰으로 이용하는 다양한 앱이나 서비스에 대해 생각할 때 유용하며, 과거의 시장이 형성된 경우에는 특히 도움이 된다. 넷플릭스와 비디오 스트리밍 서비스를 예로 들어보자. 현재 넷플릭스에 매달 약 11달러

표 6.5 2020년 전 세계 앱 다운로드 순위

1	틱톡	6	메신저
2	왓츠 앱	7	스냅챗
3	페이스북	8	텔레그램
4	인스타그램	9	구글 미트
5	줌	10	넷플릭스

출처: 앱토피아

씩 지불하는 계정은 전 세계 2억 개가 넘는다. 계정당 사용자가 두세 명이라고 가정하면 약 5억 명이 넷플릭스를 사용한다고 볼 수 있다. 너무 많아서 10년 동안 2배, 3배로 늘 것 같지 않은 숫자다. 하지만 전 세계에 스마트폰 사용자가 30억 명이라는 것을 안다면, 앱토피아Apptopia(시장조사 업체 – 옮긴이)에 따르면 2020년 전 세계에서 가장 많이 다운로드된 앱 10위 안에 넷플릭스가 있다는 것을 안다면, 요즘 젊은이들은 스마트폰을 주 화면으로 사용하는 것처럼 보인다는 것을 안다면, 예견 가능한 미래에도 넷플릭스가 꾸준히 높은 성장을 달성할 수 있으리라고 생각할 수 있을 것이다(표 6.5). 이처럼 총 도달 가능 시장에 대해 창의력을 발휘하고 논리적으로 생각하는 것이 중요하다.

규모를 확실히 달성한 기업 vs 그렇지 못한 기업

이번 장에서 나는 규모의 이익에 대해 몇 번 언급했다. 큰 총 도달 가능 시장은 잠재적으로 큰 매출 성장으로 이어지고, 매출 성장은 규모의 확대로 이어지며, 이는 이익을 가져다준다. 하지만 어떤 이익인가? 다음 네 가지를 기억해야 한다. 경제학자들은 규모의 이익에 대해 더 심도 있게 설명하겠지만 앞으로 하는 이야기는 내가 25년 동안 규모를 확실하게 달성한 회사와 그러지 못한 회사를 관찰한 결과다.

첫째, 규모는 경험 곡선 형태로 이익을 제공한다. 위키피디아에 따르면 학습 곡선 또는 경험 곡선은 상품 생산 경험과 생산 효율성의 관계를 나타낸 것이다. 간단히 말하자면 어떤 일을 더 많이 할수록 더 잘하게 된다는 것이다. 2012년 검색 광고에 관련된 산업 무역 박람회에 참석했을 때 익스피디아 직원을 몇 명 만난 적이 있다. 그들은 업계 리더인 프라이스라인이 왜 그렇게 검색 광고를 잘하고 어떻게 잘하는지 배우려고 박람회에 참석했다고 했다. 답은 프라이스라인이 익스피디아보다 검색 광고에 훨씬 더 많은 돈을 써왔다는 것이었다. 프라이스라인은 익스피디아보다 검색 광고를 더 오래 열심히 해왔고, 그 경험을 통해 온라인 여행사에 가장 중요한 성장 채널이었던 검색엔진 마케팅을 더 효과적으로 하는 방법을 배웠다.

둘째, 규모는 단위 경제성의 이익을 제공한다. 경제학 교과서를 보면 고정비용과 변동비용variable cost이 나온다. 고정비용은 생산량과 상관없이 일정하게 유지되는 비용이고, 변동비용은 생산량에 비례해 증가하거나 감소하는 비용이다. 실제로 나는 고정비용다 단계적 고정비용step-fixed costs이라는 표현이 더 정확하다고 생각한다. 아마존, 페이스북, 구글 같은 기업을 보면 성장하면서 일반 관리비용, 본사 간접비용, 법률비용 등 가장 '고정적인' 비용도 증가한 매출 기반을 뒷받침하기 위한 것이었다. 다만 이런 비용이 증가하는 속도는 매출 증가 속도보다 훨씬 더 느렸고 변동비용보다 더 단계적이었다. 따라서 이들 기업들은 매출의 일정 비율로 운영비용을 절감하는 레버리지 효과를 누릴 수 있었다.

성장 또는 확장은 이익률을 확대한다. 때로는 아주 빠르기도 하고 때로는 아주 느리기도 하지만 분명한 건 이익률을 확대한다는 사실이다. 아주 느린 사례를 알고 싶은가? 아마존은 2017년부터 2020년까지 매출이 사실상 2배가 됐는데, 일반 관리비용은 2017년 매출의 1.8퍼센트인 32억 달러에서 2020년 매출의 1.6퍼센트인 56억 달러가 되었다. 하지만 모든 전문 투자자가 알고 있는 것처럼 아무리 작은 포인트라도 도움이 된다.

셋째, 규모는 사업에 경제적 해자를 만든다. 크기는 대적하기 어려울 때가 있다. 비용도 많이 든다. 넷플릭스가 좋은 예다. 가령 2016년에 비디오 스트리밍이 정말 괜찮은 사업이라고 판단하고 넷플릭스와 경쟁하기로 했다고 해보자. 그해에 넷플릭스는 콘텐츠에 약 70억 달러, 마케팅에 약 10억 달러를 지출했다. 따라서 넷플릭스와 격돌하는 데 드는 비용은 연간 80억 달러쯤이었을 것이다. 스트리밍 서비스가 어떻게 될지 한번 지켜보기로 결정했다면 3~4년 정도 론칭을 늦출 수도 있었을 것이다.

그러나 2020년까지 넷플릭스는 마케팅에 20억 달러, 콘텐츠에 120억 달러 이상을 지출했다. 따라서 '넷플릭스를 끌어내리는'데 필요한 비용은 140억 달러 이상이었을 것이다. 그 정도 지출을 감당할 수 있는 기업은 거의 없다. 게다가 규모가 커지자 넷플릭스에는 시간이 흐를수록 치열한 경쟁을 더 하기 어렵게 만드는 플라이휠 효과flywheel effects(제프 베이조스가 제시한 성장을 만드는 선순환 – 옮긴이)도 생겼다. 글로벌 가입자가 많아질수록 매출이 커지고, 매출이 커질수록 더 많은 콘텐츠를 구매할 수 있고, 콘텐츠가 많아질수록 다시 더 많은 가입자가 모이고, 가입자가 많아질수록 더 많은 매출을 올리는 식이다. 고객이 DVD 서비스를 해지하기를 바라며 가격을 대폭 인상하면서까지 리드 헤이스팅스와 넷플릭스 경영진이 그렇게 공격적으로 스트리밍 사업을 확장하려 했던 이유가 바로 여기에 있었던 것 같다. 그들은 플라이휠 효과와 규모가 가져올 경제적 해자의 이점을 알았던 것이다.

넷째, 규모는 기업이 네트워크 효과를 활용할 수 있게 한다. 네트워크 효과란 사용자가 상품 또는 서비스에서 얻는 가치 또는 효용이 호환 가능한 제품의 사용자 수에 따라 달라지는 현상이다. 일종의 '많으면 많을수록 좋다'는 식이다. 이 개념은 기술 투자를 유치하는 발표에서 널리 사용된다. 하지만 솔직히 내 생각에는 네트워크 효과가 규모의 이익 중 가장 약한 것 같다. 이것은 2006년 초 이베이의 매출 성장률이 높은 수준에서 그 이하로 떨어지는데도 이 종목에 대해 낙관적 견해를 지나치게 오래 가지고 있었던 사람으로서 어렵게 배운 사실이다. 나는 네트워크 효과 덕분에 이베이가 수년간 높은 성장을 달성할 것이라고 생각했다. 결국 이베이에 구매자가 모이면서 판매자를 위한 더 큰 시장이 생겨났고, 큰 시장은 더 많은 판매자를 끌어들였고, 그러면서 구매자를 위한 더 큰 시장이 생성되었으며, 이것이 또 더 많은 구매자를 불러들였다.

그러나 아마존의 더 훌륭한 가치 제안과 경영 방식이 이베이의 이런 네트워크 효과를 날려버렸다. 소셜 네트워크로서 페이스북은 네트워크 효과의 최대 수혜자가 되어야 하지만 어찌 된 일인지 인스타그램이 경쟁을 시작했고(결국 페이스북이 인수했다), 스냅이 경쟁을 시작했으며, 틱톡이 경쟁을 시작했고, 앞으로 또 다른 기업들도 경쟁을 시작할 것이다.

네트워크 효과는 종종 과장되긴 했어도 분명히 이점이 존재한다. 우버 같은 회사가 좋은 예다. 어떤 지역에 우버 드라이버가 많아질수록 승객이 얻는 서비스의 가치가 커지며(예를 들어 대기 시간이 더 짧아짐), 서비스의 가치가 커질수록 더 많은 승객이 모이고, 승객이 모일수록 서비스에 매력을 느끼는 드라이버가 더 많아진다(예를 들어 대기 시간이 더 짧아짐).

간단히 정리하면 총 도달 가능 시장이 클수록 기업은 규모의 이익을 얻을 기회를 더 많이 얻는다. 이것이 총 도달 가능 시장 규모가 기술주 투자에서 중요한 이유다.

총 도달 가능 시장의 규모가 크면 클수록 기술주와 성장주의 주요 동인인 높은 매출 성장률을 달성할 기회도 더 커진다. 제품의 혁신성, 고객에 대한 제품이나 상품의 강력한 가치 제안, 경영진의 능력 등 다른 중요한 요소가 많지만, 대규모 총 도달 가능 시장은 무엇보다 큰 성장을 이룰 기회를 가져온다. 1조 달러 규모의 총 도달 가능 시장(구글이 활약하고 있는 글로벌 광고 시장처럼)은 기업이 규모를 확장한 후에도 상당한 성장률을 달성할 기회를 제공할 수 있다. 1조 달러 규모의 총 도달 가능 시장을 확보한 기업은 매우 드물지만 '구글을 따라잡을 수 있는', 즉 성장 이후에도 높은 매출 성장률을 창출할 수 있는 잠재력을 지닌 기업을 찾아야 한다. 이 때 큰 총 도달 가능 시장을 확보했지만 점유율이 한 자릿수인 기업이 이상적인 후보가 될 수 있다.

총 도달 가능 시장은 확대될 수 있다. 불편함을 없애고 새로운 사용자 경험을 추가함으로써 총 도달 가능 시장이 확대될 수 있다. 이것이 리프트와 우버가 몇 년 동안 해온 일이다. 우버는 가격을 낮추고, 플랫폼에 있는 드라이버 수를 늘리고, 대기 시간을 줄이고, 결제 시스템을 만들어 팁을 원활히 지급할 수 있게 함으로써 결국 승차 공유의 사용자 경험과 편리성을 확장했다. 두 회사 모두 불편을 제거해 사용자 경험을 확장했고, 이에 따라 도달 가능한 승차 공유 시장도 커졌다.

총 도달 가능 시장을 확대하기 위해 기업이 취할 수 있는 구체적인 방법은 두 가지다. 새로운 지역으로 진출하는 것과 새로운 매출원을 창출하는 것이다. 2021년 초 현재 도어대시는 이 두 가지를 모두 진행하고 있다. 장기적으로 이 일에 성공한다면 기존 총 도달 가능 시장과 성장률의 잠재력에 큰 영향을 미칠 것이고, 따라서 주식시장에서도 성공하게 될 것이다.

　간혹 총 도달 가능 시장은 특정하기가 어려운데, 전통적 산업이 파괴될 때 특히 그렇다. 이럴 때는 창의적이고 새로운 접근법이 필요하다. 스포티파이가 이런 사례다. 스포티파이는 음반 산업과 라디오 광고라는 익히 알려진 2개 시장을 공략했지만 그 방식은 처음 들었던 것보다 훨씬 더 큰 시장을 확보할 수 있는 것이었다. 스마트폰이 확산(사용자 30억 명에서 계속 증가하고 있음)되면서 미디어 시장은 매우 크게 변화했고, 모든 미디어 모델의 총 도달 가능 시장이 확대되었다. 그리고 바로 이 지점에서 불편함이 제거되었다. 이제는 손쉽게 일주일에 24시간 동안 미디어를 소비할 수 있게 된 것이다. 최고의 미디어 서비스에 더 큰 시장 기회와 성장 기회가 주어졌다고 할 수 있다.

　총 도달 가능 시장 규모가 크면 성장을 촉진해 기업이 확장할 수 있으며, 여기에는 내재적 이익이 존재한다. 구체적으로 경험 곡선, 단위 경제성의 이점, 경제적 해자, 네트워크 효과라는 네 가지 이익이다. 규모가 커지면 더 똑똑하게 운영할 수 있는 학습 기회, 보다 비용 효과적으로 운영할 기회, 새로운 경쟁자의 진입 비용을 높일 기회, 네트워크 효과를 얻을 기회가 생긴다. 전부 다르지만 모두 규모의 이익이다. 규모는 경쟁에서의 승리를 가져다준다. 그러므로 총 도달 가능 시장이 크면 규모의 이익을 활용할 기회도 커진다.

NOTHING BUT NET

투자자를 위하는 회사의
주식을 버려라

고객 가치 제안이 매력적인 기업은 시장점유율과 시가총액
측면에서 비즈니스 모델이 뛰어난 기업을 능가한다. 아니면
이렇게 말할 수도 있겠다. 고객 중심적인 기업이 투자자 중
심적인 기업을 이긴다.

2011년 여름, 시티은행Citi Bank에서 인터넷 애널리스트로 활동하던 당시 나는 버스를 타고 투자자들과 실리콘밸리에 있는 주요 인터넷 기업을 둘러보는 투자자 투어를 주최했다. 1년에 두세 번, 주요 기술주 20~30명을 초대하는 이 특별한 투어에서 우리는 이베이를 방문했고 당시 CEO인 존 도나호John Donahoe를 만났다. 도나호는 현재 나이키의 CEO다.

도나호는 친절했고 투자자들이 던지는 질문에 구체적이고 사려 깊은 답변을 해줬다. 1시간 동안 이어진 세션 중 한 투자자가 이베이의 물류에 대해 물었는데, 이 질문에 답하던 그는 중간에 말을 멈추고 투어 그룹을 향해 몸을 돌리더니 이렇게 이야기했다. "아마존이 당일 배송을 향해 가고 있다는 걸 아실 거예요. 피할 수 없는 일입니다."

이 미팅을 하기 약 5년 전, 아마존은 수백만 개의 재고 아이템에 대해 이틀 배송을 보장하는 '무제한 익스프레스 배송' 프로그램, 아마존 프라임을 발표했다. 도나호와 만나고 약 5년 뒤 아마존은 가장 큰 미국 시장 몇 곳에서 당일 배송 서비스를 제공할 것을 발표했고, 이후 몇 년 동안 이 서비스를 확대했다.

그러니까 도나호의 말이 맞았던 것이다. 그는 아마존의 미래를 예견했다. 도나호는 틀림없이 당일 배송 서비스를 제공하려면 얼마나 어마어마한 금액을 투자해야 하는지 알았을 것이다. 전국에 거대한 물류 센터 네트워크를 구축해야 했다. 다만 도나호가 이 투자로 아마존이 장기적으로 얼마나 큰 경쟁 우위를 점하게 될지까지 알았는지는 모르겠다. 그리고 아마존의 이익과 현금 흐름에 상당한 부담이 되었음에도 이 투자로 아마존 주주들이 얼마나 많은 이익을 얻게 될지 말이다.

아마존 대 이베이의 경쟁은 온라인 식품 배달, 온라인 자동차 판매, 온라인 부동산 서비스 등 다른 중요 분야에서도 이루어지고 있었다. 결국 이익률은 낮고 자금 수요는 많아 비즈니스 모델이 형편없지만 고객 가치 제안이 더 매력적인 기업이, 이익률은 높고 자금 수요는 최소화되어 비즈니스 모델은 매력적이지만 가치 제안은 인상적이지 않은 기업을 능가한다.

몇 가지 예를 살펴보자.

한때 아마존을 능가했던 유통 공룡

2021년 초 아마존의 시가총액은 이베이의 40배였다. 2020년에 아마존이 창출한 매출은 이베이의 30배 이상이었고, 잉여현금흐름은 10배 이상이었다. 투자자들은 대부분 오늘날 아마존이 이베이보다 얼마나 더 큰 기업인지 잘 알고 있다. 그러나 10·15·20년 전 상황이 얼마나 달랐는지 제대로 아는 투자자는 거의 없다.

그림 7.1 아마존과 이베이의 시가총액 비교

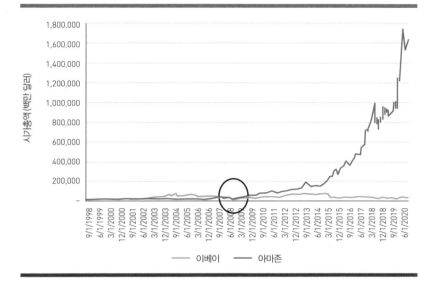

그림 7.1에서 동그라미 친 부분은 아마존이 드디어 이베이보다 시가총액이 커지기 시작한 시기를 보여준다. 이는 지난 20년 동안 우리가 기술 섹터에서 목격한 가장 극적인 변화 중 하나다. 바로 여기에 오늘날 투자자들에게 중요한 교훈이 되어줄 만한 사실이 있다.

의심할 여지없이 '인터넷 시대 초기 10년' 동안 이베이는 확실한 승자였다. 아마존이 아니었다. 이베이가 온라인 유통업계의 왕이었다. 다시한번 말하지만 아마존이 아니었다. 적어도 2008년까지는 말이다. 다음세 가지 측면에서 그랬다.

첫째, 2008년까지 이베이의 시가총액이 더 컸다(그림 7.2). 닷컴 붐(1998년에서 2000년 3월까지)에는 아마존의 시가총액이 더 컸지만 밸류에이션이 이베이의 2배 이상인 적은 없었다. 예를 들어 1999년 11월 아마존의 시가총액이 290억 달러로 정점을 찍었을 때(7년 동안 이 수치를 다시는 보지 못했다!) 이베이의 시가총액은 210억 달러였다. 그러다가 2000년 중반부터 이후 8년 동안은 늘 이베이의 시가총액이 더 컸다. 2001년 말에는 6배(130억 달러 대 20억 달러), 2004년 말에는 5배(650억 달러 대 140억 달러), 2006년 초에는 4배(550억 달러 대 150억 달러), 2007년 초에는 3배(440억 달러 대 160억 달러) 더 컸다. 이베이가 온라인 유통업계의 왕이었다!

둘째, 최소한 2008년까지 이베이는 고객 수와 전자 상거래 총 거래액 Gross Merchandise Volume, GMV에서 꾸준히 아마존을 앞질렀으며, 이 격차는 간혹 상당했다(그림 7.3). 2003년 말 아마존의 고객 수는 3,900만 명이었던 반면, 이베이의 고객 수는 아마존보다 5퍼센트 이상 많은 4,100만 명

그림 7.2 인터넷 시대 초기 10년 동안 온라인 유통업계의 왕이었던 이베이

이었다. 2005년 말 아마존의 고객 수는 5,500만 명이었고, 이베이는 이보다 31퍼센트 이상 많은 7,200만 명이었다. 2007년 말 아마존의 고객 수는 7,600만 명이었고, 이베이의 고객 수는 이보다 12퍼센트 이상 많은 8,500만 명이었다. 아마존이 고객 수에서 이베이를 꾸준히 앞지르기 시작한 것은 8,800만 명 정도로 고객 수가 비슷해진 2008년 말부터였다.

전자 상거래 총 거래 규모에 대해 이베이는 총 거래액을 공개했지만 아마존은 공개하지 않았다. 하지만 아마존은 총 거래액을 합리적으로 추정할 수 있는 충분한 자료를 공개했고, 그에 따라 전자 상거래 총 거래 규모를 비교해보면 2008년 이베이의 거래 규모는 아마존의 거의 2배에 달했다(약 600억 달러 대 300억 달러). 아마존은 두 회사 모두 총 거래액 700억 달러를 달성한 2011년 이후까지 거래액 측면에서 이베이를 넘어서지 못

그림 7.3 이베이와 아마존의 활성 고객 수 비교

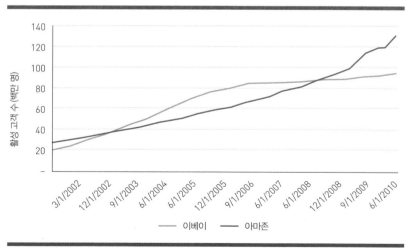

했다. 다시 한번 말하지만 이베이는 오랫동안 온라인 유통업계의 1인자였다.

셋째, 투자자 정서에서도 인터넷 시대의 최초 10년 동안은 이베이가 온라인 유통업계의 분명한 승자였다. 이것은 시가총액을 비교해보면 알 수 있지만 다우존스 소유의 주간 경제 잡지《배런스》에 실린 관련 기사를 따라가봐도 파악할 수 있다.《배런스》는 예전부터 주식시장에서 상당한 영향력을 발휘했는데, 2000년 3월 20일 발행한 '버닝업Burning Up'이라는 제목의 커버 스토리 기사에서 인터넷 섹터의 자금 소진 속도cash burn를 분석해 닷컴 버블의 폭발을 정확하게 예측하면서 인터넷 섹터에서 더욱 큰 영향력을 발휘하게 되었다. '언제쯤 인터넷 버블이 꺼질까? 올해가 가기 전에 많은 '신흥 인터넷 기업'에서 불쾌한 펑 소리가 들릴 것 같다'는 이 기사의 처음 두 문장이 모든 것을 요약한다. 이 커버 스토리가 나스닥이 최고점을 찍은 때로부터 일주일 후, 78퍼센트라는 엄청난 조정이 시작될 때쯤 실리면서 이후 수년간《배런스》는 기술 투자자 사이에서 신뢰를 얻게 되었다.

《배런스》는 1999년 5월 '아마존닷붐'이라는 제목의 커버 스토리를 발행하면서 1년 전 이미 아마존에 대해 결론을 내리고 있었다. 내용은 가혹했다. '베이조스에게는 안타깝지만 이제 아마존의 투자자들은 베이조스의 카리스마에 기대던 단계를 지나 '언제쯤 회사가 실제로 이익을 낼 것인가' 같은 어려운 질문에 답할 것을 요구하는 단계에 들어서고 있다.' 그러면서 이렇게 덧붙였다. '아마존의 전략은 팔 때마다 돈을 잃는데, 더 많이 팔아서 손해를 만회하려는 바보 같은 사업가처럼 보인다.'《배런스》

는 여러 해 동안 아마존에 대해 신중하고 부정적인 의견을 견지했으며 '버닝업 기사'에서는 아마존이 보유한 현금으로는 10개월밖에 운영할 수 없다고도 썼다.

한편 《배런스》가 이베이에 대해 쓴 커버 스토리는 달랐다. 2005년 6월 《배런스》는 이베이에 대해 '힛 댓 비드hit that bid(트레이더나 딜러가 다른 트레이더나 딜러가 외치는 매수 가격에 매도하겠다고 응하는 것 – 옮긴이)'라는 제목의 커버 스토리를 실었다. 이 기사는 이베이가 '세계에서 가장 중요한 전자 상거래 회사가 되었다'고 주장했다. 그러면서 그해 이베이의 주가는 35퍼센트 조정받았으나 회사의 성장 전망은 여전히 탄탄하다면서 '이베이의 주가는 이베이에서 찾을 수 있는 그 어떤 물건보다 저렴해 보인다'라고 결론짓고 매수를 추천했다. 또 이 기사는 이베이의 핵심 시장 비즈니스 모델은 매출 총 이익과 영업이익이 높고 아마존에 비해 물리적 인프라에 대한 요구는 적어 굉장히 매력적이라고도 썼다. 사실 이는 기업공개를 시작할 때부터 이베이의 매력 포인트이기도 했다. 이베이는 아마존과 마찬가지로 온라인 유통업체지만 재무 모델은 월등히 좋았다.

아마존이 승리할 수밖에 없었던 다섯 가지 이유

나도 이야기 짓기의 오류narrative fallacy가 무엇인지 알고 있다. 일련의 사실에 대해 억지로 설명을 만들고 거기에서 교훈을 이끌어내려고 하는 데는 위험이 따른다. 하지만 여기에는 몇 가지 분명한 사실이 있다. 수년간 이베이는 아마존보다 시가총액이 훨씬 더 큰 회사였다. 그런데 이 상황이 극적으로 변했다. 다시 한번 말하지만, 지난 20년간 기술 섹터에서 일어난 가장 극적인 변화 중 하나였다. 이야기 짓기의 오류에도 나는 어떻게 아마존이 펀더멘털 측면에서도, 그리고 밸류에이션 측면에서도 이베이를 이길 수 있었는지 설명해보려고 한다. 내 설명은 아마존과 이베이, 두 기업을 약 25년간 담당하면서 이들 기업의 모든 분기 실적 발표를 분석하고(양 사 합쳐 200개에 정도) 이들 중 어느 하나 또는 양쪽 모두에 초점을 맞춰 500개 이상 보고서를 작성한 경험을 바탕으로 한다.

첫째, 아마존은 이베이보다 상품 혁신에 더 뛰어났다. 지난 20년간 가장 중요한 세 가지 기술 혁신 중 하나로 아마존 웹 서비스(나머지는 아이폰과 테슬라 자동차)를 들 수 있는데, 사실 이거면 끝이다. 현재 아마존 웹 서비스 하나만으로 이베이의 20배에 달하는 가치가 있을 것이다. 그러나 아마존은 킨들, AI 기기 알렉사, 프라임 배송 프로그램, 최첨단 물류 시스템, 계산원 없는 가게 등 다른 분야에서도 매우 혁신적이었다. 투자자들은 혁신적인 기업에 보상을 주었고 아마존은 혁신적인 기업이었다.

둘째, 아마존은 일관되게 이베이보다 더 긴 투자 지평을 유지했다. 아마존의 장기 투자 스타일은 문서로도 잘 남아 있다. 베이조스는 1997년 주주들에게 보내는 첫 번째 서한에서 '우리는 단기적인 수익성이나 월가의 반응보다 장기적인 시장 리더십을 고려해 투자 결정을 내릴 것이다'라고 밝히며 장기적인 투자 지평에 대해 구체적으로 언급했다. 이 주주 서한에서 첫 번째 핵심은 '장기적인 지평long term이 중요하다'는 것이었다. 이베이 경영진도 장기적으로 생각했지만 아마존만큼 성공적이지도, 일관되지도 않았던 것 같다. 아마존의 임원 보수는 연간 평가로 결정되는 반면, 이베이의 임원 보수는 2008년까지 분기 실적으로 결정되었다. 증명하기는 어렵지만 여러 해 동안 양쪽 경영진과 소통하면서 나는 아마존이 이베이보다 단기적 기대에 초연할 수 있다는 인상을 받았다. 이베이는 아마존보다 실적과 기대치를 훨씬 더 빡빡하게 관리하려고 했다.

셋째, 경영진을 비교하는 것은 어렵지만 중요한 문제다. 아마존에는 분명히 더 뛰어난 경영진이 있었다. 그리고 그들은 더 일관성이 있었다. 2020년 2월 《시애틀 타임스Seattle Times》 기사에 따르면 아마존 S팀(20명가량 되는 대부분 고위 임원)의 평균 재임 기간은 16년이었다. 이는 일반적인 대기업에서도 드물게 긴 기간이며, 기술업계에서는 특히 긴 기간이다. 또 기업공개 이후 2021년까지 아마존은 CEO가 단 1명이었던 반면 이베이는 4명이었다.

넷째, 아마존의 총 도달 가능 시장이 더 컸다. 이베이는 제품 사이클의 가운데 시장에서 경쟁하려고 노력했지만 구하기 힘든 사이클의 초기 제품(예를 들어 비니 베이비스Beanie Babies, 양배추 인형Cabbage Patch Dolls, 1세대 엑스박스 콘솔, 1세대 아이패드, 벨루어 트랙슈트 등)과 사이클의 후기 제품(예를 들어 빈티지 의류, 야구 카드, 중고차 부품 등)처럼 늘 사이클의 양 끝단에 있는 제품을 취급하는 시장에 우선순위를 뒀다. 이는 아마존이 이베이보다 늘 훨씬 더 큰 도달 가능 시장을 확보하고 있었다는 의미다. 전 세계 유통시장 규모는 20조 달러 이상이지만 이베이의 목표시장은 1조 달러에도 미치지 못하는 극히 일부였다. 따라서 아마존은 이베이보다 10년 이상 유통 부문에서 높은 매출 성장률을 유지할 수 있었다. 아마존의 성장 기간이 더 길었던 것이다.

다섯째, 아마존은 처음부터 더 소비자 중심적이었다. 아마존의 첫 번째 주주 서한에 제시한 1번 핵심은 장기적 지평에 관한 것이었지만 2번 핵심은 '고객에 대한 집착'이었다. 아마존과 제프 베이조스의 고객 중심 원칙을 다루는 웹사이트가 있다. 경영진이 가장 자주 사용하는 말은 '고객이 필요로 하는 것부터 시작해 역방향으로 일한다'는 것이었다. 반면 이베이의 문제는 판매자의 성공에 적극적으로 초점을 맞췄다는 것이다. 수년간 이베이의 초점은 영세 판매자에서 대량 판매자로 옮겨 갔다가 다시 영세 판매자로 돌아왔다. 이베이에 고객은 종종 판매자였다. 아마존에 고객은 소비자(적어도 유통 사업에서는)였다. 이것이 두 회사의 장기적 성공에 엄청난 차이를 만들었다.

투자자 우선인 기업과 고객 우선인 기업의 장기적 주가 변동

2005년 2월 2일 아마존 프라임의 출시는 아마존이 성공한(어떻게 이베이와 다른 유통업체를 이길 수 있었는지) 대부분의 이유를 가장 잘 보여주는 사건이다. 이날 장 마감 후 아마존은 2004년 4분기 실적을 발표할 예정이었다. 같은 날 오전 아마존 웹사이트의 첫 페이지에는 제프 베이조스의 편지가 올라왔다. 이 편지에서 베이조스는 연간 79달러에 빠른 배송이 가능한 멤버십 프로그램 아마존 프라임을 발표했다. 그는 프라임이 더 많은 고객의 사업을 아마존으로 유치하길 바란다면서 '단기적으로는 아마존닷컴에 비용 부담이 클 것'으로 예상된다고 경고했다.

아메리칸 테크놀로지 리서치의 인터넷 애널리스트로 일하던 나는 이 편지를 보고 아마존이 그날 밤 실적 발표 시 향후 이익 가이던스를 내는 데 조심스러울 것이라고 생각했다. CEO가 새로운 계획을 발표하면서 '단기적으로는 비용 부담이 클 것'이라고 말한다면 보통 이것은 EPS 추정치가 하락할 거라는 확실한 지표였다. 나는 아마존의 실적 발표를 취재할 CNBC 리포터 코리 존슨과 이야기를 나누며 이런 예측을 말했다. 그리고 바로 이런 일이 일어났다.

아마존은 월가 예상치를 크게 밑도는 2005년 1분기와 2005년 연간 영업이익 전망을 내놓았다. 게다가 2005년 자본적 지출은 거의 2배로 늘어날 것으로 전망했다. 프라임 배송은 아마존에 너무 비싼 계획이었다. 여기서 중요한 배경지식은 아마존의 영업이익률이 2001년 이후 꾸준히 상승했다는 것이다. 게다가 2004년은 영업이익률 측면에서 아마존에 기록적인 해가 될 전망이었다. 또 실제로도 기록적인 해가 되었다. 2004년에 아마존은 영업이익률 6.4퍼센트를 달성했다(2021년 초 기준, 아마존의 영업이익률이 이렇게 높았던 적은 없었다). 프라임은 궤도에 오른 아마존의 수익성 열차를 탈선시킬 것이고, 투자자들은 이를 좋아하지 않을 것이었다.

아마존 주가는 그날 오후 애프터 마켓에서 바로 15퍼센트 폭락했고 이후 몇 개월 동안 하방 압력을 받았다. 그날 오후 CNBC의 코리는 "마크 마하니가 맞았다!"라고 말하며 방송을 진행했다. 나는 잘 맞혔지만 단기 트레이드라는 관점에서만 그랬다. 당시 나는 아마존 주가에 대해 조심스러웠고 중립 의견을 취하고 있었다.

지금도 나는 유통 부문에서는 일관되게 높은 매출 성장률을 창출하면서 완전히 새로운 사업(가령 아마존 웹 서비스와 킨들)까지 성공적으로 출시할 수 있다는 것을 보여준 2008년 어느 때쯤까지는 아마존이 주요한 대세 상승 종목으로 보이지 않았다고 생각한다. 하지만 프라임 서비스를 출시하면서 아마존은 단기 투자자에게는 해가 돼도, 소비자에게는 이익이 되는 장기 계획에 투자할 의사가 있음을 증명했다. 한 달에 두 번 정도 주문하는 평균적인 아마존 고객의 경우 프라임 서비스는 대략 3개월이면 비용을 뽑을 수 있었다. 그러나 프라임 서비스는 실적 발표 후 몇 분 만에 평균적인 아마존 투자자의 포트폴리오에 15퍼센트 손실을 입혔다.

프라임 서비스는 효과가 있었을까? 당연히 있었다. 프라임은 인터넷 역사상, 아니 어쩌면 인류 역사상 고객 충성도가 가장 높은 프로그램이었다. 이 프로그램은 2018년까지 1억 명, 2020년 초까지는 1억 5,000만 명 이상의 가입자를 확보했다. 내가 약 10년 동안 실시한 광범위한 설문 조사에 따르면 아마존 프라임 고객은 아마존이나 다른 어느 온라인 유통업체의 고객보다도 참여적이고, 구매 횟수와 충성도가 높으며, 지출이 많은 고객이 되었다. 이제 프라임은 아마존의 높은 매출 성장률을 이끄는 중요한 요인 중 하나가 되었다. 그리고 설문 조사 결과 배송 속도는 아마존의 가장 매력적인 특징 중 하나였다.

프라임의 출시와 성공은 아마존의 성공 스토리에 필수적인 특성을 전부 갖추고 있었다. 먼저 프라임은 매우 혁신적인 서비스였다. 당시 주요 인터넷 유통업체 중에는 배송 구독 프로그램을 제공하는 곳이 하나도 없었다. 동시에 장기 지향적인 계획이기도 했다. 단기적으로는 비용이 많이 들지만 장기적으로는 고객 충성도를 크게 높인다는 점에서 수익성이 높았다. 마지막으로 고객 중심적이었다. 프라임 가입 고객은 시간이 지남에 따라 수백 달러에 이르는 배송비를 절감할 수 있었다. 투자자들은 이에 부정적으로 반응하며 주가를 끌어내렸다. 그러나 고객들은 긍정적으로 반응했고, 이후 10년 동안 아마존은 꾸준히 이베이와 다른 온라인 유통업를 넘어설 수 있었다(2017년 3월, 이베이는 2,000만 개 제품에 대해 3일 이내 배송을 제공하는 배송 보장 서비스를 시작했다. 늦더라도 안 하는 것보다는 낫다.).

아마존 대 이베이의 이야기에서 요점은 단기적으로는 투자자의 기대에 어긋날지라도 고객을 위해 적극적으로 혁신하려는 회사가 장기적으로 승자가 되었다는 것이다. 아마존이 성공을 거둔 배경에는 많은 요인이 있었지만 투자자보다 고객을 중심에 두는 고객 중심주의가 핵심이었다.

투자자 중심적인 회사는 형편없는 투자를 한다 — 그럽허브

그럽허브는 주목할 만한 주식이었다(그림 7.4). 거래 첫날 31퍼센트 상승한 이후 3년간 보합세를 보였다. 2014년 4월 4일 종가가 34달러였는데, 2017년 4월 4일 종가가 33달러였다. 이후 18개월 동안 320퍼센트 급상승하며 2018년 9월에는 146달러가 되었고, 그다음에는 다시 77퍼센트 하락해 2019년 10월 말에는 34달러로 돌아갔다.

여기 어딘가에도 주식 투자에 대한 교훈이 있다. 바로 이거다. 2019년 10월 28일 그럽허브가 보낸 주주 서한부터 시작하는 것이 좋겠다. 나는 이것을 '난잡함에 대해 쓴 편지promiscuity letter'라 부르고 싶다.

이 편지에서 그럽허브 경영진은 최근 고객 유지율customer retention rates

그림 7.4 그럽허브의 주가 변동

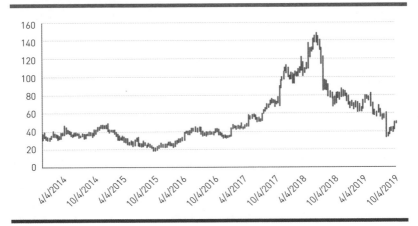

및 주문 빈도가 완만해지면서 주문 증가 추세가 '기대보다 현저히 낮아졌다'고 밝혔다. 그럽허브 경영진은 산업이 성숙하고 온라인 식사 배달 주문 고객들이 '더 난잡해져서', 즉 고객이 그럽허브에서만 주문하지 않고 경쟁 회사에서도 주문하기 때문에 실적에 전체적인 약세가 나타났다고 설명했다. 그러더니 다음 분기 가이던스를 대폭 축소했다. 다음 날 그럽허브의 주가는 57퍼센트 급락해 34달러 수준이 되었다.

'난잡함에 대해 쓴 편지'에서 그럽허브는 내내 자사 비즈니스 모델의 매력과 지속 가능성을 강조했다. 그럽허브는 '자사 비즈니스 모델의 강력한 제반 조건'에 대해서도 언급했다. 그러면서 '우리는 통제된 투자 전략과 차별화된 비즈니스 모델을 통해 온라인 음식 배달업계에서 규모의 이익을 창출한 세계 2대 회사 중 하나이자 미국에서 유일한 회사임을 증명했다'고 덧붙였다. 그럽허브는 경쟁자들이 '터무니없는 손실을 감내하며 공격적인 지출을 계속하고 있다'고 표현했다.

그렇다면 경쟁자는 누구이고 이들에게 어떤 일이 일어났던 것일까? 가장 큰 경쟁자는 2020년에 상장해 거래 첫날 86퍼센트 상승한 도어대시였다. 도어대시의 2021년 초 시가총액은 약 500억 달러였다. 주가가 최고점에 있을 때 그럽허브의 시가총액은 약 150억 달러였다. 따라서 2021년 기준 도어대시의 시가총액은 그럽허브의 시가총액이 가장 클 때보다 3배 이상 크다. 주가는 늘 변한다. 따라서 시가총액도 마찬가지로 변한다. 도어대시의 시가총액은 반으로 줄어들 수 있었다. 이상한 일이었다. 그렇다 해도 도어대시의 시가총액은 정점일 때 그럽허브의 시가총액보다 훨씬 컸다.

도어대시가 그럽허브보다 훨씬 더 큰 시가총액을 달성한 가장 큰 이유 중 하나는 도어대시의 S-1 파일에 포함된 그림 7.5를 보면 알 수 있다. 미국 온라인 음식 배달업계에서 도어대시의 점유율은 2018년 초 17퍼센트에서 2020년 10월 50퍼센트로 확대된 반면, 그럽허브의 점유율은 39퍼센트에서 16퍼센트로 낮아졌다.

주주 서한이 공개됐을 당시 그럽허브는 '미국에서 가장 강력하고 뿌리 깊은 레스토랑 마켓플레이스'를 확보하고 있다고 주장했다. 그것이 확실히 바뀌었다. 대체 왜? 몇 가지 이유가 있지만 한 가지 핵심적인 이유는 아마존과 이베이처럼 그럽허브는 투자자 중심적이었던 반면, 도어대시는 보다 고객 중심적이었다는 것이다.

이 모든 것이 그럽허브의 주주 서한에 담겨 있었다. 그럽허브 경영진은 '우리는 마켓플레이스에서 고객의 이용량을 결정짓는 가장 주요한 요

그림 7.5 도어대시는 어떻게 배달 전쟁에서 승리했을까

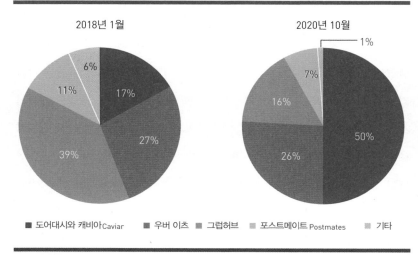

2018년 1월

2020년 10월

■ 도어대시와 캐비아Caviar ■ 우버 이츠 ■ 그럽허브 ■ 포스트메이트 Postmates ■ 기타

총 매출액 기준 미국 내 점유율
출처: 도어대시 S-1 파일

인이 마켓플레이스에 고객이 원하는 식당이 있는지 여부라는 것을 경험으로 알았다'고 했다. 상당 기간 그럽허브는 자체 배달 식당만 네트워크에 포함시키는 주문 중개 모델이었다. 주주 서한에 따르면 기본적으로 그럽허브는 가맹 식당 측의 온라인 마케팅 파트너였고, 이것은 '양자 모두에게 매우 이익이 되는 관계'였다. 투자자에게는 좋지만 고객에게는 그다지 좋지 않았다.

도어대시와 다른 배달업체(포스트메이트와 우버 이츠) 역시 가맹 식당이 소비자가 어떤 온라인 음식 배달 서비스를 이용할지 결정할 때 가장 중요한 요소 중 하나라는 것을 알고 있었다. 그래서 이들은 핵심 시장에 있는 모든 식당에 배달 시스템을 제공해 핵심 시장의 레스토랑 공급을 대대적

으로 확대했다. 여기에는 비용이 많이 들었다. 광고와 식당 이용 고객, 배달원, 식당에 제공하는 인센티브에도 큰돈이 들었다. 그뿐 아니라 복잡하기도 한 배달 네트워크를 구축해야 했다. 결국 도어대시는 미국 온라인 음식 배달 시장을 공략하기 위해 자본시장에서 20억 달러를 조달했다. 2018년 도어대시의 순손실은 2억 달러였다. 2019년에는 그 금액이 7억 달러에 육박했다. 그러나 도어대시는 고객이 가장 원하는 것에 초점을 맞췄기 때문에 그럽허브에 비해 높은 시장점유율을 확보할 수 있었다. 그리고 결국에는 시가총액도 그럽허브보다 커졌다(그럽허브는 2020년 6월 저스트 이트 테이크어웨이Just Eat Takeaway에 73억 달러에 매각되었다).

이렇게 생각해보자. 난잡한 고객이 누구일까? 그들은 고객이다. 당신이 제공하는 서비스에 완전히 만족하지 못한 고객. 그래서 그들은 다른 서비스를 시도해보는 것이다. 만약 고객들이 당신이 제공하는 서비스보다 더 고객 중심적인 서비스를 찾는다면, 그러니까 이를테면 더 나은 식당과 가맹 관계를 맺고 더 빠르고 더 신뢰할 수 있는 배달을 제공하는 서비스를 찾는다면 그 서비스로 바꿔 탈 것이다.

도어대시가 그럽허브를 뛰어넘을 수 있었던 데는 몇 가지 이유가 있다. 도어대시는 도시에 비해 배달 시스템의 우위를 누릴 수 있는 교외 시장에 더 집중했다. 가맹점을 확대했고 고객이 배달 서비스를 선택하는 또 다른 중요 요소인 일관되고 신속한 배달 서비스도 아주 잘 구축했다. 도어대시가 기업공개를 한 직후 시가총액은 이 회사가 식료품과 전문 용품 등 다른 분야로도 배달 서비스를 성공적으로 확장할 수 있을 거라는 일부 기대가 반영된 것이었다. 그러나 도어대시가 그럽허브를 뛰어넘은 핵심적인 이유 중 하나는 그럽허브보다 고객 중심적이었기 때문이다.

탁월한 고객 경험을 창출하기 위해 적극적으로 투자할 수 있는 기업은 단순히 매력적인 비즈니스 모델을 지키려는 기업보다 장기적으로 더 나은 투자 대상이 될 수 있다. 과장됐을 수도 있지만 이것이 내가 이들 주식을 추적하면서 얻은 큰 교훈이다. 아마존 대 이베이, 도어대시 대 그럽허브의 이야기는 투자자가 아닌 고객 중심적 기업이 펀더멘털과 주가 모두에서 장기적으로 승리한다는 것을 시사한다.

음식 배달업계에서 일어난 전쟁을 보는 비교적 일반적인 실리콘밸리의 견해 중 하나는 도어대시가 비공개 기업이었기 때문에 공개 기업은 감당할 수 없는 '터무니없는 손실을 감내'할 수 있었다는 것이다. 이것은 사실일 수도 있고 아닐 수도 있다. 그러나 고객 중심적인 기업에 투자해야 한다는 중요한 교훈 또는 투자자 중심적인 기업을 피해야 한다는 교훈은 여전하다. 투자자 친화적인 고수익 모델을 버리고, 고객 중심적이지만 불확실성이 매우 높은 모델로 비즈니스 모델을 극적으로 변화시킨 유명한 상장 기술 기업의 흥미로운 사례가 있다. 질로를 소개한다.

피벗 전환은 주가를 어떻게 바꾸는가 — 질로

질로는 누구나 다 아는 브랜드가 되었다. 2020년 11월, 《뉴욕 타임스》는 '질로 서핑(질로 웹사이트에 올라온 매물을 둘러보는 것을 이르는 말 – 옮긴이)은 우리 모두가 지금 당장 필요로 하는 도피처다Zillow Surfing Is the Escape We All Need Right Now'라는 제목의 기사를 실었다. 수백만 명의 소비자가 매물로 올라온 집을 둘러보고 살고 싶은 집을 상상하기 위해 질로로 간다. 일종의 하우스 포르노라고 할 수 있다.

2021년 2월 방송된 〈새터데이 나이트 라이브〉에서 지적했던 것처럼 질로 서핑은 하우스 포르노가 맞았다. 〈새터데이 나이트 라이브〉는 '당신의 가장 섹시한 욕구를 만족시키는 단 하나의 웹사이트'라고 가짜 질로 광고를 만들었다. 여기서 섹시한 욕구란 바로 다른 사람들의 집을 구경하는 것이다(정말 웃기다! 유튜브에서 다시 볼 수 있다.). 그런데 여기에도 주식 매수에 대한 훌륭한 교훈이 있을지 모른다. 2011년 〈새터데이 나이트 라이브〉가 퀵스터에 실패한 넷플릭스를 희화화했을 때는 넷플릭스 주식을 매수할 아주 좋은 시점이었다. 〈새터데이 나이트 라이브〉가 질로를 희화화한 것도 마찬가지일까?

지난 10년 동안 질로는 미국인들의 마음속에 미국 주택 가격의 중앙 예탁 기관으로 확고히 자리 잡았다. 이런, 너무 딱딱하게 들릴 것 같다. 그럼 이렇게 말하면 어떨까? 질로는 친구의 집, 동료의 집, 상사의 집, 주소를 찾을 수 있는 모든 유명 인사의 집을 포함해 사실상 국내에 있는 모든 집에 대해 제스티메이트Zestimates(주택 적정 가격을 산출하는 프로그램 – 옮긴이)를 제공한다. 시간이 지남에 따라 질로는 모든 주택 매매에서 중요한 부분이 되었다. 미국에서는 적어도 어느 한쪽 또는 양쪽 당사자가 매매 대상 부동산에 대해 제스티메이트를 확인하고 거래를 성사시키는 경우가 대부분이다.

질로는 2006년 리치 바턴Rich Barton, 로이드 핑크Lloyd Fink, 스펜서 래스코프Spencer Rascoff를 포함한 주요 경영진이 창립한 회사다. 세 사람 모두 질로 이전에 기술업계에서 상당한 경험을 쌓았는데, 특히 바턴은 온라인 여행사 익스피디아를 세우기도 했다. 2011년 7월 공모가 20달러에 상장된 질로는 거래 첫날 80퍼센트 급등해서 2014년 7월 말에는 160달러까지 올랐고, 시가총액 300억 달러를 넘겼다. 규제 문제와 기타 법적 문제 등 여러 이유로 질로의 주가는 이후 1년간 거의 90퍼센트 급락해 공모가 근처에 도달했다. 이후 5년간 횡보하다가 2021년 초 위험과 비용을 무릅쓰고 비즈니스 모델을 변경함으로써 2014년 최고점일 때 주가를 회복할 수 있었다. 당시 나는 질로의 변화를 기술 회사가 취한 가장 위험한 도박 중 하나라고 언급했다. 그리고 그것을 '질로 피벗pivot(기업이나 조직이 사업 방향 또는 전략 등을 조정하는 일 – 옮긴이)'이라고 명명했다(피벗이라기보다 확장에 가까웠지만 '질로 피벗'은 뭐랄까, '질로 확장'보다 더 멋지게 들린다).

예전 질로의 비즈니스 모델은 주로 부동산 중개업자에게 마케팅 솔루션을 제공하는 것에 기반을 두고 있었다. 그럽허브처럼 말이다. 식당들은 잠재 주문 고객을 얻는 대신 그럽허브에 수수료를 지불했다. 부동산 중개업자도 집을 매매하려는 잠재 고객을 얻는 대신 질로에 수수료를 지불했다. 총 도달 가능 시장 규모도 좋았고 비즈니스 모델도 좋았다. '비즈니스 모델이 좋았다'는 말은 온라인 부동산 광고가 큰 자본을 투입할 필요 없이 총 이익률이 80퍼센트 이상 나오는 사업이었다는 뜻이다. 그리고 '총 도달 가능 시장의 규모도 좋았다'는 말은 온라인 부동산 광고의 총 도달 가능 시장 규모가 100억에서 200억 달러 사이 어디쯤 되었다는 뜻이다. 총 도달 가능 시장의 규모가 1조 달러에 육박하는 것은 아니었지만 이 정도면 시장 기회는 탄탄했다.

그러다가 2018년 4월 12일, 질로는 직접 주택 매매 시장에 진출하겠다고 발표했다. 이익률이 높고 이미 시장 지배자의 자리에 있었던 부동산 광고 시장에서 경쟁하는 대신, 직접 주택을 사고파는 시장으로 확장해 나가겠다는 것이었다. 아이바이어iBuyer(공인중개사를 통하지 않고 집을 매매하는 방식. 매도자는 아이바이어에 주택을 매도하고 아이바이어 업체는 이 집을 매수해 수리가 필요한 부분을 고치고 부동산을 원하는 매수인에게 판매하는 방식이다. - 옮긴이) 시장이라고도 하며, 나는 이것을 홈플리핑닷컴homeflipping.com(홈플리핑은 낡은 집을 사서 수리한 뒤 되파는 것 - 옮긴이) 시장이라고 부른다. 주택 직거래 시장은 주택 매매 과정의 불편을 크게 줄인다. 매도인은 온라인으로 자기 집에 대해 매도를 의뢰한다. 그러면 오픈도어Opendoor, 레드핀Redfin, 오퍼패드Offerpad, 질로 같은 회사들이 수리 가능성을 고려해 48시간 내에 현금 매입가를 제안하고 90일 안에 이 집을 재판매한다. 매도인에게 붙는 수수료는 기존 부동산 중개 모델보다 높지만 거래가 매우 빠르고 간단해서 매도인은 새로운 집을 더 쉽게 구할 수 있는 등 잠재적으로 훨씬 더 큰 이익을 얻는다. 현재 아이바이어 모델이 인기를 얻은 시장에서는 10퍼센트 이상의 주택이 이 과정을 통해 판매된다.

이것은 질로에 중대한 피벗이었고 여러 면에서 위험한 선택이었다.

첫째, 아이바이어 사업은 기존 질로가 하던 광고 사업에 비해 훨씬 더 자본 집약적인 사업이었다. 10억 달러가 훌쩍 넘는 부채를 져야 하거나 자기 자본 조달이 필요했다. 둘째, 엄청난 자산 리스크와 경기 순환 리스크가 있었다. 회사는 주택을 매수한 가격보다 높은 가격에 매도해야 이익을 낼 수 있지만, 이는 정해진 것이 아니었다. 셋째, 마케팅 도구를 제공하는 회사인 질로가 갖추지 못한 부동산 역량이 필요했다. 넷째, 질로의 핵심 사업이었던 부동산 광고 모델을 해칠 위험이 있었다. 아이바이어 시장이 정말로 성공한다면 애초 질로에 광고 수익을 가져다준 부동산업계의 중개 수수료에 타격을 가할 위험이 있었다(넷플릭스가 출시한 스트리밍 서비스가 잠재적, 실질적으로 넷플릭스의 핵심 사업이었던 DVD 대여 사업을 잠식한 것과 크게 다르지 않다). 다섯째, 아이바이어 시장은 이미 경쟁적이었다. 이 시장을 주도하는 비공개 기업(오픈도어)은 도어대시가 그럽허브를 공격할 때 도어대시를 지원했던 대규모 펀드 중 한 곳에서 공격적으로 자금을 조달받은 상태였다.

실로 위험천만했다! 시장도 질로 창업자들이 우려했던 것과 같은 견해를 가지고 있었다. 질로의 주가는 직접 매입direct buy 사업에 뛰어들겠다고 발표한 당일 밤 애프터 마켓에서 5퍼센트나 하락했다. 이후 연말까지 주택 구입 사업을 시작하는 데 필요한 투자금 때문에 수익성 추정이 대폭 감소하면서 주가는 42퍼센트 하락했고, 시장 수익률을 크게 하회했다. 당시 나는 질로의 피벗이 '회사에 적합한 조치일 가능성이 높지만 실행 위험을 상당히 증가시켰다'라고 썼다. '적합한 조치'라고 쓴 이유는 직접 매입 서비스가 주택 매도인에게 분명히 매력적이고 새로운 가치 제안을 제공하는 것처럼 보였고, 만약 성공한다면 질로의 총 도달 가능 시장을 크게 확장시킬 수 있었기 때문이다. '실행 위험'은 앞서 나열한 다섯가지 이유 때문이었다. 이 위험 때문에 나는 한 달 후 매수에서 중립으로 투자 의견을 하향 조정했다.

이 이야기는 끝나려면 멀었다. '질로의 피벗'이 성공하고 있다는 증거가 나오려면 아마존의 프라임 프로그램 투자와 넷플릭스의 스트리밍 전환이 그랬던 것처럼 여러 해가 걸릴 것이다. 질로의 펀더멘털에 나타난 잠정적 증거는 피벗이 효과가 있음을 보여준다. 현재 질로의 직접 매입 부문 인 홈스Homes는 2021년 초 지속 가능한 수익성을 달성할 전환점에 있는 것으로 보인다. 또 아이바잉iBuying에 대한 수요도 변곡점에 도달한 것 같다. 주식 매수에 대한 교훈이라는 측면에서 봤을 때 더 중요한 질로의 주가도 2021년 초 기준 사상 최고치를 기록하며 회복했다(그림 7.6).

질로는 단기적인 투자자 위험은 훨씬 더 크지만 보다 고객 중심적인 접근 방식으로 전환하는 것이 실제로 효과가 있는지, 투자자가 이런 전환에 대해 보상을 받을 수 있는지에 대해 향후 몇 년 동안 실시간 테스트를

그림 7.6 질로의 주가 변동

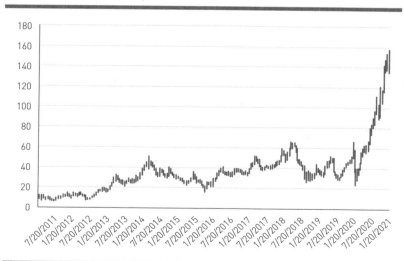

제공할 것이다. 이 두 질문에 대한 내 생각은 긍정적이다. 나는 질로의 이사진인 리치 바턴(넷플릭스 이사회)과 로이드 핑크(그럽허브 이사회)의 이전 경험 덕분에 질로가 이렇게 피벗할 수 있었다고 생각한다. 질로의 임원들은 기업이 더 매력적인 가치 제안을 받아들였을 때(넷플릭스)와 받아들이지 않았을 때(그럽허브) 어떻게 됐는지 이미 알고 있었다. 바턴, 핑크, 래스코프 등 3명의 주요 창립자가 피벗을 전적으로 지지하는 것도 도움이 되었다. 사실 이것은 매우 결정적이었다.

어쩌면 5년에서 10년 사이에 우리는 투자자 중심에서 고객 중심 전략으로 성공적으로 피벗한 기업을 칭송하는 말로 '질로 따라잡기'라는 표현을 사용하게 될지도 모른다. 그리고 이베이나 그럽허브가 '질로를 따라잡았다'면 어떻게 됐을까 궁금해할지도 모른다.

'플라이휠'을 보유한 주식을 찾아라

2014년은 인터넷 역사에서 중요한 해였다. 비즈니스 역사상 중요한 해로 여겨질 수도 있었다. 처음으로 주요 인터넷 회사들이 소비자를 대상으로 성공적으로 가격을 인상한 해였기 때문이다. 그해 아마존은 아마존 프라임에 대해 사상 처음으로 가격 인상을 단행했다. 넷플릭스도 처음으로 스트리밍 서비스 가격을 인상했다. 둘 다 성공적이었다. 두 사례 모두 고객 중심적인 사업을 구축하는 비즈니스 모델의 이점을 잘 보여준다. 바로 가격 결정력의 플라이휠이다. 더 자세히 알아보자.

2014년 3월 아마존은 아마존 프라임 가격을 79달러에서 99달러로 20

달러 올리겠다고 발표했는데, 이는 무려 25퍼센트나 인상한 것이었다. 2005년 프로그램이 출시된 이후 처음으로 단행한 가격 인상이었다. 아마존 프라임은 9년이나 똑같은 가격을 유지했던 것이다. 당시 아마존의 CFO이던 톰 츠쿠택Tom Szkutak은 꼼꼼하고 겸손하며 절제된 재무의 귀재였다. CFO로 완벽한 인재였다. 이전 실적 발표에서 츠쿠택은 연료비와 운송비가 상승함에 따라 20달러에서 40달러 정도 가격 인상을 고려하고 있다고 발표해 시장을 놀라게 했다. 가격을 25퍼센트에서 50퍼센트 인상한다고? 아마존으로 말할 것 같으면 저가 판매의 리더였다! 츠쿠택이 미친 걸까?

한 달 후 20달러 가격 인상 발표가 공식화됐을 때 아마존 홈페이지에 올라온 편지는 2005년 이후 프라임의 가치가 얼마나 커졌는지 강조했다. 무제한 무료 이틀 배송이 가능한 품목은 100만 개에서 2,000만 개 이상으로 늘었다. 게다가 이제는 4만 편이 넘는 영화와 TV 시리즈, 50만 권 이상의 킨들 책을 무료로 무한정 볼 수도 있었다. 아마존은 이런 식으로 가격 인상을 변호했지만 인상 폭이 너무 크다는 점(무려 25퍼센트)은 의심할 여지가 없었다. 위험한 조치였다.

9개월 후인 2015년 1월, 아마존은 가격 인상에도 2014년 프라임 가입자 수가 전 세계적으로 53퍼센트 증가했다고 발표했다. 전체 프라임 가입자 수를 공개하지는 않았지만 아마존의 발표는 가격이 인상되었음에도 프라임 프로그램의 신규 가입자 수가 늘고 있다는 것을 강하게 시사했다. 가격 인상에도 고객 기반이 더 빠르게 성장하는 것은 놀라운 성과다. 그것은 소비자가 프라임을 매우 긍정적으로 인식하고 있음을 보여주는 표시였다. 베이조스는 프라임에 대해 '쇼핑 역사상 최고의 헐값'이라고 말했다. 그럴지도, 아닐지도 모르겠다. 하지만 소비자는 분명히 프라임을 대단히 싸게 봤다.

2018년 5월, 아마존은 프라임 가격을 119달러로 한 번 더 올렸다. 결국 아마존은 2014년 초 츠쿠택이 힌트를 준 것처럼 50퍼센트 가격 인상에 성공했다. 이번에도 아마존이나 프라임의 인기에 부정적 영향은 없는 듯했다. 2013년부터 2020년까지 아마존 프라임 사용 현황을 조사한 결과, 프라임 사용자는 거의 매년 증가해 2020년 중반에는 미국 전체 인터넷 사용자의 70퍼센트에 육박했다(그림 7.7). 50퍼센트나 가격을 인상했는데도 말이다.

1억 5,000만 명이 넘는 아마존 프라임 가입자를 기준으로 했을 때 40달러 인상은 상당한 금액이다. 무려 60억 달러가 넘는다. 2014년부터 2017년까지 아마존이 창출한 전체 순이익이 이 정도였다. 이처럼 가격인상 효과는 대단하다. 성공만 하면 가격 인상분은 모두 마진이다. 순이익에 바로 반영되는 것이다. 다만 아마존의 경우는 그렇지 않았다. 대신 아마존은 추가 수익으로 연료비와 운송비 상승분을 메우고 프라임의 가치를 높였다. 더 빠른 배송(현재는 하루 배송 보장에 가까워짐), 더 많은 영화, 더 많은 음악, 더 많은 전자책을 제공할 수 있게 투자했다. 가격 인상은 프라임 프로그램의 전체적인 고객 가치 제안을 확대해 향후 가격 인상을 가능하게 하고, 이렇게 인상된 가격이 또다시 프라임의 가치를 높이는데 사용되어 계속 선순환된다. 가격 결정의 플라이휠이 돌아가는 것이다. 꾸준히 적극적으로 혁신하는 고객 중심 기업은 잘만 해낸다면 이런 플라

그림 7.7 가격 인상에도 증가한 아마존 프라임 사용자

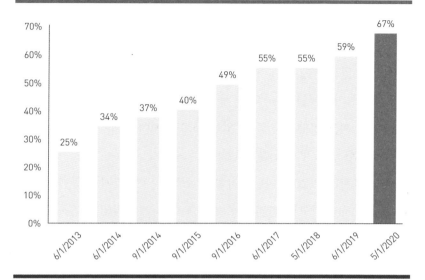

출처: 서베이몽키SurveyMonkey 조사

이휠을 돌릴 수 있다. 아마존이 그랬고 넷플릭스는 더 확실하게 이를 해 냈다.

2014년 5월, 넷플릭스는 스탠더드 스트리밍 서비스 가격을 7.99달러 에서 8.99달러로 1달러 인상했다. 스트리밍 서비스를 시작한 2007년 이 후 처음 있는 가격 인상이었다. 아마존처럼 넷플릭스의 CEO 리드 헤이 스팅스도 한 달 전 애널리스트들과 가진 실적 발표에서 스탠더드 요금제 를 월 1달러 혹은 2달러 정도 인상할 계획이라고 밝혔다. 이는 13퍼센트 에서 25퍼센트 상승이었는데, 결국 13퍼센트 인상을 확정했다. 헤이스팅 스는 다음과 같이 인상한 이유를 밝혔다. "확장을 계속하고 좋은 오리지

널 콘텐츠를 더 많이 만들려면 결국 가격을 조금 올려야 합니다." 그러나 넷플릭스는 가격 인상에 각별한 주의를 기울여 기존 가입자들이 가격 인상 때문에 빠져나가지 않도록 최대 2년간 7.99달러에 스탠더드 요금제를 유지할 수 있도록 했다. 게다가 스탠더드 요금제는 8.99달러에 고화질 콘텐츠를 2개 기기에서 볼 수 있는 데 비해 7.99달러에 한 번에 하나의 기기에서 표준 화질 콘텐츠를 볼 수 있는 새로운 베이식 요금제를 만들었다. 가장 신중한 방식의 가격 인상이었다.

이는 효과가 있었다. 아마존처럼 넷플릭스 역시 가격 인상에도 2014년 가입자 증가가 가속화되었다. 2013년에는 스트리밍 서비스 구독자가 1,100만 명 증가했고 2014년에는 1,300만 명 더 늘어났다. 1년 6개월이 지난 후, 넷플릭스는 스탠더드 요금제를 9.99달러로 또다시 1달러 올렸다. 2년 후 스탠더드 요금제는 10.99달러까지 올랐다. 그리고 그로부터 1년 후에는 12.99달러까지 올랐는데, 이때는 처음으로 베이식 요금제도 8.99달러로 인상되었다. 2020년 말, 넷플릭스의 스탠더드 요금제는 13.99달러까지 올랐다.

이 기간 동안 2019년 신규 구독자 수가 다소 감소했을 때를 제외하고 넷플릭스의 신규 구독자 증가세는 매년 가속화되었다(그림 7.8). 2015년에는 1,600만 명, 2016년에는 1,800만 명, 2017년에는 2,100만 명, 2018년에는 2,900만 명, 2019년에는 2,800만 명이 증가했고, 2020년에는 3,700만 명이 훌쩍 늘었다. 넷플릭스의 신규 구독자 수가 계속 늘어난 데는 코로나19 위기로 2020년 엄청난 신장 효과를 거둔 것을 포함해 여러 이유가 있다. 그러나 가격을 인상했음에도 신규 구독자 수가 계속 증가했

그림 7.8 넷플릭스가 지닌 가격 결정력의 플라이휠

다는 기본적인 사실만 봐도 넷플릭스가 제공하는 고객 가치 제안이 얼마나 강력한지 알 수 있다. 7.99달러에서 13.99달러로 월 6달러가 인상됐는데도 말이다.

2014년 헤이스팅스가 말한 '조금'은 결국 6년 동안 75퍼센트를 인상하는 것이었다! 가입자 2억 명을 기준으로 했을 때 전액 순이익으로 이어지는 매출이 연간 140억 달러에 달한다. 당연히 넷플릭스는 이 돈을 그냥 두지 않았다. 그중 많은 금액을 더 많은 콘텐츠를 사고 제작하는 데 썼다. 플라이휠이 돌아갈 때다. 더 많은 콘텐츠는 더 나은 서비스를 만들고, 더 나은 서비스는 더 높은 가격 상승을 가능하게 하고, 가격 상승은 더 많은 콘텐츠에 투자할 수 있게 하고, 이는 또다시 더 나은 서비스를 만든다.

이 지점에서 주식 매수에 대해 어떤 교훈을 얻을 수 있는지 살펴보자.

지난 1·5·10년 동안 아마존과 넷플릭스가 경이로운 주식이었던 것은 이회사들이 꾸준히 높은 매출 성장을 이끌어낼 수 있었기 때문이었다. 넷플릭스의 경우 매출 계산은 간단하다. 가입자당 매출을 가입자 수에 곱하면 된다. 넷플릭스의 매출 성장은 대부분 가입자 수가 증가함으로써 이루어졌다. 하지만 매출의 4분의 1에서 3분의 1은 가입자당 매출이 성장함으로써 창출된 것이었다. 결국 가격 인상에 성공함으로써 가입자당 매출은 크게 높아졌다. 가격 결정력을 지닌 기업은 드물며, 가격 결정력을 지닌 기업은 추가적인 매출 성장의 지렛대를 갖게 된다.

아마존과 넷플릭스는 둘 다 이런 추가적인 매출 성장의 지렛대로 이익을 얻었다. 두 회사는 지속적으로 고객 가치 제안을 혁신하고 개선해왔고, 이것이 다시 고객 성장을 촉진했기 때문이다. 둘 다 프라임 프로그램과 스트리밍 서비스를 쇼핑·엔터테인먼트 분야에서 최고의 특가품으로 만들기 위해 공격적으로 투자했다. 아마존 프라임은 연간 119달러에 빠른 배송과 수많은 미디어(영상·음악·책) 서비스를 이용할 수 있으며, 넷플릭스는 월 13.99달러에 거의 무제한의 고화질 비디오 콘텐츠를 언제 어떤 기기로든 이용할 수 있다. 대단한 특가품이고 유지하기엔 비용이 많이 든다.

그러나 아마존과 넷플릭스는 고객을 위해 이런 멋진 특가품을 만들고 지속적으로 개선함으로써 가격 결정력의 플라이휠을 돌릴 수 있었고, 결국 장기적으로 비즈니스 모델에 긍정적인 효과를 만들어낼 수 있었다. 가격 인상이 성공할 거라고 장담할 수 없었다. 나 같은 애널리스트는 아마존과 넷플릭스가 이러한 일을 성공적으로 해낼지 확신하지 못했다. 넷플릭스의 경우 6년 동안 가격을 75퍼센트나 인상하고도 거의 매년 신규 가입자가 증가할 거라고 전혀 예상하지 못했다. 이건 넷플릭스 측도 마찬가지였는데, 그렇지 않았다면 첫 번째 가격 인상을 단행할 때 그렇게 신중하지 않았을 것이다. 아마존과 넷플릭스는 고객 중심적인 회사가 되어 매력적인 가치 제안에 집중함으로써 플라이휠을 돌릴 기회를 얻었고, 이들의 펀더멘털과 주가는 급등했다.

가격 결정력의 플라이휠을 돌리기 직전인 회사가 또 있을까? 바로 스포티파이다. 스포티파이는 여러 해 동안 음악 및 오디오 부문에서 아주 매력적인 고객 가치 제안을 개발해왔으며, 2021년 초 기준 구독 서비스 가격을 인상하기 시작했다. 하지만 두고 봐야 할 것이다. 아니면 두고 듣거나. 그 사이에 투자자들이 명심해야 할 것은 다른 무엇보다 매력적인 고객 가치 제안에 집중하는 기업에 초점을 맞춰야 한다는 사실이다.

지난 10년간 수익률이 가장 좋았던 종목은 단기적인 투자자의 관심사보다 '고객 만족'에 훨씬 더 큰 우선순위를 두는 기업이었다. 아마존이 전형적인 예다. 아마존은 단기적인 이익을 희생하더라도 보다 고객에게 매력적인 가치를 제공하기 위해 공격적으로 투자하겠다는 의지를 일관되게 보였다. 2005년 초 출시한 프라임 서비스가 대표적인 예다. 프라임 서비스를 도입하면서 아마존의 마진은 감소했고 자본적 지출은 2배 이상 증가했다. 하지만 그 덕분에 인터넷 역사상 고객 충성도가 가장 높은 프로그램이 나왔다. '쇼핑 역사상 가장 싼 제품'이기도 했다. 업계의 선도적인 고객 가치 제안을 유지하기 위해 꾸준히 개발하고 적극적으로 투자한 온라인 유통업체가 펀더멘털과 주가 수익률 측면에서 모두 승자가 된 것이다.

투자자 중심적인 회사는 형편없는 투자를 한다. 이베이와 그럽허브는 수익성 높은 비즈니스 모델을 지키려는 욕구가 강해서 고객의 요구를 만족시키기 위한 혁신에 충분히 집중하지 않은 사례다. 그 때문에 결국 이베이와 그럽허브는 장기 투자자들에게 희비가 뒤섞인 결과를 제공하게 되었다. 그럽허브는 2016년 초부터 2018년 말까지 화려하게 상승했다. 이베이는 기업공개 후 5년 동안은 눈부신 수익률을 기록했고, 이후 5년 동안은 선택적으로 괜찮은 수익률을 기록했다. 하지만 두 기업의 가장 큰 경쟁자로 고객의 요구를 우선시했던 아마존과 도어대시가 획득한 놀라운 시장점유율과 시가총액을 생각하면, 이베이와 그럽허브가 얼마나 많은 것을 놓쳤는지 놀라게 된다. 나는 이 두 기업이나 투자자 중심적인 다른 기업에 관련해 게임이 아직 끝났다고 생각하지 않는다(비록 그럽허브는 인수됐지만). 고객 중심 기업으로의 피벗은 비용도 많이 들고 어려운 일인 데다 처음에는 주식시장에서 외면받을 가능성도 높다. 하지만 직접 매입으로 피벗한 질로가 증명하듯 성공할 수도 있다.

매력적인 고객 가치 제안을 개발하고 유지하는 데는 비용이 많이 들지만 결국 비즈니스 모델에 긍정적인 효과를 가져올 수 있다. 먼저 고객 충성도와 고객 유지율이 높아지고 이탈률이 낮아지는 효과가 있다. 이는 모두 비즈니스 모델에 장기적으로 이익이 된다. 여기에 더해 매력적인 가치 제안으로 아마존과 넷플릭스도 도움을 받았던 가격 결정력의 플라이휠을 돌릴 수 있다. 소비자를 대상으로 사업 활동을 벌이는 기업이 가격 결정력을 갖춘 경우는 드물다. 상품이나 서비스에 돈을 더 지불하고 싶은 사람이 어디 있겠는가? 그러나 어떤 상품이나 서비스가 매력적이라면 소비자는 가격 인상을 받아들일 것이고, 기업은 가격을 인상함으로써 상품이나 서비스 개선에 다시 투자할 수 있는 선순환의 플라이휠을 돌리게 된다. 이를 통해 고객 중심 기업은 장기 투자자에게 높은 수익률을 안겨줄 수 있다.

NOTHING BUT NET

레슨
8

사람을 보면
미래의 주가가 보인다

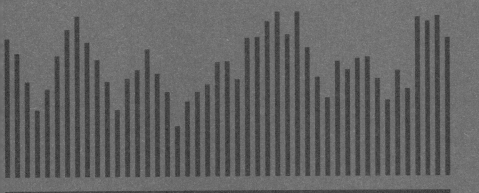

장기적으로 주식은 펀더멘털이 이끌고 펀더멘털은 경영진이 이끈다. 경영진을 제대로 고른다면 주식을 제대로 고를 수 있다. 상당한 기술적 지식과 경험, 장기적 지향성, 산업에 대한 탁월한 비전, 제품 혁신에 대한 집중력, 고객 만족에 대한 집념이 있는 창업자가 이끄는 기업을 찾아라.

미국 증권거래위원회는 투자 펀드로 하여금 투자자에게 펀드의 과거 실적이 미래 실적을 나타내는 것이 아님을 경고하도록 요구한다. 이에 따라 모든 펀드는 TV, 라디오, 인쇄 광고에 이러한 취지의 문구를 삽입한다. 현명하고 유용한 경고 표시다. 하지만 이러한 경고는 기업의 경영진에 대해서는 적용되지 않고 있다.

투자자로서 성공적인 실적을 낸 경영진을 발견하면 그들 곁에 꼭 머물러 있어야 한다. 성공적인 실적을 냈다는 것은 월가의 분기 이익 추정치를 꾸준히 상회했다거나 기막히게 멋진 주식 차트를 그렸다는 의미가 아니다. 성공적인 실적이란 꾸준히 높은 매출 성장률을 달성한 것, 성공적으로 새로운 상품과 기능 개선을 발표한 것, 점점 더 큰 고객 만족과 충성도를 얻은 것을 의미한다. 이러한 펀더멘털 측면의 성과와 그 성과를 이끌어낸 핵심 요인은 장기적으로 훌륭한 주식 차트를 그리도록 할 가능성이 높으며, 이 모든 것에 대한 가장 큰 책임은 경영진에게 있다.

사상 최고의 수익률을 낸 기술주 뒤에 있었던 것

약 25년 동안 기술주를 분석해오면서 장기적으로 시장 수익률을 상회하는 좋은 주식이 장기적으로 좋은 펀더멘털을 갖지 않는 경우는 아직까지 본 적이 없다. 애플, 아마존, 알리바바, 메타, 구글, 마이크로소프트, 넷플릭스, 프라이스라인, 쇼피파이, 텐센트, 테슬라는 장기적인 펀더멘털이 좋았기 때문에 장기적인 주식 수익률도 좋았다. 이 회사들은 모두 대단히 유능한 경영진이 있어 그로부터 이익을 얻었지만, 회사가 창립된 이래 언제나 그랬던 것은 아니다. 넷플릭스의 퀵스터, 아마존의 파이어폰, 구글의 구글 글라스, 그리고 처음에 인터넷으로의 전환을 놓쳤던 마이크로소프트처럼 최고의 경영진이라도 때로는 지독한 실수를 저지르거나 잘못된 선택을 하기도 한다. 그러나 사실상 최고의 수익률을 달성하는 기술주 뒤에는 모두 유난히 탁월한 경영진이 있다.

주식은 펀더멘털이 움직이고, 펀더멘털은 경영진이 움직인다. 제대로 된 총 도달 시장을 확보하는 것도 도움이 되지만, 끊임없는 제품 혁신과 매력적인 가치 제안이라는 펀더멘털을 이끄는 나머지 두 가지 주 요인은 경영진이 주도한다. 경영진을 제대로 골랐다면 그 기업은 펀더멘털이 좋을 가능성이 높고, 따라서 주가도 상승할 확률이 높다.

그렇다면 내가 발견한 우수한 경영진은 뒤에 나열할 11개 종목이 전부일까? 그렇지는 않다. 하지만 경영진의 패기를 제대로 테스트하려면 수년이 걸리고 여러 어려움이 따른다. 여기서 한 가지 짚고 넘어가야 할 점은, 상장 시장을 분석하는 애널리스트로서 나는 기업이 상장된 후에나 경영진을 면밀하게 추적할 수 있었다는 것이다. 기업들은 상장되기 전 비공개로 소유되고 운영될 때도 여러 해 동안 경영진의 능력을 입증해왔을 것이다. 뭐, 그래도 괜찮다. 나는 분기마다, 해마다 내가 추적할 수 있는 것을 판단할 뿐이다. 개인 투자자도 마찬가지다. 그래서 나는 일반적으로 경영진에 대한 '최종적인' 결론에 도달하기 전에 3년에서 5년 정도 공개 시장에서 어떤 성과를 내는지 지켜보는 편을 선호해왔다.

지난 몇 년 동안 내가 인터넷 섹터에서 지켜봐온 유망한 경영진이 있는 회사는 추이, 엣시, 핀터레스트, 로쿠, 트레이드 데스크, 스티치 픽스, 스냅, 스포티파이, 렌딩 트리, 웍스, 질로 등이다. 엄밀히 트레이드 데스크, 렌딩 트리, 웍스, 질로는 이 책에서 동종 업계 최고의 경영진이라고 인정받을 만큼 충분한 성과를 내왔다.

내가 생각하는 탁월한 경영진을 구성하는 특징을 살펴볼 텐데, 다음은 개인 투자자가 찾아봐야 할 특징이다. 간단히 목록으로 정리해보면 다음과 같다.

- 창립자가 이끄는 기업
- 장기적인 지향성
- 산업에 대한 탁월한 비전
- 고객 만족에 대한 집념
- 상당한 기술적 지식과 경험
- 제품 혁신에 대한 집중력
- 최고의 인재를 영입할 수 있는 능력
- 실수와 문제에 대해 직원과 투자자에게 솔직할 수 있는 자신감

경영진이 이 모든 특징을 갖춘 경우는 거의 없다. 그리고 이러한 특징을 모두 갖출 필요도 없다. 다만 경영진의 자질을 믿으려면 이 특징 중 대부분을 찾아야 할 것이다.

창립자가 직접 이끄는 기업은 무엇이 다를까

알리바바, 아마존, 애플, 페이스북, 구글, 마이크로소프트, 넷플릭스, 쇼피파이, 텐센트, 테슬라의 공통점이 뭘까? 세계에서 시가총액이 가장 큰 기업이라는 점이다. 그리고 모두 창립자가 현재 기업을 이끌고 있거나 오랫동안 기업을 이끌었다. 알리바바는 마윈, 아마존은 제프 베이조스, 애플은 스티브 잡스, 페이스북은 마크 저커버그, 구글은 세르게이 브린과 래리 페이지, 마이크로소프트는 빌 게이츠, 넷플릭스는 리드 헤이스팅스, 쇼피파이는 토비아스 뤼트케Tobias Lütke, 텐센트는 마화텅, 테슬라는 일론 머스크가 있었다(표 8.1).

이들 창립자들의 평균 재임 기간을 봐라. 무려 24년이다! 이 시간은 말콤 글래드웰이 『아웃라이어』에서 제시한 탁월함에 대한 1만 시간 혹은 10년 법칙의 2배 이상 되는 기간이다. 저커버그는 2004년(법적으로 음주가 가능한 최소 연령보다 두 살이나 어린 열아홉 살 때)부터 페이스북을 시작할 생각을 했고, 뤼트케는 2004년(스물다섯 살 때)부터 쇼피파이에 대해 구상했으며, 페이팔로 바빴던 머스크는 2003년(어느 정도 나이가 있었던 서른두 살)부터 테슬라의 출범을 도왔다. 이들 창립자들은 오랜 기간 회사를 만들고 운영했다. 장기간에 걸친 창립자의 직접적인 관여는 회사의 펀더멘털과

표 8.1 주요 기술 기업의 창립자 비교

회사명	창립 연도	본사	창립자	창립자 재임 기간 (년)	시가총액 (십억 달러)
알리바바	1999	중국 항저우	마윈 외	20	713.14
아마존	1994	워싱턴주 시애틀	제프 베이조스	27	1,664.28
애플	1976	캘리포니아주 쿠퍼티노	스티브 잡스 외	23	2,283.35
페이스북	2004	캘리포니아주 멘로파크	마크 저커버그 외	17	767.31
구글	1998	캘리포니아주 마운틴 뷰	래리 페이지, 세르게이 브린	23	1,401.76
마이크로소프트	1975	워싱턴주 레드먼드	빌 게이츠, 폴 앨런	45	1,838.57
넷플릭스	1997	캘리포니아주 로스 가토스	리드 헤이스팅스, 마크 랜돌프	24	247.61
쇼피파이	2004	캐나다 오타와	토비아스 뤼트케 외	17	174.70
텐센트	1998	중국 선전	마화텅 외	23	1,103.22
테슬라	2003	캘리포니아주 팰로앨토	일론 머스크 외	17	815.36

스티브 잡스의 재임 기간에는 잡스가 애플을 떠난 1985년부터 1997년 재합류할 때까지 기간은 포함하지 않았다. 일론 머스크는 2009년 합의에 의해 공동 창립자로 확정되었다. 시가총액은 2021년 2월 9일 기준이다.

시가총액을 성공으로 이끄는 데 핵심적인 부분이었다.

창립자가 이끄는 기업은 논란과 비난, 심지어 경멸에도 방향과 비전을 고수할 능력과 의지가 더 크다는 데 이점이 있다고 생각한다. 게다가 장기적으로 생각하고 단기적인 압박은 대체로 무시할 수 있는 능력도 창립자가 이끄는 기업의 이점이다.

- 사례 A. 베이조스는 2005년, 막대한 비용이 드는 데다 프로그램이 성공할 것이라는 합리적 증거가 나올 때까지는(거의 1년은 필요함) 월가가 아마존 주식을 가혹하게 대할 것임이 분명한데도 아마존 프라임을 출시했다. 이런 결정을 내리려면 소유주나 창업자 정신이 필요한데 베이조스에게는 그것이 있었다. 다음은 자주 인용되는 베이조스의 말이다. "만약 당신이 뭔가 새로운 것, 혁신적인 것을 하려 한다면 오해를 기꺼이 받아들여야 한다." 소유주나 창업자는 전문 경영인보다 더 기꺼이 오해를 받아들인다. 상장 기업을 운영하는 경우라면 급격한 주가 변화로 오해를 사기도 한다. 아마존은 닷컴 거품이 꺼지던 2000년대 중반에 이런 경험을 했다. 그해 여름 아마존 주가가 반토막 나자 베이조스는 사무실 화이트보드에 '나는 회사의 주가가 아니다'라고 쓰고 직원들이 긍정적인 마음과 집중력을 유지하도록 격려했다(이 이야기는 브래드 스톤Brad Stone이 아마존과 제프 베이조스에 대해 쓴 명저 『아마존, 세상의 모든 것을 팝니다The Everything Store』에 나온다). 다시 한번 말하지만 기업이 이런 관점을 지니려면 소유주나 창업자가 있어야 한다.

- 사례 B. 페이스북은 2018년 중반 플랫폼 보안과 제품 개발에 매우 적극적으로 투자했다. 이미 말한 바 있지만 저커버그와 페이스북 경

영진은 2018년 2분기 실적 발표에서 월가의 향후 실적 추정치forward estimates를 대폭 낮췄다. 이 일은 페이스북의 주가를 분명히 하락시킬 것이었고, 유일한 질문은 하락이 얼마나 오래 유지될 것이냐 하는 것뿐이었다(정답은 약 1년이었다). 실적 추정치는 30퍼센트나 축소되었고 주식은 40퍼센트나 떨어졌다. 2018년 2분기 실적 발표에서 저커버그는 이렇게 말했다. "우리는 보안에 대한 투자가 늘어났다는 점에서 새로운 제품 영역에 대한 투자를 줄일 수도 있었지만, 그렇게 하지 않을 것입니다. 새로운 서비스에 대한 투자를 줄이는 것은 공동체에 기여할 수 있는 올바른 방법이 아닐뿐더러 우리는 회사를 다음 분기만이 아니라 더 오랫동안 운영할 것이기 때문입니다." 이것이 창업자의 언어다. 그리고 창업자의 태도다. 이렇게 공격적인 투자로 페이스북은 펀더멘털이 더 튼튼한 기업이 되었고, 장기적으로 높은 수익률을 내는 주식이 되었다.

• 사례 C. 2011년 중반, 넷플릭스는 가격을 인상하고 우편으로 DVD를 대여해주는 사업을 분사하려 했지만 실패했다. 퀵스터 대실패로 알려진 이 사건에서 넷플릭스는 DVD 대여 사업과 스트리밍 사업을 분리해 두 서비스를 모두 이용하는 구독자에게 계정을 각각 따로 만들고 월 10달러씩 내던 구독료를 월 16달러씩 내라고 요구했다. 이것은 인터넷 시대의 '뉴 코크New Coke'였다. 끔찍할 정도로 잘못된 결정이었다. 가입자들은 분노했고 2011년 3분기 80만 명의 고객이 이탈했다. 브랜드가 입은 손상을 회복하는 데 1년 이상의 시간이 걸

렸다. 2011년 10월 24일, 구독자 80만 명이 이탈했다고 발표하자 주가는 하루 만에 17달러에서 11달러로 35퍼센트 하락했다. 〈새터데이 나이트 라이브〉는 넷플릭스의 실패를 멋지게 패러디하며 이 사건을 기술계의 역사책에 박제해버렸다.

퀵스터 사태가 일어나고 몇 달 뒤 나는 넷플릭스 이사 중 한 명과 저녁 식사를 했다. 그에게 (지나고 나서는 확실히 보이지만) 어떻게 그렇게 끔찍한 아이디어를 승인했는지 물었다. 그의 대답은 창립자의 힘을 확실히 보여주는 것이었다. 그는 이사회가 꺼림칙하게 여겼음에도 헤이스팅스에 대한 존중으로 퀵스터에 대한 결정을 승인했다고 말했다. 그러면서 그는 "마이클 조던이 '나한테 공을 패스해. 내가 점수를 내볼게'라고 말하면 공을 줄 수밖에요"라고 말했다. 이것이 창립자의 힘이다.

퀵스터 사태의 진짜 실수는 헤이스팅스가 시장을 억지로 밀어붙이려 했던 것이었다. 헤이스팅스는 홈 비디오 시장이 스트리밍으로 향할 것이라는 비전과 믿음을 가지고 있었고 시장에서 가장 큰 기업이 되면 상당한 이점이 있을 것이었다. 그래서 가격 정책과 상품 옵션을 이용해 스트리밍으로의 전환을 가속화하려고 했다. 그는 시장을 강제로 움직이려 했지만 역효과가 났다. 비전은 옳았지만 전략이 잘못되었던 것이다. 다행히 넷플릭스는 회복했고 헤이스팅스는 실패에서 교훈을 얻었다.

사람들은 퀵스터 사태에도 넷플릭스가 남미에 이어 영국과 아일랜드 시장으로 진출하겠다고 발표했던 일은 쉽게 잊는다. 넷플릭스는 글로벌 시장으로 확장하면서 2011년에는 수익 모드였지만 2012년에는 손실 모드로 되돌아갈 거라고 발표했다. 본래도 넷플릭스의 주가는 불타고 있었는데, 경영진이 불난 데 기름까지 붓고 있었다. 주가는 이후 12개월 동안 7.7달러까지 떨어졌다가 2012년 말 드디어 퀵스터 사태 수준(23달러)으로 회복했고, 2013년 글로벌 시장에서 성공할 것 같다는 증거가 나타나기 시작하면서 2배로 올랐다. 대체 어떤 회사가 주가가 폭락할 것을 알면서도 이렇게 완강히 밀어붙일 수 있을까? 바로 창업자가 이끄는 회사다. 심지어 스스로 커다란 실패를 자초한 이후인데도 이렇게 공격적으로 세계 시장에 진출하기로 한 결정은 헤이스팅스와 넷플릭스, 그리고 넷플릭스의 장기 주주들에게 엄청난 결실을 안겨줬다.

• 사례 D. 2015년 8월, 구글은 회사를 알파벳Alphabet이라는 새로운 구조로 재편성한다고 발표했다. 구글의 모든 핵심 자산(검색·유튜브 등)은 구글 부문에 포함시키고 나머지는 신사업 부문에 포함시켰다. 래리 페이지는 신사업 부문에 대해 설명하는 서한에서 '현재 영위하는 사업과 비교해 매우 위험하거나 이상하게 보일 수도 있는 분야에 대한 작은 투자'라고 이야기했다. 사실 이 말은 11년 전 제출한 S-1 파일 중 창립자 서한에서 가져온 것이었다. '작은 투자'에는 라이프 사이언스Life Sciences(혈당 감지 콘택트렌즈 개발), 칼리코Calico(인간의 장수나 죽음을 치료하는 데 초점을 맞춤), 윙Wing(드론 배달 서비스), 웨이모Waymo(구글의 자율주행 자동차 부문)가 포함되어 있었다. 듣기에는 모두

멋졌다. 시장이 이 '작은 투자'가 2015년 거의 40억 달러에 달하는 영업 손실을 내고 있다는 것을 깨닫기 전까지는 말이다.

손실 수준은 결코 '작지' 않았고 적어도 5년 동안은 어떤 결과로서 최소한의 매출만 창출하면서 이 수준을 계속 유지할 것이었다. 대체 어떤 회사가 이런 '작은 투자'를 고집할 수 있을까? 바로 창립자가 이끄는 기업이다. 창립자인 브린과 페이지는 의결권 있는 주식의 51퍼센트를 소유해 회사에 대한 실질적인 통제권을 가지고 있다.

신사업 부문이 과연 구글과 주주들에게 결실을 안겨줄 것인지는 불확실하다. 새로운 사업은 널리 '문샷moonshots(달 탐사선 발사라는 뜻이지만 종종 혁신적인 프로젝트를 의미한다. ─옮긴이)'이라고 불린다. 자율주행이라든가 생명 연장 등 이들이 다루는 최종 시장 규모를 고려하면 '갤럭시 샷galaxy shots'이 더 적절한 용어가 아닌가 싶다. 핵심은 구글이 '작은 투자'를 지원하면서 수년간 막대한 손실을 감당할 수 있는 것은 창립자들의 비전과 대담함 때문이라는 것이다. 페이지는 알파벳 주주들에게 보내는 서한에 이렇게 썼다. '세르게이와 나는 새로운 것을 시작하는 사업에 진지하게 임하고 있습니다.' 나는 창립자가 아니면 이런 식으로 말하고 행동할 수 없다고 생각한다. 구글의 장기 주주들은 이런 접근 방식으로 계속 이익을 얻을 것이다.

• 사례 E. 2018년 4월 질로의 직접 주택 매입 및 판매 시장 진출 여부를 놓고 수많은 경영진의 논의와 토론이 이어졌다. 경영진과 이사회는 매력도 덜하고 불확실한 비즈니스 모델로 피벗함으로써 발생

할 주가 하락의 위험을 상당히 잘 이해하고 있었다. 질로가 직접 주택 매입 및 판매 시장에 진출하겠다고 발표한 후 주가는 40퍼센트 이상 하락했고, 경영진과 이사회가 우려했던 위험은 현실화되었다. 그러나 질로는 계속 피벗을 진행시켰다. 3명의 주요 창립자(바턴·핑크·래스코프)가 모두 월가의 부정적 반응에 구애받지 않고 완강하게 피벗을 밀어붙였기 때문이다. 나중에 그들 중 한 명이 내게 말했던 것처럼, 그들은 시장이 피벗을 마음에 들어하지 않거나 이해하지 못한다면 기꺼이 월가에 "꺼지라"고 말했다(적어도 비슷한 말을 했다). 바턴과 핑크가 주주 의결권의 상당 부분을 장악하고 있었던 데다 세 사람은 창립자로서 이런 위험한 결정을 내릴 능력과 신용을 갖추고 있었다. 창립자가 아니었다면 결국 질로 주주들에게 엄청난 이익을 가져다준 이런 종류의 피벗을 성공시킬 수 있었을까 의문이 든다.

이상이 창립자가 이끄는 기업 주식이 장기적으로 이익을 가져온 주요 사례다. 또 하나 떠오르는 예로 테슬라와 일론 머스크가 있다. 애널리스트로서 나는 한 번도 테슬라를 분석해본 적이 없다. 그러나 일반적인 시장 참여자로서도 테슬라 창업주의 대담함, 비전, 추진력은 모를 수 없었다. 테슬라가 성공하는 데 머스크가 핵심적인 부분이 아니었다고 보기는 어렵다.

다만 최고의 수익률을 달성한 기술주 대부분이 창립자가 이끄는 기업의 주식이라고 해서 창립자가 이끄는 회사가 다 좋은 종목인 것은 아니다. 그럽허브도 창립자가 이끄는 회사였다. 판도라도 창립자가 이끄는 회

사였다. 두 회사 모두 그들의 최대 경쟁자(도어대시와 스포티파이)가 현재
거래되는 가격보다 훨씬 낮은 시장 가치로 인수되었다. 물론 10년 동안
괴물 같은 주식 수익률을 기록해왔고 창업주가 아닌 전문 경영인이 아주
잘 경영하고 있는 프라이스라인 같은 사례도 있다. 하지만 창립자가 이끄
는 기업의 주가 실적이 긍정적인 경향은 있다. 그러므로 창립자가 직접
기업을 이끌고 있느냐는 것은 회사와 종목을 고를 때 의지할 수 있는 지표
가 된다.

장기적인 지향성을 갖추고 있는가

장기적으로 생각하고 장기적으로 승리하라. 아주 진부한 말이지만 진
리다. 장기적인 지향성은 내가 기술업계에서 추적 관찰해온 훌륭한 경영
진에게서 볼 수 있는 특징이다. 장기적인 지향성을 유지해 장기 주주에게
크게 기여한 사례가 있다. 아마존이나 구글, 넷플릭스를 말하는 게 아니
다. 내가 말하려는 건 페이스북이다.

8장 시작 부분에서 소개했던 최고의 기술 기업 창립자 중 페이스북의
공동 창립자인 저커버그만큼 많은 논란을 불러일으킨 사람은 없을 것이
다. 베이조스, 잡스, 게이츠, 페이지, 브린 중 현역에 있을 때 창업주와 그
들의 회사에 대해 다룬 할리우드 영화가 만들어진 예가 없었다(저커버그
는 영화 〈소셜 네트워크The Social Network〉가 있다). 상장을 앞두고 열린 투자 설
명회에 나설 때 이들의 복장은 '후디게이트Hoodiegate'라고 일컬어지는 저
커버그의 후드 티셔츠처럼 투자자들에게 논란을 불러일으키지 않았다.

그리고 누구도 2016년 미국 대통령 선거 이후 저커버그처럼 민주주의와 시민사회를 훼손했다고 비난받지 않았다.

이런 논란의 원인이 저커버그 본인, 어쩌면 그의 성격에 있다고 탓할 수도 있을 것이다. 하지만 나는 그의 성격이 다른 기술 기업 창업자와 비교해 크게 다르다고 생각하지 않는다. 저커버그는 늘 페이스북의 성장과 성공에 집착하고 있다는 인상을 풍겼지만, 이는 다른 주요 기술 기업 창업자 누구나 마찬가지였다. 게다가 성장에 대한 집착은 투자자들이 기업 리더에게 기대해야 하는 요소다. 솔직히 나는 저커버그가 적어도 다른 주요 기술 기업 경영자 대부분만큼 건강한 시민사회를 촉진하는 방법에 관심을 갖고 있어서 놀랐다. 그 기준이 높은 것인지 낮은 것인지는 잘 모르겠지만 어쨌든 기준이 있다. 언론의 자유를 지키고 혐오 발언과 허위 보도를 규제하는 방법에 대한 저커버그의 의견에 동의하지 않을 수는 있지만, 나는 그가 2019년 조지타운대학교에서 한 연설처럼 언론의 자유에 대해 공개적으로 자신의 자세한 견해를 밝혔다는 점을 높이 평가한다.

저커버그에 대한 논란은 사용자가 30억 명에 이르는 페이스북 플랫폼의 엄청난 영향력과 관계가 있다고 생각한다. 이는 중국에 사는 14억 인구를 제외하고 거의 전체 인류에 상당하는 숫자다. 그래서 페이스북 플랫폼에서 표현되는 것 중에는 좋은 것도 있고 나쁜 것도 있고 아름다운 것도 있고 추악한 것도 있다. 그냥 우리의 모습이다. 전 세계인의 상호작용을 가능하게 하면서 온건하게 만드는 것은 거의 불가능한 일이다. 상호작용을 조정하는 방법에 불만을 가지는 사람은 반드시 있다. 그 때문에 페이스북과 저커버그를 둘러싼 논란이 많은 것이다. 내가 할 말은 여기까지다.

애널리스트로서 나는 페이스북 경영진이 장기적 지향성을 추구하는 것을 꾸준히 보고 들었다. 솔직히 페이스북의 장기적 지향성은 과소평가되는 것 같다. 페이스북의 장기적 지향성은 일반 투자자들도 아주 초기부터 알 수 있었다. 페이스북 상장 후 첫 번째 실적 발표에서 저커버그는 이렇게 말했다. "오늘 실적 발표 자리에서 전 세계 페이스북 이용자에게 더욱 유용한 서비스를 제공함으로써 장기적으로 가치를 창출하기 위해 우리가 하고 있는 투자에 대해 명확하게 이해하실 수 있기를 바랍니다."

두 분기 후에는 이렇게 말했다. "제가 자주 받는 질문 중 하나는 앞으로 5년 또는 12년 동안 우리가 이루고 싶은 변화는 무엇인가 하는 것입니다. 10억 명의 사람들을 연결했는데, 다음 목표는 무엇인가 하는 것이죠. 우리가 달성하고 싶은 세 가지 주요한 목표가 있습니다. 모든 사람을 연결하고, 세상을 이해하고, 지식 경제를 구축하는 데 기여하는 것입니다." 실적 발표 때 5년, 12년 계획에 대해 말하는 상장 기업 CEO가 몇 명이나 있을까? 내 경험상 극소수다. 그러나 장기 투자자가 CEO에게 듣고 싶은 말은 바로 이런 것이다. 그 후 여러 번의 실적 발표에서 뚜렷이 구별되는 긍정적인 점은 저커버그가 실적 발표 때마다 투자자들에게 이 세 가지 목표에 대한 진행 상황을 업데이트한다는 것이다.

장기 투자자는 경영진이 장기적 목표에 대해 단순히 말만 하는 것 이상을 원한다. 말을 잘하는 것도 중요하지만 말한 것을 실행하는 것은 더 중요하다. 2018년 2분기 실적 발표에서 메타가 공격적인 투자를 발표하고 월가의 추정치를 대폭 낮췄을 때처럼 말이다. 이 둘을 모두 잘하는 경영진을 발견한다면 좋은 조짐이다.

산업에 대한 탁월한 비전이 존재하는가

구글에 '누가 스트리밍을 발명했나?'라고 검색하면 1920년대에 조지 O. 스콰이어George O. Squier가 전기선을 통한 신호 전송 및 분배 시스템에 대해 특허를 받았다고 나온다. 이것이 나중에 등장한 뮤작Muzak(1930년대부터 미국 레스토랑이나 상점 등에 음악을 공급해온 매장 음악 서비스 회사 – 옮긴이)의 기술적 기초가 되었다.

넷플릭스는 스트리밍을 발명하지 않았다. 뮤작을 만든 것도 아니다. 그러나 질 때도 있으면 이길 때도 있는 법이다. 넷플릭스는 2007년 1월 제한된 스트리밍 서비스를 발표하면서 오늘날 우리가 아는 비디오 스트리밍이라는 범주를 만들어냈다. 바로 이것이 훌륭한 경영진의 또 다른 특징인 산업에 대한 비전이다.

헤이스팅스는 15년 전 넷플릭스 스트리밍 서비스를 발표하면서《뉴욕 타임스》에 다음과 같은 말을 했다. "DVD는 100년간 유지될 포맷은 아니기 때문에 사람들은 넷플릭스의 두 번째 행보가 무엇일지 궁금해합니다. 우리는 실리콘밸리의 많은 기업이 초기 세대의 컴퓨팅에서 벗어나지 못하는 것을 봐왔습니다. 투자자들이 단일 모델 기업을 겁내는 것도 당연하죠." 헤이스팅스와 넷플릭스는 DVD 대여 회사보다 훨씬 더 대단한 회사가 되어야 한다는 사실을 일찍부터 알았던 것이 분명하다. 넷플릭스라는 이름에 스트리밍이라는 미래가 함축되어 있다. 그런데 넷플릭스가 창립된 때는 광대역 통신망이 충분하지 않아 상업적으로 스트리밍 서비스를 제공하는 것이 불가능했던 10년 전이었다. 바로 이것이 비전이다.

현재 넷플릭스 투자자들은 2007년 스트리밍 서비스 출시 당일 헤이스팅스가 한 말에 웃을 것이다. 경쟁에 관해 질문하자 헤이스팅스는《포브스Forbes》에서 다음과 같이 답했다. "시간 경쟁이 걱정되죠. 사용자 제작 영상이나 온라인 게임이 경쟁 상대입니다." 10여 년 후인 2018년 12월에 보낸 주주 서한에서 헤이스팅스는 "우리의 경쟁 상대는 HBO보다 포트나이트입니다(게다가 지고 있습니다)"라고 주장했다. 헤이스팅스의 포트나이트 발언은 금융인 사이에서 상당한 논쟁을 불러일으켰지만, 적어도 헤이스팅스는 넷플릭스의 경쟁 리스크에 대해 첫날부터 일관되게 말해왔다. 그렇기는 해도 2017년 "우리는 사실 잠과 경쟁한다"고 말했을 때는 살짝 지나쳤을 수도 있다. 다행히 헤이스팅스는 사람들이 침대에서 하는 다른 일과 경쟁한다고까지는 말하지 않았다.

2007년 스트리밍 서비스 출시일에 헤이스팅스가 했던 말 중 완전히 예언적인 말이 또 하나 있다.《포브스》와 나눈 인터뷰에서 헤이스팅스는 결국 넷플릭스의 스트리밍 서비스는 "경제성 있는 사용자 중심의 멤버십 모델이 될 것이고 영화와 스크린에 대해 더 폭넓게 선택할 수 있게 될 것이다. … 휴대폰 화면, 컴퓨터 모니터, 인터넷에 연결된 텔레비전에서 영화를 보게 될 것이다"라고 말했다. 아직 아이폰이 출시되기도 전(약 2주 전)인데, 이렇게 예측한 것이다. 정말 대단하지 않은가! 헤이스팅스와 넷플릭스는 이후 10년 동안 실행에 어려움을 겪지만 그들의 비전은 정확했다. 정말 인상적이다.

엔터테인먼트에 대한 헤이스팅스와 넷플릭스의 비전은 앞으로도 인상적일까? 누가 알겠는가? 다만 그들이 DVD 우편 대여 서비스와 스트리밍 서비스의 대중적 매력을 정확하게 예측했다는 사실은, 앞으로도 그들이 계속 그렇게 할 수 있을 것이라는 확신을 준다. 이것이 경영진에게서 찾아야 하는 산업에 대한 성공적인 비전이다.

고객 만족에 대한 집념이 있는가

워런 버핏은 50년 넘게 매년 주주 서한을 발행해왔다. 버핏의 서한은 전문 투자자와 개인 투자자에게 큰 영향을 미친다. 투자와 경영에 관한 귀중한 조언이 담겨 있기 때문이다. 처음 발행된 50건의 주주 서한은 아마존닷컴에서 편집하지 않은 버전으로 274.99달러에 구입할 수 있다.

아마존의 IR 사이트에 접속하면 제프 베이조스가 1997년부터 매년 작성한 모든 주주 서한을 찾아볼 수 있다. 주주 서한은 베이조스가 직접 쓴다. 나는 발표된 연례 주주 서한을 근거로 보고서를 여러 번 발행했다. 다음은 내가 생각하기에 가장 중요한 편지다.

1. 1997년 최초 발행된 편지. 이 편지에서 베이조스는 회사의 장기적인 마음가짐과 고객 만족에 대한 집착을 이야기했다.
2. 2000년 편지. 베이조스는 급격한 주가 하락을 인정하며 주주들에게 시장은 장기적인 저울이라는 점을 상기시키고 페츠닷컴과 리빙닷컴 living.com에 잘못된 투자를 했음을 인정했다.
3. 2005년 편지. 아마존을 관리하는 수학 기반 의사 결정 프로세스를 설명했다.
4. 2007년 '킨들 레터'. 킨들의 성공적인 출시에 대해 이야기했다.

5. 2013년 '모든 것에 대한 편지'. 아마존 웹 서비스, 프라임, 파이어 티비Fire TV, 프레시 그로서리Fresh Grocery 등 아마존의 9개 부문과 새로운 계획의 진척 상황을 보고했다.

6. 2014년 '네 번째 축에 대한 편지'. 베이조스는 마켓플레이스, 프라임, 아마존 웹 서비스를 아마존의 3대 축으로 설명하고 네 번째 축을 찾을 것을 약속했다.

7. 2016년 편지. 규모가 엄청나게 커졌음에도 혁신성을 유지하고 계속 창업 1일째인 것처럼 행동할 방법에 대해 논의했다.

8. 2019년 편지(2020년 봄 발행). 코로나19 팬데믹 기간 아마존이 어떻게 성과를 냈는지 설명했다.

이 편지들을 읽으면 지난 25년 동안 최고의 기업가와 경영진의 귀중한 생각을 알 수 있다(게다가 274.99달러에 비하면 엄청나게 싸다).

베이조스는 매년 보내는 서한의 말미에 1997년 처음 보냈던 서한을 첨부하는데, 적어도 장기적인 투자 지평과 고객 만족에 대한 집념이라는 측면에서 회사가 일관성을 지키고 있음을 보여주기 위해서인 것 같다. 지난 25년간 내가 추적해온 기술 기업 중에서 아마존만큼 일관되고 끊임없이, 성공적으로 고객 만족에 집중하는 회사는 없었다. 오랫동안 고객 만족에 대한 아마존의 집중과 집착은 장기 투자자들에게 정말 놀라운 수익을 가져다주었다. 따라서 투자자와 경영자는 고객 만족에 대한 아마존의 청사진을 따르는 것이 타당하다.

실제로 정확한 방법까지 알기는 어려워도 목적과 목표부터 시작하는 것은 분명히 도움이 된다. 표 8.2는 베이조스가 작성한 23개 주주 서한에서 고객 만족에 대한 아마존의 집념을 가장 잘 보여주는 문장을 발췌한 것이다. 지금 당신이 투자를 고려하고 있는 기업의 경영진의 말에서 이런 정서를 찾아라.

표 8.2 아마존 창립자 제프 베이조스가 보낸 주주 서한

1997년	"아마존닷컴은 인터넷을 이용해 고객을 위한 실질적인 가치를 만들고, 그럼으로써 영속적인 프랜차이즈를 만들 수 있기를 바랍니다. 이미 큰 규모의 시장이 확립되어 있어도 말이죠."
1998년	"저는 직원들에게 끊임없이 경쟁사가 아닌 고객을 두려워하라고 상기시킵니다. 고객은 우리 사업을 지금의 모습으로 만들어준 존재이고, 우리가 관계를 맺는 존재이며, 우리가 큰 은혜에 보답해야 할 존재입니다."
1999년	"우리의 비전은 이 플랫폼으로 세상에서 가장 고객 중심적인 회사를 만드는 것입니다. 고객이 온라인에서 사고 싶은 모든 것을 와서 찾을 수 있는 곳이죠."
2000년	"온라인 쇼핑이라는 고객 경험을 끊임없이 개선함으로써 향후 몇 년 동안 업계를 성장시키고 새로운 고객을 확보할 수 있을 것입니다."
2001년	"고객 장악력은 우리의 가장 귀중한 자산이고 우리는 혁신과 노력을 통해 이것을 계속 증진시킬 것입니다. … 이를 위해 고객에게 이익이 되고, 나아가 투자자에게도 이익이 되는 방식으로 전자 상거래 분야에서 리더십을 확대하기 위해 노력하고 있습니다."
2002년	"간단히 말해, 고객에게 좋은 것이 주주에게도 좋습니다."
2003년	"우리에게는 아마존닷컴을 만드는 근면하고 혁신적인 인재가 모인 강력한 팀이 있습니다. 이들은 고객에게 집중하고 장기적인 지평에 초점을 맞춥니다. 시간에 대한 척도가 장기일 때 주주와 고객의 이해관계는 일치합니다."
2004년	"우리는 고객 경험의 모든 측면을 개선하는 데 집중함으로써 영업이익을 높이기 위해 노력하고 있습니다."

2005년	"낮은 가격이라는 형태로 고객에게 끊임없이 효율성 개선과 규모의 경제로 인한 효과를 되돌려주는 것이 장기간 훨씬 더 큰 잉여현금흐름을 창출해내고 더 높은 가치의 아마존닷컴을 만들어내는 선순환을 낳습니다."
2006년	"성장을 지속하며 새로운 비즈니스에 열린 문화를 유지하기 위해 노력할 것입니다. 수익률, 잠재 규모, 고객이 관심을 갖는 차별점을 만드는 역량에 중점을 두고 잘 훈련된 방식으로 해나갈 것입니다."
2007년	"선교사로 이루어진 팀은 주당 현금 흐름과 자본이익률을 높이는 데 최선을 다합니다. 고객을 최우선에 두어 목표를 이룰 수 있습니다."
2008년	"세계 경제가 격변하고 있지만 우리의 기본적인 접근법은 바뀌지 않습니다. 묵묵히 장기적으로 바라보며 고객에게 집중하는 것입니다. 가격을 책정할 때 우리의 목표는 단기적인 이익을 최대화하는 것이 아니라 고객의 신뢰를 얻는 것입니다."
2009년	"전체적으로 볼 때 이 일련의 목표는 우리의 기본적인 접근 방식을 아주 잘 보여줍니다. 고객에서부터 시작해 거슬러 올라가는 방식이죠."
2010년	"우리는 장기적인 주주 이익과 고객 이익이 완벽하게 일치한다고 굳게 확신합니다."
2011년	"아마존 임직원들은 수천 명의 작가, 기업가, 개발자에게서 가치를 창출하는 급진적이고 변혁적인 혁신으로 미래를 만들어나가고 있습니다."
2012년	"아마존의 에너지는 고객에게 감동을 주고 싶은 열망에서 나옵니다. … 우리는 경쟁사에 관심을 갖고 그들에게서 영감을 얻기 위해 노력하기는 하지만, 이 시점에서 고객 중심주의가 우리 문화를 정의하는 요소라는 것이 사실입니다."
2013년	"실패는 발명의 중요한 부분입니다. … 제대로 해낼 때까지 빠르게 실패하고 반복해야 합니다. … 그러다가 고객에게 정말 효과가 있는 것을 발견한다면 그것을 좀 더 큰 성공으로 전환하겠다는 바람으로 전념하는 것입니다."
2014년	"마켓플레이스, 프라임, 아마존 웹 서비스는 아마존의 혁신적인 3대 아이디어입니다. 이 사업을 할 수 있어서 운이 좋았죠. 우리는 고객을 위해 이들을 더욱 개선하고 키워나갈 것입니다. 우리는 네 번째 아이디어를 찾기 위해 열심히 노력하고 있습니다. 발명을 통해 고객들에게 더 나은 서비스를 제공할 기회가 우리 앞에 펼쳐지고 있고 우리는 절대 노력을 멈추지 않을 것입니다."
2015년	"아마존과 아마존 웹 서비스는 몇 가지 원칙에 집중해서 그 원칙에 확신을 가지고 행동하는 독특한 조직 문화를 공유합니다. 경쟁사에 집착하기보다 고객에게 집착한다는 것입니다."

2016년	"고객 중심적인 접근 방식에는 많은 이점이 있지만 가장 중요한 이점은 고객은 언제나 아름답게, 놀라울 정도로 만족하지 못한다는 것입니다. 행복하다, 좋은 거래였다고 말할 때조차 말이죠. 아직은 스스로 인식하지 못했다 해도 고객은 더 나은 것을 원합니다. 그리고 그런 고객을 기쁘게 하고 싶다는 열망이 고객을 위해 발명하도록 우리를 이끕니다."
2017년	"아마존을 비롯한 대부분의 다른 업계에서도 고객 임파워먼트customer empowerment(고객의 권한 강화 - 옮긴이) 현상이 광범위하게 나타나고 있는 것 같습니다. 우리는 지금의 영광에 안주해서는 안 됩니다. 고객들이 그것을 원하지 않기 때문입니다."
2018년	"고객에게 무엇을 원하는지 물어보고, 고객의 답변을 주의 깊게 듣고, 신중하고 신속하게 (사업을 할 때는 속도가 중요합니다!) 그것을 제공할 계획을 세우는 것이 필요합니다. 고객에 대한 이러한 집념 없이는 어떤 비즈니스도 번창할 수 없습니다."
2019년	"코로나19 위기로 우리는 아마존이 고객에게 얼마나 중요한 존재가 되었는지 알았습니다. 우리는 이러한 책임을 무겁게 생각하고 있으며, 이렇게 어려운 시기에 고객에게 도움을 주고 있다는 사실이 자랑스럽습니다."

그 밖에 중요한 특징들

그 밖에 내가 분석했던 성공한 기업과 종목에서 볼 수 있는 몇 가지 중요한 특징과 요소는 다음과 같다. 기술 분야에서 상당한 배경을 지니고 있는 창립자와 CEO, 능력과 경험이 풍부한 경영진, 제품 및 서비스 혁신을 향한 헌신, 최고의 인재를 고용하고 유지하는 데 능숙한 경영진, 실수와 어려움에 대해 직원과 투자자에게 솔직하게 말할 수 있는 능력이다.

기술 분야에서 가장 크게 성공한 창업자와 CEO에게는 분명한 패턴이 있다. 내가 추적 관찰해온 기술 분야 최고의 경영진은 거의 모두 컴퓨터공학이나 엔지니어링 쪽에 배경을 지니고 있었다. 기술 기업을 운영하려

한다면 기술 분야의 경험을 갖추는 경험이 도움이 될 것이다.

알리바바 창업주 마윈은 주요 기술 기업에서 나타나는 이런 법칙의 가장 큰 예외다. 2010년 한 콘퍼런스에서 마윈은 서른세 살이 될 때까지 컴퓨터를 가져본 적도 없고 실제로 코드를 써본 적도 없다고 밝혔다. 나는 알리바바 기업공개 전후로 몇 번 그를 만난 적이 있다. 그는 언제나 굉장히 겸손하다는 인상을 주었다. 그의 인생 이야기에는 대단한 끈기가 담겨 있다. 하버드 경영대학원에 열 번 지원했지만 모두 떨어졌고 항저우 사범대학교 입학시험에도 두 번이나 떨어졌다. 아마도 그를 가장 의기소침하게 만든 좌절은 KFC가 항저우 지점을 열었을 때 입사를 거절당한 경험이었을 것이다. 지원자가 24명이었는데, 마윈만 떨어졌다. 흥미로운 사건이지만 마윈의 엄청난 끈기를 보여주는 사건이기도 하다. 또 그는 영어 실력을 늘리기 위해 9년 동안 매일 27킬로미터를 자전거로 달려 관광객들에게 가이드 투어를 한 사람이었다. 이처럼 마윈은 기술업계의 거인들 중에서 가장 의지가 굳고 인상적인 사연을 지닌 사람이다. 그리고 중국에서 마윈의 알리바바는 이베이와 아마존을 압도적으로 이겼다.

능력 있고 운영 경험이 풍부한 경영진이라는 면에서 아마존과 구글은 둘 다 좋은 예를 보여준다. 몇 년 동안 구글의 주요한 성공 요인 중 하나는 초기 단계였던 구글에서 '성숙한 감독' 역할을 수행한 에릭 슈미트의 존재였다고 생각한다. 노벨Novell의 회장이자 CEO였던 슈미트는 구글이 상장되기 3년 전인 2001년 초에 합류해 그해 말 CEO로 취임했다. 슈미트는 회사에 대한 투자자들의 신뢰를 높였을 뿐만 아니라 당시 회사에 절실하게 필요했던 집중과 규율을 가져왔다. 페이지와 브린은 세 가지 이유로 슈미트를 고용했다. 그들은 자신에게 구글을 성장시키기 위한 운영 경험이 부족하다는 것을 알고 있었고 슈미트가 그것을 갖추었다고 믿었다. 그들은 슈미트의 기술적 지식을 높이 평가했다. 마지막으로 슈미트가 '창조, 향락, 포용, 인내'를 기치로 걸고 매년 네바다 사막에서 열리는 버닝맨 Burning Man 이벤트에 실제로 가본 유일한 CEO 지원자라는 사실에 깊은 인상을 받았다.

여담이지만 버닝맨 참석 여부는 경영 능력을 판단하는 중요한 기준일지도 모른다. 표 8.3은 기술 기업으로서의 성공과 CEO의 버닝맨 참석 여부 사이에 느슨한 상관관계가 있음을 보여주며 표 8.1을 상기시킨다. 어쩌면 투자자는 기술 기업 CEO에게 "버닝맨에 가본 적 있습니까?"라고 물어야 할지도 모른다.

실수와 어려움에 대해 솔직해질 수 있는 능력에 대해서는 세 가지 간단한 예가 떠오른다. 첫 번째는 2011년 10월 19일, 리드 헤이스팅스가 공개적으로 사과 비디오를 발표한 일("넷플릭스의 CEO 리드 헤이스팅스가 퀵스터로 바꾸려 했던 것을 사과합니다.")로 미국 기업 역사상 보기 드문 공개 사과였다. 헤이스팅스는 비디오에서 단추를 일부만 채운 청록색 셔츠를 입은 것을 포함해 많은 비난을 받았지만, 책임을 인정하는 그의 솔직담백함과 의지는 일부 투자자들에게 그와 넷플릭스에 대한 장기적 신뢰를 갖게 했다. 두 번째는 2000년 아마존 창업주의 서한으로, 이 편지에서 베이조스는 페츠닷컴과 리빙닷컴에 투자한 자신의 실수를 인정했다. 모든 경영진이 실수를 하지만 그것을 공개적으로 인정하고 무엇이 잘못이었는지 설명하는 사람은 많지 않다. 베이조스는 2000년 서한에서 잘못된 투자

표 8.3 주요 기술 기업 창립자들의 버닝맨 참석 여부

회사명	창립 연도	본사	창립자	창립자 재임 기간 (년)	버닝맨 참석 여부	시가총액 (십억 달러)
알리바바	1999	중국 항저우	마윈 외	20	불참	713.14
아마존	1994	워싱턴주 시애틀	제프 베이조스	27	참석	1,664.28
애플	1976	캘리포니아주 쿠퍼티노	스티브 잡스 외	23	참석	2,283.35
페이스북	2004	캘리포니아주 멘로파크	마크 저커버그 외	17	참석	767.31
구글	1998	캘리포니아주 마운틴 뷰	래리 페이지, 세르게이 브린	23	참석	1,401.76
마이크로 소프트	1975	워싱턴주 레드먼드	빌 게이츠, 폴 앨런	45	알 수 없음	1,838.57
넷플릭스	1997	캘리포니아주 로스 가토스	리드 헤이스팅스, 마크 랜돌프	24	알 수 없음	247.61
쇼피파이	2004	캐나다 오타와	토비아스 뤼트케 외	17	불참	174.70
텐센트	1998	중국 선전	마화텅 외	23	알 수 없음	1,103.22
테슬라	2003	캘리포니아주 팰로앨토	일론 머스크 외	17	참석	815.36

스티브 잡스의 재임 기간에는 그가 애플을 떠난 1985년부터 1997년 재합류할 때까지의 기간은 포함하지 않았다. 스티브 잡스가 버닝맨에 간 적이 있는지 여부는 불분명하지만 뮤지컬 〈버닝맨Burning Man〉에는 그의 이미지가 나온다. 시가총액은 2021년 2월 9일 기준이다.

실수를 설명하고 일부 투자자들의 장기적 신뢰를 이끌어냈다.

세 번째 사례는 개인적으로 가장 좋아하는 사례다. 2007~2008년 금융 위기 당시 상장된 인터넷 기업의 경영진은 실적 발표 때면 금융 위기로 사업이 어떤 영향을 받았는지 쉼 없이 질문받았다. 나도 이 질문을 던진 애널리스트 중 한 명이었기 때문에 잘 알고 있다. 보고된 성장률이 분명히 둔화되고 있었지만, 경영자 중 누구도 영업 환경이 얼마나 안 좋아졌는지 인정하려 하지 않았다. 당시 막강했던 구글, 아마존, 이베이를 포함한 인터넷 부문은 강력한 혁신의 뒷바람을 타고 무적이어야 했다. 세계적인 불황처럼 평범한 사건에 영향을 받을 리 없었다. 그러나 한 경영자만은 글로벌 위기가 사업에 심각한 영향을 미치고 있음을 인정했다. 당시 익스피디아의 CEO였던 다라 코즈로샤히Dara Khosrowshahi였다.

그는 "바깥은 엉망진창입니다"라고 말하며 실적 발표를 시작한 다음 금융 위기 때문에 익스피디아가 직면한 역풍을 상세히 설명했다. 나는 실적 발표 보고서에서 코즈로샤히의 솔직함을 칭찬했다. 그리고 10년 후 코즈로샤히가 우버 CEO로 선택됐을 때 그가 이상적인 CEO가 될 수 있는 이유 중 하나로 그가 보여준 솔직한 태도를 언급했다. 그 솔직함 덕분에 일부 투자자와 애널리스트에게 장기적 신뢰를 쌓은 것이다.

이처럼 실수와 어려움에 대해 솔직히 털어놓을 수 있는 능력은 투자자들이 기술 기업 CEO(엄밀히 말해 모든 CEO)에게서 찾아야 할 또 다른 특징이다.

경영진의 자질은 기술주 투자에서 가장 중요한 요소 중 하나다. 장기적으로 주식은 펀더멘털이 이끌고 펀더멘털은 경영진이 이끌기 때문이다. 경영진을 제대로 고른다면 주식을 제대로 고를 수 있다. 총 도달 가능 시장도 중요하다. 끊임없는 제품 혁신과 올바른 가치 제안도 마찬가지로 중요하다. 그러나 제품 혁신과 올바른 가치 제안을 관리하는 것이 경영진이다. 따라서 경영진을 제대로 고르면 그 기업은 펀더멘털이 좋을 가능성이 높고, 따라서 투자할 종목도 제대로 고르게 된다. 아마도 가장 중요한 주식 티커는 CEO일지도 모른다.

경영진에게서 따져봐야 할 요소는 다음과 같다. 창립자가 이끄는 회사인가(거의 모든 대형 기술주는 창립자가 이끄는 회사다)? 장기적 지향성을 지니고 있는가(저커버그의 1·5·10년 목표처럼)? 탁월한 산업 비전을 지니고 있는가(스트리밍 서비스를 시작한 헤이스팅스처럼)? 고객 만족에 집착하는가(아마존의 주주 서한)? 기술적 배경과 운영 능력이 있는가? 제품 혁신에 집중하는가? 인재를 영입하고 유지하는 능력이 있는가? 직원과 투자자에게 실수와 어려움을 솔직하게 털어놓을 수 있는 능력이 있는가? 한 기업의 경영진에게서 이 모든 요소를 찾기란 어려울 것이고 다 찾을 필요도 없다. 그러나 경영진의 자질을 신뢰하려면 이 요소 중 다수를 갖추고 있어야 한다.

투자 펀드와 달리 경영진은 과거 성과가 미래 성과를 보여주는 지표가 된다. 그러니 성공적인 실적을 쌓아온 경영진을 찾았다면 그가 재임 중인 기업의 주식을 반드시 쥐고 있어라. 성공적인 실적을 냈다는 것은 월가의 분기 이익 추정치를 꾸준히 상회한다는 뜻이 아니다. 그것은 예상치를 관리하는 것이지 펀더멘털을 창출하는 것은 아니다. 성공적인 실적을 냈다는 것은 기막히게 멋진 주식 차트를 그렸다는 의미도 아니다. 단기적 주가 변동에는 수많은 요소가 영향을 미치기 때문이다. 성공적 실적이란 꾸준히 높은 매출 성장률을 달성하는 것, 성공적으로 새로운 상품과 기능 개선을 발표하는 것, 마지막으로 점점 더 큰 고객 만족과 충성도를 이끌어내는 것을 의미한다.

이러한 펀더멘털 측면의 성과와 그 성과를 이끌어낸 핵심 동인은 장기적으로 훌륭한 주식 차트를 그리게 할 가능성이 높다. 그리고 이 부분에 대해 가장 큰 책임을 지는 주체는 바로 경영진이다.

NOTHING BUT NET

밸류에이션은 종목 선택의
절대적 기준이 아니다

밸류에이션을 판단하는 프레임워크는 기술주를 고르는 데
도움을 준다. 그러나 밸류에이션은 과학이 아니다. 밸류에이
션은 정확성을 띠는 것이 비현실적이거나 불가능하거나 정
당하지 않을 때조차 정확한 답을 내놓는 정확성의 함정을 가
져온다. 종목 선택 과정의 가장 중요한 요소가 밸류에이션이
어서는 안 된다. 행동을 결정하는 질문은 기업이 탄탄한 수
익을 창출하는지, 최소한의 수익을 창출하는지, 아니면 전혀
수익을 내지 못하는지에 따라 달라진다. 하지만 언제나 가장
중요한 질문은 "현재 밸류에이션이 대략 합리적인가?"가 되
어야 한다.

경고. 앞으로 나올 내용은 기술주의 밸류에이션을 구하는 방법에 대한 것이 아니다. 밸류에이션 방법을 알려주는 좋은 책은 차고 넘친다. 여기에서 다루는 내용은 20년이 넘는 세월 동안 때로는 간단해 보이기도 하고 때로는 어렵게 느껴지기도 하는 밸류에이션 상황에서, 어떤 주식에 대한 투자 여부를 판단하기 위해 여러 가지 밸류에이션 모델을 수도 없이 돌려본 업계 실무자가 알려주는 교훈이다. 내가 배운 가장 중요한 교훈은 한마디로 종목 선택 과정의 가장 중요한 요소가 밸류에이션이 돼서는 안 된다는 것이다.

우버는 2019년 5월 10일 금요일 45달러에 상장되었고 거래 첫날 8퍼센트 하락해 42달러 아래로 떨어졌다. 2019년 6월 말 짧은 기간을 제외하고는 18개월 동안 계속 공모 가격 아래에서 거래되었다. 2020년 3월 중순, 코로나19 팬데믹의 여파로 승차 공유 서비스에 대한 수요가 축소되고 우버의 유동성에 대한 투자자들의 우려가 커지면서 우버의 주가는 공모가보다 약 70퍼센트 하락한 15달러 아래로 떨어졌다.

리프트는 2019년 3월 29일 금요일 공모 가격 72달러에 상장되었고, 첫 거래일에 9퍼센트 상승해 78달러로 거래되었다. 그러나 2021년 초까지 이 가격대는 다시 기록하지 못했다. 리프트는 2019년 4월 단 이틀만 제외하고 공모가였던 72달러보다 훨씬 아래에서 거래되며 실패한 기업 공개가 되었다. 2020년 3월 중순에는 공모가보다 75퍼센트 정도 낮은 16달러까지 폭락했다.

2019년 10월, 우버와 리프트의 주가가 모두 고전하고 있을 때 유명한 CNBC 기고가인 조시 브라운Josh Brown은 우버의 실패한 기업공개가 투자자 심리를 '환상 속의 밸류에이션에서 수익성'으로 바꿨다고 썼다. 다음은 브라운이 쓴 내용이다.

'더 큰 깨달음은 우버의 주가가 공모 가격 아래에서 거래되며 올봄 모든 것이 변했다는 것이다. 결코 이익을 창출하지 못할 수도 있는데 S-1 파일에 기재된 엄청나게 높은 밸류에이션으로 기업을 상장한 이 실험으로 전문 투자자와 개인 투자자 모두에게 큰 심리 변화가 생겼다. 변화의 순간이었다.'

코로나19 위기가 미국의 두 주요 승차 공유 서비스에 대한 수요에 상당히 부정적인 영향을 미친 것은 사실이지만, 우버와 리프트의 주가는 팬데믹 훨씬 이전부터 압박을 받았다. 두 회사 모두 대규모 손실을 내고 있었기 때문이다. 2019년 리프트는 26억 달러의 순손실을 기록했고, 우버는 86억 달러의 순손실을 기록했다. 이런 손실은 사실상 전례가 없는 수준이었다. 기업공개 후 우버와 리프트가 과연 이익을 낼 수 있을지에 관련해 불확실성이 커졌다. 브라운의 논평은 바로 이런 불확실성을 포착한 것이었다.

그 후 2020년, 우버의 주가는 놀랍게도 70퍼센트 정도 상승했다. 2021년 초 현재 우버의 주가는 2020년 중반 저점에서 300퍼센트 상승해 공모 가격을 30퍼센트 이상 상회하고 있다. 그럼에도 우버의 수익성 전망은 여전히 불투명하다. 대부분 월가의 실적 추정 모델은 우버가 아무리 빨라도 2023년까지는 긍정적인 GAAP 순이익과 잉여현금흐름을 창출하지 못할 거라고 본다. 주가매출액비율 기준으로 현재 우버와 리프트는 상장 당시와 비슷하거나 더 높은 배수로 거래되고 있다. '환상 속의 밸류에이션' 영역으로 돌아온 것이다. 기술주 밸류에이션의 세계에 온 것을 환영한다.

PER이 높아도 좋은 주식일 수 있는 경우

생각하지 말고 바로 대답해보라. '기술주'라고 하면 어떤 말이 가장 먼저 떠오르는가? '흥미진진하다'고 대답하는 사람도 있고, '고공비행'이라고 답하는 사람도 있을 것이다. 하지만 틀림없이 많은 사람이 '비싸다'고 답할 것이다. 그 사람들의 말이 맞다.

기술주의 훌륭한 바로미터인 나스닥 지수는 지난 20년 동안 평균 선행 PER의 20배 정도로 거래된 반면, S&P 500은 15배 정도로 거래되었다. 이 값을 줄일 수 있는 방법은 여러 가지지만 대부분의 방법이 나스닥(즉 기술주)이 비싸게 거래된다는 사실을 분명하게 보여줄 것이다.

그렇다면 이것이 기술주가 비싸다는 뜻일까? 맞다, 본질적으로는 그렇다. 하지만 성장률을 감안한다면 그렇지 않다. 외부와 단절된 PER은 그다지 유용하지 않다. 주식이 시장 대비 비싸게 거래되는지 싸게 거래되는지 아는 것이 더 유용하다. 또 동종 기업 대비 비싸게 거래되는지 싸게 거래되는지 아는 것이 더 유용하다. 무엇보다 자신의 성장률 대비 어떻게 거래되고 있는지 아는 것이 가장 유용하다. 성장률을 감안하지 않은 밸류에이션은 아무런 의미가 없다.

경험적으로 볼 때 성장률이 높을수록 멀티플이 클 가능성이 높다. 다른 모든 조건이 동일하다면 이익과 잉여현금흐름이 빠르게 성장하는 회사가 느리게 성장하는 회사보다 더 비싸다. 여기서 말하는 다른 모든 조건에는 자본/투자 집약도, 운전자본 등이 포함된다. 성장률이 높다면 시간이 지남에 따라 '비싼' 주식이 합리적인 주식으로 바뀔 수 있다. 간단한 예가 있다.

두 가지 종목이 있다고 가정해보자. 첫 번째 종목은 20달러짜리 '기술주'로 EPS는 1달러이고 따라서 PER은 20배다(지난 20년간 나스닥 PER의 대략적인 중간값이다). 두 번째 종목은 15달러짜리 '일반주'다. 마찬가지로 EPS는 1달러이고 따라서 PER은 15배다(지난 20년간 S&P 500 PER의 대략적인 중간값이다). 두 번째 종목이 첫 번째 종목보다 저렴해 보인다.

그러나 시장에서 위 사례의 '기술주'는 지속 가능한 EPS 성장률을 20퍼센트로 보아 PER 20배를 적용한 반면, '일반주'는 지속 가능한 EPS 성장률을 10퍼센트(지난 20년간 S&P 500의 EPS 평균 성장률에 가까운 값)로 보아 PER 15배를 적용했다고 가정해보자. 경험칙에 의하면 일반적으로 주식은 인지된 성장률과 일치하거나 살짝 높은 프리미엄으로 거래된다. 일관되게 EPS 성장률이 10퍼센트인 주식은 15배에서 20배 사이에서 거래되는 반면, EPS 성장률이 20퍼센트인 주식은 20배에서 40배 사이에서 거래된다. 성장률이 더 낮은 주식은 인지된 성장률의 2배로 거래되는 경우가 많지만(EPS 성장률이 10퍼센트일 경우 20배) 성장률이 높은 주식은 이런 경우가 더 드물다. 시장은 본능적으로 높은 성장률의 지속성에 의심을 품기 때문이다. 시장은 똑똑하다.

표 9.1은 높은 성장률이 멀티플이 '비싼' 종목을 멀티플이 합리적인 종목으로 어떻게 바꾸는지 보여준다. 자, 다시 한번 PER 20배인 종목과 15배인 종목이 있다고 해보자. 후자가 더 저렴하다. 하지만 만약 둘 다 주가가 변하지 않고(여기는 가상의 세계다) EPS 성장률이 계속 일정하게 유지된다면, 4년 뒤에는 PER 멀티플이 수렴하고 5년 뒤에는 더 비쌌던 '기술주'가 '일반주'보다 저렴해질 것이다. 그러니 너무 서둘러서 기술주를 매수하지 마라. 다만 성장률을 감안한 밸류에이션 멀티플의 중요성만은 제대로 인식해라.

이렇게 생각해볼 수도 있다. 만약 기술주가 높은 멀티플을 유지할 수 있다면 이 기업의 높은 성장률은 곧 높은 주식 수익률로 전환될 수 있다. 즉 현재 20달러에 거래되는 기술주의 PER이 20배이고 EPS 성장률은 20퍼센트라고 해보자. 이 주식이 PER과 EPS 성장률을 그대로 유지할 수 있다면 3년 동안 EPS는 1.44달러가 될 것이고 주가는 28.8달러가 될 것이다. 이때 주식 수익률은 44퍼센트가 된다. 한편 PER 15배, EPS 성장률 10퍼센트인 '일반주'가 이 숫자를 계속 유지할 수 있다면 3년 후 EPS는

표 9.1 성장률은 어떻게 '비싼' 주식을 '합리적인' 주식으로 바꾸는가

20달러 기술주 - 성장률 20퍼센트			15달러 일반주 - 성장률 10퍼센트		
년	EPS (주당순이익)	PER (주가수익비율)	년	EPS (주당순이익)	PER (주가수익비율)
1	$1.00	20.0x	1	$1.00	15.0x
2	$1.20	16.7x	2	$1.10	13.6x
3	$1.44	13.9x	3	$1.21	12.4x
4	$1.73	11.6x	4	$1.33	11.3x
5	$2.07	9.6x	5	$1.46	10.2x
6	$2.49	8.0x	6	$1.61	9.3x
7	$2.99	6.7x	7	$1.77	8.5x
8	$3.58	5.6x	8	$1.95	7.7x
9	$4.30	4.7x	9	$2.14	7.0x
10	$5.16	3.9x	10	$2.36	6.4x

1.21달러, 주가는 18.15달러가 돼 주식 수익률은 21퍼센트가 될 것이다. 이런 식으로 5년을 생각해보면 투자 첫해 대비 주식 수익률은 기술주는 107퍼센트, '일반주'는 46퍼센트가 된다(표9.2).

다시 한번 말하지만 서둘러서 기술주를 매수하지 마라. 다만 성장률을 감안한 밸류에이션의 중요성은 제대로 인식해라. 사실 이것은 보통 중요한 것이 아니라 결정적이다.

표 9.2 높은 EPS 성장률이 높은 가치로 전환되는 방법

20달러 기술주 – 성장률 20퍼센트					15달러 일반주 – 성장률 10퍼센트				
년	EPS (주당 순이익)	PER (주가 수익 비율)	가격	투자 1년 차 대비 수익률	년	EPS (주당 순이익)	PER (주가 수익 비율)	가격	투자 1년 차 대비 수익률
1	$1.00	20.0x	$20.00	—	1	$1.00	15.0x	$15.00	—
2	$1.20	20.0x	$24.00	20%	2	$1.10	15.0x	$16.50	10%
3	$1.44	20.0x	$28.80	44%	3	$1.21	15.0y	$18.15	21%
4	$1.73	20.0x	$34.56	73%	4	$1.33	15.0y	$19.97	33%
5	$2.07	20.0x	$41.47	107%	5	$1.46	15.0x	$21.96	46%
6	$2.49	20.0x	$49.77	149%	6	$1.61	15.0x	$24.16	61%
7	$2.99	20.0x	$59.72	199%	7	$1.77	15.0x	$26.57	77%
8	$3.58	20.0x	$71.66	258%	8	$1.95	15.0x	$29.23	95%
9	$4.30	20.0x	$86.00	330%	9	$2.14	15.0x	$32.15	114%
10	$5.16	20.0x	$103.20	416%	10	$2.36	15.0x	$35.37	136%

성장률을 감안한 밸류에이션의 중요성을 더 현실적으로 살펴보기 위해 지난 몇 년간 페이스북의 사례를 살펴보자. 2016년부터 2020년까지 5년 동안 페이스북의 선행 PER은 잠깐씩 범위의 상단과 하단을 벗어난 적이 있기는 해도 17~25배를 유지했다. 페이스북 같은 기업의 경우 이 정도 수준은 때때로 매력적인 것이었다. 전체 기간 동안 시장 대비 PER이

높은 편이기는 했지만 페이스북은 꾸준히 높은 매출 성장률을 기록하는 회사였기 때문이다. 5년 동안 페이스북의 매출은 54퍼센트(2016), 47퍼센트(2017), 37퍼센트(2018), 27퍼센트(2019), 22퍼센트(2020) 성장했다. 보기 드문 고공 성장이었다. 이렇게 여러 해 동안 20퍼센트 이상 성장률을 유지할 수 있는 기업은 S&P 500 기업 중에서도 단 2퍼센트뿐이었다. 코로나19 위기가 터진 2020년 광고 수입 회사가 22퍼센트 매출 성장률을 달성한 것은 정말 인상적이고 충격적이기까지 한 결과였다.

표 9.3에서 볼 수 있는 것처럼 2016년부터 2020년까지 5년간 페이스북은 높은 EPS 성장률을 유지했다. 투자에 집중했던 2019년 한 해만 평범한 EPS 성장률을 기록했다(미국 연방거래위원회에 50억 달러의 일회성 과징금을 지불한 것을 제외하고 EPS 성장률은 7퍼센트였다).

그렇다면 2016년부터 2020년까지 5년간 페이스북의 주가는 어땠을까? 페이스북은 시장 수익을 크게 웃도는 수익률을 기록했다. 5년 동안 페이스북의 주가는 161퍼센트 상승하며 S&P 500(84퍼센트 상승) 대비 2배 가까운 수익률을 기록했다. 2018년에는 시장 수익률을 하회했고 2016년에는 시장과 비슷한 수익률을 기록했지만 나머지 3년 동안 시장

표 9.3 페이스북의 기막히게 좋은 펀더멘털

	2016	2017	2018	2019	2020
매출(백만 달러) 매출 성장률	$27,638 54%	$40,653 47%	$55,838 37%	$70,697 27%	$85,965 22%
GAAP EPS EPS 성장률	$3.49 171%	$5.39 54%	$7.65 42%	$8.18 7%	$10.09 23%

을 크게 상회하는 수익률을 거뒀다.

이런 모습은 2003년부터 2018년까지 프라이스라인의 주가가 120배 이상 오르며 주식 수익률이 시장 수익률을 상회한 시기와 비슷하다. 두 종목 다 변동성은 있었지만 모두 매출 성장률이 높았고 성장률에 비해 저렴하게 거래됐기 때문에, 즉 EPS 성장률보다 PER 배수가 낮았기 때문에 장기 투자자(투자 기간이 1년 이상인 투자자)에게 탁월한 수익률을 안겨줬다.

이것은 주식을 고르는 데 도움을 줄 확실한 교훈으로 이어진다. 성장률이 높은 데 비해 싸게 거래되는 주식이 매력적이라는 것이다(예를 들어 어떤 회사의 EPS 성장률은 30퍼센트인데 PER이 20배인 경우). 이런 기회는 흔하지는 않아도 분명히 존재한다. 프라이스라인과 페이스북처럼 말이다. 엄청난 투자 기회가 될 수 있으니 늘 잘 살펴봐야 한다.

이렇듯 기술주와 성장주는 비싸 보일 때도 있고, 진짜 비싼 경우도 있다. 이익이 빠르게 성장하는 기업이 느리게 성장하는 기업보다 본질적으로 더 가치 있기 때문이다. 시장은 늘 저성장주보다 고성장주에 더 높은 배수를 적용한다. 그러니 PER이 높은 주식이라고 단념하지 마라. 투자를 결정하는 핵심적인 질문은 "PER이 높은 주식이 높은 매출 성장률과 EPS 성장률을 계속 유지할 수 있을 것인가?"가 되어야 한다. 이 질문에 대한 대답이 긍정적이라면 PER이 높은 주식도 좋은 투자 대상이 될 수 있다.

현재 이익률이 탄탄한 기업에 투자할 때 반드시 던져야 할 질문

가끔 밸류에이션이 정말 간단할 때가 있다. 어떤 주식의 내년 EPS는 올해보다 25퍼센트 오른 4달러로 예상되고, 여기에 PER 25배가 적용돼 100달러에 거래된다고 해보자. 12개월 후 주가는 어떻게 될까? PER이 25배로 그대로이고 성장률도 계속 25퍼센트를 유지할 것으로 기대된다면 12개월 후 주가는 125달러가 될 것이다(EPS 5달러에 대해 멀티플 25배 적용).

이렇게 쉬운 경우는 좀처럼 드물다. 하지만 아주 멋지고, 간단하고, 정확하고 운이 좋은 사례가 있긴 하다. 2017년은 페이스북에 아주 말도 안 되는 해였다(그림 9.1). 주가가 115달러에서 176달러로 53퍼센트 상승했다. 같은 해 2월 초, 나는 페이스북의 강력한 4분기 실적 발표 내용을 분석하는 낙관적인 어닝 노트를 발행했다. 제목은 '아직도 너무 좋다'였다. 당시 주가는 133달러였고 나는 12개월 목표 주가를 175달러로 상향 조정했다. 그런데 내가 제시한 12개월 목표 주가가 그해 말 종가였던 176달러와 0.8퍼센트 차이로 맞아떨어졌다. 정말이다. 이런 일은 거의 드물다. 앞에서 말했듯 운이 아주 좋은 경우다.

2017년 2월 초 실적 발표 보고서에서 나는 2017년 EPS 추정치는 2016년 대비 38퍼센트 상승한 4.51달러이며, 당시 133달러였던 페이스북의 주가는 2017년 EPS 추정치의 약 30배 수준이라고 평가했다. 2018년 EPS는 6.29달러(2018년 EPS 성장률이 2017년과 비슷할 거라고 봤다)가 될 것으로 추정했고, EPS 성장률은 비슷하게 유지될 거라고 예상했기 때문에 PER은 다소 축소되지만 여전히 매우 높은 수준을 유지할 거라고 예측했다. 따라서 2018년 예상 EPS 6.29달러에 목표 배수target multiple 28배를 적용해 목표 주가 175달러를 산출했다.

나는 실력이 좋았던 걸까, 운이 좋았던 걸까? 페이스북의 2017년 실제

그림 9.1 (운 좋은) 목표 주가의 해부학

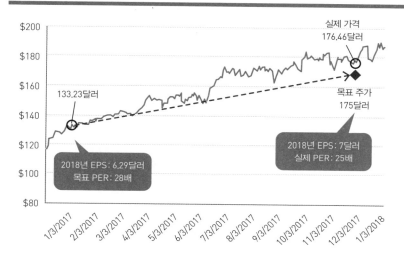

	주가	2018년 EPS 추정치	PER 배수
추정치 대 실제값	0.8%	11.3%	−9.4%

EPS는 내 예상치보다 20퍼센트 정도 높은 5.4달러였다. 2017년 EPS가 54퍼센트나 증가했다는 뜻이다. 나는 2017년 말, 2018년 EPS 추정치를 7.00달러로 높였다(처음 예상했던 것보다 약 11퍼센트 더 높음). 이것은 2017년 말 페이스북이 2018년 PER 25배(내가 생각했던 것보다 약 9퍼센트 낮은 배수)로 거래되었다는 의미였다.

그래서 페이스북 투자 의견에 대해서는 이렇게 결론지었다. 페이스북은 내가 제시한 목표 가격의 1퍼센트 미만 차이로 그해를 마감했다. A+. 그러나 2017년 EPS 추정치는 실제 값보다 약 20퍼센트나 낮았고, 2018

년 선행 EPS 추정치는 약 11퍼센트나 낮았다. B. 마지막으로 내가 제시한 목표 배수는 실제 값보다 약 9퍼센트 낮았다. B⁺.

이것은 단순한(그리고 운이 좋은!) 경우였다. 하지만 이 간단한 사례는 분명하고 견조한 이익을 내면서 주식이 시장의 대략적인 범위, 이를테면 PER 10배에서 40배 사이에서 거래될 때 밸류에이션이 어떻게 되는지 보여준다. PER 멀티플의 상단은 나스닥 지수의 역사적 PER 평균의 2배인 40배로 잡았다.

앞서 나는 훌륭한 주식 투자자가 되려면 훌륭한 경제학자(한두 해의 이익을 합리적으로 예측할 수 있어야 한다)이자 훌륭한 심리학자(이익에 대해 시장이 멀티플을 어떻게 적용할지 합리적으로 예측할 수 있어야 한다)가 되어야 한다고 말했다. 기업의 이익이 분명하고 탄탄할 경우 PER 멀티플은 주로 시장 멀티플, 섹터 멀티플, 인지된 성장률이라는 세 가지 요인의 영향을 받는다. 이 세 가지 중 하나라도 바뀐다면 기업의 PER 멀티플도 바뀔 것이다. 어떤 면으로 보면 심리학자의 일은 경제학자의 일과 비슷하다. 경제학자는 미래 이익의 성장 전망을 추정하려 하고, 심리학자는 이러한 미래 성장 전망에 변화 여부를 추정하려 한다는 점을 제외하면 말이다.

따라서 이익률이 탄탄한 회사에 투자할지 여부를 결정할 때는 '이 회사의 이익 성장률이 지속 가능한가?'를 고려해야 한다. EPS 성장률이 20퍼센트로 전망되고 PER 30배인 주식은, 20퍼센트의 EPS 성장률 전망이 바뀌지 않는 한(그리고 대차대조표나 현금 흐름에 큰 변화가 없다고 가정하는 한) 계속 PER 30배를 유지할 가능성이 높다(주요 시장 멀티플이나 섹터 멀티플이 변하지 않는다면).

이것은 기업의 EPS 성장률과 성장률 전망이 둔화될 경우 멀티플이 줄어들 가능성이 높다는 의미이기도 하다. 멀티플이 줄어드는 속도는 EPS 성장률이 둔화되는 속도에 따라 달라진다. 주식의 가치는 이익 성장률이 멀티플 감소율보다 더 높게 유지될 수 있는지 여부에 달려 있다. 주식에서 최악의 상황은 선행 EPS 추정치가 하락하고 선행 EPS 성장률 전망도 축소되는 경우다. 이익과 PER이 둘 다 하락하고 있기 때문에 이중고를 겪는 상황이다. 이것이 기업공개 이후 1년 동안 스냅에 일어났던 일이다. 다만 스냅은 EPS가 아니라 매출 추정치와 선행 매출 성장률이 크게 감소했지만 말이다. 이로 인해 스냅 주식은 상당한 재평가가 이루어졌고 시장 수익률을 크게 하회하는 수익률을 기록했다.

반대로 기업의 성장률과 성장률 전망이 가속화되면 멀티플은 상승할 가능성이 높다. 멀티플이 커지는 속도는 EPS 성장률이 얼마나 빨리 가속화되는지에 따라 달라질 것이다. EPS 추정치가 높아지고 선행 EPS 성장률 전망도 높아지는 긍정적인 이중 효과가 일어나게 된다. 2018년 초 구독료를 인상하고 새로운 오리지널 콘텐츠를 공개하면서 일련의 성장 곡선 증대 계획을 시행했던 넷플릭스가 이런 경우였다. 이익 추정치가 상승하고 향후 성장률 전망도 상승해 멀티플이 재평가받았고 주가는 시장 수익률을 크게 상회했다.

이익은 적고 PER은 높은 기업에 투자할 때 필요한 세 가지 질문

이익은 정말 적은 기업인데 PER 멀티플이 아주 높은 경우(50배 이상)가 종종 있는데, 이런 종목도 좋은 투자 대상이 될 수 있다. 아마존과 넷플릭스가 그 증거다. 여기에서 투자를 결정하는 중요한 질문은 다음과 같다. 회사가 상당 기간 높은 매출 성장률을 유지할 수 있는가? 중요한 투자 때문에 현재 이익이 크게 감소하고 있는가? 회사의 장기적인 영업이익률이 현재 수준보다 현격히 더 높아질 수 있다고 믿을 만한 이유가 있는가? 이상 질문에 대한 대답이 긍정적이라면 아주 높은 PER 멀티플도 정당화될 수 있다.

나는 2010~2020년 거의 내내 넷플릭스 주식에 대해 낙관적인 견해를 지니고 있었다. 이 기간 넷플릭스 지지자로서 가장 힘들었던 부분 중 하나는 넷플릭스의 밸류에이션을 변호하는 것이었다. 넷플릭스는 해당 기간 인상적인 매출과 구독자 증가율을 기록했지만, 플러스 잉여현금흐름을 창출한 것은 딱 3개 년(2010·2011·2020년)뿐이었다. 실제로 2012~2019년 잉여현금흐름 적자 폭은 거의 매년 커져 2012년 6,700만 달러에서 2019년 32억 달러로 늘어났다. 게다가 이 오랜 기간 넷플릭스 경영진은 가까운 미래에도 마이너스 잉여현금흐름으로 회사를 운영할 계획을 밀고 나갔다. 언제쯤 플러스 잉여현금흐름으로 전환될 것인지 날짜를 못 박으려 하지도 않았다. 이는 넷플릭스의 밸류에이션을 변호하려는 애널리스트에게는 큰 도움이 되지 않았다.

이 기간에 넷플릭스는 꾸준히 GAAP EPS를 창출했다. 비록 대부분의 기간 동안 최소한의 이익에 불과하긴 했지만 말이다. 이것은 사실 조금 이례적인 일이다. 일반적으로 EPS가 플러스의 값을 띠면 잉여현금흐름도 플러스로 함께 가기 때문이다. 하지만 넷플릭스의 비즈니스 모델에는 몇 가지 특이한 요소가 있었다. 특히 라이선스 기간(대개 수년)에 꾸준히 현금을 지출해야 하는 라이선스 콘텐츠에서, 현금 지출이 거의 전액 선제적으로 이루어지는 오리지널 콘텐츠로 전환이 이루어지고 있었던 것이다.

어쨌든 지난 10년 동안의 넷플릭스 추이를 살펴본 투자자라면 PER이 파동을 그리고, 이 파동이 아주 빠르다는 사실을 확인할 수 있을 것이다. 2016년부터 2020년까지 5년 동안 넷플릭스의 평균적인 선행 PER은 72배였다(그림 9.2) 심지어 2021년 초에도 PER은 대단히 높아서 월가가 산정한 2021년 EPS 추정치의 대략 55배였다(EPS는 10달러인데 주가가 550달러를 넘는다). PER이 72배나 되는데 누가 넷플릭스의 밸류에이션이 합리적이라고 주장할 수 있겠는가?

그림 9.2 넷플릭스의 PER 변화

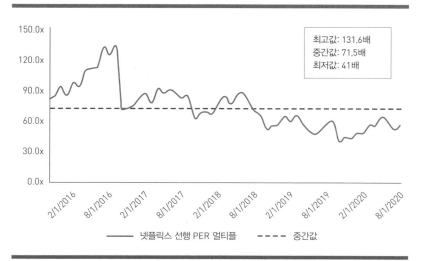

해답은 '주요한 투자 때문에 현재 이익이 크게 감소하고 있는가?', '회사의 장기적인 영업이익률이 현재 수준보다 현격히 더 높아질 수 있다고 믿을 만한 이유가 있는가?', '회사가 상당 기간 높은 매출 성장률을 유지할 수 있는가?'라는 세 가지 핵심적인 질문으로 귀결된다.

첫 번째 질문에 대해 넷플릭스 경영진은 2010~2020년 내내 마케팅과 사업의 동력이 될 콘텐츠에 적극적으로 투자하겠다는 결심을 분명히 밝혔다. 글로벌 시장에 진출하려면 막대한 마케팅 비용이 필요했다. 넷플릭스는 지금까지 스트리밍 서비스가 없었던 시장에 진출할 예정이었다. 브랜드 인지도를 높이기 위해서는 엄청난 광고비가 필요했다. 2010년 마케팅 지출은 3억 달러였고 2014년에는 6억 달러로 2배가 늘었다. 2017년에는 14억 달러로 또 2배 이상 증가했다. 그리고 2019년에는 다시 한번 2배 가까이 오른 27억 달러를 마케팅 비용으로 지출했다.

이렇게 어마어마한 마케팅 비용의 어두운 구름 속에는 늘 밝은 희망이 존재했다. 구독 사업이 성공할 경우 마케팅 지출은 거의 항상 레버리지 효과를 낸다. 즉 마케팅 지출이 매출에 대한 비율로 감소한다. 마케팅 지출은 주로 신규 가입자를 유치하는 데 초점이 맞춰져 있기 때문이다. 구독 사업이 성장할수록 기존 가입자 기반이 성장하고 신규 가입자가 전체 가입자 기반에서 차지하는 비율이 낮아진다. 따라서 마케팅 지출은 단기적 순이익은 감소시켜도 시간이 지날수록 이익률을 크게 높일 수 있는 투자였다.

하지만 보다 대규모 투자 지출은 콘텐츠에서 이루어졌다. 2016~2019년 넷플릭스의 콘텐츠 부문 지출은 70억 달러에서 145억 달러 이상으로 2배 이상 증가했다. 나는 이것을 한때 "서방을 묻어버리겠다"고 장담했던 구소련의 서기장 이름을 따 넷플릭스의 흐루쇼프Khrushchev 전략이라고 이름 붙였다. 넷플릭스의 계획은 콘텐츠에 엄청난 돈을 쏟아부어 거의 모든 가입자에게 매력적인 서비스를 제공하고 가입자가 다른 서비스에 가입할 가능성을 줄이는 것이었다. 넷플릭스는 경쟁자들을 콘텐츠 경쟁으로 묶어버릴 계획이었다. 이는 넷플릭스의 플라이휠 전략 중 일부이기도 했다. 더 많은 콘텐츠가 더 많은 가입자를 끌어모아 더 많은 매출을 창출하고, 이렇게 늘어난 매출로 더 많은 콘텐츠에 투자하는 식이다. 넷플릭스의 콘텐츠 투자는 단기적으로는 이익을 축소했지만 장기적으로는 넷플릭스가 콘텐츠 지출을 단계적 고정비용으로 전환해 영업이익률을 크게 확대할 수 있는 진정한 기회를 제공했다.

첫 번째 질문은 두 번째 질문으로 이어진다. 회사의 영업이익률이 현재 수준보다 현저히 높아질 수 있는가? 넷플릭스의 경우 두 번째 질문에 대한 대답은 꽤 확실한 '예스'인 것 같았다. 그 이유 중 하나는 2012년부터 2016년까지 넷플릭스의 영업이익률은 한 자릿수 초·중반대였는데 다른 여러 미디어 회사들(디즈니·바이어컴Viacom·CBS·폭스Fox 등)이 이것보다 훨씬 높은 영업이익률을 창출하고 있었기 때문이다. 또 다른 이유는 넷플릭스가 2016년부터 매년 3퍼센트씩 영업이익률을 확대하겠다고 공개적으로 약속했기 때문이다. 이상한 약속이었다. 내 기억에 영업이익률을 확대하겠다고 이렇게 구체적인 재무 목표를 제시한 상장 기업은 떠오르지 않는다. 하지만 나는 이 목표가 의미하는 재무적 강제성을 알아보았다. 훨씬 더 중요한 사실은 넷플릭스가 실제로 목표를 달성해 영업이익률을 2016년 4퍼센트에서 2017년 7퍼센트, 2018년 10퍼센트, 2019년 13퍼센트로 끌어올렸다는 것이다. 이렇게 영업이익률이 확대되자 넷플릭스 경영진에 대한 월가의 신뢰도가 높아졌으며 EPS 성장률도 크게 높아졌다.

"회사가 상당 기간 높은 매출 성장률을 유지할 수 있는가?"라는 세 번째 핵심 질문에 대해서도 넷플릭스는 오랫동안 높은 매출 성장률을 지속할 수 있을 거라고 확신했다. 넷플릭스는 넓은 총 도달 가능 시장을 확보하고 있었다. 경영진도 훌륭했다. 넷플릭스는 강력한 고객 가치를 제안해 이를 계속 개선했으며, 이로써 가격 결정력을 확보하게 됐고, 이는 더 나아가 매출 성장률을 높였다. 넷플릭스는 구독 사업을 영위했기 때문에 미래 매출에 대한 가시성이 매우 컸다. 이 모든 요소가 영업이익률 확대와 더불어 강력한 EPS 성장을 이끌었다.

표 9.4는 EPS가 얼마나 크게 늘었는지 자세히 보여주는 한편, 이익률 확대의 효과에 대해서도 중요한 통찰을 가져다준다. 나는 여전히 EPS를 성장시키는 가장 훌륭한 동인은 매출 성장이라고 생각한다. 그러나 영업이익률이 확대되는 것 역시 EPS 성장에 강력한 효과를 미칠 수 있고 그 효과는 특히 영업이익률이 낮을 때 더욱 두드러진다. 영업이익률이 높으면서 영업이익도 크면 좋지만, EPS의 성장이라는 관점에서 봤을 때는 영업이익률이 낮아서 크게 확대되는 편이 더 나을 수도 있다.

2017년부터 2020년까지 넷플릭스의 EPS는 매년 47퍼센트에서 194퍼센트 사이로 성장했다. EPS에 관해서는 세율 변화, 일회성 투자 수익 등과 관련해 언제나 잡음이 많다. 그래서 나는 늘 EPS 성장률을 영업이익이나 현금성 영업이익 성장률과 함께 본다. 예를 들어 2018년을 한번 살펴보자. 넷플릭스는 매출이 35퍼센트, 영업이익률이 42퍼센트 성장하며 영업이익이 91퍼센트 급증했다. 영업이익률이 3퍼센트포인트 증가했다는 말은 별로 대수롭지 않게 들릴 수도 있지만, 영업이익률이 7퍼센트였을 때는 거기에서 EPS가 50퍼센트 가까이 증가한 것이다. 정말 멋진 사실은 매출과 영업이익률이 커지면 영업이익과 EPS도 커진다는 것이다.

넷플릭스는 2016년에서 2020년까지 PER 72배라는 엄청난 멀티플을 기록했지만, EPS 성장률도 엄청나게 높았다. 실제로 해당 기간 평균 EPS 성장률은 92퍼센트였다. 게다가 이 기간은 10년 중 초반 5년에 집중되긴 했지만 마케팅과 콘텐츠 투자로 순이익이 감소하던 때였다.

지금까지 이야기한 것들이 내가 2011년부터 2020년까지 넷플릭스의 밸류에이션을 변호한 방법이다. 투자를 결정하는 세 가지 질문에 답하는 것 말이다. 투자자는 이 세 가지 질문을 통해 말도 안 되게 높은 PER 멀티

표 9.4 넷플릭스의 폭발적인 EPS 성장 추이

(백만 달러)	2016	2017	2018	2019	2020
매출 증가율	$88,307 30%	$116,927 32%	$157,943 35%	$201,564 28%	$249,961 24%
X					
영업이익률 증가율	4.3% —	7.2% 67%	10.2% 42%	12.9% 27%	18.3% 42%
=					
영업이익 증가율	$3,798 —	$8,387 121%	$16,052 91%	$26,043 62%	$45,853 76%
EPS 증가율	$0.43 51%	$1.25 194%	$2.68 115%	$4.13 54%	$6.08 47%

플이 다른 기술주에 비해 합리적인 밸류에이션인지 여부와 그 이유에 대한 답을 찾을 수 있다.

아마존에서 배울 수 있는 투자 교훈은 넷플릭스에서 얻은 교훈과 다소 비슷하다. 그림 9.3의 주식은 넷플릭스처럼 말도 안 되게 높은 멀티플을 보여준다. 이 주식 역시 5년간 PER 중간값이 72배나 된다(대체 PER이 72배인 기업이 왜 이러는 것일까?). 투자를 결정하는 세 가지 핵심 질문에 대한 답도 넷플릭스와 꽤 비슷하다. 아마존은 광범위한 분야에 지속적으로 공격적인 투자를 해왔고, 이는 단기적인 EPS를 축소시켰다. 아마존에 절대 이익이 과도하다는 비난을 할 수 없었다. 유통 부문과 클라우드 컴퓨팅 서비스 부문의 수조 달러 규모 총 도달 가능 시장과 경영진의 능력을 고려했을 때 아마존이 지속적으로 높은 매출 성장률을 유지할 수 있다고 믿

그림 9.3 하늘을 찌르는 아마존의 PER 멀티플

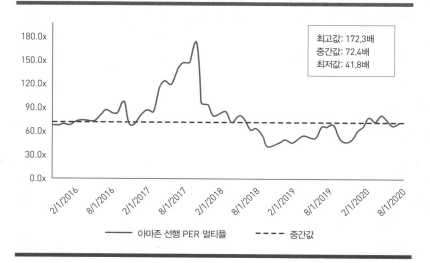

을 수 있는 이유는 분명히 존재했다. 그러나 아마존은 넷플릭스처럼 영업이익률을 확대하겠다고 명확히 약속하지 않았다. 넷플릭스처럼 지속적으로 높은 EPS 성장률을 기록하지도 않았다. 그런데도 PER 멀티플이 비슷했다. 왜 그랬을까?

답은 넷플릭스에는 없었지만 아마존에는 있는 두 가지 주요한 요인 때문이었다. 이 두 가지 요인 때문에 나는 PER 멀티플이 하늘을 찌를 정도인데도 아마존의 밸류에이션이 합리적이라고 주장할 수 있었다. 첫 번째 요인은 아마존이 기술업계에서 가장 훌륭하게 믹스-시프트mix-shift에 성공한 회사라는 점이다. 즉 가장 빠른 성장세를 보이는 두 부문(아마존 웹 서비스와 광고 부문)이 핵심 사업인 온라인 유통 부문보다 훨씬 빠르게 성장했으며, 영업이익률도 온라인 유통 부문이 2~5퍼센트인 데 반해 약 25퍼센트로 훨씬 더 높았다. 아마존 웹 서비스와 광고 부문은 온라인 유통 부문보다 2배 빠르게 성장하고 있었고 영업이익률은 10배나 높았다. 시간이 지날수록 아마존의 영업이익률이 구조적, 필연적으로 상당히 높아질 것이라는 의미였다. 식품과 물류 등의 영역에 대한 공격적인 투자 때문에 늦춰질 수도 있지만 추세는 결국 드러날 것이었다.

사실 우리는 2018년 중반 보고서에서 '기술업계에서 최고의 믹스-시프트'를 이뤄냄으로써 아마존의 장기적인 영업이익률이 20퍼센트까지 높아질 수 있다고 주장했다. 영업이익률 20퍼센트는 당시 아마존이 창출하던 영업이익률의 4배 수준이었다. 자, 그러니까 아마존의 영업이익률이 현재 수준에서 크게 증가하리라고 믿을 만한 이유가 있었던 것이다.

넷플릭스에는 없지만 아마존에는 있었던 두 번째 요인은 아마존이 플랫폼 회사가 되었다는 것이다. 언젠가는 넷플릭스도 콘텐츠 구독 외의 시장으로 진출할 수도 있을 것이다. 하지만 지금까지는 아니었다. 반면 아마존은 다양하고 넓은 시장으로 확장하고 성공할 수 있는 능력을 증명해왔다. 그 범위는 온라인 유통 산업부터 클라우드 컴퓨팅, 광고, 하드웨어 기기에까지 이른다. 내 생각에 아마존은 사무용품 및 물품, 의약품, 식료품, 택배 분야로도 성공적으로 확장할 것이다. 아마존은 단기적으로는 투자로 인해 EPS가 축소될 수도 있지만, 미래에는 엄청난 매출과 이익을 창출해낼 플랫폼 회사이고, 이에 매우 뛰어난 회사다. 따라서 아마존이 플랫폼 회사라는 사실은 진행되는 투자 때문에 진정한 수익 잠재력이 가려지고 있다는 증거, 그리고 엄청난 규모로 수년 동안 높은 매출 성장률을 지속할 수 있다는 증거였다. 아마존은 '구글을 따라잡을' 수 있을 것이다. 그리고 이는 최소한 본질적으로 아마존의 밸류에이션이 어느 정도 합리적이라는 주장을 뒷받침한다.

수익이 나지 않을 때 밸류에이션을 따져보는 방법

여기 밸류에이션이 가장 어려운 극단적 경우가 있다. 아무 이익이 없을 때 밸류에이션이 합리적인지 아닌지 어떻게 결정할 수 있을까? 순이익이 없으면 PER도 구할 수 없고, 그러면 PER이 합리적인지 아닌지 판단하기 위해 성장률이나 수익의 질을 검토할 수도 없다.

이런 경우는 특히 기술주에서 자주 나타난다. 나스닥에 포함된 기업 중 약 3분의 1이 현재 이익을 내지 못한다. 기업공개를 할 때도 이런 경우가 많다. 지난 10년간 인터넷 섹터에서 기업공개에 나선 거의 모든 기업은 상장할 때 GAAP 기준 EPS로 판단하면 수익성이 없었다. 그리고 그들 중 상당수는 상장 후 몇 년이 지나도 GAAP 기준 EPS로 이익을 내지 못했다. 표 9.5는 이익을 내지 못하면서 기업공개에 나섰던 기업을 일부 목록으로 만든 것이다.

전문 투자자는 이런 경우 밸류에이션을 평가하기 위해 다양한 기법을 사용한다. 많은 사람이 여전히 현금 흐름 할인 모형multiyear DCF models을 사용하는데, 이 방법은 총 가치의 많은 부분이 결국에는 미래에 발생할 것이라고 보며, 공개된 회사의 실질적 성과가 없으므로 실행 위험execution risk이 더 크다는 점 등을 반영하기 위해 일반적 할인율보다 더 높은 할인율을 적용한다는 특징이 있다. 또 다른 접근법으로는 견조한 수익 발생이 합리적으로 예측될 때까지 몇 년 동안 이익을 추정해서 이 이익에 성장률이 조정된 PER을 적용하고, 적절하게 높은 할인율을 사용해 그 결과값을 현재 가치로 다시 할인하는 것이다.

상장된 기업 중 비교 가능한 회사를 살펴보고 이 비교 집단을 참고해 당기순손실 기업에 멀티플(가령 주가매출액비율, 주가 매출 총 이익 비율, 현금성 영업이익 마진율)을 적용하는 접근법도 있다. 어떤 비교 집단을 고를 것인지 결정하는 데는 약간의 '기술'이 있다. 공격적인 매수자들은 상장이 예정된 기업에 더 높은 멀티플을 적용하기 위해 비교 집단에 멀티플이 높은 주식을 포함시키려고 한다. 나는 이익이 없는 기업의 비교 집단을 고를 때 규모(매출 규모가 비슷한 기업), 성장성(매출 성장률 전망이 비슷한 기업), 매출 총 이익, 장기적인 영업이익률 또는 현금성 영업이익 마진율의 가능

표 9.5 기업공개 당시 이익이 나지 않았던 기술주 기업들

티커	회사명	상장 연도	티커	회사명	상장 연도
ABNA	에어비앤비	2020	QUOT	코우션트	2014
APRN	블루 에이프런	2017	RDFN	레드핀	2017
BMBL	범블	2021	REAL	리얼리얼	2019
CHWY	추이	2019	RMBL	럼블온	2016
CVNA	카바나	2017	ROKU	로쿠	2017
DASH	도어대시	2020	SHOP	쇼피파이	2015
DKNG	드래프트킹스	2019	SKLZ	스킬즈	2020
EB	이벤트브라이트	2018	SNAP	스냅	2017
ETSY	엣시	2015	SPOT	스포티파이	2018
EVER	에버쿼트	2018	SVMK	서베이몽키	2018
FTCH	파페치	2018	TRUE	트루카	2014
FUBO	후보TV	2013	TRUP	트루패니언	2014
FVRR	파이버	2019	TWTR	트위터	2013
JMIA	주미아	2019	UPWK	업워크	2018
LYFT	리프트	2019	VRM	브룸	2020
MGNI	매그나이트	2014	W	웨이페어	2014
OPEN	오픈도어	2020	WISH	위시(콘텍스트로직)	2020
PINS	핀터레스트	2019	WIX	윅스	2013
POSH	포시마크	2021	WTRH	웨이트르 홀딩스	2016
PRCH	포치 그룹	2020	YEXT	이엑스트	2017
PTON	펠로톤	2019			

성을 가장 중요하게 고려한다. 완벽한 비교 집단이 있는 경우는 드물지만, 적어도 비교 집단을 참고해 이익 없는 회사의 밸류에이션이 타당한지 여부를 판단하는 데 도움을 줄 합리적인 멀티플 범위를 제시할 수 있는 회사는 충분히 있다.

매출 성장률은 얼마나 오랫동안 지속 가능한가

다시 우버와 리프트, 9장을 시작하면서 언급한 '환상 속의 밸류에이션'으로 돌아가겠다. 앞에서도 말했지만 두 기업 모두 상당한 손실을 낸 이후 2019년에 상장했다. 둘 다 가까운 미래에 실질적인 이익을 창출해 낼 거라고 평가되지 않았다. 나는 우버의 커버리지 개시 보고서에서 10년 현금 흐름 할인모형을 사용했고 2023년까지는 현금성 영업이익이나 잉여현금흐름이 플러스로 전환되지 않을 거라고 예측했다.

이 개시 보고서에는 리프트, 그럽허브, 엣시, 그리고 유럽의 온라인 배달 회사 두 곳(딜리버리 히어로Delivery Hero · 저스트 이트Just Eat)을 비교하는 표(표 9.6)도 함께 실었다. 이 비교 집단의 매출액 대비 기업 가치의 중간 값은 4배였다. 커버리지 개시 보고서를 발행할 당시 우버는 3.5배에서 거래되었기 때문에 우버가 비교 집단 중 수익성이 있는 3개 기업(그럽허브 · 엣시 · 저스트 이트)처럼 이익을 낼 수 있다는 중요한 가정만 할 수 있다면 당시 우버의 밸류에이션은 타당하다고 결론 내릴 수 있었다. 다만 지금처럼 회사가 이익을 내지 못할 경우 특히 중요하다고 생각했기 때문에 내가 답하려고 노력했던 두 가지 질문이 있었다. 이는 이렇게 극단적인 밸류에이션 사례에서 개인 투자자가 물어야 할 질문이기도 하다.

첫째, 기업의 매출 성장률이 얼마나 지속 가능한가? 일반적으로 기업이 이익을 창출해내지 못하는 이유는 충분한 규모를 달성하지 못했거나 계속 투자 모드를 유지해야 하는 초기 성장 단계에 있기 때문이다. 핵심은 기업이 초기 성장 단계에 있다는 점이고, 이것은 앞으로 높은 성장률을 기록할 가능성이 크다는 것을 뜻한다(에어비앤비는 드문 예외인데, 기업공개 당시 전년 동기 대비 매출 감소를 보고하고 있었지만 이는 코로나19 팬데믹 때문

표 9.6 우버와 여러 동종 기업 비교

회사명	가격	시가총액	2020년 매출액	2020년 매출 성장률	2020년 매출액 대비 기업 가치	2019년 매출 총 이익률	2019년 현금성 영업이익 마진율
엣시	$62	8,115	974	23%	8.1x	70%	24%
딜리버리 히어로	$43	7,984	1,649	44%	4.6x	57%	-27%
저스트 이트	$8	5,214	1,295	24%	4.0x	67%	18%
리프트	$58	16,745	4,210	27%	3.7x	46%	-32%
그럽허브	$65	6,054	1,734	27%	3.6x	51%	18%

참고: 가격은 2019년 5월 31일 기준

중간값				27%	4.0x	57%	18%
최고값				44%	8.1x	70%	24%
최저값				23%	3.6x	46%	−32%

우버	$40	74,008	19,079	34%	3.5x	44%	-27%

이었다). 리프트의 경우 기업공개 전인 2018년 103퍼센트의 매출 성장률을 기록했다. 그리고 우버는 기업공개 전인 2018년 43퍼센트의 매출 성장률을 기록했다.

나는 우버와 리프트 모두 장기간에 걸쳐 높은 매출 성장률을 달성할 수 있을 거라고 생각했기 때문에 아웃퍼폼 의견으로 두 기업에 대한 커버리지를 개시했다. 아직 고객 확보 초기 단계에 있던 승차 공유 서비스는 수조 달러 규모의 거대한 총 도달 가능 시장을 확보하고 있었다. 설문조사 결과 미국 내 소비자의 3분의 1 미만이 승차 공유 서비스를 이용해본 것으로 나타났는데, 나는 시간이 지나면 보급률이 2배 이상 증가할 거라고 예상했다. 또 승차 공유 서비스가 소비자와 운전자 모두에게 매력적인 가치 제안을 전달한다고도 생각했다. 리프트보다는 우버를 선호했는데, 리프트가 순수하게 미국 시장에서만 서비스를 제공한 반면 우버는 전 세계적 입지를 지니고 있으며(따라서 총 도달 가능 시장 규모가 더 컸다), 미국 시장에서도 우버가 리프트보다 훨씬 더 우월한 시장점유율을 확보하고 있었기 때문이다. 리프트 창립자들(존 짐머John Zimmer · 로건 그린Logan Green)이 경영에 적극적으로 관여한다는 사실은 분명히 장점이었지만, 나는 우버의 CEO 다라 코즈로샤히의 경영 능력에 대해서도 확신을 가지고 있었다. 코즈로샤히가 CEO를 맡았다는 사실 덕분에 우버 창립자들이 회사 경영에 더 이상 적극적으로 관여하지 않는다는 우려가 다소 완화되었다. 마지막으로 우버가 온라인 음식 배달 분야로 사업을 다각화한 것은 분명한 장점이었고, 이는 높은 매출 성장률을 이끄는 데 도움이 될 것이라고 판단했다.

그런데 기업공개 후 채 1년도 안 됐을 때 코로나19가 이들 기업의 성장세를 무너뜨렸다. 리프트의 2019년 매출 성장률은 68퍼센트였고, 이후 2020년에는 35퍼센트 역성장했다. 우버의 2019년 매출 성장률은 26퍼센트였으며, 2020년에는 15퍼센트 역성장했다. 따라서 이 두 기업의 총 도달 가능 시장, 가치 제안, 경영진이 '정상적인' 시장 조건에서 높은 매출 성장률을 달성할 수 있을지 알려면 몇 년이 걸릴 것이다. 다만 이익을 창출하지 못하는 기업을 판단할 때 물어야 할 첫 번째 핵심 질문은 여전히 남아 있다. '기업의 매출 성장률이 얼마나 지속 가능한가?' 높은 매출 성장률이 지속 가능하다고 생각한다면 그것은 이익을 창출하지 못하는 회사임에도 투자를 고려해볼 만한 충분한 이유가 된다.

결국 이익을 낼 수 있는 기업인가

이익을 창출하지 못하는 기업을 판단할 때 물어야 할 두 번째 핵심 질문은 "이익을 낼 수 있을까?"다. 맙소사, 너무 뻔한 소리 아닌가. 하지만 핵심 질문이다. 게다가 기술 섹터에서 이익을 못 내는 회사가 얼마나 많은지 생각해보면 모든 개인 투자자가 언젠가는 대답해야 할 질문이다.

이 질문에 답하기 싫으면 그러지 않아도 된다. 기업이 꾸준히 이익을 낼 수 있다는 것을 증명할 때까지 기다렸다가 투자해도 아무 문제 없다. 운용 지침 중 포트폴리오에 잉여현금흐름이 플러스 값을 갖거나 다년간 이익을 창출한 기업만 포함시켜야 한다는 조건이 있는 공공 투자 펀드도 있다. S&P 500 지수에 편입되려면 가장 최근 분기 이익이 흑자이고 지난

4개 분기의 누적 순익이 흑자여야 한다. 이것이 테슬라가 5개 분기 연속 흑자를 냈음에도 2020년 말까지 S&P 500 지수에 편입되지 못한 이유였다. 그리고 시가총액이 4,000억 달러에 도달했음에도, 주가가 기업공개 이후 약 21배 상승했음에도 S&P 500 지수에 편입되지 못한 이유였다. 엄청난 시가총액과 주가 상승도 소용없었다.

넷플릭스는 10년 이상 GAAP EPS 흑자를 기록했지만 2020년에 잉여현금흐름이 플러스로 돌아서기 전까지 8년 연속 잉여현금흐름이 마이너스였다. 이 10년 동안 넷플릭스는 S&P 500 종목 중 수익률이 가장 높은 주식 중 하나였으며, 시가총액은 무려 1,000억 달러 이상 증가했다. 플러스 잉여현금흐름을 투자 조건으로 삼는다면 엄청난 시가총액과 주가 상승을 놓칠 수도 있다. 하지만 다시 한번 그래도 문제는 없다.

내가 지켜봐온 인터넷 섹터 전반에서는 이익을 내지 못하는 회사들이 엄청난 시가총액을 창출해왔다. 표 9.7은 꾸준히 GAAP EPS 흑자를 내지 않고도 엄청난 시가총액(대략 6,360억 달러)을 창출한 유명한 기술주 10개를 간단히 표현한 것이다. 그러니까 주식시장은 이익이 없을 때도 기꺼이 가치를 찾아낸다.

금융시장이 완전히 미쳐버려서 이익 없는 회사가 창출한 시가총액이 하룻밤 사이에 전부 날아가버릴 수도 있다. 이익 없는 회사가 창출한 시가총액이 전부 정당화된다고 상정하지는 않겠지만, 분명한 것은 시장은 (기업별로 다르지만) 이익을 내지 못하는 비즈니스 모델도 결국에는 이익을 창출할 수 있다는 데 기꺼이 베팅한다는 것이다. 이것이 수익성이 증명되기도 전에 주가가 크게 오를 수 있는 이유다. 자, 이제 두 번째 질문으로

표 9.7 이익이 없는 인터넷 기업들

회사명	시가총액*
에어비앤비	1,230억 달러
추이	450억 달러
도어대시	630억 달러
리프트	180억 달러
핀터레스트	530억 달러
스냅	940억 달러
스포티파이	670억 달러
우버	1,110억 달러
윅스	160억 달러
질로	460억 달러
총	6,360억 달러

* 2021년 2월 17일 기준

돌아가자. 이익을 내지 못하는 회사가 이익을 낼 수 있을까? 어떻게 이익을 낼 수 있을까? 얼마나 이익을 낼 수 있을까? 그리고 투자자는 이런 것들을 확신할 수 있을까? 솔직히 대답하자면 확신할 수 없다.

미래의 수익성을 알아보는 네 가지 테스트

기업의 이익 잠재력을 알아보기 위한 네 가지 타당성 테스트가 있다. 첫 번째 타당성 테스트는 "비슷한 비즈니스 모델이 있는 상장 기업 중 이익을 창출하는 곳이 있는가?"라고 질문하는 것이다. 이 질문을 던지고 전문 투자자들은 기업공개 당시 이익을 내지 못했던 핀터레스트, 스냅, 트위터에 편안히 투자할 수 있었다. 나는 2019년 5월 핀터레스트에 대한 분석 개시 보고서를 내면서 주요한 투자 위험 중 하나로 현재까지 수익성이 결여되어 있다는 점을 앞부분에서 지적했다. 2017년 3월 스냅 분석 개시 보고서에서도 주요한 투자 위험 중 하나로 수익성을 보여주는 지난 실적이 없다는 점을 꼬집었고, 2013년 11월 트위터 분석 개시 보고서에서는 불확실한 수익성 전망을 투자 위험으로 강조했다. 지나고 나서 생각해보니 왜 트위터 보고서에서는 수익성 결핍을 언급하지 않았는지 모르겠다. 젊음과 순진함을 탓하자.

어쨌거나 실질적으로는 수익성이 없었음에도 세 회사 모두 수익성이 없는 다른 회사에 비해 한 가지 중요한 장점을 지니고 있었다. 바로 비즈니스 모델이 입증되었다는 점이다. 페이스북 덕분이었다. 핀터레스트, 스냅, 트위터는 기본적으로 소셜 미디어 회사 또는 UGCUser-Generated Content(사용자 제작 콘텐츠) 사업을 영위하는 회사다. 소셜 미디어 회사와 UGC 회사의 비즈니스 모델은 아주 좋다. 개인 사용자가 플랫폼에서 소비되는 거의 모든 콘텐츠를 생산한다. 그것도 무료로 말이다! 플랫폼에 있는 나머지 콘텐츠는 광고이며, 광고주가 비용을 지불한다. 그러니까 이들 기업은 모두 미디어 플랫폼이지만 플랫폼 소유주는 실제로는 돈을 거의 지불하지 않는 것이다. 얼마나 놀라운 비즈니스 모델인가! 전통적인 미디어 회사가 소셜 미디어 회사를 그렇게 질투하고 비판하는 것도 어찌 보면 당연하다.

소셜 미디어 사업을 지나치게 단순화하고 있기는 하지만 실상 소셜 미디어 회사는 구조적으로 매출 총 이익률이 높다는 장점을 누리며(사용자 제작 콘텐츠에 비용이 들지 않는다는 것은 매출 원가가 낮다는 의미), 이는 장기적인 수익성 전망에 확실히 도움이 된다. 굴지의 소셜 미디어 회사 페이스북이 이런 비즈니스 모델의 수익성을 증명했다(표 9.8). 트위터는 2013년 말 상장 당시 적자였지만 매출 총 이익률은 68퍼센트였다. 당시 페이스북은 영업이익률 36퍼센트에 연간 30억 달러의 잉여현금흐름을 창출하고 있었다. 스냅은 2017년 상장 당시 적자였고 매출 총 이익률은 21퍼센트밖에 되지 않았지만, 매출 총 이익률의 증가분은 50퍼센트가 넘었고 증가 속도도 매우 빨랐다. 당시 페이스북은 영업이익률 50퍼센트에 연간 170억 달러의 잉여현금흐름을 창출하고 있었다. 핀터레스트는 2019년 상장 당시 역시 적자였지만 매출 총 이익률은 71퍼센트에 달했다. 그때 페이스북은 영업이익률 41퍼센트(일회성 과징금 제외), 연간 210억 달러의 잉여현금흐름을 창출하고 있었다.

표 9.8 페이스북과 후발 주자들의 지표 비교

상장 연도	회사명	상장 당시 매출 총 이익률	페이스북 영업이익률	페이스북 잉여현금흐름
2013	트위터	68%	36%	$3B
2017	스냅	51%*	50%	$17B
2019	핀터레스트	71%	41%	$21B

* 매출 총 이익률 증가분

따라서 핀터레스트, 스냅, 트위터는 모두 첫 번째 타당성 테스트를 통과했다. 이들에게는 비슷한 비즈니스 모델로 이익을 내는 상장 기업이 있었다. 따라서 이 세 기업도 언젠가는 멋지게 이익을 내리라고 믿을 만한 충분한 이유가 있었다.

두 번째 타당성 테스트는 "기업이 전체적으로 이익을 내지 못한다면 이익을 창출하는 다른 부문이 있는가?"라고 묻는 것이다. 기업 내에서 이익을 내는 부문은 기업 전체가 향후 흑자로 갈 수 있는 길을 보여줄 것이다. 운이 좋다면 증권거래위원회에 제출하는 S-1 파일이나 어떤 코호트 cohort(특정 기간의 동질 집단. 여기서는 수익성 있는 기업이 포함된 비교 집단을 뜻한다. – 옮긴이)가 이익을 내는지 공개하는 회사도 있을 것이다. 회사 전체로는 적자지만 오래된 시장이나 고객 기반에서는 흑자라는 증거가 있다면, 새로운 시장과 고객 기반이 성장함에 따라 기업 전체가 흑자로 돌아설 가능성이 있다.

안타깝게도 내가 분석 보고서를 낸 적자 기술 기업 중에는 이렇게 공개한 회사가 드물었고, 이를 일관되게 공개한 회사는 거의 없었다. 그렇기는 해도 경영진은 실적 발표 때 코호트 실적에 대해 말해달라는 압박을 받으며 때때로 단서가 튀어나오기도 한다. 두 번째 타당성 테스트는 보통 단정적으로 대답하기는 어렵지만 옳은 질문이고 이 질문에 대해 긍정적으로 답할 수 있다면 투자자는 회사의 미래 수익성에 대해 더 큰 확신을 가질 수 있다.

세 번째 타당성 테스트는 "규모가 성장하는데 기업이 흑자로 전환되지 못할 이유가 있는가?"라고 질문하는 것이다. 규모는 모든 것을 해결하지는 못하지만 분명 많은 것을 해결한다. 기업의 비용 구조 중 상당 부분이 고정비용 또는 단계적 고정비용이라는 점을 고려하면 매출 성장은 회사를 흑자로 이끄는 데 거의 항상 도움이 된다. 2017년 7월 상장된 온라인 부동산 중개 회사 레드핀이 그 사례다. 레드핀 주가는 거래 첫날 45퍼센트나 급등했다. 주가 급등에 대해 묻자 레드핀의 CEO 글렌 켈먼Glenn Kelman은 "내려가는 것보단 낫지요"라고 대답했다(솔직히 말해 애널리스트들은 진지한 표정으로 유머를 던지는 경영진을 높이 평가한다). 당시 켈먼은 레드핀을 '부동산계의 아마존'이라고 말했다(솔직히 말해 애널리스트들은 스스로를 '무엇 무엇의 아마존'이라고 지칭하는 회사에 대해 회의적이다. 물론 그들이 아마존이 아닌 이상 말이다.).

아무튼 레드핀은 이익을 내지 못하면서 상장된 회사 중 하나였다. 하지만 이 회사가 제출한 S-1 파일에 향후 수익성을 판단할 중요한 기준이 있었다. 연도로 구분한 코호트별 매출 총 이익률을 공개한 것이다. 표 9.9는 S-1 파일에 나온 주요 내용을 요약해서 보여준다.

표 9.9는 규모 확대(매출 증가)를 통해 각 부문의 수익성이 향상되었음을 보여준다(매출 총 이익률 증가). 2006~2008년 코호트를 보면 2014년에서 2016년까지 매출이 9,800만 달러에서 1억 8,700만 달러로 증가하면서 매출 총 이익률은 29.4퍼센트에서 34.5퍼센트로 증가했다. 이 사실이 2016년 2,300만 달러의 순손실을 낸 레드핀이 장기적으로 흑자 기업이 될 것이라는 사실을 증명하는가? 그런 것은 아니다. 하지만 이는 레드핀이 성장하면 흑자가 될 수 있다는 사실을 시사했다. 세 번째 타당성 테스트를 통과한 것이다. 이런 것이 개인 투자자가 찾아야 하는 증거다.

표 9.9 레드핀의 코호트별 수익성

		시장 진출 연도별 코호트		
		2006~2008	2009~2013	2014~2016
시장 개수		10	19	55
매출($000)				
	2014	$97,801	$23,268	$735
	2015	$136,261	$37,786	$7,399
	2016	$186,922	$55,334	$18,127
매출 총 이익($000)				
	2014	$28,747	$4,168	($731)
	2015	$41,522	$8,981	($579)
	2016	$64,483	$15,967	$3,525
매출 총 이익률				
	2014	29.4%	17.9%	N.M.
	2015	30.5%	23.8%	-7.8%
	2016	34.5%	28.9%	19.4%

네 번째 타당성 테스트는 "회사를 수익성으로 이끌기 위해 경영진이 취할 수 있는 확실한 조치가 있는가?"라고 질문하는 것이다. 관련 사례로 다시 우버를 들어볼까 한다. 《뉴욕 타임스》의 기술 전문 기자 마이크 아이작Mike Isaac은 자신의 저서 『슈퍼 펌프드: 우버 전쟁Super Pumped: The Battle for Uber』에서 우버에 대해 썼다. 그는 우버의 탄생과 성장, 우버를 둘

러싼 문제를 상세히 설명한다. 한 가지 분명한 사실은 공동 창립자인 트래비스 캘러닉Travis Kalanick의 지휘 아래에서 우버는 어떤 대가를 치르더라도 성장이 중요하다는 정신, 다르게 말하면 비용을 개의치 않는 성장 우선주의를 중심으로 운영되는 회사였다는 것이다. 우버가 현지 도시와 글로벌 시장에서 고착화된 매우 경쟁적인 이해관계를 다룬다는 점을 감안했을 때 이런 정신이 없었다면 처음부터 성공할 수 있었을지 확신할 수 없다. 다만 재정적인 관점에서 봤을 때 우버의 손익계산서에는 낭비와 비효율, 비전략적인 베팅이 많았고 이것은 코즈로샤히처럼 노련하고 활동적인 경영가에게 맞는 기회였다.

이는 내가 기업공개를 할 때부터 우버에 낙관적이었던 이유 중 하나다. 나는 성장성을 심각하게 희생하지 않고도 우버를 흑자로 이끌기 위해 경영진이 취할 수 있는 확실한 조치가 많을 것이라고 생각했다. 우버가 주요 사업 부문의 매출과 손익을 공개한 S-1 파일에도 증거가 있다. 표 9.10은 2018년(S-1 파일 내용), 2019년, 2020년 우버의 재무 상황을 간략하게 요약한 것이다. 주요 내용은 다음과 같다.

1. 우버의 승차 공유 부문인 우버 라이드Uber Rides는 2018년 현금성 영업이익 마진율 17퍼센트로 상당한 이익을 창출했다.

2. 운송업과 자율주행 자동차 그룹을 포함하는 기타 부문은 6억 8,900만 달러라는 막대한 손실을 냈다.

3. 2018년 판관비(유지·관리비용 – 옮긴이)와 플랫폼 R&D에 19억 달러라는 엄청난 금액을 지출했다.

한국 우버이츠처럼 성과가 저조한 자산은 매각하고 코로나19 팬데믹으로 강제적인 긴축 조치를 시행함으로써 우버는 실질적으로 성장성은 희생시키지 않은 채 그 후 2년 동안 운영을 상당히 개선할 수 있었다. 2020년 우버 라이드는 2018년 대비 매출은 3분의 1 감소했지만(코로나19 때문에 승차 공유에 대한 수요가 감소한 것이 원인) 현금성 영업이익 마진율은 더 높아졌다. 우버 이츠 부문은 2018~2020년에 매출은 4배 이상 증가했지만 현금성 영업이익 손실은 50퍼센트만 증가하며 비용 효율성과 규모의 이익이 나타나기 시작했다.

표 9.10 2018~2020년 우버의 펀더멘탈

	2018	2019	2020
라이드/모빌리티			
매출	$9,165	$10,622	$6,104
현금성 영업이익	$1,541	$2,071	$1,169
현금성 영업이익 마진율	17%	19%	19%
이츠/배달			
매출	$759	$1,383	$3,903
현금성 영업이익	($601)	($1,372)	($873)
기타 부문			
매출	$373	$892	$1,145
현금성 영업이익	($689)	($967)	($694)
판관비와 R&D			
	($1,971)	($2,457)	($2,136)

우버의 수익성은 아직 입증되지 않았다. 우버가 수익성을 내고 리프트가 일관된 GAAP EPS 흑자를 창출하려면 몇 년쯤 더 걸릴 것이다. 하지만 증권거래위원회에 제출한 문서와 아이작의 저서처럼 공개된 자료를 보면 기업을 흑자로 이끌기 위해 경영진이 취할 수 있는 확실한 조치가 존재했다는 증거가 있다.

그렇다면 이런 질문이 수익성 없는 회사들이 합리적인 밸류에이션을 받을 수 있다는 사실을 증명하는가? 나는 여전히 '증명'할 수는 없다고 생각한다. 다만 이 네 가지 타당성 테스트에 대해 긍정적으로 답할 수 있다면, 투자자는 적어도 초기 단계 회사가 결국 수익성을 달성하리라는 확신을 가질 수 있다. 최소한 수익성 있는 기업이 포함된 비교 집단의 주가매출액비율을 사용하는 것이, 밸류에이션의 합리성에 대한 질문에 답하는 타당한 지름길이라는 얼마간의 확신을 가질 수 있는 것이다.

마지막 짧은 요점은 스토리와 논리에 관한 것이다. 수익성 없는 기술주에 대해서는 이들이 스토리 주식story stock(성장 잠재력이 충분하고 큰 시장에서 큰 점유율을 확보할 것으로 기대되며 CEO가 이야기꾼인 기업 – 옮긴이)이라는 비판이 정말 많다. 넷플릭스에 대해서는 이렇게 비판할 것이다. "넷플릭스는 상당한 마이너스 잉여현금흐름을 창출하고 있으므로 스토리 주식이다. 즉 실적이 밸류에이션을 뒷받침하지 못한다. 결과적으로 넷플릭스의 스토리는 흥미가 떨어질 것이고, 사람들은 더 흥미로운 스토리로 옮겨 갈 것이다. 투자자들은 넷플릭스가 내놓는 실적에 집중할 것이고 주가는 무너질 것이다." 하지만 나는 '스토리 주식'이라는 용어에 내포된 가정을 강력히 반대한다. 큰 기회를 잡기 위해 공격적으로 투자하는 경우처럼 좋은 이유로 기업이 손실 모드에 들어가는 때도 많기 때문이다. 문제는 '스토리'를 판독하는 것이 아니다. 타당성 테스트에 답하고 미래 수익성에 확실한 개연성이 있는지 확인하는 것이 중요하다.

'정확성의 함정'을 주의하라

나는 숫자의 확실성, 정확성, 우아함을 다른 누구 못지않게 즐긴다. 어쩌면 아주 조금 더 좋아할지도 모르겠다. 밸류에이션 모델을 돌려 정답을 알아내면 마음이 편안해진다. 하지만 바로 여기에 문제가 있다. 정확성의 함정이라고 부르는 것이다.

투자자는 10년 현금 흐름 할인 모형을 실행해 어떤 주식의 정확한 가치를 찾아낼 수 있다. 그러나 10년 현금 흐름 할인 모형에 들어가는 수많은 가정 때문에 그 결과를 답이라고 덥석 믿기가 주저된다. 대체 얼마나 많은 가정이 들어간다는 걸까? 일단 표준적인 현금 흐름 할인 모형은 매출, 영업이익, 감가상각, 주식 보상stock-based compensation, 세금, 자본적 지출, 운전자본에 대한 입력값이 필요하다. 무려 일곱 가지다. 10년이면 70개의 입력값이 들어간다. 그다음 가중 평균 자본 비용weighted average cost of capital과 미래 성장률도 적용해야 한다. 이렇게 하면 입력값이 72개다. 이들 값이 조금이라도 변하면 정확한 주식 가치에 엄청난 변화가 생긴다. 특히 가중 평균 자본 비용과 미래 성장률은 주의를 기울여야 한다.

이런 밸류에이션 평가를 하지 말라는 말이 아니다. 한 가지 밸류에이션 프레임워크와 한 가지 결과를 믿을 때 생길 수 있는 과도한 확신을 피하라는 것이다. 명심해라. 밸류에이션은 '미래를 예측하는 과학'이다. 기업, 섹터, 시장, 글로벌 상황이 하룻밤 사이에 변할 수 있는데도 미래의 매출, 이익, 현금 흐름을 예측하는 것이다. 2020년 1월의 현금 흐름 할인 모형의 결과가 한 달 후 코로나19로 세상이 바뀌었을 때 얼마나 정확했다고 생각하는가?

투자를 결정하는 핵심 질문은 "현재의 밸류에이션이 합리적인가?"가 되어야 한다. 2017년 페이스북의 목표 주가를 175달러로 맞췄던 것처럼 나는 애널리스트로서 목표 주가를 제시해야 할 때 보통 결과의 범위를 떠올린다. 즉 베이스base 케이스와 낙관적bullish 케이스, 비관적bearish 케이스를 함께 생각하는 것이다. 낙관적 케이스의 경우 더 높은 매출 성장률과 더 큰 수익성으로 이어지는 시나리오를 생각하고 그 결과에 더 높은 멀티플을 적용한다. 비관적 케이스의 경우 더 낮은 매출 성장률과 더 적은 수익성으로 이어지는 시나리오를 생각하고, 그 결과에 더 낮은 멀티플을 적용한다. 수학 중심적이라기보다는 논리 중심적이다. 이러한 접근법은 정확성의 함정을 피하는 데 도움이 된다.

매수 종목을 선택하는 과정에서 밸류에이션이 가장 중요한 요소가 돼서는 안된다. 밸류에이션을 판단하는 프레임워크는 기술주를 고르는 데 도움을 주지만 밸류에이션은 과학이 아니며, 정확성을 띠는 것이 비현실적이거나 불가능하거나 정당하지 않을 때조차 정확한 답을 내놓는 정확성의 함정을 가져온다. 투자를 결정하는 질문은 기업이 탄탄한 이익을 창출하고 있는지, 최소한의 이익을 창출하고 있는지, 아니면 전혀 이익을 내지 못하고 있는지에 따라 달라진다. 하지만 언제나 가장 중요한 질문은 "현재 밸류에이션이 대략 합리적인 것처럼 보이는가?"가 되어야 한다.

때때로 기술주는 비싸 보일 때가 있지만 그렇다고 나쁜 주식이 되는 것은 아니다. 진공 상태에서 PER은 그리 도움이 되지 않는다. PER은 성장성을 감안하고 봐야 한다. 자본 집약도와 현금 흐름이 비슷하다는 가정하에, 고성장 기업의 이익 흐름이 저성장 기업의 이익 흐름보다 더 크기 때문에 고성장주의 PER이 더 높은 것이 타당하다. 매출 성장과 영업이익률의 확대로 발생해 바로 잉여현금흐름으로 전환되는 양질의 이익도 높은 PER을 보장한다.

견조한 이익을 창출하는 기업의 경우 기업의 선행 EPS 성장률과 비슷하거나 약간의 프리미엄이 붙은 PER이 합리적이다. 예를 들어 EPS 성장률 전망이 20퍼센트인 회사는 PER 20배에서 30배 또는 40배까지 거래될 수 있으며, 이런 경우 여전히 합리적으로 평가되었다고 여겨진다. 그러므로 투자를 결정하는 핵심적인 질문은 "이익 성장률이 얼마나 지속 가능한가?"다. 보기 드물게 높은 성장률인 20퍼센트 성장률을 얼마나 확신하는지, 기업의 총 도달 가능 시장·경영진·제품 혁신 수준·고객 가치 제안이 이 정도 성장을 뒷받침하는지 생각해봐야 한다.

높은 성장률에 비해 싸게 거래되는 우량주는 장기 투자자에게 훌륭한 투자 대상이다. 이런 경우가 드물긴 하지만 존재하기는 한다. 프라이스라인과 페이스북은 오랜 기간 성장률에 비해 할인된 가격으로 거래되었고, 이는 두 종목에 대한 훌륭한 장기 투자 기회를 창출해냈다. 높은 성장률에 비해 싸게 거래되는 우량주는 투자자들에게 높은 매출 성장률이라는 동인을 제공하는 반면, PER이 낮아질 위험은 제한적이고 PER이 확대될 가능성은 높은 주식이다. 긍정적인 이중효과가 있는 것이다.

최소한의 이익만 내는 기업은 PER이 매우 높은(40배 이상) 경우가 많지만 이런 주식도 여전히 좋은 투자 대상이 될 수 있다. 아마존과 넷플릭스가 그 증거다. 대규모 투자로 현재 이익이 크게 축소되고 있는가? 기업의 장기적인 영업이익률이 현재 수준보다 크게 높아질 거라고 생각할 만한 이유가 있는가? 이 회사는 상당한 기간에 높은 매출 성장률을 유지할 수 있는가? 이것이 투자를 결정하는 핵심적인 질문들이다. 이 질문들에 대한 대답이 긍정적이라면 엄청나게 높은 PER도 정당화될 수 있다.

이익을 내지 못하는 기업의 경우 밸류에이션을 평가하기가 가장 어렵지만 네 가지 타당성 테스트와 매출(주가매출액비율) 같은 요소를 바탕으로 한 밸류에이션 비교를 통해 밸류에이션의 합리성을 판단할 수 있다. 현재 이익을 내지 못하는 기업을 평가할 때 이용할 수 있는 네 가지 타당성 테스트는 다음과 같다.

1. 비슷한 비즈니스 모델로 이익을 내는 상장 기업이 있는가?

2. 회사 전체적으로 수익성이 높지 않다면 사업 내에 수익성이 있는 다른 부

문이 있는가?

3. 규모가 기업을 수익성으로 이끌지 못하는 이유가 있는가?

4. 수익성을 높이기 위해 경영진이 취할 수 있는 구체적인 조치가 있는가?

NOTHING BUT NET

레슨
10

이탈한 우량주를
사냥하라, 맹렬하게

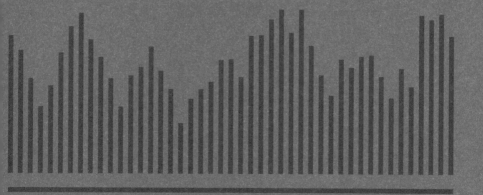

고성장 기술주 투자자로서 돈을 벌 수 있는 가장 좋은 방법은 우량주를 찾아서 매수하거나 우량주가 이탈했을 때 포지션을 늘리는 것이다. 매출 성장률이 높고 대규모 총 도달 가능 시장이 있으며 끊임없는 제품 혁신과 매력적인 고객 가치 제안, 훌륭한 경영진을 갖춘 우량한 기업에 투자하면 펀더멘털 리스크가 줄어든다. 우량주가 이탈했을 때, 즉 20~30퍼센트 주가 조정이 이루어지거나 성장률에 비해 할인된 가격으로 거래될 때 이들을 매수하면 밸류에이션 및 멀티플 리스크가 줄어든다. 경험상 모든 우량주는 언젠가는 이탈하는 순간이 있으며, 이는 인내심 많은 장기 투자자에게 엄청난 기회를 제공한다.

1990년 이후 시장(S&P 500)의 연평균 수익률은 약 10~11퍼센트였다. 어떤 이자율을 복리로 적용할 때 투자 원금이 2배로 늘어나는 데 걸리는 시간을 계산하는 72의 법칙이라는 것이 있다. 72를 연간 수익률로 나누면 원금이 2배로 늘어나는 데 걸리는 기간이 나온다. 가령 수익률이 연평균 10퍼센트라면 약 7년(72÷10=7.2)이면 투자 원금이 2배가 된다고 예상할 수 있다.

10~11퍼센트라는 S&P 500 지수의 연평균 수익률은 진공 상태에서 나오는 것이 아니다. 1990년 이후 S&P 500 지수의 연간 EPS 성장률 중간값은 11~12퍼센트였다. 시장은 대체로 펀더멘털을 따라갔다. 장기적으로 말이다. 기술 섹터, 특히 내가 집중해온 인터넷 섹터에서는 이것이 틀림없이 적용되었다. 오랜 기간에 걸쳐서 주식은 펀더멘털을 추종했고, 펀더멘털에 따라 움직였다. 인터넷 섹터에서는 일반적으로 매출과 이익이 가장 큰 기업이 시가총액도 가장 큰 기업이었다.

2021년 초 미국에서 가장 큰 인터넷 기업들의 시가총액과 재무 상황을 간단히 살펴보면(표 10.1) 이를 알 수 있다. 2020년 매출과 현금성 영업이익이 가장 큰 4개 기업이 시가총액도 가장 크다(아마존·구글·페이스북·넷플릭스.) 이외의 주식들을 봐도 시장이 규모와 수익성, 성장률을 중시하는 것은 분명하다. 시장은 향후 매출, 이익, 현금 흐름 전망에 근거를 두고 기업을 평가한다. 시장은 이들 기업이 미래에 아마존, 페이스북, 구글, 넷플릭스만큼 커질 거라고 예상하지 않는다. 시장의 생각은 맞을 수도 있고 틀릴 수도 있으며, 이는 두고 보면 알 수 있을 것이다. 20종목 전부에 대한 시장의 내재적 펀더멘털 예측은 정확하지 않을 거라고 보는 편이 합리적일 것이다.

기업이 일관되게 연간 11~12퍼센트의 EPS 성장률을 보일 경우 주가도 꾸준히 10~11퍼센트 오른다면, EPS가 연간 20퍼센트 성장하는 기업은 이론적으로 20퍼센트의 주가 상승을 누려야 한다. 72의 법칙에 따르면 대략 3.5년이면 주가가 2배가 된다. 투자가 이렇게 쉽다면 얼마나 좋을까. 만약 그럴 수 있다면 말이다.

내가 수년 동안 인터넷주를 대상으로 시행해온 역사적 통계 분석은 주가 움직임과 매출 및 EPS 성장률(그리고 영업이익과 현금성 영업이익 마진율)의 상관관계를 보여준다. 기간을 1·2·3년으로 잡으면 상관관계가 매우 낮다(20퍼센트 매출 성장률의 법칙도 5년 성장률을 기초로 한다는 것을 잊지 마라). 중·단기에는 금리, GDP 성장률, 규제 변화 등 너무 많은 변수가 주식에 영향을 미친다.

2~3년 안에 투자 원금을 2배로 불리겠다는 목표에 집중해보자. 그러면 대부분의 기간에 시장 수익률을 쉽게 능가할 것이다. 가장 좋은 방법

표 10.1 2020년 주요 기술주 기업들의 펀더멘털과 시가총액

회사명	티커	시가총액 (십억 달러)	2020년 매출 (백만 달러)	2020년 전년 동기 대비 매출	2020년 현금성 영업이익 (백만 달러)	2020년 전년 동기 대비 현금성 영업이익 마진율
아마존	AMZN	$1,686	$386,064	38%	$56,743	31%
알파벳	GOOGL	$1,452	$182,527	13%	$67,783	16%
페이스북	FB	$770	$85,965	22%	$46,152	17%
넷플릭스	NFLX	$246	$24,996	24%	$5,116	64%
쇼피파이	SHOP	$181	$2,929	86%	$474	552%
에어비앤비	ABNB	$134	$3,267	-32%	-$347	-37%
우버 테크놀로지	UBER	$115	$11,139	-21%	-$2,528	7%
스냅	SNAP	$108	$2,507	46%	$45	122%
부킹 홀딩스	BKNG	$96	$6,764	-55%	$1,036	-82%
도어대시	DASH	$77	$2,853	222%	$188	140%
스포티파이 테크놀로지 SA	SPOT	$71	$9,466	27%	-$25	-123%
로쿠	ROKU	$66	$1,778	58%	$150	319%
핀터레스트	PINS	$61	$1,693	48%	$305	1,724%
트위터	TWTR	$61	$3,716	7%	$997	-18%
질로 그룹	ZG	$49	$3,340	22%	$343	782%
펠로톤 인터랙티브	PTON	$49	$1,826	100%	$118	262%

추이	CHWY	$49	$7,062	46%	$23	129%
트레이드 데스크	TTD	$45	$836	26%	$284	33%
이베이	EBAY	$44	$10,271	-5%	$3,849	5%
매치 그룹	MTCH	$42	$2,391	17%	$897	15%

2021년 2월 21일 기준 시가총액

은 합리적인 밸류에이션으로 거래되는 우량주를 찾아서 보유하는 것이다. 매출 성장률이 높은 우량주에 투자하면 2~3년 만에 투자 원금이 2배가 될 확률이 확 높아진다. 우량주 투자에 대해 피터 린치가 한 말을 인용하겠다. "결국 우수한 기업은 성공할 것이고 그저 그런 기업은 실패할 것이다. 우수한 기업과 그저 그런 기업에 각각 투자한 투자자들은 그에 따라 보상받을 것이다."

'이탈한 주식'이 의미하는 것

포지션을 구축하거나 늘릴 때는 이탈한 우량주에 집중해라. 기술주를 관찰해온 내 경험에서 우러나온 주식 매수에 대한 가장 좋은 조언이다. 이탈한 우량주를 매수해라. 이탈했다는 게 무슨 뜻일까? 두 가지 경험칙이 있다. 첫 번째 경험칙은 20~30퍼센트 하락한 주식이 이탈한 주식이라는 것이다. 물론 여기에 대해서는 약간의 판단이 필요하다. 3개월 동안 100퍼센트 급등한 후 20퍼센트 하락했다면 이탈한 주식이라고 볼 수 없다. 2020년 3월 코로나19 사태 때처럼 시장이 대규모로 붕괴되는 상황에서 20~30퍼센트 하락했다면 이것도 특별히 이탈한 것이 아니다. 하지만 전체 시장이 상승하고 있거나 횡보하고 있거나 아주 약간 하락할 때 20~30퍼센트 하락했다면 그 주식은 이탈한 주식 후보가 될 가능성이 있다. 가격이 상승하지 않은 상태에서, 즉 큰 폭의 상승을 경험하지도 않았는데 20~30퍼센트 하락하는 상황이다. 따라서 20~30퍼센트 하락한 주식이라고 규칙을 정하되 약간의 판단을 곁들여야 한다.

두 번째 경험칙은 성장률에 비해 할인된 가격으로 거래되는 주식에 초점을 맞춰야 한다는 것이다. 특히 내년 EPS가 25퍼센트 성장할 것으로 예상되는 기업이 (내년 EPS나 향후 12개월 EPS 기준) PER 20배로 거래될 때처럼, 주식이 성장률보다 낮은 PER 배수로 거래될 때 주목해야 한다. 앞에서도 말했지만 견조한 이익을 창출하는 기업은 성장률과 상당히 일치하거나 약간의 프리미엄이 붙은 PER 배수로 거래되는 것이 일반적이다. 20~30퍼센트 주가 조정 조건과 마찬가지로 여기에 대해서도 약간의 판단이 필요하다. 일반적으로 성장률 대비 할인율이 급격할수록 이탈 폭이 큰 것이다.

인내심이 많을수록 우량주가 이탈하는 것을 포착할 가능성이 높다. 이는 과거에도 그랬다. 2016년부터 2020년까지 아마존, 페이스북, 구글, 넷플릭스를 살펴보면 이들 네 종목은 총 14번 이탈(20퍼센트 이상의 주가 조정)했다. 넷플릭스는 5번, 아마존·페이스북·구글은 각각 3번씩 이탈했다(2016년부터 2020년까지 5년 동안 10퍼센트대 중·후반까지 하락하는 경우도 몇 번 있었다). 핵심은 이런 우량주조차 지난 5년 동안 1년에 한 번꼴로 조정을

표 10.2 미국 빅테크 주식들의 20퍼센트 이상의 주가 조정

시작일	시작일 종가	종료일	종료일 종가	조정	기간(일)
아마존					
12/29/2015	$694.0	2/9/2016	$482.1	-31%	42
9/4/2018	$2,039.5	12/24/2018	$1,344.0	-34%	111
2/19/2020	$2,170.2	3/16/2020	$1,689.2	-22%	26
페이스북					
2/1/2018	$193.1	3/27/2018	$152.2	-21%	54
7/25/2018	$217.5	12/24/2018	$124.1	-43%	152
1/29/2020	$223.2	3/18/2020	$147.0	-34%	49
구글					
7/26/2018	$1,285.5	12/24/2018	$984.7	-23%	151
4/29/2019	$1,296.2	6/3/2019	$1,038.7	-20%	35
2/19/2020	$1,524.9	3/23/2020	$1,054.1	-31%	33
넷플릭스					
12/4/2015	$130.9	2/5/2016	$82.8	-37%	63
4/15/2016	$111.5	7/19/2016	$85.8	-23%	95
6/20/2018	$416.8	12/24/2018	$233.9	-44%	187
5/3/2019	$385.0	9/24/2019	$254.6	-34%	144
2/18/2020	$387.8	3/16/2020	$298.8	-23%	27

겪었다는 것이다.

표 10.2에서 또 한 가지 흥미로운 점은 이탈 기간이 일반적으로 상당

히 짧다는 것이다. 이들 기업이 경험한 14번의 조정은 지속 기간 중간값이 대략 2개월이었다. 네 종목 모두 3개월 이상 이탈이 지속된 적이 있다. 페이스북·구글·넷플릭스는 5개월 동안 이탈한 적이 있고 넷플릭스는 6개월(187일) 동안 이탈한 적이 있다. 하지만 이들 중 어떤 것도 6개월 이상 이탈한 적은 없다.

이제 질문이 생긴다. 우량주란 무엇인가? 노련한 기술주 애널리스트의 관점에서 볼 때 우량주의 가장 기본적인 증거는 일관되게 높은 매출 성장률(20퍼센트 이상)이다. 여기에는 분명히 주관적인 판단이 들어간다. 매출이 큰 상태(10억 달러)에서 20퍼센트 성장한 것이, 보통 정도인 매출 상태(1억 달러)에서 20퍼센트 성장한 것보다 훨씬 더 대단하다. 성장률이 20퍼센트 이상이긴 하지만 1년 만에 절반으로 감소했다면 좋은 증거가 아니다. 매출 250억 달러를 달성한 이후 10년 동안 20퍼센트 이상의 매출 성장률을 유지하는 일명 '구글 따라잡기'를 할 수 있는 기업은 거의 없다. 아마존, 애플, 구글. 역사상 딱 세 기업만 성공했다. 이 세 기업은 가히 독보적이다. 매출 성장률이 높은 기업이 되기 위해 '구글을 따라잡을' 필요는 없다. 그러나 합리적인 규모에서 5년 동안 꾸준히 20퍼센트 이상 매출 성장률을 기록하는 것이야말로 우량주임을 보여주는 훌륭한 펀더멘털 증거다.

그렇다면 높은 매출 성장률을 이끄는 핵심 요소는 무엇인가? 이 책에서는 기술주 애널리스트로서 알게 된 네 가지 요소를 이미 소개했다. 끊임없는 제품 혁신, 넓은 총 도달 가능 시장, 매력적인 고객 가치 제안, 뛰어난 경영진이다(표 10.3).

표 10.3 무엇이 우량주를 만드는가?

| 펀더멘털 증거 | 요소 1 | 요소 2 | 요소 3 | 요소 4 |
	5년 매출 CAGR (연평균 성장률)	제품 혁신	넓은 총 도달 가능 시장	고객 가치 제안	훌륭한 경영진
아마존	1,070억 달러 매출 기준에서 29퍼센트	아마존 프라임, 킨들, 아마존 웹 서비스, 당일 배송, 알렉사 등	5조 달러	온라인 유통 부문에서는 좋은 가격, 좋은 물건, 편의성 제공, 클라우드 컴퓨팅 부문에서는 엄청난 규모와 낮은 가격으로 선도적인 서비스 제공	제프 베이조스
페이스북	180억 달러 매출 기준에서 37퍼센트	좋아요 기능, 뉴스 피드, 메신저, 마켓플레이스, 인스타그램 릴스 등	1조 3,000억 달러	사용자에게 (무료) 커뮤니티, 연결성, 엔터테인먼트, 정보 제공, 마케터에게 광범위한 도달 범위와 타기팅 제공	마크 저커버그
구글	750억 달러 매출 기준에서 20퍼센트	세계 최고의 검색엔진, 구글 맵스, 지메일, 안드로이드, 구글 어시스턴트, 웨이모 등	1조 3,000억 달러	사용자에게 (무료) 연결성, 엔터테인먼트, 정보 제공, 마케터에게 광범위한 도달 범위와 타기팅 제공	래리 페이지, 세르게이 브린
넷플릭스	70억 달러 매출 기준에서 30퍼센트	비디오 스트리밍, 현지 언어로 된 오리지널 콘텐츠, 몰아보기 등	1,500억 ~4,000억 달러	매월 커피 4잔 값에 광범위한 양질의 비디오 콘텐츠 제공	리드 헤이스팅스

기술 섹터에는 분명히 다른 투자 전략이 있다. 트레이딩 전략도 많다. 하지만 이탈한 우량주를 찾는 것은 아주 효과적인 투자 전략이다. 첫째, 우량주 투자는 펀더멘털 리스크를 줄인다. 둘째, 우량주가 20~30퍼센트 하락했거나 성장률에 비해 싸게 거래될 때 매수하면 밸류에이션 멀티플 리스크를 줄일 수 있다. 몇 가지 사례를 살펴보자.

5개월 간 43퍼센트 하락한 우량주

페이스북 경영진이 월가의 매출 및 EPS 성장률 추정치를 대폭 낮췄던 2018년 중반, 페이스북이 겪은 하락은 이탈한 우량주를 매수할 기회를 보여주는 아주 좋은 사례다. 2018년 7월 25일부터 2018년 12월 24일까지 페이스북의 주가는 218달러에서 124달러로 43퍼센트나 하락했다. 경영진이 향후 매출 성장률 전망은 낮추고 투자 지출 계획은 높여서 말한 결과였다(그림 10.1). 스스로 자초한 일이었다.

만약 124달러일 때 페이스북을 매수했다면 투자자는 12개월 만에 65퍼센트 수익률을 거두며 같은 기간 37퍼센트 수익률을 거둔 시장을 크게 상회하는 결과를 얻었을 것이다. 물론 심각한 조정을 겪은 후 반등하는 주식은 거의 모두 이럴 것이다. 일시적인 주가 조정의 정확한 바닥에서 매수하면 사실상 훌륭한 포트폴리오 수익이 보장된다. 하지만 이렇게 할 수는 없다. 어느 누구도 지속적으로 어떤 종목의 정확한 바닥을 잡지는 못한다.

참고로 페이스북이 하락했을 때 매수했다면 설사 완벽한 바닥에서 매

그림 10.1 2018년에 있었던 페이스북의 주가 이탈

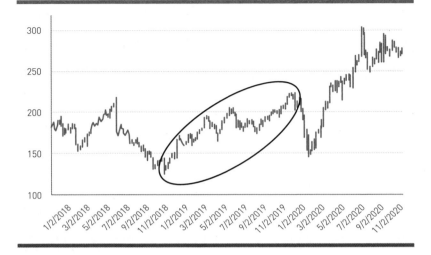

수하지 못했다고 해도 12개월 동안 시장을 능가하는 수익률을 거둘 수 있었을 것이다. 페이스북이 30퍼센트 하락한 후인 2018년 10월 10일 151달러에 주식을 매수하고 이것을 1년 동안 보유하고 있었다고 해보자. 떨어지는 칼날은 매수 이후로도 2개월 동안 10퍼센트 이상 더 떨어졌겠지만, 그다음 12개월 동안 19퍼센트의 수익률을 거두며 같은 기간 동안 5퍼센트 수익률을 거둔 시장에 비해 약 4배 높은 수익률을 거뒀을 것이다. 2018년 7월 27일 175달러로 '겨우' 20퍼센트 하락한 후 매수했더라도 이후 12개월 동안 14퍼센트의 수익률을 거두며 7퍼센트 수익률을 기록한 시장을 약 2배 웃도는 결과를 얻었을 것이다.

크게 하락하고 있는 주식의 바닥을 잡는 것은 거의 불가능하지만 20퍼센트, 30퍼센트, 40퍼센트 조정에서 매수하는 것은 가능하다(다시 말하

지만 어느 정도 개인적인 판단이 필요하다). 우량주의 경우 이런 조정이 있을 때를 매수 진입 시점 또는 포지션 확대 시점으로 활용한다면 시간이 지나 훌륭한 수익률을 거둘 수 있다.

2018년 5개월 동안 페이스북이 하락할 때 바닥이 언제냐는 질문을 끊임없이 받았다. 페이스북의 역사적 멀티플을 기준으로 했을 때는 160달러가 바닥일 거라고 말했지만 주가는 그 이하로 떨어졌다. 유사 기업의 시장 거래 배수trading comps를 바탕으로 했을 때는 140달러가 바닥일 거라고 말했지만 이번에도 주가는 그 이하로 떨어졌다. 무역 전쟁의 확대, 세계 GDP 성장률 둔화, 금리 상승에 대한 우려로 2018년 말 시장이 큰 폭으로 하락한 것도 전혀 도움이 되지 않았다.

한마디로 나는 페이스북의 '바닥을 맞히지' 못했다. 하지만 페이스북이 이탈한 우량주라고 '맞게 판단'했다. 의심의 순간도 많았지만 투자 의견 매수를 유지했고 페이스북을 강력 매수 추천 종목으로 선택했다. 나 자신을 의심하고 또 의심했다. 43퍼센트나 하락한 주식을 보유하거나 추천하는 것은 전혀 재미있지 않다. 하지만 2018년 말 페이스북이 PER 18배 수준에서 거래되기 시작했을 때는 밸류에이션이 정말 매력적이라고 판단했다. 페이스북이 20~30퍼센트의 EPS 성장률을 회복할 거라고 예상했고, 18배는 이것보다 크게 할인된 멀티플이었기 때문이다.

한데 페이스북은 정말 우량주였을까? 나는 분명히 우량주라고 봤다. 다음은 펀더멘털 증거와 네 가지 펀더멘털 요소에 입각한 간단한 분석이다.

• **높은 매출 성장률?** 합격. 2018년까지 이전 5년 동안 페이스북의 연

평균 매출 성장률은 52퍼센트였다. 게다가 매출이 높은 상태에서 이렇게 높은 성장률을 기록한 것이었다. 가령 2016년 매출은 무려 280억 달러였다. 그리고 이렇게 높은 성장률을 꾸준히 유지했다. 실제로 해당 5년 중 매출 성장률이 가장 낮았던 것은 2014년 44퍼센트였다. 1조 달러에 이르는 총 도달 가능 시장은 페이스북이 계속 높은 매출 성장률을 기록할 것임을 암시했다. 몇 년 후 코로나19로 광고계에 불황이 닥쳤을 때도 페이스북은 22퍼센트 매출 성장률을 달성하며 이를 입증했다. 2018년 2분기 실적 발표 때는 단기적인 악재에도 20퍼센트에 가까운 연간 매출 성장률을 유지할 수 있을 거라고는 자체 가이던스를 내놓기도 했다.

- **지속적이고 성공적인 제품 혁신?** 이것을 입증하기에는 논란의 여지도 있고 어려움도 많겠지만 그래도 합격점을 주겠다. 수년간 페이스북과 인스타그램의 사용자 인터페이스는 페이스북 마켓플레이스, 스토리즈, 페이스북 워치, 뉴스, 인스타그램 릴스 등 새로운 기능과 앱을 출시하면서 꾸준히 변해왔다. 페이스북의 가상 현실 부문(오큘러스Oculus)도 매우 혁신적이다.

- **넓은 총 도달 가능 시장?** 1조 달러 규모의 총 도달 가능 시장이 있다면 합격이다. 페이스북의 총 도달 가능 시장은 글로벌 브랜드 마케팅 시장 5,000억 달러, 직접 마케팅 시장 3,000억 달러, 트레이드 프로모션trade promotion(유통업체를 대상으로 하는 마케팅 - 옮긴이) 시장 3,000억 달러로 이루어져 있다.

- **매력적인 고객 가치 제안?** 영화〈소셜 네트워크〉는 2010년, 영화〈소

셜 딜레마The Social Dilemma〉는 2020년에 개봉했다. 이 영화들은 페이스북의 사회적, 문화적, 정치적 영향에 대해 10년간 지속되어온 논란을 상당히 압축적으로 보여준다. 그러나 투자자들이 주목해야 할 것은 페이스북이 사용자와 광고주라는 가장 중요한 두 고객에게 계속해서 매력적인 가치를 제안했는가 하는 것이다. 내 생각이 틀렸을지도 모르지만 나는 페이스북이 고객에게 지속적으로 매력적인 가치 제안을 해왔다고 생각한다. 페이스북과 페이스북의 자회사인 인스타그램, 메신저, 왓츠앱은 간단하지만 자주 간과되는 것, 바로 커뮤니티, 연결성, 정보, 엔터테인먼트를 모두 공짜로 제공한다. 5년 동안 소비자 조사를 시행한 결과 페이스북과 인스타그램은 상대적으로 높은 고객 만족도를 보이며 가장 인기 있는 소셜 미디어 서비스 순위에 꾸준히 이름을 올렸다. 페이스북과 그 자회사는 광고주에게 광범위한 도달reach과 타기팅을 제공한다(페이스북에 버금가는 회사는 구글뿐이다). 5년 동안 실시한 광고주 설문 조사에서도 페이스북은 (구글과 함께) 최고의 온라인 광고 플랫폼 두 곳 중 하나로 꾸준히 선정되었다. 지난 25년 동안 내가 분석해온 모든 기술 회사의 고객 가치 제안 중 페이스북의 고객 가치 제안은 가장 강력한 편이라고 단언할 수 있다.

- 훌륭한 경영진? 경영진에 대해 이야기한 8장에서 일관되게 장기적 초점을 유지한 경영진의 사례로 저커버그와 페이스북을 들었다. 결론적으로 페이스북의 주가 하락은 기업이 장기적 관점을 유지한 훌륭한 사례였다고 생각한다. 단기적 주가 하락과 투자자의 성장률 전

망이 축소될 위험 때문에 제품 개발 계획을 늦춰서는 안 된다. 2018년 중반 페이스북의 단기 수익성에 악영향을 미친 공격적 투자는 어느 정도 미래의 성장을 더욱 잘 뒷받침하기 위한 페이스북의 선택적 투자였다.

페이스북은 2018년 중반 상당한 이탈을 겪은 우량주였고, 지금도 우량주다. 2018년 페이스북의 하락은 이탈한 우량주를 매수할 수 있는 훌륭한 기회였다. 2018년에 이탈한 우량주를 매수할 기회가 페이스북에 있었다면, 2019년의 기회는 넷플릭스에 있었다.

넷플릭스 투자자가 두 번의 이탈에서 얻은 것

넷플릭스는 2019년 2번이나 이탈한 우량주였다(그림 10.2). 먼저 넷플릭스는 2018년 6월 20일 417달러에서 2018년 12월 24일 234달러까지 44퍼센트나 하락하며 이탈을 시작했다. 이렇게 급격한 주가 조정은 2분기 신규 가입자 수가 높아진 기대치에 미치지 못했기 때문이었다. 신규 가입자 수가 기대치를 하회한 까닭은 그해에 월드컵이 개최된 데다 강력한 신규 콘텐츠가 부족했고 여름이라는 계절성도 이유였으며, 글로벌 시장을 대상으로 한 아직 미성숙한 구조적 성장 사업을 예측하는데 내재된 어려움이 있었기 때문이었다.

이후 넷플릭스의 주가는 2019년 5월 3일 385달러에서 2019년 9월 24일 255달러로 또다시 34퍼센트 폭락했다. 직접적인 원인은 1분기와 2분

그림 10.2 넷플릭스 주식에 나타났던 두 차례의 이탈

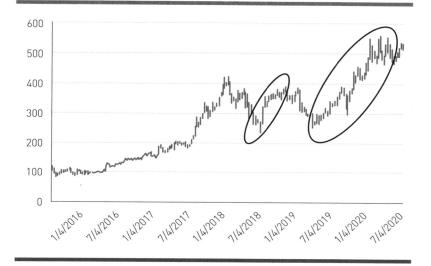

기 신규 가입자가 예상치를 하회했기 때문이었는데, 이 밖에도 두 가지 이유가 더 있었다. 다소 공격적인 가격 인상으로 고객 이탈률이 높아졌고 디즈니라는 죽음의 별(디즈니+)이 곧 스트리밍 서비스를 시작할 예정이었기 때문이다. 44퍼센트 하락과 34퍼센트 하락 모두 이탈의 정의에 부합했다. 비록 44퍼센트 하락은 6개월 동안 주가가 2배 오른 바로 직후 일어났으므로 두 번째 하락이 더 '정통한' 이탈로 여겨질지도 모르지만 말이다.

아무튼 체리를 따러 갈(어떤 대상에서 좋은 것만 골라 가는 행위. 여기서는 하락했을 때 타이밍 좋게 매수하는 것을 의미한다. – 옮긴이) 시간이다. 투자자가 1차 하락(2018년 12월 24일, 234달러) 때 넷플릭스를 매수해서 1년간 보유했다

면 42퍼센트의 수익률을 얻었을 것이다. 1년 수익률로는 훌륭하지만 사실 같은 기간에 37퍼센트 상승한 S&P 500보다 살짝 높은 수준이다. 문제는 첫 번째 하락이 있고 12개월 후 넷플릭스가 또다시 이탈했다는 것이다. 시장 수익률보다 높은 수익률을 거두려면 더 오래 보유해야 했을 것이다. 두 번째 해까지 포지션을 유지해서 시장 수익률을 상당히 상회하는 수익률을 거둘 수도 있었겠지만 이내 코로나19가 시장을 강타했을 것이다. 코로나19 위기는 대부분 기업에 악영향을 미쳤지만 넷플릭스 같은 몇몇 기업에는 엄청난 이익을 안겨줬다. 따라서 이렇게 비교하면 공평하지 않다. 공평하게 비교하려면 첫 번째 조정에서 코로나19 위기가 닥치기 전 S&P 500가 고점을 찍은 2020년 2월 19일까지 넷플릭스의 주가 차트를 살펴봐야 한다. 첫 번째 하락에서 2020년 2월 19일까지 넷플릭스의 주가는 65퍼센트 상승한 반면, 같은 기간 S&P 500은 44퍼센트 상승했다. 시장 수익률보다 엄청나게 높은 수익률을 거둔 것도 아니고 매수 진입 시점도 큰 폭으로 하락한 때로 유리하게 잡은 것이지만 그 결과는 주목할 만하다.

다만 두 번째 하락(2019년 9월 24일 255달러)에서 넷플릭스를 매수하고 2020년 2월 19일까지 보유했다면, 51퍼센트의 수익률을 거두며 같은 기간 14퍼센트 상승한 S&P 500의 수익률을 크게 상회했을 것이다. 정확히 바닥에서 매수한다고 가정하고 있지만 그래도 이는 시장 수익률보다 엄청나게 높은 수익률이다. 만약 20퍼센트 하락한 2019년 7월 23일 307달러에 매수했다면 2020년 2월 19일에는 26퍼센트 수익률을 거뒀겠지만, 이것도 같은 기간 13퍼센트 오른 S&P 500에 비해 2배 높은 수익률이다.

간단히 말해 넷플릭스는 2019년 대부분의 기간 크게 이탈한 주식이었고 이 기간에 넷플릭스를 매수했다면 시장 대비 상당히 높은 수익률을 거뒀을 것이다. 나는 매수 논지의 핵심이 기본적으로 훼손되지 않았다고 생각했기 때문에 2019년 내내 넷플릭스에 대해 매수 의견을 유지했다. 최우선 추천주로 넷플릭스를 선택한 이유에는 이 주식이 크게 이탈했다는 것도 있었다. 당시 나는 넷플릭스가 그해 가장 크게 이탈한 우량 인터넷주라고 설명했다. 의심과 공포의 순간은 없었느냐고? 당연히 있었다. 특히 넷플릭스가 가격 인상을 너무 공격적으로 추진한 것은 아닌지 걱정했다. 제2의 퀵스터 사태가 일어나지는 않을까 우려했다. 넷플릭스가 가격 인상 충격에서 회복하는 데 얼마나 걸릴지 의심했고, 가격 인상에 대한 도전적인 질문에 답하는 경영진의 오만한 어조에 기세가 꺾였다. 그러나 넷플릭스에 대한 매수 의견을 바꾸지 않았다.

넷플릭스는 우량주인가? 여러분은 이미 답을 알고 있겠지만 간단히 분석해보자.

- 높은 매출 증가율? 합격. 넷플릭스는 2013년 이후 매년 20퍼센트 이상의 매출 성장률을 기록해왔다. 2018년까지 과거 5년 평균 매출 성장률은 27퍼센트였다. 2019년까지 5년 평균 매출 성장률은 29퍼센트였다. 2020년까지 5년 평균 매출 성장률은 30퍼센트였다. 5년 평균 매출 성장률이 점점 더 커지고 있었다. 신규 가입자 증가가 가속화되고 가격 결정력을 갖추게 되면서 넷플릭스는 매출 성장률이 전체적으로 가속화되고 있었다. 잉여현금흐름 전망이 좋아 보이지

는 않았지만 설명 가능했고 영업이익률은 꾸준히 높아지고 있었다.

- 지속적이고 성공적인 제품 혁신? 뮤작은 아니지만 사실상 넷플릭스는 비디오 스트리밍 서비스를 발명했다. 다만 지난 몇 년 동안 넷플릭스의 주요 혁신은 오리지널 콘텐츠와 현지 언어로 된 오리지널 콘텐츠를 출시하는 형태로 더 많이 일어났다. 시리즈 전편을 한 번에 공개하는 혁신도 일으켰다. 이것이 (좋든 나쁘든) 몰아 보기라는 트렌드를 촉발했다. 분명히 고객을 위한 새로운 혁신이었다.

- 넓은 총 도달 가능 시장? 합격. 매년 미국 영화협회Motion Picture Association, MPA에서 발표하는 〈테마 리포트Theme Report〉에 따르면 2019년 전 세계 극장, 가정, 모바일 엔터테인먼트 시장 규모는 1,000억 달러 이상이었다. 넷플릭스의 2020년 매출이 250억 달러였다는 점을 감안하면 넷플릭스는 이미 총 도달 가능 시장의 25퍼센트를 점유하고 있다는 의미였다. 그러나 넷플릭스와 스트리밍 서비스는 스포티파이의 총 도달 가능 시장 분석과 유사하게 총 도달 가능 시장을 크게 확장할 수 있다. 한편으로는 이렇게도 생각해볼 수 있는데, 넷플릭스 가입자는 2억 명(총 사용자 수는 5억 명 정도일 것이다)인 데 반해 전 세계 스마트폰 사용자(중국 제외)는 30억 명이라는 점을 비교해보면 넷플릭스의 글로벌 잠재 가입자 점유율은 10퍼센트 중반대다. 총 도달 가능 시장은 매우 큰데 넷플릭스의 점유율은 아직 미미하다. 비디오게임 지출 등 전체 엔터테인먼트 지출을 묶어서 생각할 수도 있는데, 그러면 총 도달 가능 시장은 4,000억 달러에 달한다(어떤 면에서 넷플릭스는 포트나이트와 경쟁하고 있다).

- 훌륭한 경영진? 합격, 합격. 8장에서 유능한 경영진에게서 찾아봐야 할 몇 가지 요소를 알아봤다. 넷플릭스는 창립자가 이끄는 회사, 장기적 지향성, 산업에 대한 탁월한 비전, 제품 혁신에 대한 집중력, (청록색 셔츠를 단추도 잠그지 않고 입었지만) 실수와 어려움에 대해 직원과 투자자에게 솔직해질 수 있는 능력을 갖춘 경영진을 모두 지닌 것 같다.

넷플릭스는 2019년 두 차례 큰 이탈을 경험한 우량주였고 지금도 여전히 우량주다. 넷플릭스가 겪은 2번의 큰 하락은 이탈한 우량주를 매수할 수 있는 아주 훌륭한 기회였다. 2019년에 이탈한 우량주를 매수할 기회가 넷플릭스에 있었다면, 2020년은 우버 차례였다.

우버는 이탈한 우량주가 될 수 있을까

메타는 2018년 큰 폭의 주가 조정이 있은 후 2019년 60퍼센트 가까이 상승하며 2020년 1월 초 신고점을 갱신했다. 마찬가지로 넷플릭스도 2019년 두 번째 하락을 경험한 다음 5개월 동안 50퍼센트 상승하며 2020년 4월에는 신고점을 갱신했다.

그래서 나는 2019년 말 무렵 2020년 최고의 이탈한 우량주 후보는 누가 될 것인가 찾아보았다. 그리고 우버를 골랐다. 2019년 11월 열린 투자 콘퍼런스에서 최고의 기술주 '포트폴리오'는 메타, 아마존, 넷플릭스, 구글, 우버라고 발표했다. FANGU! 엘비스 프레슬리가 "펭구 베리 머치

FANGU very much(엘비스 프레슬리가 "Thank you very much"라고 말할 때 쌩큐를 팽구처럼 발음한 것에 비유한 말-옮긴이)"라고 말하는 것처럼 말이다. 나는 우버를 최우선 추천주로 골랐는데 이런 내 판단은 당시에도, 그리고 시간이 지나고 나서도 논란이 많았다.

나의 매수 판단에 긍정적인 단기 이슈가 적어도 하나는 있었다. 11월 초 기업공개 후 보호예수 기간이 끝나서 상당한 오버행 이슈가 제거된 것이다. 그러나 우버를 매수 추천주로 선정한 데는 우버가 이탈한 우량주라는 아이디어가 바탕이 되었다.

우버는 이탈한 게 맞을까? 아마 맞을 것이다. 우버는 주가 2019년 11월 중반 26달러로, 5월 공모가보다 40퍼센트 이상 하락했다. 물론 당시에는 불과 몇 개월 후 코로나19 사태 때문에 시장과 더불어 우버가 훨씬 더 큰 폭으로 이탈하게 될 것이라고는 전혀 생각하지 못했다. 2019년 말 우버는 '환상 속의 밸류에이션'을 받은 실패한 공모주이자 이탈한 주식이었다. 엄밀히 말하면 나는 공모가에서 20~30퍼센트 조정은 이탈이라고 보지 않는다. 기업공개 후 6개월은 평소보다 주가 회복력이 떨어지고 신뢰할 수 없게 만드는 수요 공급의 이상한 불균형이 생길 때가 많기 때문이다. 하지만 40퍼센트는 지나치게 큰 하락이었고 우버에 대한 시장 심리는 분명히 부정적이었다.

당시 우버는 우량주였을까? 사실 그렇지는 않았다. 기업으로서 우버의 펀더멘털은 메타나 아마존, 넷플릭스, 구글에 전혀 견줄 만하지 않았다. 기준이 높긴 하지만 말이다. 그러나 우버는 장래성이 있었다. 다음은 우버에 대한 체크리스트다.

- 높은 매출 성장률? 부분 합격. 2018년 매출 성장률은 42퍼센트에 달했고, 2019년 11월까지 연간 약 25퍼센트의 성장률을 달성할 것으로 예상되었다. 2020년에는 성장이 가속화될 것으로 전망해 예상 매출 성장률은 대략 35퍼센트였다. 하지만 우버는 꾸준히 20퍼센트 이상 성장률을 달성한 역사가 없었다. 게다가 2018년 달성한 42퍼센트 성장률은 전년 대비 크게 감소한 결과였다. 따라서 부분 합격이다.

- 지속적이고 성공적인 제품 혁신? 부분 합격. 이것은 확실히 판단하기 어려운 문제지만 우버는 2019년 우버 라이드와 우버 이츠 고객을 위한 새로운 충성도 프로그램을 공개했고 자율주행 자동차 기술에도 공격적으로 투자하고 있다. 또 승객과 드라이버의 대기 시간을 줄이기 위한 방법과 우버 이츠 서비스를 더 효과적으로 제공하기 위한 묶음 배달 솔루션batching solutions에도 적극 투자하고 있다.

- 넓은 총 도달 가능 시장? 합격. 총 도달 가능 시장에 대해 앞에서도 이야기했지만, 핵심 사업인 승차 공유 부문과 온라인 음식 주문 배달 부문을 고려했을 때 우버의 총 도달 가능 시장 규모는 수조 달러에 이른다. 우버의 승차 공유 서비스와 온라인 음식 주문 배달 서비스는 2019년에 이미 세계 곳곳에서 운영되고 있었다. 우버는 온라인 음식 배달에서 온라인 식료품과 편의점, 일반 물품 배달까지 고객에게 제공하는 서비스 범위를 넓히며 확장 능력을 갖춘 플랫폼 회사임을 입증해왔다.

- 훌륭한 경영진? 추후 결정. 2명의 공동 창립자 중 1명(트래비스 캘

러닉)은 더 이상 회사 경영에 참여하지 않는다. CEO인 코즈로샤히는 회사에 합류한 지 이제 겨우 2년밖에 되지 않았다. 코즈로샤히를 CEO에 임명한 것은 우버에 좋은 선택이었다고 생각하지만 아직은 경영진에 대해서 판단하기가 너무 이르다.

어쨌든 우버가 2020년의 이탈한 우량주가 되리라고 발표한 것이 2019년 11월이었다. 2019년 11월 중반부터 그해 말까지 우버는 14퍼센트 상승해서 29.74달러로 한 해를 마무리했다. 똑똑한 판단을 한 것처럼 보였다. 이후 2월 중반에는 2월 초 발표된 4분기 실적 호조에 대한 기대와 그에 대한 반응으로 38퍼센트 상승한 41.05달러가 되었다. 나 자신이 천재처럼 느껴졌다. 그러다 코로나19가 터져 한 달 만에 주가가 14.82달러로 64퍼센트 하락했다. 멍청이가 된 것 같았다. 나는 순식간에 똑똑이에서

그림 10.3 우버, 깊은 하락의 주가 변동

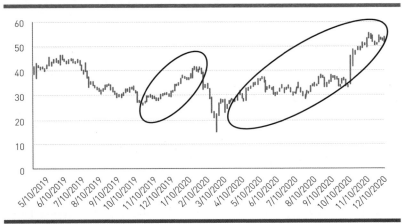

멍청이가 되었다.

하지만 나는 판단을 그대로 유지했다. 주가가 하락했음에도 말이다. 이 두 번째 명백한 이탈은 인터넷 섹터에서 2020년 이탈한 우량주를 매수할 진정한 기회를 만들어냈고, 우버는 3월 중순부터 2020년 말까지 244퍼센트 상승해 51달러가 되었다. 그리고 여기에는 유리하게 바닥을 잡았다고 비난당할 위험이 많지 않다. 1년 동안 우버는 코로나19 팬데믹으로 펀더멘털이 크게 조정받았음에도 71퍼센트 상승해 사상 최고점을 경신했다(그림 10.3).

우버는 우량하다는 부분에서는 몇 가지 경계할 사항이 있지만 분명히 2020년의 이탈한 우량주였다. 우량한 기업을 찾아내서 이들이 이탈했을 때 매수하는 과정은 우버의 투자 과정에도 도움이 되었다.

이탈한 빅테크 우량주들이 가져다줬을 수익률 비교

나는 확실한 솔루션을 믿지 않는다. 당연한 솔루션도 믿지 않는다. 주식시장은 확률 게임이지만 투자자의 판단이 확률에 큰 영향을 미칠 수 있다. 이탈한 우량주에 투자하는 전략이 시장을 이긴다는 보장은 할 수 없으나 확률은 상당히 높일 수 있다. 그러므로 기술주 투자를 성공으로 이끄는 가장 효과적인 방법은 우량주에 투자하는 것이다. 다시 한번 피터 린치의 말이 떠오른다. 2021년 초 주식시장은 아마존, 메타, 구글, 넷플릭스를 인터넷 섹터 최고의 우량주로 생각했다. 나도 여기에 100퍼센트 동의한다. 심지어 시장이 이 주식들을 선호하지 않았을 때나 이 주식들이 이탈하지 않았을 때조차 여러 해 동안 이렇게 생각해왔다. 한편으로는 시장이 틀릴 수 있다는 사실도 충분히 알고 있다. 또 인터넷 섹터에는 에어비앤비, 추이, 도어대시, 엣시, 렌딩 트리, 로쿠, 쇼피파이, 스냅, 스포티파이, 트레이드 데스크, 트루패니언Trupanion, 윅스, 질로 등 잠재력 있는 다른 우량주도 여럿 있다고 생각한다.

우량한 기업임을 보여주는 펀더멘털 증거와 네 가지 요소는 기술주 중에서도 특히 인터넷 주식을 추적 관찰한 경험에서 얻은 것이다. 따라서 기술주 중에서도 인터넷 주식에만 제한적으로 해당되는 것일지도 모른다. 나는 더 많은 S&P 500 종목에 대해 20퍼센트 매출 성장률의 법칙을 테스트해봤다. 그 결과 우량주의 네 가지 요소는 내 경험에서 직접 도출한 것들이지만 20퍼센트 매출 성장률의 법칙은 더 광범위하게 적용할 수 있었다.

이탈한 주식에 대한 이론을 테스트하기 위해 4개의 우량주 FANG을 주가가 20퍼센트, 30퍼센트 조정되었을 때 매수했다면 시장보다 높은 수익률 낼 수 있었는지 사후 검증해보았다. 검증 결과는 긍정적이었다. 구체적인 내용은 표 10.4를 참고하라. 2016년부터 2020년까지 FANG 주식을 20퍼센트 조정 시 매수했다면 1년 기준으로는 전체 중 78퍼센트가 S&P 500보다 높은 수익률을 거뒀을 것이고, 2년 기준으로는 전체 중 100퍼센트가 S&P 500보다 높은 수익률을 거뒀을 것이다. 그리고 같은 기간에 FANG 주식을 30퍼센트 조정 시 매수했다면 1년 기준으로는 전체 중 60퍼센트가 S&P 500보다 높은 수익률을 거뒀을 것이고, 2년 기준으로는 전체 중 100퍼센트가 S&P 500보다 높은 수익률을 거뒀을 것이다. 표본 집단이 작긴 하지만 이것이 도출된 결과다.

마찬가지로 2016~2020년 성장률보다 주가가 쌀 때, 즉 주가수익성장 비율Price Earnings Growth, PEG(EPS 성장률 대비 PER)이 1보다 작을 때 FANG 주식을 매수했다면, 성장률과 비슷하거나 비싸게 거래될 때 매수한 경우보다 S&P 500 대비 더 큰 수익률을 거뒀을 것이다. 그러나 이것에 대한 검증 결과는 완벽하지 않다. 실제로 넷플릭스의 사례를 보면 PEG가 1 이상일 때 매수한 경우가, PEG가 1보다 작을 때 매수한 경우보다 S&P 500 의 수익률을 더 큰 폭으로 상회했다. 네 종목 모두 PEG가 1보다 작을 때 매수한 경우와 클 때 매수한 경우 둘 다 S&P 500 대비 더 높은 수익률을 거뒀다. 예를 들어 아마존을 PEG가 1보다 작을 때 매수했다면 전체 중 89퍼센트에서 시장을 상회하는 수익률을 거뒀을 것이다. 반면 PEG가 1 보다 클 때 매수했다면 전체 중 74퍼센트에서 시장을 상회하는 수익률을 거뒀을 것이다(표 10.5)

표 10.4 우량 기술주가 이탈했을 때 매수한 경우 수익률

아마존	날짜	아마존 주가	S&P 500 지수
고점	12/29/2015	694.0	2,078.4
20퍼센트 조정	2/2/2016	552.1	1,903.0
20퍼센트 조정 후 1년	2/2/2017	840.0	2,280.9
20퍼센트 조정 후 2년	2/2/2018	1,429.9	2,762.1
1년 수익률		**58%**	**20%**
2년 수익률		**159%**	**45%**

30퍼센트 조정	2/9/2016	482.1	1,852.2
30퍼센트 조정 후 1년	2/9/2017	821.4	2,307.9
30퍼센트 조정 후 2년	2/9/2018	1,339.6	2,619.6
1년 수익률		**70%**	**25%**
2년 수익률		**178%**	**41%**
고점	9/4/2018	2,039.5	2,896.7
20퍼센트 조정	10/29/2018	1,538.9	2,641.3
20퍼센트 조정 후 1년	10/29/2019	1,762.7	3,036.9
20퍼센트 조정 후 2년	10/29/2020	3,211.0	3,310.1
1년 수익률		**15%**	**15%**
2년 수익률		**109%**	**25%**
30퍼센트 조정	12/21/2018	1,377.4	2,416.6
30퍼센트 조정 후 1년	12/20/2019	1,786.5	3,221.2
30퍼센트 조정 후 2년	12/21/2020	3,206.2	3,694.9
1년 수익률		**30%**	**33%**
2년 수익률		**133%**	**53%**

페이스북	날짜	페이스북 주가	S&P 500 지수
고점	2/1/2018	193.1	2,822.0
20퍼센트 조정	3/27/2018	152.2	2,612.6
20퍼센트 조정 후 1년	3/27/2019	165.9	2,805.4
20퍼센트 조정 후 2년	3/27/2020	156.8	2,541.5
1년 수익률		**9%**	**7%**
2년 수익률		**3%**	**-3%**
고점	7/25/2018	217.5	2,846.1

	날짜		
20퍼센트 조정	7/30/2018	171.1	2,802.6
20퍼센트 조정 후 1년	7/30/2019	197.0	3,013.2
20퍼센트 조정 후 2년	7/30/2020	234.5	3,246.2
1년 수익률		**15%**	**8%**
2년 수익률		**37%**	**16%**
30퍼센트 조정	10/10/2018	151.4	2,785.7
30퍼센트 조정 후 1년	10/10/2019	180.0	2,938.1
30퍼센트 조정 후 2년	10/10/2020	264.5	3,477.1
1년 수익률		**19%**	**5%**
2년 수익률		**75%**	**25%**

구글	날짜	구글 주가	S&P 500 지수
고점	7/26/2018	1,285.5	2,837.4
20퍼센트 조정	11/19/2018	1,027.4	2,690.7
20퍼센트 조정 후 1년	11/19/2019	1,312.6	3,120.2
20퍼센트 조정 후 2년	11/19/2020	1,758.6	3,581.9
1년 수익률		**28%**	**16%**
2년 수익률		**71%**	**33%**
고점	4/29/2019	1,296.2	2,943.0
20퍼센트 조정	6/3/2019	1,038.7	2,744.4
20퍼센트 조정 후 1년	6/3/2020	1,439.3	3,122.9
20퍼센트 조정 후 2년	—	—	—
1년 수익률		**39%**	**14%**
2년 수익률		**—**	**—**

넷플릭스	날짜	넷플릭스 주가	S&P 500 지수
고점	12/4/2015	130.9	2,091.7
20퍼센트 조정	1/15/2016	104.0	1,880.3
20퍼센트 조정 후 1년	1/13/2017	133.7	2,274.6
20퍼센트 조정 후 2년	1/16/2018	221.5	2,776.4
1년 수익률		**29%**	**21%**
2년 수익률		**113%**	**48%**
30퍼센트 조정	1/27/2016	482.1	1,882.9
30퍼센트 조정 후 1년	1/27/2017	142.4	2,294.7
30퍼센트 조정 후 2년	1/26/2018	274.6	2,872.9
1년 수익률		**56%**	**22%**
2년 수익률		**201%**	**53%**
고점	4/15/2016	111.5	2,080.7
20퍼센트 조정	5/12/2016	87.7	2,064.1
20퍼센트 조정 후 1년	5/12/2017	160.8	2,390.9
20퍼센트 조정 후 2년	5/11/2018	326.5	2,727.7
1년 수익률		**83%**	**16%**
2년 수익률		**272%**	**32%**
고점	6/20/2018	416.8	2,767.3
20퍼센트 조정	8/15/2018	326.4	2,818.4
20퍼센트 조정 후 1년	8/15/2019	295.8	2,847.6
20퍼센트 조정 후 2년	8/14/2020	482.7	3,372.9
1년 수익률		**-9%**	**1%**
2년 수익률		**48%**	**20%**

30퍼센트 조정	11/14/2018	286.7	2,701.6
30퍼센트 조정 후 1년	11/14/2019	289.6	3,096.6
30퍼센트 조정 후 2년	11/13/2020	482.8	3,585.1
1년 수익률		1%	15%
2년 수익률		68%	33%

표 10.5 PEG가 1보다 작을 때 우량주를 매수하는 이익

	S&P 500을 상회하는 1년 수익률		시장 수익률을 상회한 비율		
	중간값	평균값	총 일수	시장 수익률을 상회한 일수	상회가 일어난 비율
아마존					
PEG > 1	30%	29%	168	124	74%
PEG < 1	31%	32%	624	557	89%
페이스북					
PEG > 1	7%	5%	498	339	68%
PEG < 1	17%	16%	294	250	85%
구글					
PEG > 1	7%	7%	744	598	80%
PEG < 1	13%	13%	48	48	100%
넷플릭스					
PEG > 1	36%	47%	151	136	90%
PEG < 1	40%	38%	641	499	78%

이 분석을 통해 얻을 수 있는 가장 큰 깨달음은 간단하다. 적정한 기간 (1년) 우량주를 보유한다면 지속적으로 시장을 웃도는 수익률을 얻을 수 있다. 이 분석은 진입 시점 및 추가 매수 시점을 찾을 때 도움이 된다.

'낮게 사서 높게 팔아라'라는 오래된 격언이 있다. 기술주를 분석해온 내 경험에 비추었을 때 이 말은 '우량주를 사라. 특히 이탈했을 때 사라. 그리고 장기간 인내심을 가지면 시장을 능가하는 수익률을 얻을 것이다' 라고 바꿀 수 있다. 이 말이 너무 긴 것 같다면 '이탈한 우량주를 찾아야 한다'는 것만 기억해라.

그렇다면 언제 팔아야 할까

펀더멘털이 상당히 부정적으로 바뀔 때다. 더 구체적으로 말하자면 매출 성장률이 크게 둔화되는 경우(1년 이내에 50퍼센트 둔화)나 매출 성장률이 20퍼센트 아래로 떨어지는 경우다. 물론 좋은 주식 중에도 꾸준히 20퍼센트 이상 매출 성장률이 나오지 않는 것이 많다. S&P 500 종목의 98퍼센트가 잘못됐을 수는 없지 않은가.

하지만 우리가 집중해서 보고 있는 것은 고성장 기술주다. 매출 성장률이 20퍼센트를 훨씬 밑돈다면 고성장주로서 자격이 없다. 성장률이 급격히 둔화되는 기업도 주의해야 한다. 앞서 스냅과 트위터 사례에서 보았던 것처럼 매출 성장률이 둔화되면 멀티플의 재평가가 일어난다. 즉 멀티플이 작아진다. 멀티플이 작아져도 주식 수익률이 좋을 수 있지만 이런 시나리오에서는 시장을 상회하는 수익률을 내기가 훨씬 어렵다. 스냅과

그림 10.4 스냅의 매출 성장률 및 주가 변동

트위터의 사례에서 흥미로운 점은 성장률이 안정화되었을 때 멀티플도 안정화되었고, 주식 수익률도 시장을 상회하기 쉬웠다는 것이다. 이는 특히 스냅의 사례에서 두드러졌다.

스냅의 매출 성장률 전망(즉 월가의 매출 성장률 컨센서스)을 주가와 비교해보자(그림 10.4). 매출 성장률 전망이 2017년 초 스냅 기업공개 당시 80퍼센트에서 2019년 초 30퍼센트로 급격히 하락하자 주가도 크게 하락했다. 매출 성장률 전망이 30퍼센트 수준으로 안정화되자 주식도 크게 상승하기 시작했다.

트위터도 마찬가지다. 그림 10.5는 트위터의 예상 매출 성장률을 주가와 비교한 차트다. 2013년 말 트위터 기업공개 당시 60퍼센트였던 예상 매출 성장률이 2017년 초 10퍼센트 아래로 급격히 하락하자 주가도 크

그림 10.5 트위터의 매출 성장률 및 주가 변동

게 하락했다. 예상 매출 성장률이 안정화되어 20퍼센트 근처로 회복되기 시작하자 주식도 크게 상승했다. 앞서 나는 트위터의 주가 차트가 웃는 모양이라고 말했다. 2021년 초 기준 웃는 모양은 더 크고 넓어졌다.

매출이 급격히 감소하는 기술주를 기피 또는 매도하는 포인트를 더 자세히 설명하기 위해 트립어드바이저Tripadvisor, 옐프Yelp, 트루카TrueCar, 크리테오Criteo, 셔터스톡Shutterstock 등 5개 기업을 추가로 살펴보자. 이 5개 주식은 지난 5년에서 10년 동안 시장을 크게 하회하는 수익률을 보였다.

트립어드바이저는 사용자가 여행지와 호텔, 식당, 현지 액티비티에 대해 리뷰를 작성하는 온라인 여행사로, 매출 성장률 둔화와 주가의 관계를 보여주는 확실한 사례다. 2011년 말 익스피디아에서 분사한 후 높은 매출 성장률과 상대적으로 높은 수익성을 보이며 2년 반 동안 4배 정도

그림 **10.6** 트립어드바이저의 매출 성장률 및 주가 변동

주가가 상승했다. 그러다 고꾸라졌다. 주가는 2014년 중반 110달러에서 2017년 말 30달러로 큰 폭 하락했고, 20퍼센트가 넘었던 성장률은 10퍼센트 아래로 급격히 둔화되었다(그림 10.6).

여기에는 다음과 같은 요인이 영향을 미쳤다.

1. 자체 여행 리뷰 서비스를 만든 구글과의 치열한 경쟁

2. 프라이스라인과 익스피디아가 트립어드바이저 매출의 50퍼센트 이상을 차지하는 매출 집중 위험revenue concentration risk. 두 기업이 트립어드바이저에 마케팅 지출을 줄이기 시작하자 중요한 문제로 떠올랐다.

3. 제품 혁신 부족. 여기에는 개인적인 판단이 들어가 있다. 트립어드바이저는 2000년부터 창립자 중 한 명인 스티븐 카우퍼Stephen Kaufer가 잘

운영해온 회사다. 카우퍼는 트립어드바이저를 지속성 있는 인터넷 상장 기업 중 하나로 만들었다. 트립어드바이저는 전 세계 5억 명에 달하는 월간 사용자를 확보하고 글로벌 시장에서 가장 인기 있는 웹사이트 중 하나가 되었다. 따라서 플랫폼이 될 잠재력이 있다. 트립어드바이저의 사례에서 얻을 수 있는 핵심적인 통찰력은 기업의 성장률이 둔화되어 20퍼센트 아래로 떨어지면 주가도 하락한다는 것이다.

또 다른 사례는 온라인 지역 서비스 리뷰 사이트인 옐프YELP다. 이 회사와 이 회사의 주식은 트립어드바이저와 닮은 점이 많다(그림 10.7). 옐프는 2012년 초 15달러에 상장된 후 2년 동안 지속적으로 엄청나게 높은 매출 성장률(2011~2014년 60~70퍼센트)을 기록하고 수익성이 급증하며 주가가 6배 상승했다. 그러다가 매출 성장률이 지속적으로 크게 감소

그림 10.7 옐프의 매출 성장률 및 주가 변동

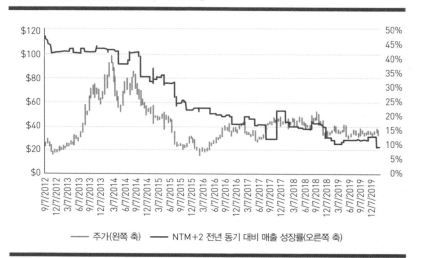

주가(왼쪽 축) NTM+2 전년 동기 대비 매출 성장률(오른쪽 축)

해 2015년 46퍼센트, 2016년 30퍼센트, 2017년 19퍼센트, 2018년 11퍼센트, 2019년 8퍼센트로 떨어졌다.

트립어드바이저와 마찬가지로 매출 성장률이 둔화되자 옐프의 멀티플도 작아졌고 2014년 초 100달러에 가까웠던 주가는 2018년 말 30달러로 하락했다. 여기에는 다음과 같은 요인이 영향을 미쳤다.

1. 트립어드바이저와 마찬가지로 구글 등 거대 기업과 경쟁이 치열해짐
2. 여러 가지 성장 전략이 실패하거나(글로벌 시장으로 확장) 전개하는 데 예상보다 더 긴 시간이 걸림(배관공 등 지역 서비스 제공자를 위한 거래 기능 구축)
3. 불충분한 제품 혁신

옐프는 여전히 최소 3,000만 명의 사용자, 50만 명 이상의 유료 사업자 고객, 2억 건 이상의 누적 리뷰를 확보한 상당한 규모의 기업이다. 여기에 잠재력이 있다. 옐프의 사례에서도 기업의 성장률이 크게 둔화되면 주가도 하락한다는 핵심적인 통찰을 얻을 수 있다.

한편 내게 순수하게 위치만 보고 일하고 싶은 기술 회사를 하나 고르라고 한다면 온라인 자동차 구매 시장인 트루카TrueCar를 고르겠다. 본사는 샌타모니카 브로드웨이에 위치하며 바로 건너편에 해변이 있고 샌타모니카 피어도 근처에 있다. 환상적인 위치에 경치도 무척 아름답다.

트루카는 2014년 기업공개 이후 변동성이 큰 주식이었고, 이 변동성은 대부분 아래를 향했다(그림 10.8). 나는 옐프도 그랬지만 트루카 기업

그림 **10.8** 트루카의 매출 성장률 및 주가 변동

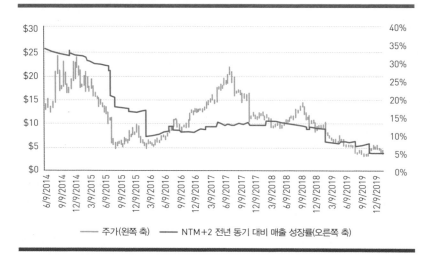

공개에도 애널리스트로 참여했다. 트루카는 2014년 1분기 매출 성장률 75퍼센트를 달성하며 2014년 5월 9달러에 상장되었다. 2014년 하반기에 두 차례 24달러까지 상승했지만, 이후 매출 성장률 전망이 빠르게 둔화돼 10퍼센트까지 하락하면서 2년간의 급격한 조정이 시작되었다. 새로운 CEO가 부임해 매출 성장률 전망이 안정화되고 개선되면서, 주가는 다시 20달러 이상으로 급등했다. 그러나 2019년에 또다시 매출 성장률 전망이 한 자릿수 퍼센트로 둔화되기 시작했고 주가도 공모가였던 9달러 아래로 떨어졌다. 그리고 2021년 초 기준 여전히 그 가격대를 유지하고 있다. 트루카의 문제는 다음과 같았다.

1. 중고차 시장과 신차 시장 모두 경쟁자가 많음

2. 딜러와 소비자에 대한 고객 가치 제안이 충분히 강력하지 않음

트립어드바이저와 옐프처럼 트루카의 주가도 매출 성장률을 따라갔다. 매출 성장률이 크게 둔화되자 주가도 떨어졌다.

간단히 2개 기업을 더 살펴보면서 매출 성장률이 현저히 둔화됐을 때 주식에는 어떤 문제가 있는지 알아보겠다. 첫 번째 기업은 광고 기술 회사인 크리테오Criteo다. '광고 기술'은 전문 투자자들이 돈을 벌기 어려운 섹터였다. 트레이드 데스크는 드문 예외 중 하나다. 그렇기는 해도 크리테오는 시장에 효과적이고 차별화된 맞춤형 리타기팅retargeting 솔루션을 내놓았다. 크리테오는 2013년 10월 31달러에 상장되었고 2014년, 2015년, 2017년에 55달러 근처 고점을 여러 번 찍었다. 그러나 매출 성장률 전망이 2015년 30퍼센트에서 2017년 20퍼센트로, 2019년 10퍼센트 아래로 둔화되면서 주가도 20달러 아래로 급격히 떨어졌다. 크리테오의 주가는 2020년 말과 2021년 초에 양호한 회복세를 보이기 시작했지만 매출 성장률이 크게 둔화되면 주가도 하락한다는 교훈은 여전하다(그림 10.9).

마지막으로 사진 회사 셔터스톡이 있다. 2014년에서 2019년까지 예상 성장률이 25퍼센트에서 10퍼센트 아래로 악화되면서 대체로 보합 내지 하락 거래되었다(그림 10.10). 셔터스톡의 주가는 2020년 급반등했고, 2021년 초 기준으로 2014년 초에 달성했던 사상 최고가인 99달러에 근접했다. 그러나 다년간 부진했던 주가를 회사의 매출 성장률이 눈에 띄게 둔화된 탓이라고 말하지 않기란 어렵다.

그림 10.9 크리테오의 매출 성장률 및 주가 변동

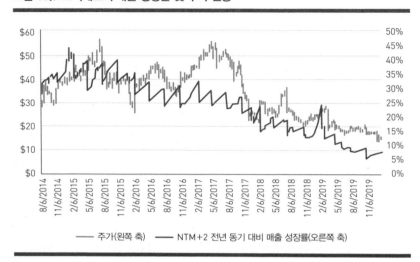

그림 10.10 셔터스톡의 매출 성장률 및 주가 변동

이상은 성장률 전망이 악화되었을 때 주가도 함께 악화되었던 몇 가지 사례다. 주식을 매도하거나 기피해야 하는 시점은 펀더멘털이 급격히 악화될 때다. 특히 기술주는 매출 성장률이 20퍼센트 이하로 하락하거나 매출 성장률이 빠르게 둔화되는 때(대략 1년 내 50퍼센트 정도)가 이에 해당한다.

이탈한 우량주를 찾아라. 고성장 기술주 투자자로서 돈을 벌 수 있는 가장 좋은 방법 중 하나는 우량주를 찾아 이들이 이탈했을 때 매수하거나 포지션을 늘리는 것이다. 높은 매출 성장률, 넓은 총 도달 가능 시장, 끊임없는 제품 혁신과 매력적인 고객 가치 제안, 뛰어난 경영진을 갖춘 우량 기업에 투자하면 펀더멘털 위험이 줄어든다. 우량한 기업이 이탈했을 때, 즉 주가가 20~30퍼센트 하락했을 때나 성장률에 비해 할인된 가격으로 거래될 때 매수한다면 밸류에이션 멀티플 위험이 줄어든다.

언제가 주식이 이탈한 때인가? 이에 관련해 두 가지 경험칙이 있다.

- 주가가 20~30퍼센트 하락했을 때
- 성장률에 비해 할인된 가격으로 거래될 때, 즉 PER 배수가 예상 EPS 성장률보다 낮은 경우 또는 PEG < 1인 경우

약간의 추가적인 판단이 필요하다. 예를 들어 3개월 동안 100퍼센트 급등한 후 20퍼센트 하락했다면 이탈한 주식이라고 볼 수 없다. 그러나 이러한 규칙은 이탈한 주식을 알아보는 데 도움이 된다. 경험상 모든 우량 기업은 어느 순간 이탈해서 인내심 있는 장기 투자자들에게 큰 기회를 제공하는 때가 있었다. 심지어 내가 지난 5년 동안 분석해온 우량주(페이스북·아마존·넷플릭스·구글)도 해당 기간에 몇 번씩 이탈했다.

경험 많은 기술주 애널리스트의 관점에서 봤을 때 우량주임을 알 수 있는 가장 확실한 펀더멘털 증거는 일관되게 높은 매출 성장률(20퍼센트 이상)이다. 그리고

높은 매출 성장률은 끊임없는 제품 혁신, 넓은 총 도달 가능 시장, 매력적인 고객 가치 제안, 훌륭한 경영진이라는 네 가지 핵심적인 요소가 이끈다. 바로 이것들이 회사의 장기적인 펀더멘털 전망을 결정하는 데 있어 가장 중요한 요소다.

내가 알아낸 가장 중요한 매도 지표는 펀더멘털의 상당한 악화다. 보다 구체적으로 말하자면 매출 성장률이 크게 둔화될 때(코로나9 팬데믹 같은 거시적 충격 없이 1년 이내 50퍼센트 감소)나, 또는 업계와 거시 경제에 일어난 충격을 감안하고 매출 성장률이 20퍼센트 이하로 현저히 하락할 때다. 이런 지표는 특히 고성장 기술주에 적용되지만 매출 성장률이 크게 감소했을 때 장기간 시장 대비 높은 수익률을 보이던 주식이 시장 대비 낮은 수익률을 보이게 된 경우는 상당히 많다. 부킹, 크리테오, 이베이, 스냅, 셔터스톡, 트립어드바이저, 트루카, 트위터, 야후, 옐프 등이 여기에 해당한다. 그러므로 기술주 투자자는 기업의 매출 성장률이 급격히 둔화되는 것을 경계해야 한다. 성장은 설렌다. 하지만 (상당한) 둔화는 주가를 죽인다.

레슨 1. 종목 선택의 함정을 피하라

주식시장에 투자하면 이따금 손실을 입을 것이다. 좋은 주식을 고르려면 매출과 이익을 정확히 예측하는 훌륭한 펀더멘털리스트가 되어야 하는 동시에 기업의 매출과 이익에 시장이 얼마나 멀티플을 줄지 정확히 예측할 수 있는 훌륭한 심리학자가 돼야 한다. 훌륭한 펀더멘털리스트이자 훌륭한 심리학자가 되는 것은 대부분의 경우 불가능하다. 게다가 2020년 초 코로나19 바이러스의 맹렬한 공격처럼 잘 짜인 종목 선정 계획을 흔드는 예측 불가능한 시장 충격도 있다. 또 투자자가 나쁜 주식을 고를 수도 있다.

10번 쳐서 10번 모두 대성공을 거둘 확률은 1000분의 1만큼 희박하다. 시장은 변한다. 경쟁자도 변한다. 경영진은 실수를 한다. 그리고 확실한 것들은 순식간에 뼈아픈 것으로 것으로 바뀔 수 있다. 주식시장에 투자하고 싶다면 실패를 각오해야 한다.

레슨 2. 펀더멘털과 추세는 완전히 별개다

2015년부터 2020년까지 최고의 수익률을 거둔 페이스북, 구글, 넷플릭스 등 3개 주식은 모두 해당 기간에 대규모 조정(20퍼센트에서 40퍼센트까지)을 경험했다. 특히 넷플릭스는 12개월 동안 2번의 대규모 조정을 받았다. 펀더멘털이 다른 기술주들(S&P 500에 속한 종목 중 95퍼센트 이상)보다 월등히 좋았음에도 이들 종목은 큰 하락을 겪었고, 이후 회복되어 평균 시장 수익률을 크게 앞질렀다.

업종 내에서 가장 좋은 종목일지라도 광범위한 시장의 대규모 매도세를 피해 갈 수는 없다. 2018년 말, 무역 전쟁에 대한 우려와 글로벌 GDP 성장률 둔화, 금리 인상과 관련한 광범위한 시장 조정의 여파로 아마존은 실적 추정이나 성장 전망에 변화가 없었음에도 시가총액의 3분의 1을 잃었다. 그러니 부디 인내심을 가져라.

레슨 3. 때때로 주가는 펀더멘탈과 전혀 상관없이 움직인다

실적 발표를 이용한 단기 투자에 성공하려면 펀더멘털을 정확히 읽고 가까운 미래의 예측치에 대해 올바른 평가를 내릴 수 있어야 한다. 그런데 이것은 개인 투자자는 물론 전문 투자자도 대부분 해내기 어려운 일이다. 분기 실적 발표를 중심으로 한 단기 거래는 잘못되기 쉬우며, 투자자는 이런 단기 거래를 하다가 장기적인 펀더멘털과 주가 동향을 놓치기도 한다. 2015~2018년 아마존 주가는 386퍼센트 상승했지만, 총 16번의 실적 발표 중 4번만 하루 상승 폭이 10퍼센트 이상이었고, 4번은 하루 하락 폭이 5퍼센트 이상이었다.

따라서 분기 실적 발표를 이용해 단기 투자하는 것보다 진득하게 투자하는 편이 더 수익률이 높았을 것이다. 펀더멘털이 좋은 기업에 투자하되 실적 발표에 상관하지 말고 단기 주가 변동을 무시해라.

레슨 4. '20퍼센트의 법칙'과 '2퍼센트의 법칙'을 기억하라

장기적으로 펀더멘털은 주식을 움직인다. 특히 기술주의 경우 가장 중요한 펀더멘털은 매출, 매출, 매출이다. 지속적으로 20퍼센트 이상의 매출 성장률을 창출해내는 기업은 단기 수익성 전망에 관계없이 잠재적으로 양호한 주식 수익률을 제공할 수 있다. 이것이 '20퍼센트 매출 성장률의 법칙'이다.

20퍼센트 이상 일관된 매출 성장률을 창출하는 경우는 매우 드물다 (S&P 500 기업 중 약 2퍼센트만이 이런 매출 성장률을 창출한다). 일관된 20퍼센트 이상 매출 성장률은 종종 거대한 시장 기회, 끈질긴 제품 혁신, 매력적인 가치 제안, 최고의 경영진이 반영된 결과다. 그리고 이것이야말로 장기적으로 좋은 투자 기회에서 투자자들이 찾아야 하는 요소다.

우선 다섯 분기 또는 여섯 분기 연속으로 20퍼센트 이상 성장률을 달성한 기업을 찾아라. 반면 세 분기나 네 분기에 걸쳐 매출 성장률이 절반으로 감소하는 경우처럼 어떤 기업의 매출 성장률이 급격히 둔화된다면, 이 기업의 주가는 제대로 상승하지 못할 가능성이 높다(다만 코로나19 위기처럼 거시적 충격 때문에 둔화된 경우는 제외). 반면 성장 곡선 증대 계획을 성공적으로 시행해 매출 성장률이 가속화된 기업은 아주 높은 수익률을 창출할 수 있다.

성공적인 기술주 투자가 이익을 신경 쓰지 않는다는 뜻은 아니다. 다시 말하지만 수익성 없는 성장은 장기적으로 아무런 가치도 창출해내지 못한다.

레슨 5. 혁신은 그대로 숫자에 반영된다

기술주에 있어 제품 혁신은 중요하다. 끈질긴 제품 혁신은 펀더멘털, 특히 매출을 성장시키는 가장 큰 원동력이며 주가를 움직이는 요인이다. 성공적인 제품 혁신은 완전히 새로운 매출원을 창출하기도 하고(아마존의 클라우드 컴퓨팅), 기존 매출원을 대체할 수도 있으며(넷플릭스의 DVD 사업과 스트리밍 서비스), 기존 매출원과 주요 고객 지표를 강화할 수도 있다(스포티파이의 팟캐스트, 스티치 픽스의 직접 구매 기능).

제품 혁신은 개인 투자자도 충분히 알아차릴 수 있다. 오늘날 일어나고 있는 가장 흥미로운 제품 혁신은 소비자를 중심으로 이뤄진다. 여러분은 소비자다. 서비스를 이용해보고 정말 마음에 드는 것을 찾았다면 그것이 훌륭한 투자 아이디어가 될 수 있다.

경쟁사들이 어떤 회사의 혁신을 공격적으로 모방한다면(스냅의 기능을 페이스북이 모방했다) 모방당한 기업이 정당한 혁신가일 가능성이 높다. 또 제품 혁신은 반복 가능하다. 한두 가지 인상적인 제품 혁신을 이루어낸 회사 또는 경영진은 더 많은 혁신을 이끌 수 있다.

레슨 6. 주가는 결국 사이즈가 키운다

총 도달 가능 시장의 규모가 크면 클수록 높은 매출 성장률을 달성할 수 있는 기회도 더 커진다. 넓은 총 도달 가능 시장을 확보한 기업은 매우 드물지만 '구글을 따라잡을 수 있는', 즉 성장 이후에도 높은 매출 성장률을 창출할 수 있는 잠재력을 지닌 기업을 찾아야 한다. 규모가 큰 총 도달 가능 시장을 갖추고 있으면서 시장점유율이 한 자릿수인 기업이 기술주 투자자들이 투자하기에 이상적인 후보일 수 있다.

총 도달 가능 시장은 불편을 제거하고 새로운 사용자 경험을 추가함으로써 확대될 수 있다. 이것이 바로 우버와 리프트가 몇 년 동안 해온 일이다. 이들은 가격을 낮추고, 플랫폼에 있는 드라이버 수를 늘리고, 대기 시간을 줄이고, 결제 시스템을 만들어 팁을 원활히 지급할 수 있게 할 수 있게 함으로써 승차 공유의 고객 경험과 매력을 확장했다. 총 도달 가능 시장을 확대하기 위해 기업이 취할 수 있는 구체적인 방법이 두 가지 있다. 새로운 지역으로 진출하는 것과 새로운 매출원을 창출하는 것이다.

간혹 총 도달 가능 시장 규모를 특정하기가 어려운데, 전통적인 산업이 파괴될 때 특히 그렇다. 이럴 때는 창의적이고 새로운 접근법이 필요하다. 스포티파이가 좋은 사례다. 스포티파이는 음반과 라디오 광고라는 익히 알려진 2개 시장을 공략했지만 그 방식은 처음보다 훨씬 더 큰 시장을 확보할 수 있는 것이었다. 총 도달 가능 시장이 크면 성장을 촉진해 기업을 확장할 수 있으며, 여기에는 경험 곡선, 단위 경제성의 이점, 경제적 해자, 네트워크 효과라는 네 가지 내재적 이익이 있다.

레슨 7. 투자자를 위하는 회사의 주식을 버려라

지난 10년간 수익률이 가장 좋았던 종목은 단기적인 투자자의 관심사보다는 고객 만족에 훨씬 더 큰 우선순위를 두는 기업이었다. 아마존이 전형적인 주식이다. 아마존은 단기적인 이익을 희생하더라도 보다 매력적인 가치 제안을 제공하기 위해 공격적으로 투자하겠다는 의지를 일관되게 보여왔다(가령 프라임 서비스).

투자자 중심적인 회사는 형편없는 투자를 한다. 이베이와 그럽허브는 수익성 높은 비즈니스 모델을 지키려는 욕구가 강했고, 고객의 요구를 만족시키기 위한 혁신에 충분히 집중하지 않았다. 그 때문에 둘 다 장기 투자자들에게 희비가 뒤섞인 결과를 제공하게 되었다.

매력적인 고객 가치 제안을 개발하고 유지하는 데는 비용이 많이 들지만 결국 비즈니스 모델에 긍정적인 효과를 가져올 수 있다. 특히 고객 충성도 측면에서 효과가 있다. 또 매력적인 가치 제안을 통해 아마존과 넷플릭스에 이익을 가져다준 가격 결정력의 플라이휠을 돌릴 수 있다.

레슨 8. 사람을 보면 미래의 주가가 보인다

경영진은 정말 중요하다. 경영진의 자질은 기술주 투자에 있어 가장 중요한 요소다. 장기적으로 주식은 펀더멘털이 이끌고, 펀더멘털은 경영진이 이끌기 때문이다. 그러므로 경영진을 제대로 평가한다면 주식을 제대로 고를 수 있다.

경영진을 살펴보며 던져야 할 질문은 다음과 같다. 창립자가 이끄는 회사인가(거의 모든 대형 기술주는 설립자가 이끄는 회사다)? 장기적인 지향성을 지니고 있는가(저커버그의 1·5·10년 목표처럼)? 탁월한 산업 비전을 지니고 있는가(스트리밍 서비스를 시작한 헤이스팅스)? 고객 만족에 집착하는가(아마존의 주주 서한)? 기술적 배경과 운영 능력이 있는가? 제품 혁신에 집중하는가? 인재를 영입하고 유지하는 능력이 있는가? 직원과 투자자에게 실수와 어려움에 대해 솔직하게 말할 수 있는 능력이 있는가?

투자 펀드와 달리 경영진의 과거 성과는 미래 성과를 보여주는 지표가 된다. 성공적인 실적을 쌓아온 경영진을 발견한다면 그 기업의 주식은 꼭 쥐고 있어라.

레슨 9. 밸류에이션은 종목 선택의 절대적 기준이 아니다

매수 종목을 결정하는 과정에서 밸류에이션이 가장 중요한 요소가 돼서는 안 된다. "현재 밸류에이션이 대략 합리적인 것처럼 보이는가?" 이것이 바로 투자를 결정하는 가장 중요한 질문이 되어야 한다.

때때로 기술주는 비싸 보일 때가 있지만 그렇다고 나쁜 주식이 되는 것은 아니다. PER은 성장성을 감안하고 봐야 한다. 고성장주와 이익의 질이 높은 주식이라면 높은 PER이 정당화될 수 있다.

만약 견조한 이익을 창출하는 기업이라면 기업의 선행 EPS 성장률과 비슷하거나 약간의 프리미엄이 붙은 PER이 합리적이다.

높은 성장률에 비해 싸게 거래되는 우량주는 장기 투자자에게 훌륭한 투자 대상이 된다. 프라이스라인과 페이스북은 오랜 기간 성장률에 비해 할인된 가격으로 거래됐고, 이는 두 종목에 대한 장기적으로 훌륭한 기회를 창출해냈다.

한편 최소한의 이익만 내는 기업은 PER이 매우 높은(40배 이상) 경우가 많지만 이런 주식도 여전히 좋은 투자 대상이 될 수 있다. 아마존과 넷플릭스가 그 증거다. 대규모 투자로 인해 현재 이익이 크게 축소되고 있는가? 기업의 장기적인 영업이익률이 현재 수준보다 크게 높아질 거라고 생각할 만한 이유가 있는가? 이것이 투자를 결정하는 핵심적인 질문이 되어야 한다.

이익을 내지 못하는 기업의 경우 밸류에이션을 평가하기가 가장 어렵지만, 다음의 네 가지 타당성 테스트로 밸류에이션의 합리성을 판단할 수 있다.

1. 비슷한 비즈니스 모델로 이익을 내고 있는 상장 기업이 있는가?
2. 회사 전체적으로 수익이 나지 않는다면 사업 내에 수익성이 있는 다른 부문이 있는가?
3. 규모가 기업을 수익성으로 이끌지 못하는 이유가 있는가?
4. 회사의 수익성을 높이기 위해 경영진이 취할 수 있는 구체적인 조치가 있는가?

레슨 10. 이탈한 우량주를 사냥하라, 맹렬하게

고성장 기술주 투자자로서 돈을 벌 수 있는 가장 좋은 방법 중 하나는 우량주를 찾아서 이들이 이탈했을 때 매수하거나 포지션을 늘리는 것이다. 높은 매출 성장률, 넓은 총 도달 가능 시장, 끊임없는 제품 혁신과 매력적인 고객 가치 제안, 뛰어난 경영진을 갖춘 우량 기업에 투자하면 펀더멘털 위험이 줄어든다. 우량한 기업이 이탈했을 때, 즉 주가가 20~30

퍼센트 하락했을 때나 성장률에 비해 할인된 가격으로 거래될 때 매수한다면 밸류에이션/멀티플 위험이 줄어들 수 있다.

모든 우량 기업은 어느 순간 이탈해서 인내심 있는 장기 투자자에게 큰 기회를 제공한 적이 있었다. 심지어 내가 지난 5년 동안 분석해온 우량주(페이스북·아마존·넷플릭스·구글)도 해당 기간에 몇 번씩 이탈했다.

마지막으로 가장 중요한 매도 지표는 주식의 펀더멘털이 상당히 악화되는 상황이다. 보다 구체적으로 말하면 매출 성장률이 크게 둔화될 때 업계와 거시 경제에 일어난 충격을 감안하고 1년 이내 매출 성장률이 50퍼센트 감소했을 때나, 업계와 거시 경제에 일어난 충격을 감안하고 매출 성장률이 20퍼센트 이하로 현저히 하락할 때라는 것을 기억하라.

최근 떠오른 기술주 관련
이슈를 되돌아보다

추가적으로 종목 선택에 도움이 되는 몇 가지 간단한 아이디어를 이야기하며 이 책을 마무리하려고 한다. 기술주에 관해 최근 떠오른 몇 가지 이슈에 대한 것이다.

밈meme **트레이더(온라인상에서 개인 투자자 사이에 소문이 퍼지면서 화제가 되는 주식을 뜻하는 신조어인 밈 주식meme stock을 단기 거래하는 투자자-옮긴이)에 대한 의견**

이 책을 쓰는 동안 재미있는 일이 일어났다. 사실 재미있는 일은 아니었다. 흥미로운 일이었다. 2021년 1월 게임스톱GameStop 주가는 17달러에서 348달러로 1,900퍼센트 급등했고 다음 달에는 다시 90퍼센트 하락하며 41달러까지 떨어졌다. 내가 본 중 가장 롤러코스터 같은 주식이었다.

게임스톱의 주가 폭등은 대량의 콜옵션 매수를 동반한 극적인 쇼트 스퀴즈short squeeze(공매도했던 투자자들이 주가 상승으로 손실이 발생해 해당 주식을 더 비싸게 매수해야 하는 상황–옮긴이)가 빚어낸 것으로 밈 주식이라는 개념을 대중화했다. 밈 주식이란 밀레니얼 세대 개인 투자자에게 인기를 얻어 기초적인 펀더멘털보다 과장된 선전에 의해 더 많이 움직이는 주식을 의미한다. 레딧Reddit에 개설된 주식 토론 게시판 월스트리트베츠 WallStreetBets에 올라온 게시물들은 시장에서 공매도 비중이 큰 주식을 매수하는 모멘텀 데이 트레이딩을 제안했는데, 게임스톱은 그런 주식 중 하나였다. 어떤 게시물들은 게임스톱의 총 도달 가능 시장이 커지고 있고, 잠재적으로 비즈니스 모델이 바뀌고 있으며, 새로운 경영진이 꾸려졌고, 온라인 반려동물용품점 추이의 창립자 라이언 코언이 적극적으로 참여하게되었다는 사실에 초점을 맞추고 진지한 투자 주제를 제시하기도 했다.

나는 게임스톱에 대해서는 투자 의견이 없다. 하지만 투자에 대한 투자 의견은 있다. 데이 트레이딩이나 순수한 모멘텀 트레이딩에 문제가 있다는 것은 아니다. 이런 방식의 투자는 재미있을 수 있다. 수익성도 높을 수 있다. 그러나 단시간에 많은 돈을 잃을 수도 있다. 라스베이거스와 비슷하다. 라스베이거스도 잘못된 것은 없다. 나도 다른 누구보다 라스베이거스를 좋아한다. 사실은 더 좋아할지도 모르고 말이다.

하지만 밈 트레이더들에게 투자에 대해 생각해보라고 말하고 싶다. 주식시장에 투자하면 훌륭한 수익을 얻을 수 있다. 하룻밤 만에는 아닐 수도 있지만 1년 동안에는 분명한 기회가 있다. 투자자는 나만의 연구를 할 수 있다. 나만의 판단을 내릴 수도 있다. 이 책에서 언급한 일부 고성장 기술주는 나와 여러분 세대의 가장 역동적인 주식 중 하나다. 이런 주식에 대해 배우는 것은 재미있다. 정말이다! 제2의 아마존, 제2의 애플, 제2의 넷플릭스, 제2의 구글, 제2의 테슬라를 찾는 것은 짜릿하고 제대로만 한다면 보상도 크다. 보너스로 어떤 경영자와 기업가는 정말로 달에 갈 수 있을 것이다. 인내심을 가진다면 대부분의 시장 충격을 피하거나 견뎌낼 수 있고, 펀더멘털이 주식 실적을 견인하고 결정하게 할 수 있으며, 특정 기업의 활동과 자주 괴리되는 일일 가격 변동에 좌우되지 않을 수 있을 것이다.

코로나19 이후의 기술주 시장

인류에게 코로나19 팬데믹은 비극적인 사건이었다. 하지만 팬데믹은 일부 고성장 기술주에 여러 가지 이점을 제공했다. 냉정하게 들릴지도 모르겠지만 어느 정도 진실이다. 분명히 말하지만 많은 고성장 기술주가 코로나19로 부정적 영향을 받았다. 에어비앤비, 부킹, 익스피디아 등 여행사는 참혹할 정도로 수요가 감소해 매출이 전년 동기 대비 80퍼센트 줄었다. 익스피디아 CEO 피터 컨Peter Kern이 짚었듯 2020년 2분기는 "여행업계가 현대에 들어 경험한 최악의 분기였고 익스피디아도 예외는 아니었다."

여기에 더해 거의 모든 인터넷 광고 기업의 2020년 상반기 성장이 급격히 둔화되었다. 실제로 구글은 2020년 2분기 사상 처음으로 매출이 감소(전년 동기 대비 2퍼센트 감소)했다. 우버, 리프트 같은 승차 공유 회사는 모빌리티에 대한 수요가 무너지면서 6~9개월 사이에 사업이 거의 증발해버렸다. 코로나19 팬데믹은 많은 고성장 기술주에 부정적인 영향을 미쳤고 어떤 경우에는 모든 성장성을 앗아가버렸다.

그러나 코로나19 위기로 직접적인 수혜를 입은 고성장 기술주도 있었다. 재택근무 또는 라이브-프롬-홈live-from-home과 관련된 주식이다. 아마존, 추이, 도어대시, 이베이, 엣시, 넷플릭스, 펠로톤, 웨이페어Wayfair, 줌 등이 제공하는 상품과 서비스에 대한 수요가 엄청나게 급증했다. 수요가 급증하자 매출뿐만 아니라 이익이 급상승하며 기업의 펀더멘털도 급격히 좋아졌다. 도어대시는 2020년 2분기에 처음으로 현금성 영업이익 기준 수익성에 도달했는데, 이는 팬데믹 덕분에 수요가 급증하면서 예상보다 1년 정도 당겨진 것이다. 이렇듯 기술주 중에는 코로나19 위기에서 수혜를 입은 기업도 분명히 존재했다.

코로나19 위기는 팬데믹 기간 동안 높은 성장률을 유지할 수 있었던 고성장 기술주에 또 다른 방식으로 혜택을 안겨줬다. 팬데믹 시기 높은 성장률을 유지할 수 있었던 기업의 희소가치가 더욱 강화된 것이다. 국가의 GDP 성장률이 3퍼센트인 세상에서 매출이 20퍼센트 이상 성장하는 것은 대단한 일이다. 전 세계 GDP 성장률이 3퍼센트 감소할 때 연간 매출이 20퍼센트 이상 증가한 것은 믿기 힘든 일이다. 그런데 아마존, 페이스북, 넷플릭스, 쇼피파이 같은 몇몇 주요 기술주는 2020년 20퍼센트 이상 성장률을 유지했고, 이런 성장률 때문에 투자자들은 이들 주식을 훨씬 더 매력적으로 느끼게 되었다.

그렇다면 코로나19에서 회복한 세상에서 고성장 기술주는 어떻게 될까? 이 책은 구체적인 주식이 아니라 종목 선정에 대한 조언을 제공하고 있다. 다만 이 책에서 제시하는 교훈의 두 가지 핵심은 코로나19에서 회복하고 있는 세상, 그리고 코로나19 이후 세상에서 고성장 기술주가 어떻게 될지 생각해보는 것과 직접 관련이 있다.

첫째, 2021년에는 거의 모든 기술 기업에서 동종 기업 비교comps가 이례적으로 중요한 이슈가 될 것이다. 재택근무 또는 집에서 체험할 수 있는 라이브-프롬-홈과 관련된 기업은 상당한 어려움에 직면하겠지만 코로나19 팬데믹 기간 수요에 심각한 타격을 입었던 기업은 상황이 개선될 것이다. 첫 번째 그룹은 성장률이 크게 둔화될 것이고, 두 번째 그룹은 성장률이 크게 증가하거나 회복될 것이다. 첫 번째 그룹은 성장 둔화가 예상되므로 일시적으로 멀티플이 압박받겠지만, 두 번째 그룹은 성장 가속화가 예상되므로 일시적으로 멀티플이 높아질 수 있다. 따라서 동종 기업 대비 성장률을 살펴보는 것이 중요해질 것이다. 매출 성장률이 가속화되면 좋지만 그 속도가 전년에 좋은 실적을 낸 동종 기업에 비해 더 빠르다면 더 긍정적인 신호가 될 것이다. 마찬가지로 매출 성장률이 둔화되는 것은 부정적이지만 전년도에 증가했던 것만큼 둔화된다면 그렇게 큰 의미가 없다.

둘째, 코로나19에서 회복되는 기간에 고성장 기술주의 희소가치가 감소할 것이다. 많은 기업이 회복 기간 크게 성장할 것이기 때문이다. 외식, 교통, 여행, 라이브 이벤트 등의 업종에 속한 기업은 위기에서 벗어나며 극적으로 성장할 것이다. 성장률이 높은 기업을 찾는 투자자들은 수많은 선택권을 확보할 것이다. 고성장 기술주의 상대적 장점인 희소가치는 일시적으로 제한될 것이고, 이는 이들 종목의 매력을 떨어뜨릴 수 있다.

위 두 단락의 키워드는 '일시적'이라는 것이다. 시장은 디스카운팅 메커니즘discounting mechanism(어떤 일에 대한 감정이 오래가지 않고 점점 강도가 떨어지는 것 - 옮긴이)을 지니고 있다. 코로나19 팬데믹 동안 디스카운팅 메커니즘은 강력했다. 2020년 2월과 3월, 시장은 불과 23거래일 만에 34퍼센트 폭락했다. 그 후 다시 52퍼센트 상승해 103거래일 만에 2월 최고점을 회복했다. 회복 기간은 하락 기간보다 길었지만 전 세계적으로 팬데믹과 불황이 몰아닥쳤다는 점을 감안하면 3개월은 매우 짧은 기간이다. 어떻게 된 걸까? 시장은 적극적으로 위기를 예측했고 이를 과소평가해 회복하기 시작했다. 재택근무와 라이브-프롬-홈 관련주는 2020년 훌륭한 수익률을 거뒀지만, 대부분이 3개월에서 6개월의 짧은 기간에 가장 극적인 수익률을 거뒀다.

예측은 위험한 행동이지만 나는 코로나19 회복 장세가 코로나19 위기 장세가 지속된 기간만큼(3개월에서 6개월) 유지될 것이라고 생각한다. 그 다음 시장은 2022년 이후 기업 펀더멘털의 지속 가능성에 집중할 것이다. 결국 투자를 결정하는 데 있어 가장 중요한 질문은 '코로나19 위기와 회복으로 기업 구조가 장기적으로 더 강해졌는가 혹은 더 약해졌는가?'다. 이것이 투자자가 초점을 맞춰야 할 핵심적인 질문이다.

금리 변화와 기술주 시장의 미래

이례적인 저금리 시대(2010~2020년)에 한 세대에 한 번 있을까 말까 한 구조적 성장을 분석하던 어느 애널리스트가 엄청난 성공을 거머쥔 몇몇 기업(아마존·페이스북·구글·넷플릭스)에서 주식 매수에 대한 광범위한 교훈을 이끌어내보기로 결정했다. 이렇게 이끌어낸 교훈이 얼마나 의미 있을까? 좋은 질문이다. 설명해주겠다.

인터넷은 놀라운 구조적 성장을 이룬 기회였다. 오늘날 세계 최대 기업들 전반이 인터넷과 관련되어 있다. 알리바바, 아마존, 애플, 페이스북, 구글, 마이크로소프트, 텐센트. 2021년 3월 8일 기준 이들은 세계에서 시가총액이 가장 큰 8개 회사 중 7개 회사다. 여덟 번째는? 사우디아라비아의 석유 회사다. 인터넷 회사가 아니다. 그런데 오늘날에는 이렇게 분명한 것이 1995년, 2000년, 2005년, 심지어 2010년에는 그렇지 않았다. 인터넷이라는 시장 기회, 비즈니스 모델, 경영진에 대한 회의론이 지난 25년 대부분의 기간을 지배했다.

닷컴 버블 붕괴가 한창이던 2001년, 컨설팅 회사에서 일하던 시절 상사를 뉴어크 공항에서 마주쳤던 기억이 아직도 생생하다. 내가 인터넷 애널리스트라고 말하니 그는 "정말 재미있었겠다! 이제 뭘 할 거야?"라고 물었다. 2002년 샌디에이고에서 열린 옐로 페이지(전화번호부-옮긴이) 산업 컨벤션에 참석했을 때 기조연설자 중 한 명은 인터넷 광고를 '버거와 감자튀김 콤보'처럼 이야기하기도 했다. 지역 사업체에 옐로 페이지 광고는 버거였고 이들 중 일부만 버거와 함께 인터넷 튀김을 원할 거라고 말이다. 그러나 이제는 어디에 소고기가 있는지 의심할 여지가 없다.

내 말의 요점은 놀라운 구조적 성장을 이루는 기회는 대개 지나고 나서야 놀랍다는 것이다. 가상 현실, 가상 화폐, 자율주행, 로봇 공학, 상업적 공간, 수명 연장, 대마초 등 향후 구조적 성장이 가능한 기회에 대한 지금의 회의론도 나중에 잘못된 판단이었음이 드러날 수도 있다. 인터넷에 대한 회의론이 틀렸던 것처럼 말이다. 새로운 구조적 성장의 기회와 함께 훌륭한 성장 투자의 기회가 올 것이다.

인터넷이라는 성장의 기회는 아직 끝나지 않았다. 코로나19 위기는 인터넷 서비스와 스마트폰 애플리케이션이 상용화되는 속도를 영구적으로 가속화해 탁월한 경영진에게 매출을 크게 성장시킬 수 있는 더 많은 기회를 제공할 것이다. 선도적인 인터넷 기업을 위한 성장의 활주로는 여전히 길게 남아 있다. 그리고 인터넷업계에는 여전히 분석할 종목이 있다.

비정상적으로 낮은 금리 환경에 관해 말하자면 이런 환경이 지난 20년 동안 몇몇 가장 성공한 고성장 기술주의 뒤에서 부는 순풍이었다는 점에 의심의 여지가 없다. 기업 이익 대부분이 먼 미래에 창출된다면, 즉 기업이 초기 단계에 있거나 단기적으로 공격적인 투자 모드에 있다면 저금리는 장기 이익을 크게 높인다. 반면 고금리는 장기 이익을 감소시킨다. 그 때문에 성장률과 멀티플은 높지만 수익성은 제한적인 주식이 금리 상승 우려에 크게 하락하는 것이다.

미래에 금리가 어떻게 될지는 전혀 모른다. 다만 인플레이션 우려가 완화되었기 때문에 얼마 동안(10년 이상) 상대적으로 금리가 낮았다는 것만은 안다. 과거 20년 이상 인플레이션을 억제해온 주요 원인 중 하나는 기술이 세계 경제에 미치는 영향력이 증대되었기 때문이었다. 특히 인터넷 기술이 그랬다. 인터넷은 유통, 통신, 정보, 여행, 광고, 엔터테인먼트 등 경제의 많은 부분에 기본적으로 디플레이션을 가져왔다. 가격 투명성을 높이고 불편을 제거하고 선택의 폭을 넓힌 덕분이었다. 아마존, 알리바바, 이베이, 엣시, 쇼피파이, 월마트닷컴 등은 쇼핑을 더 싸고 더 편리하게 만들었다. 구글은 정보에 대한 접근성을 획기적으로 높였다. 페이스북 같은 기업들 덕분에 소규모 기업도 자사 상품을 지역, 국가, 세계로 마케팅할 수 있게 되었다. 에어비앤비, 부킹, 익스피디아는 여행 계획을 짜고 예약하는 과정에 엄청난 효율성을 가져다줬다. 넷플릭스, 훌루Hulu, 디즈니+, 유튜브, 스포티파이, 애플 뮤직Apple Music 등 비디오 및 오디오 구독 서비스는 소비자의 엔터테인먼트 비용을 크게 감소시켰다.

내 말의 요점이 무엇인지 이해했을 것이다. 인터넷은 일상생활에 깊이 자리 잡았고 인터넷의 디플레이션 효과는 당분간 지속될 것이다. 심지어 더 커질 수도 있다. 향후 5~10년 내에 금리가 급격히 상승해 고성장주에 밸류에이션 부담을 안길 수도 있지만, 이는 확정된 사실이 아니다. 결국에는 펀더멘털이 금리 변화보다 중요할 것이다.

마지막으로 가장 성공한 주식으로부터 종목 선정에 대한 가르침을 이끌어냈다는 문제가 있다. 어느 정도 인정한다. 하지만 이 책은 블루 에이프런, 줄릴리, 그루폰, 이베이, 판도라, 그럽허브처럼 다양한 실패 사례에서도 교훈을 끌어내고자 했다. 나는 성공과 실패의 이유와 방법이 모든 성장주 또는 성장주로 보이는 주식에 광범위하게 적용된다고 생각한다.

규제가 온다

이 책을 쓰는 동안 빅테크(주로 애플·아마존·페이스북·구글) 기업은 거센

비난을 받았다. '빅테크의 고삐를 죄겠다'는 목표로 5개의 초당적 법안이 의회에 제출되었다. 연방거래위원회의 새 위원장은 「아마존의 반독점 역설Amazon's Antitrust Paradox」이라는 획기적인 논문을 써서 이 회사에 대해 강도 높게 비판했는데, 이 논문이 그의 임명에 어느 정도 영향을 미쳤다. 미국 연방 법원은 페이스북을 상대로 48개 주 검찰이 제기한 반독점 소송을 기각했다. 무려 전체 주의 96퍼센트다! 빅테크 기업이 매우 논란이 되어온 것은 분명하다. 적어도 정치인과 규제 당국에는 말이다. 하지만 소비자 조사 결과 이들 기업은 꾸준히 매우 신뢰할 수 있다는 평가를 받았다. 특히 아마존이 그렇고 애플과 구글도 마찬가지다. 그러나 이것은 분명히 투자자가 다뤄야만 할 새로운 역학 관계다.

엄밀히 말하면 이런 역학 관계가 새로운 것은 아니다. 빅테크 기업에 대한 규제 조사는 지난 몇 년 동안 계속되어왔다. 그리고 내 단순한 생각에 대부분은 정당한 이유가 있었다. 빅테크 기업이 매우 강력한 플랫폼이 되었다는 것은 분명하다. 만약 공격적인 사업 관행의 예를 찾고 있다면 이들 기업에서 찾을 수 있을 것이다. 그렇다고 이 사실이 그들이 법을 어겼다는 뜻인지, 벌금을 물어야 할지, 아니면 해체되어야 할지 등은 알지 못한다. 나는 변호사가 아니기 때문이다.

그러나 나는 인터넷의 역사를 공부하는 사람이다. 주장하건대 인터넷의 역사를 공부하는 경험이 가장 많은 사람 중 한 명일 것이다. 당연히 아마존, 페이스북, 구글에 대해서도 마찬가지다. 오늘날 일부 입법 및 규제 조치의 목표가 인터넷의 역사에 대한 불완전한 이해에 바탕을 두고 있다는 것이 걱정된다. 2020년 중반 미국 하원 법사위원회House Judiciary

Committee가 '온라인 플랫폼의 독점이 미국 경제의 혁신과 기업가 정신을 크게 약화시켰다는 증거가 늘고 있다', '우리 경제와 민주주의가 위태롭다'고 주장한 보고서를 발표했을 때 나는 좀 지나치다고 생각했고 법사위원회의 보고서에서 누락된 요소를 설명하는 짧은 보고서를 썼다. 또 공개적인 보고서에서 내 이름의 철자가 틀린 것에 항의했다. 내 보고서를 인용했는데, 각주에 'Marc S. Mahaney'라고 쓴 것이다. 맙소사!

여러분이 나의 정치적 견해를 읽으려고 이 책을 산 것은 아닐 것이므로 딱 세 가지 요점만 간단히 짚고 넘어가겠다. 첫째, 아마존, 페이스북, 구글이 반경쟁적 관행을 통해 독점적인 지위에 도달했다는 주장은 사실이 아니다. 7장에서 설명한 것처럼 아마존은 온라인 유통업계의 원래 강자였던 이베이를 꺾고 월마트와 다른 유통 회사의 시장점유율을 잠식해 들어갔다. 제품 혁신에 더 뛰어났고, 더 우수한 고객 가치 제안을 제공했으며, 장기적인 투자 지평을 일관되게 유지했기 때문이다. 바뀔 수도 있지만 이런 특징은 계속 유지되고 있다. 또 이전부터 소셜 네트워크와 검색엔진이 존재했지만 페이스북과 구글이 소비자와 마케터에게 훨씬 더 나은 쥐덫mousetrap을 제공했다. 바뀔 수도 있지만 이것도 여전히 유효하다.

둘째, 빅테크 기업은 미국의 경제와 민주주의, 사회에 큰 이익을 창출해냈다. 물론 이들이 이타적인 비영리단체는 아니다. 이들은 경쟁적인 영리 기업이다. 그러나 이들은 디플레이션 효과를 가져왔다. 그리고 쇼핑, 엔터테인먼트, 정보 수집, 커뮤니케이션 같은 일상적인 활동에서 불편을 제거했다. 정보와 의견을 표현하고 전달하고 알아내는 것을 훨씬 더 쉽게 만들었다. 모두 유익한 결과다.

셋째, 이들 기업이 경쟁하는 광범위한 부문은 여전히 매우 경쟁적이다. 코로나19 팬데믹의 영향으로 수많은 작은 기업이 사라졌다. 하지만 한편으로는 덕분에 새로운 기업, 특히 인터넷 기업과 온라인 유통 회사가 기록적으로 많이 생겨나기도 했다. 모든 사업 부문에서 아마존과 경쟁하는 새로운 아마존을 만들기가 얼마나 어려울까? 아주아주 어렵다. 온라인 유통업 부문에서 성공적으로 경쟁하기도 어려울 것이다. 그런데 추이, 엣시, 웨이페어 같은 회사는 매력적인 고객 가치 제안, 끈질긴 제품 혁신, 뛰어난 실행력에 집중함으로써 이것을 해냈다. 또 쇼피파이와 틱톡의 극적인 부상을 통해 탁월한 혁신과 고객 집중으로 신규 진입자가 여전히 온라인 유통업과 온라인 광고업에 진입할 수 있음을 알 수 있다. 이상이 내가 하고 싶은 말이다.

나는 운이 좋았다. 지난 25년 동안 인터넷 주식을 분석하는 것은 흥미롭고 자극적인 일이었다. 또 겸손해지는 일이기도 했다. 나는 종목을 고를 때 실수도 많이 했고, 그중 몇 가지는 이 책에서 자세히 다루었다. 특히 두 가지 실수는 내 마음속에 뚜렷하게 남아 있다.

2006년 7월, 야후는 처참한 2분기 실적을 발표했다. 매출이 월가 예상치에 비해 적게 나왔고 3분기 전망은 약했으며, 회사는 오랫동안 기대했던 검색엔진 개선 프로그램(프로젝트 파나마Project Panama)이 지연될 것이라고 발표했다. 다음 날 야후의 주가는 22퍼센트 폭락했고, 52주 최저점을 기록했다. 야후는 나의 최우선 매수 추천주였다. 당시 나는 이름을 알리려고 노력하던 시티 은행의 젊은 애널리스트였고, 매수 추천주로 야후를 공격적으로 추천하고 있었다. 다시 한번 달걀 3개를 넣은 오믈렛이 얼굴에 던져진 꼴이었다. 시티 은행의 영업 팀과 모닝콜을 하면서 자신없이 야후 주식과 이에 대한 나의 투자 판단을 변호하려고 노력했다. 그다음 3시간 동안 고객들과 전화 통화를 하면서 야후에서 일어난 일에 대해 이야기하고 사과했다. 그날 아침 늦게 리서치 센터장이었던 맷 카펜터Matt Carpenter가 전화를 걸어 기분이 어떤지 물었다. 나는 솔직하게 끔찍하다고 말했다. 그랬더니 그는 "좋아요. 그건 당신이 신경을 쓴다는 의미예요. 이제 종목을 더 잘 고를 수 있는 방법을 찾아보세요"라고 답했다. 약 1년 후 당시 야후의 CEO였던 테리 세멜Terry Semel은 회사가 잘해내지 못한다는 비난이 거세지자 사임했다. 그 과정에서 나는 내가 낸 투자 의견에 대해 더 냉정해지고 펀더멘털에 더 집중해야 한다는 사실을 어렵게 배우며 야후에 대한 투자 의견을 중립으로 낮췄다.

두 번째 사건은 더 최근에 일어났다. 2020년 2월, 아들들이 뛰고 있는 고등학교 농구 팀 학부모들과 함께 가벼운 저녁 식사를 했다. 나는 보통 이런 모임에서 주식 이야기를 하지 않는다. 시사 문제나 좋은 책, 최신 패션 트렌드(농담이다), 고등학교 농구(농담이 아니다)에 대해 이야기하는 것을 훨씬 더 좋아한다. 하지만 누군가가 내게 우버에 대해 물었고 나는 당시 우버가 나의 최우선 매수 추천주인 이유를 설명해줬다. 당시 우버 주가는 30달러대였다. 몇 주 뒤 코로나19 바이러스가 미국을 강타하기 시작했고 우버 주가는 15달러까지 무너져 내렸다. 친한 친구들이 내 권유로 우버 주식을 샀을 수도 있고 단기간에 돈을 잃었을 수도 있다고 생각하니 주가 하락이 더 괴로웠다. 이를 통해 겸손해야 한다는 또 하나의 교훈을 얻었다. 때로 기업이나 애널리스트가 전혀 통제할 수 없는 요인 때문에 손해를 볼 수 있다는 사실을 다시금 상기하게 되었다. 우버는 1년 내내 강하게 반등했고 시장보다 좋은 성과를 거두었지만 친구들을 실망시켰다는 부끄러움, 위험을 충분히 경고하지 못했다는 생각이 계속 맴돌았다.

겸손은 투자를 대하는 정말 좋은 태도다. 겸손하지 않다면 시장에서 실패하기가 쉽다. 존중과 인정도 도움이 된다. 벤저민 그레이엄Benjamin Graham의 말처럼 "짧게 보면 시장은 인기투표하는 기계와 같다." 그리고 인기투표 결과는 늘 변한다. 기업의 펀더멘털과 완전히 무관한 상당한 주가 변동성이 있을 것이라는 사실을 늘 고려하라. 그럴 수 있다고 인정해라.

하지만 그레이엄이 한 말의 나머지 부분, 길게 보면 시장은 '무게를 재는 기계'라는 말 역시 인정해야 한다. 나는 기술주에서 이런 일이 일어나는 것을 여러 번 목격했다. 매출 성장률, 이익의 질, 경영진, 가치 제안, 제품 혁신, 총 도달 가능 시장의 측면에서 우량한 기업의 주식이 장기적으로 최고의 성과를 냈던 것 말이다. 기업만의 특정한 이유와 일반적인 시장 상황 때문에 주가가 이탈할 때도 여러 번 있었지만 결국 주가는 펀더멘털을 따라갔다. 펀더멘털이 좋아지면 주가는 올랐다. 시장은 장기적으로 펀더멘털을 존중한다. 따라서 우량한 기업을 발견하고, 주식의 밸류에이션이 대략 타당한지 확인하고, 이탈한 우량주를 추격할 기회를 노려라.

애널리스트로 일한 대부분의 세월 동안 나는 기술주, 특히 인터넷주에 대한 회의론을 마주해왔다. 시장에는 고성장 기술 기업에 대한 무언의 편견이 있다. 고성장 기술주는 우량하지 않다는 생각, 그냥 트렌디한 주식이라는 생각 말이다. 고성장 기술주에 종종 적용되는 높은 멀티플은 차세대 혁신가들을 위한 목표일 뿐이라는 생각이 있다. 그러나 이들 중 얼마 안 되지만 주목할 만한 일부는 매우 우량한 회사, 매우 우량한 주식으로 부상했다. 아마존은 보기 드문 수익성을 내는 회사가 되었고 수십 배 주식이 되었다. 이 밖에 다른 예도 있다. 또 다른 예는 앞으로도 계속 나올 것이다. 고성장 기술주는 개인 투자자의 포트폴리오에서 제한적인 부분을 차지해야겠지만 반드시 있어야 한다.

대학에 다니는 둘째 아들이 주식시장에 관심을 갖게 되었다. 최근 아들은 친구들과 투자 방법에 대해 참고할 책을 찾고 있다고 말했다. 카터, 이 책이 도움이 되길 진심으로 바란다. 이 책의 다른 독자들에 대해서는 나의 멘토 중 한 명인 조엘 레비Joel Levy의 말이 떠오른다. 그는 내가 시티은행에 있을 때 리서치 부서에 있었다. 조엘은 시티에서 30년 동안 일했고 췌장암으로 너무 일찍 세상을 떠났다. 나는 그의 말 중 "사람들을 생각하게 하고, 웃게 하고, 돈을 벌게 하라"는 말을 가장 좋아한다.

부디 이 책을 읽고 기술주와 고성장주 투자에 대한 새로운 아이디어와 방법을 얻었기를 바란다. 그리고 내가 들려준 이야기를 재미있게 즐겼기를 바란다. 마지막으로 이 책이 여러분이 성공적으로 투자하고 돈을 버는 데 도움이 되었으면 좋겠다. 이 세 가지 바람이 모두 이루어진다면 내 행운이 계속된 것이다.

이 책을 쓰는 데 도움을 주신 많은 분들께 큰 감사를 전하고 싶다. 이 책의 모든 실수와 오류는 100퍼센트 내 잘못이지만 많은 분이 매우 소중한 피드백과 아이디어를 아낌없이 제공해주셨다. 가장 먼저 동료인 슈웨타 카주리아Shweta Khajuria, 벤 휠러Ben Wheeler, 지안 리Jian Li, 스펜서 탄Spencer Tan에게 고마움을 전하고 싶다. 처음에는 RBC에서, 나중에는 에버코어Evercore ISI에서 인터넷 리서치 팀 일원으로 이들과 몇 년 동안 함께 일할 수 있었다는 것은 행운이었다. 이들은 모든 장을 읽어보고 수많은 제안을 해줬다. 이 책에 나오는 여러 사례를 고찰하는 데 큰 도움을 준 지안 리에게는 특별한 감사를 보낸다. 지난 10년 동안 내 연구 책임자이자 친구였던 마크 해리스Marc Harris도 여러 가지 건설적인 비판을 해주었고 기억하기 쉬운 장 제목 중 하나도 생각해주었다. 지난 25년 동안 수많은 기관 투자자와 개인 투자자, 업계 전문가들과 토론과 논쟁을 하면서 많은 배움을 얻었다. 헤로 초드리Hero Choudhary, 지미 우Jimmy Wu, 아심 메흐라Ashim Mehra, 히스 테리Heath Terry, 닉 롤러Nick Lawler, 밥 랭Bob Lang, 글렌 카허Glen Kacher, 스펜서 래스코프, 리치 바턴, 리즈 바이어, 배리 매카시, 러셀 골드스미스Russell Goldsmith, 래니 베이커Lanny Baker, 크리스 코너Chris Connor, 브룩 드 부트레이Brooke De Boutray, 글렌 포겔Glenn Fogel은 이 책의 초안 일부, 혹은 전부를 읽고 아주 유용한 비판을 해주었다. 짐 크레이머Jim Cramer는 책을 구성하는 방법에 대한 몇 가지 훌륭한 초기 아이디어뿐만 아니라 영감을 제공했다. 스콧 갤러웨이Scott Galloway는 책을 쓰는 과정 초기에 엄청난 격려를 해주었고 브래드 스톤과 마찬가지로 내가 프로젝트를 시작할 수 있도록 도와주었다. 애덤 라신스키Adam Lashinsky는 2018년 콜로라도주 아스펜에서 열린 포천 테크 콘퍼런스Fortune Tech Conference에서 최고의 기술주 선정 방법에 대해 강의를 해달라고 나를 초대해 이 모든 과정을 시작하게 해줬다. 마지막으로 출판 에이전트인 제임스 레빈James Levine과 맥그로 힐의 철저한 편집자 스티븐 아이작스Stephen Isaacs, 주디스 뉴린Judith Newlin, 퍼트리샤 월렌버그Patricia Wallenburg에게 감사의 마음을 전한다.

이주영

이화여자대학교 경제학과를 졸업하고 증권사에서 투자 및 분석 업무를 담당했다. 현재 바른번역 전문 번역가로 활동하고 있으며 옮긴 책으로는 『비열한 시장과 도마뱀의 뇌』, 『하워드 막스 투자와 마켓 사이클의 법칙』, 『슈퍼개미 마인드』, 『트러스트 팩터』, 『모든 것이 세일즈다』 등이 있다. 이밖에 《하버드 비즈니스 리뷰 코리아》 번역에도 참여했다.

기술주 투자 절대 원칙

초판 1쇄 발행 2024년 3월 3일
초판 3쇄 발행 2024년 3월 25일

지은이 마크 S. F. 마하니 **옮긴이** 이주영

발행인 이봉주 **단행본사업본부장** 신동해
편집장 김예원 **책임편집** 김보람
마케팅 최혜진 신예은 **홍보** 반여진
표지 디자인 초코북 **본문 디자인** 데시그
국제업무 김은정 김지민 **제작** 정석훈

브랜드 리더스북
주소 경기도 파주시 회동길 20
문의전화 031-956-7352(편집) 031-956-7087(마케팅)
인스타그램 www.instagram.com/woongjin_readers
페이스북 https://www.facebook.com/woongjinreaders
블로그 blog.naver.com/wj_booking

발행처 (주)웅진씽크빅
출판신고 1980년 3월 29일 제406-2007-000046호

한국어판 출판권 ⓒ 웅진씽크빅, 2024
ISBN 978-89-01-28033-2 03320

※ 리더스북은 ㈜웅진씽크빅 단행본사업본부의 브랜드입니다.
※ 이 책 내용의 전부 또는 일부를 이용하려면 반드시 저작권자와 ㈜웅진씽크빅의 서면동의를 받아야 합니다.
※ 책값은 뒤표지에 있습니다.
※ 잘못된 책은 구입하신 곳에서 바꾸어드립니다.